Hermann Lenz
Stuttgart

Portrait einer Stadt

Insel Verlag

© Insel Verlag Frankfurt am Main und Leipzig 2003
Alle Rechte vorbehalten,
insbesondere das der Übersetzung, des öffentlichen Vortrags
sowie der Übertragung durch Rundfunk und Fernsehen,
auch einzelner Teile.
Kein Teil des Werks darf in irgendeiner Form
(durch Fotografie, Mikrofilm oder andere Verfahren)
ohne schriftliche Genehmigung des Verlages
reproduziert oder unter Verwendung elektronischer Systeme
verarbeitet, vervielfältigt oder verbreitet werden.
Die Erstausgabe erschien 1983 im Belser Verlag,
Stuttgart und Zürich.
Druck: Memminger MedienCentrum AG
Printed in Germany
Erste Auflage 2003
ISBN 3-458-17158-4

1 2 3 4 5 6 – 08 07 06 05 04 03

Inhalt

7 Museum des Gemüts
53 Platzmusik
85 Brunnenbummel
95 Durch Straßen schlendern
327 Unsere Spezialitäten
413 Mörikes Alltag

425 Register

Museum des Gemüts

1964-1965

1 Zurückgehen in die Vergangenheit und uns umschauen, was im September 1864 in Stuttgart geschehen ist, welche Bedürfnisse die Urgroßeltern gehabt haben: das wollen wir auf dieser Seite. Manches wird uns kurios erscheinen, wir werden uns erhaben dünken über Sorgen, Kümmernisse, Eitelkeiten, Moden und Vergnügungen der alten Zeit, weil wir in einer neuen leben; nur wird die neue auch schnell alt, und deshalb gibt es nur Vergangenheit. Alles andere ist leider eine gutmütige Illusion.
Das Alte erscheint kurios, skurril und reizt zum Lachen oder Lächeln. Manch einer glaubt sogar wir hätten es in hundert Jahren weiter als die rückständigen Leutchen aus der Krinolinenzeit gebracht, wahrscheinlich weil in unsern Tagen jenes sogenannte busenfreie Kleid eine gewaltig tolle Sache ist; und wer Aufnahmen aus Paris von heute neben Seiten einer alten Zeitung sieht, den kommt das Schmunzeln an. Trotzdem lieben wir ein solches Rüchlein Anno dazumal, auch wenn wir halb verlegen und halb überlegen die Blätter jener »Schwäbischen Kronik« umwenden, die vor hundert Jahren als Beiblatt des »Schwäbischen Merkur« erschienen ist und über Lokales berichtet hat. – Gehen Sie also mit uns hinüber in den anderen Bezirk, wo das Versunkene noch unverändert dasteht, als öffnete sich ein Museum des Gemüts.
Franz Liszt, der Compositeur, dieser Berühmte mit dem schulterlangen Haar, taucht am 5. September in der Musikschule auf und lauscht den Vorträgen der Zöglinge, die sich der Violine, des Klaviers und der Orgel befleißigen; er bezeugt seine Zufriedenheit, greift auch selbst in die Tasten und »beglückt die lauschende Versammlung mit einem herrlichen Impromptu voll der bezauberndsten harmonischen Wendungen und Klangeffekte«. Hernach weilt unser Meister im Kreise der im nahe befreundeten Lehrer, und wer weiß, ob er nicht später jenes »illustrirte Journal« angeblättert hat, für das eine Dame mit edlem Profil wirbt. Auf der Bordüre ihrer Bluse verspricht sie »Wöchentlich 1 Nummer«, und das genügte also damals ebenso wie heute, denn unsre Illustrierten machen's auch nicht öfter.

Hoffentlich hat der Meister nicht »Persisches Insektenpulver« in sein Hotelbett streuen müssen, das »in frischer ächter Ware« bei Hauser und Haymann eingetroffen war, oder gar »Gichtwatte« gebraucht, die »analysirt und wesentlich verbessert« bei P. W. Dahm im Königsbau zu haben war, während des Doktors D. M. Postelberger aus Wien »Originaltampone gegen Geschlechtskrankheiten der Frauen« im Hauptdepot des Herrn Carl Schmid, Bandagist in Stuttgart, gelagert gewesen sind. Irdische Bedürfnisse also: ja, die Vorfahren mußten sie wie wir befriedigen. Deshalb erscheint sogar dem, der die »Schwäbische Kronik« liest, die Vergangenheit kaum in rosafarbenem Wolkenlicht. Wie wir hatten sie Sorgen, die lieben Entschwundenen, und wollten gar »Die Sprache der Verstorbenen« erlernen. Denn so heißt ein im September vor hundert Jahren schon in dritter Auflage erschienenes Buch, von dem behauptet wird, es enthülle alle Geheimnisse des Grabes und weise »durch authentische Thatsachen die Fortdauer der Seele und den Zusammenhang der Lebenden mit den Verstorbenen« nach; gekostet hat's »blos 53 Kreuzer«. »Eau d'Atirona« aber heißt die feinste flüssige Toilettenseife, die Gesichtsfalten, Sommersprossen, Leber- und andere Flecken beseitigt und für die sich Kreis-, Stadtgerichts- und Polizeiphysikus und Medizinalrath Dr. Kopp in München verbürgt.
Am 15. September kurz vor vier Uhr kommen der Kaiser und die Kaiserin von Rußland auf dem Bahnhof in Ulm an; auf dem Perron dürfen sich die Zuschauer ungehindert ergehen; Seine Majestät der König erwartet die Gäste in Biberach. Und weil bei Theodor Redwitz Ecke Schloß- und Friedrichstraße englische Austern, Elb-Caviar, geräucherter Rheinlachs und Kräuter-Anchovis frisch eingetroffen sind, wird die Hofküche im Neuen Schloß es leicht gehabt haben, sich für ein Festmahl mit dem Notwendigsten einzudecken. Auch dürfte jener »sehr brauchbare, solide junge Mann«, der in einem Hotel ersten Ranges als Hausknecht beschäftigt war und bis Mitte September »anderwärts placiert zu werden« wünschte, durch Rettichs öffentliches Bureau in der Eberhardstraße den Wirkungskreis gefunden haben, der ihm genehm war, falls er es nicht vorzog, via Havre mit der konzessionirten Beförderungs-Anstalt »Die Hoffnung« nach Amerika auszuwandern.

Es ist die Zeit der »Réunions«, dieser Tanzlustbarkeiten, für die bei den Geschwistern Schlayer in der Hirschstraße die neuesten Krinolinen zu haben sind, während C. W. Knosp, Kanzleistraße 4, Pariser Damengürtel in »schöner Auswahl« auf Lager hat. Hohe Herren bemühen sich um Orden, der König hat dem Stadtschultheißen Heim zu Ulm die nachgesuchte Erlaubniß gnädigst ertheilt, das Ritterkreuz des Ordens vom heiligen Karl von Seiner Durchlaucht dem Fürsten von Monaco annehmen und tragen zu dürfen; auch Obersthofmeister Graf Uxkull darf sein Großkreuz des herzoglich nassauischen Militär- und Civildienstordens ungehindert am Hals hängen lassen wie heut ein verdienter Minister oder Dichter sein sauer erworbenes Bundesverdienstkreuz. Daß in der »Schwäbischen Kronik« aber der Stadtschultheiß vor dem Grafen genannt wird, läßt auf ein herzhaftes Demokratiebewußtsein schon vor hundert Jahren schließen.
Net schlecht ... Gar net schlecht ... Fortschrittlich sind sie also auch gewesen, unsere Altvordern. Übrigens hat Mörike damals in Stuttgart gewohnt, und im September sollte seine Anakreon-Übersetzung (bei Krais und Hoffmann in Stuttgart erschienen) in allen Buchhandlungen aufgelegen haben. Leider vermerkt die »Schwäbische Kronik« nichts davon. Nicht Mörike sondern das Buch »Die Sprache der Verstorbenen« war ein Bestseller, und also hat sich, was den Zeitgeschmack betrifft, verglichen mit unserer sogenannten Gegenwart so gut oder so schlecht wie nichts geändert.

2 Der Herbst hat sich eingeschlichen. Zarte Krinolinendamen haben ihre Sonnenschirmchen in einen Schrank oder einem Reisekoffer mit breiten Lederbändern auf dem Dachboden verwahrt, und nun nähert sich die Schnupfen- und die Hustenzeit. Auch die Kaiserin von Rußland durfte im Oktober 1864, einer Unpäßlichkeit wegen, ihren in Karlsruhe haltenden Salonwagen nicht verlassen, doch haben sie die Mitglieder der großherzoglichen Familie, wie die Etikette es gebot, trotzdem in ihrem eleganten Schienenfahrzeug begrüßt. Wenn sie sich erkältet hat, wird sie wohl jene Bonbons gelutscht haben, die als »Ottonen« damals bekannt gewesen sind. Die sie begleitenden Herren aber dürften kaum jene Barterzeugungspomade benötigt haben, die bei P. W. Dahm in der Kolonnade des Königsbaus, die Dose zu einem Gulden und fünfundvierzig Kreuzern, feilgeboten worden ist. Täglich »in der Portion von zwei Erbsen« in die Hautstellen eingerieben, wo der Bart wachsen soll, lockte sie auch bei jungen Leuten von 17 Jahren, »wo noch gar kein Bartwuchs vorhanden ist«, in sechs Monaten den üppigsten Männerschmuck aus der Wangenhaut.

Man zieht sich ins Haus zurück, widmet sich der Besinnung und läßt am Ende gar einen der Füllöfen neuester und solidester Konstruktion in die vier Wände setzen. Neben einem solchen verläßlichen Wärmespender war es gut, der Lektüre zu pflegen und sich in die »Glückseligkeitslehre für das psychische Leben des Menschen« zu vertiefen, die in englischem Leinenband mit Goldtitel für 2 Gulden 24 Kreuzer bei Karl Aue zu haben war. Weniger Anspruchsvolle haben sich in Friederike Bremers sämtliche Werke (sechsundneunzig Bände, »Stahlstich elegant!«), in L. Mühlbachs zwölf Romane in neunzehn Bänden auf Velinpapier oder in die Poesien der »vorzüglichsten Schriftsteller«, wie Friedrich, Horn und Willkom, vertieft. Der junge Mann aber, der für die Gelegenheiten der Liebe auch im Winter einen Vorrat an Bartpomade eingelagert hat, dürfte zu den Lesern von Leopold von Reinbecks »Salongesprächen« gehört haben; denn aus diesem Buch konnte er an achtzig anleitenden Beispielen erfahren, wie es sich auf Bällen, in Gesellschaften, Konzerten, im Theater, bei Besuchen, Diners, auf der Straße, auf Promenaden, Reisen »sowie überhaupt den verschiedensten Lebensverhältnissen auf eine passende, anziehende und interessante Weise eine Unterhaltung anzuknüpfen« geziemt. Denn dieser »Rathgeber für unerfahrene und schüchterne junge Leute beiderlei Geschlechts« war beliebt und wurde seinem Zwecke gerecht.

Am 12. Oktober 1864, in der Früh freilich, werden in einem Weinberg zwischen Asperg und Eglosheim die Leichname neugeborener Zwillinge aufgefunden; »man glaubt, von der Mutter derselben bereits Spuren zu haben«. Am 13. Oktober, nachmittags, beehrt die Frau Großfürstin von Rußland die permanente Kunstausstellung mit einem längeren Besuche,

und am 17. des Monats entzieht sich der Postpraktikant Johann Georg Gottlieb Paul Hoffmann aus Hollenbach im Oberamt Künzelsau nach vielfachen Unterschlagungen seiner Festname durch die Flucht. Postdirektor Schwarz unterschreibt den Steckbrief und setzt eine Belohnung von 300 Gulden auf seinen mit einem hellbraunen runden Hute bedeckten Kopf. Ob selbiger Hoffmann aber, der 21 Jahre alt und 5 Fuß, 6 Zoll groß gewesen ist, beim Glaskünstler Hetschel in der Eberhardstraße ein chinesisches Zigarettenrohr, aus dem man Zigaretten ohne Papier rauchen konnte, aus dem Erlös seiner unlauteren Arbeit erworben hat, ist leider nicht mehr auszumachen; doch ist es angenehm, es sich vorzustellen. Zuzutrauen wär's ihm gewesen, diesem sympathischen Sehnsüchtigen nach den Wonnen der Eleganz, und hoffentlich haben sie ihn, der einen »leichten blonden Schnurr- und Knebelbart und neue halbhohe Stiefel« getragen hat, nicht erwischt.
Wahrscheinlich ist über ihn damals nicht so viel geschwatzt worden wie über die Erweiterung der Stadt und über den Alleenplatz. Denn jetzt »kehren des öfteren Gelüste wieder, denselben zu überbauen«. Man bedenke: den Alleenplatz, der doch der einzige freie und große Stuttgarter Platz ist! Denn auch damals ist in Stuttgart rege gebaut worden, und in der Umgebung des neu angelegten Feuersees hat man »das Strekken, Wachsen und Dehnen einer in tüchtigem Aufschwung begriffenen Stadt« beobachten können. Nicht nur »das Extensive der Bauspekulation, sondern auch die größere Sorgfalt, die hier auf den Styl und das Dekorative verwendet wird«, wurden bewundert. Mit Wehmut aber sieht jeder Stuttgarter die Reste seiner Stadtallee dahinschwinden, während der Bahnhof erweitert, die Pferdeeisenbahn und die Gewerbehalle vorbereitet und in wenigen Wochen die Liederhalle fertig sein wird.
Der Festball der Schützengilde zur Feier des Regierungsantritts des Königs Karl wird am 11. Oktober, abends 8 Uhr, im Königsbausaal vonstatten gehen. Für Schützen kostet der Eintritt nur 45 Kreuzer. Die Weinlese hat angefangen, und in Gablenberg sind 100 Liter Weinmost »ordentlicher Qualität« zu kaufen, wovon »die Lusttragenden in Kenntniß gesetz

werden«. Ein Duft der großen weiten Welt aber weht aus jenem insgeheim schaudervollen und gruseligen, mit Freude an Menschenschönheit gemischten Bericht vom Kindertauschhandel in Brasilien her, ohne den sich die Europäer in jenen fernen Gegenden unter dem Äquator niemals die notwendigen Dienstleute hätten verschaffen können. Aus den Flußtälern des Japura, Issa und Salimoens, diesen nördlichen Gegenden des Amazonas, werden die Indianerkinder in die Städte gebracht. Es liest sich mit Gänsehaut bei der blakenden Petroleumlampe, die unter ihrem grünen Schirm brennt, während die Portiere sich rührt und die Gattin oder Geliebte im duftigsten Pariser Negligé aus dem Salon der Geschwister Schlayer oder im Paletot von Philipp Bytinski erscheint, falls sich die Herrschaften entschlossen haben, das königliche Hoftheater zu besuchen. Ein Pudel »ächter Race« dreht sich vor Madame oder Mademoiselle und stammt vom Uhrmacher Haffner in der Mezgerstraße 23 in Heilbronn, der gleich vier davon anzubieten gehabt hat.

3 Er kommt aus dem Herren-Garderobe-Magazin vis à vis der Stiftskirche heraus und hat sich einen neuen Havelock gekauft. Das ist ein eleganter Herr, der seine Bartspitzen gewichst und ganz dünn ausgezogen hat wie Napoleon der Dritte. Der Cylinder steht ihm gut, und uns will scheinen, als sei die Mode damals auch recht attraktiv gewesen. Bürgerlich solide freilich sieht der Herr nicht aus, eher ein bißchen undurchsichtig.
Er geht im Zwielicht, während gelbstrahlige Gaslaternen brennen, oder fährt im Chaischen, das er sich als »Stadtschwimmer« zugelegt hat; heute würde man dafür »Zweitwagen« sagen. Es ist dasselbe Chaischen, das von Engels Bureau in Göppingen »dem Verkauf ausgesetzt« worden ist. Jetzt ist es unserem Gewährsmann dienlich, diesem Rentier und Junggesellen, den wir Herr Havelock nennen wollen.
Zu Hause räkelt sich Herr Havelock zigarrenschmauchend auf »ganz wenig gebrauchten Möbeln«. Er hat ein Plüschsopha mit geschweifter Lehne. Denn der Siesta pflegen und zwischendurch die Börsenkurse mit einem Silberbleistift auf

seine gestärkten Hemdmanschetten kritzeln, dessen befleißigt er sich gern. Nebenbei ist er Pferdehändler. Seine Rösser erhält er von den Gebrüdern Levi in Straßburg zu einem Vorzugspreis und läßt sich nur ungern auf riskante Geschäfte ein. Freilich, manchmal bleibt ihm keine andre Wahl, und wenn er sich ein bißchen verkalkuliert hat, greift er zu F. F. Sohns Wahrsagerkarten, von denen bereits hundertfünfzigtausend verkauft worden sind. Aus der »Kronik« hat er erfahren, daß »alles durch diese Karten Vorhergesagte eingetroffen ist«, und das beruhigt seine strapazierten Nerven.
Als Mann von Bildung hat er »Donna Diana« von West im Königlichen Hoftheater gesehen und weiß, daß der Herr West in Wirklichkeit Schreyvogel heißt, in Wien als Leiter des Burgtheaters gelebt hat und mit dem Dichter Grillparzer befreundet gewesen ist. Fräulein Lemcke als Gast hat die Titelrolle gespielt, und Rentier Havelock hat sich's was kosten lassen und mit der Dame soupiert. Denn er wird in Theaterkreisen gern gesehen, er spendiert Schampus fürs Fräulein Lemcke und für ihre Kollegen und genießt als Kenner moderner Musik sogar einen gewissen Ruf. Donizettis »Liebestrank« ist seine Lieblingsoper, und deshalb ärgert er sich, wenn er in der »Kronik« den Satz liest: »Ein Donizetti mehr oder weniger auf dem Repertoire macht doch wohl so viel nicht aus.« Denn damals beginnt die »modernste Musik« in Gestalt des Wagnerschen Lohengrin sogar in Stuttgart bekanntzuwerden, obwohl Leute wie Rentier Havelock ihr »zum Voraus den Nerv abschneiden und sie für nicht lebensfähig erklären wollen«. Denn was dieser Richard Wagner macht, ist für Havelock und die Seinen indiskutabel. Da hält er sich lieber an die Konzerte des Hofpianisten Pruckner und des Kapellmeisters Lauterbach, die in überfüllten Sälen ihre Künste so stark brillieren lassen, daß Busen wogen und brillantineglänzende Bartspitzen zittern.
Insgeheim aber hat Havelock eine Schwäche fürs Hintergründige und liest »Die Naturgeschichte der Gespenster« von Carus Sterne. Darüber vergißt er sein schmerzendes Hühnerauge, das ihm der neue Chirurgen-Gehülfe des Wund- und Hebarztes Hecker mit geschickter Hand entfernen wird. Er hofft, den schwarzen Geldbeutel mit gelber Kette zu finden,

den Gastwirt Teichmann (enge Straße Nr. 6) am Freitag, 4. November, auf dem Weg von Mündlacker nach Esslingen verloren hat, und in dem »400 Gulden meistens lauter Gold« enthalten gewesen sind. Oder er überlegt, wie's wäre, wenn er sich als jener Gottlieb Ketzler ausgäbe, der in den zwanziger Jahren nach Polen ausgewandert und seitdem verschollen ist. Jetzt wird Ketzler vom Oberamtsgerichtsrat Feuerlein in Besigheim, einer Erbschaft wegen, aufgefordert, sich binnen 90 Tagen zu melden, »widrigenfalls er für todt und als ohne Leibeserben gestorben erklärt und demgemäß seine Erbsportion als vakant angenommen würde«.

Havelock malt sich allerlei aus und überlegt, ob er Fräulein Leisinger, die an der Königlichen Oper die Iphigenia von Gluck so strahlend gesungen hat, das Buch »Die Geheimnisse der Schönheit« von Séjour de Lorraine schenken soll, denn auf einer ganzen Seite der »Kronik« wird dafür Reklame gemacht. Das Inhaltsverzeichnis ist abgedruckt, und Havelock liest: Seite 74: »Den zu starken Achselschweiß zu mäßigen und ihm den üblen Geruch zu benehmen«, Seite 97: »Die Feinheit des Geruchs zu vermehren, wenn derselbe verlorengegangen ist« und Cap. XXIII: »Vom Busen. Vom Korsett. Vom Säugen.« Da zögert unser Gewährsmann und kauft lieber die Prachtausgabe der »Palmblätter« von Karl Gerok, »für deren Werth am besten die Thatsache bürgt, daß Se. Maj. der König von Württemberg die Widmung des Werkes anzunehmen geruhten und demselben die goldene Medaille zuerkannten«.

Jawohl, das ist das richtige Geschenk für eine Sängerin, auch wenn sie gar nicht so arg fromm ist. Denn unser Havelock ist letzthin ein loser Vogel und deshalb ein sympathischer Kerl. Fürs Militär hat er nichts übrig, und wenn er liest, daß es »jetzt jedem Militair gestattet ist den Bart nach seiner Facon zu tragen und nur die Vollbärte insofern das Maß nicht überschreiten dürfen, als der Uniformskragen immer noch sichtbar bleiben muß«, dann grinst er sich eins. Ihm fällt ein Gassenhauer ein, den er vor Jahren einmal in Wien gehört hat und der sogar von Grillparzer stammt. Den trällert er, nach dem Essen vom Liqueur nippend, vor sich hin: »Ei Pfui Teufel, Militari, / Blaue Hosen, Tschariwari, / Und der Adel, Sauerei ...« Aber dann schweigt er und schaut beiseite, weil ein Offizier durchs Lokal geht, einer mit Silberfransen an den Goldepauletten.

4 Eine junge Dame – nennen wir sie Clara – verliert am Sonntag, dem 4. Dezember 1864, auf dem Wege vom Theater zum Königsbau ihren kleinen schwarzen Spitzenschleier, eine sogenannte »Violette«, und ist dieses Verlustes wegen ein bißchen nervös. Sie setzt eine Annonce in die »Kronik« und verspricht demjenigen fünf Gulden, der ihre Violette im ersten Stock des Hauses Olgastraße 35 abgibt, denn dort hat sie damals gewohnt. Sie ist mit der Schauspielerin Luise Schmidt geborenen Ritter befreundet, und diese feiert am 6. Dezember ihr fünfzigjähriges Künstlerjubiläum. Frau Schmidt hat als Gretchen im »Faust« excelliert und ist »ununterbrochen der hiesigen Bühne treugeblieben«, wie es in unserer »Kronik« heißt. Anläßlich ihrer Jubelfeier ist Frau Schmidt die Aufführung von »Dorf und Stadt« von seiner Majestät als Benefiz gestattet worden.
Wer weiß, ob damals unser Havelock – derselbe, den wir im November kennengelernt haben – nicht diese Violette gefunden und sie Fräulein Clara überbracht hat? Leider steht davon nichts in der »Kronik«. Wir aber stellen uns vor, wie Herr Havelock zu Fräulein Clara kommt, seine Bartspitzen dreht, den Spitzenschleier dezent offeriert und die fünf Gulden Finderlohn kavaliersgerecht ablehnt. Vor dem Haus wartet derweil sein Schlitten mit dem neuen prächtigen Geläute, und dann saust er mit Fräulein Clara unter Glöckchenklingeln in die Hirschstraße zu den Geschwistern Schlayer, wo Clara eine neue, dunkle, »für die jezige Jahreszeit passende Crinoline« kauft. Havelock berät sie kennerisch, denn er ist doch ein Mann von Welt und spricht mit Clara und den Geschwistern Schlayer, die wir uns nicht mehr ganz jung vorstellen, über die Pockenepidemie, die seit zwei Jahren in Stuttgart grassiert und in diesen Tagen ihren Höhepunkt erreicht zu haben scheint. Havelock sitzt im plüschgepolsterten Lehnsessel und spielt mit den Berlocken seiner protzigen Uhrkette. »Eine Panik ist in die Gemüter gefahren« zitiert er aus der »Kronik« und macht seinem Ärger über den Journalisten Luft, welcher

geschrieben hat, die Krankheit fange jetzt an »populär zu werden«. Dabei ist doch die Impfung eingeführt, und die Polizei kann nicht mehr dafür garantieren, daß jeder Kranke in Quarantäne kommt.
Aber sei dem wie ihm wolle, Havelock denkt insgeheim darüber nach, wieviel ihn seine neue Passion kosten wird, denn diese Clara ist halt nicht leicht zu erobern. Am Ende muß er ihr gar auf Weihnachten ein Riechdöschen in Gold – ach was, Silber tut es auch, denkt er – vom Juwelier Foehr schenken, dessen Geschäft am Stiftskirchenplatz 3 mit liebevoll dekorierten Schaufenstern lockt. Vordringlich aber ist für Havelock, daß er sein Hühnerauge loswird, das er schon im November vom Gehülfen des Wund- und Hebarztes Hecker hat behandeln lassen, und das sich jetzt wieder bemerkbar macht. Aber da sind nun diese Hühneraugenärzte Levi und Bloch aus Paris in Stuttgart angekommen und bieten ihre Künste an. Sie wohnen. Ilgenstraße 11. Ihr Aufenthalt daure nur kurze Zeit, geben die Herren in der Schwäbischen Kronik bekannt und versichern den Stuttgartern, daß sie auch Frostbeulen, Schwielen und in das Fleisch eingewachsene Nägel »ohne zu schneiden und ohne den geringsten Schmerz zu verursachen« heilen werden.
So wird denn Havelock endgültig von seinem lästigen Geschwür befreit und besucht mit Fräulein Clara das königliche Museum der bildenden Künste, wo unsere Herrschaften im Festsaale das Gemälde des kaiserlich-russischen Hofmalers von Kotzebue »Sieg Peters des Großen bei Pultawa« bewundern. Es gefällt ihnen besonders deshalb so ausnehmend gut, weil sie in der »Kronik« gelesen haben, das Gemälde reiße »durch die Lebendigkeit der Darstellung im Ganzen und die treffliche Charakteristik im Einzelnen, wie durch die meisterhafte Durchführung Künstler und Laien zur Bewunderung hin«.
Aber nichts Aufregendes will im Dezember anno 1864 hier passieren, und Havelock denkt, Stuttgart sei ein fades Nest. Auch die Affäre mit dem Fräulein Clara stockt. Sie hat sich für ihre Crinoline ein neues Gitter machen lassen, damit sich ihr Rock noch weiter bauscht und Havelock noch mühsamer als sonst an sie herankommt. Ach, es ist ein Kreuz! Und aus lau-

ter Ärger freut er sich, daß die Gemeinderäthe der Leerung der Stuttgarter Latrinen wegen Sorgen haben. Da soll jetzt endlich eine Kompostfabrik gegründet werden, denn 16000 Gulden jährlich für die Straßenreinigung hinauszuwerfen, das ist ein Skandal. Herr Moselmann kommt eigens aus Paris herüber und erklärt vor dem Gemeinderath, wie er die Latrinen ohne jeglichen Geruch entleeren lassen wird. »An allen Abtritten werden hermetisch verschlossene eiserne Phosmobile angebracht«, sagt er, und Havelock denkt: Welch ein Fortschritt! obwohl er sich unter »Phosmobilen« nichts vorstellen kann. Und leider kann Herr Moselmann nicht auch noch um die Straßenreinigung besorgt sein, während Herr Berger aus München die Straßen kehren und die Abtritte leeren lassen will, »indem er mittels einer Maschine den Inhalt der Senkgruben in einen fest verschlossenen Behälter pumpt« und für unbedingte Geruchlosigkeit geradesteht.
Kompliziert. Endlich aber wird die Liederhalle eingeweiht. Im Festzug zieht der Stuttgarter Liederkranz am Donnerstag, dem 11. Dezember, von seinem bisherigen Vereinslokal, der Hackh'schen Bierbrauerei, ins fahnenprangende Gebäude ein. Ein Konzert geht vonstatten, eine Festtafel lockt mit habhaften Genüssen, und unser Havelock wird's schaffen, daß er mit seiner Clara am Montag auf dem Festball mit dabeisein kann. Im Festsaal brennen Gasflammen in mächtigen Lüstern. Clara schwitzt nicht so arg wie Herr Havelock, denn sie hat einen Fächer aus Perlmutt dabei, gegen den ihr Galan mit seiner neuen Meerschaum-Zigarrenspitze vom Meerschaumwarenfabrikant Kast im Königsbau nicht aufkommt. Aber vielleicht bewundert Fräulein Clara an ihm nicht nur die Zigarrenspitze, und das hilft ihm weiter. Übrigens ist jener Kast ein Meister seines Fachs und hat drei Jahre lang in Wien das Pfeifenschneider- und Meerschaum-Gravierhandwerk erlernt, wie er in einer Anzeige verkündet.
Dann naht die Weihnachtszeit, und Fräulein Clara sucht passende Geschenke aus. Weil sie feinsinnigen Gemütes ist und fürs Erzieherische eine Schwäche hat, wählt sie für ihre Nichte das Buch »Schreiliesel« aus, kauft »Wohltaten« (Aufzeichnungen für edle Herzen) von C. Dräxler-Manfred und den »Stammbaum von Adam bis Christus«, der bei L. Krapf in

Korntal zu haben ist, indes Herr Havelock die Weihnachtsmesse kaum erwarten kann, wo sich »Die zweite Hipolyta, die kolossalste und schwerste Dame der Welt« zeigen wird. Hipolyta stammt aus Mannheim, Doktoren und Professoren nennen sie »Die schöne Rheinländerin«, denn sie ist 19 Jahre alt und gegen 400 Pfund schwer. Die darf Herr Havelock niemals versäumen.

5   Ein neues Jahr fängt an. Wir gehen im Museum des Gemüts einige Schritte weiter und sehen uns im Januar des Jahres 1900 um. »Neues Tagblatt und General-Anzeiger für Stuttgart und Württemberg« heißt die Gazette, aus der wir den Duft der Jahrhundertwende herausdestillieren wollen.
Es sind die Jugendtage unsrer Eltern und Großeltern, und mancher, der heut zwischen siebzig und achtzig ist, sieht sie in verklärendem Licht dahinten liegen, wo der »Bäcker-Athletenklub Stuttgardia« seine Mitglieder zusammenruft. Ein strammer Herr mit Schnurrbart und Trikot zeigt seine Muskeln, die auch der Besucher eines Body Building nicht handfester schwellen lassen kann; nur will's uns scheinen, als wäre damals alles mehr aufs Gemütliche abgestimmt gewesen.
Jetzt sind die großen Eisenbahnlinien gebaut, die Stadt hat sich gestreckt, gedehnt, und eine Windstille des Wohlstands macht sich breit, in der's den Zeitgenossen damals auch nicht wohl gewesen ist. Ihr Wohlstand aber hat noch keine solchen Verwüstungen angerichtet wie in unsern Tagen, da viele Städteplaner die Leistungskraft platzender Fliegerbomben übertreffen wollen. Trotzdem ist im Januar 1900 der Neubau des Rathauses hinterm Alten Rathaus angefangen und »ein Gewirr von Gassen und Gäßchen« niedergerissen worden, von denen der schon 1557 erwähnten Hirschgasse sowie der Metzger- und der Küfergasse im »Neuen Tagblatt« gedacht werden. Mancher Bäckermeister, der im Athletenklub seinen staunenden Zunftgenossen etwas vorstemmt, wird später beim Viertele über die Zerstörung alter Häuser, mit denen ihn eine verklärende Erinnerung verbindet, wacker geschimpft haben.
In der Kunst läßt der Jugendstil seine lebensfrohen Ranken sprießen und macht die Anzeigen zu einer Augenweide. Auch

die Chemische Fabrik von Heyden in Radebeul hat die Annonce für ihren Nährstoff künstlerisch geschmückt, und jeder, der dem schwarzweißen Mädchenantlitz in die Augen schaut, spürt ein Gefühl, als pulse ihm das kräftigende Wundermittel bereits durch die Adern.
Manche jener Damen, die sich dazumal im Korsettenhaus Stickel mit modernen Stützen für Figur und Busen ausstaffieren ließen, waren nicht minder ansehnlich als die heutigen, auch wenn der Tonfall der Reklame damals nicht so durchschlagend gewesen ist wie anno 65; denn ein Text wie: »chic 65, intarsien pullover aus Lambswool mit Angora, fully fashioned, 3 Dessins in hübschen Farbkombinationen« hört sich für unsere Ohren eindrucksvoller an als: »Unerreichbar ist A. Must's GLORIA, vornehmstes und bestes Bartbindenwasser.« Die Werbefachleute des chic 65 werden sich eins grinsen, weil sie dieser Annoncentext von 1900 hinterwäldlerisch anmutet und weil er mit dem Kauderwelsch unserer Tage nicht konkurrieren kann.
Auch auf der Romanseite sieht es heute anders aus, und »Schloß Oterno«, einen Roman von S. Merriman, liest heute niemand mehr. »Etta sprang auf und sah ihn an – das treffliche Weib glich einer Göttin des Zornes, und ihre flammenden Augen befanden sich auf derselben Höhe mit den seinen«, heißt's dort, während, was den Roman betrifft, der chic 65 in Sätzen wie diesen zuckt: »Er tanzte miserabel, einen Schritt zurück – mit Doralice, einer ruhig dahinschwebenden Doralice, mit dem Lächeln einer Mondgöttin.«
Ja, wem im Januar 1900 eine Göttin des Zorns, in unseren Tagen aber eine Mondgöttin die Lesermasse entzückt, dann soll mal einer sagen, wir hätten's in puncto Dichtung nicht weiter gebracht und seitdem sei es nicht aufwärtsgegangen.
Anno 1900 gibt's bei uns viele Vereine, und ihre Namen sind originell. Es gibt einen »Gießkannenklub«, der sein zweites Stiftungsfest im Blumensaal des Charlottenhofs abhält; die Gesellschaften »Grenzia« und »Janitscharia« kommen zusammen, der Eisenbahn-Werkstätten-Arbeiter-Verein »Vulkan« macht von sich reden, und andere Vereine heißen »Philia«, »Arion« und »Spartania«. Das »Russische Café« in der Büchsenstraße hat »russische Cigaretten, tadellos fein, emp-

fangen«, und wir stellen uns dieses Etablissement voll bärtiger Anarchisten vor, deren Augen grünlich im Rauchqualm glitzern. Wer weiß, ob dort nicht jener Streik ausgeheckt worden ist, der die Eisengießerei W. Gaupp in Cannstatt zehn Wochen lang lahmgelegt hat. Aber die Untertanen sollen merken, daß der König hart arbeitet und auf der Hut ist. Deshalb wird sein Tageslauf vom 9. Januar veröffentlicht, an dem er die Vorträge des Oberhofmarschalles, des Generaladjutanten, des Oberstallmeisters und des Oberjägermeisters entgegennimmt und intensiv mit seinem Kabinettsekretär bei der Arbeit sitzt; abends sind die Staatsminister, die Mitglieder des Geheimen Rathes sowie die Freifrauen von Mittnacht und Schott von Schottenstein zur Tafel im Schloß eingeladen.
Gummiartikel, »Pariser Neuheiten«, werden im Tagblatt angeboten, die Produktionsfirma der »wichtigsten und bisher unerreichten Erfindung ›Frauenschutz‹ (Deutsches Reichspatent 94583) hat höchste Auszeichnungen und zahlreiche Dankschreiben erhalten«, und Hermann Musches Locken-Erzeuger ADONIS ist im Friseurgeschäft Frisoni in der Hauptstätter Straße neu eingetroffen. Sanitätsrat Dr. Steudel bestreitet energisch, daß der Dichter Ludwig Uhland in einer Leipziger Bierwirtschaft den Satz: »Von dem Bier kriegt mer Leis (= Läuse)« geäußert habe, denn dies sei »eine abgeschmackte, Uhlands ästhetisches Gefühl verletzende Phrase.« Im übrigen hat Steudel unseren Dichter nie mehr als ein Glas Bier trinken sehen, glaubt deshalb, daß er beim Weißbier, das ihm nicht mundete, »Dies Bier ist mir zu leis« (= fade, geschmacklos) geäußert habe, und verwahrt sich dagegen, daß durch derartige Lappalien das Andenken des Dichters ins Niedrige herabgezogen werde.
Die Sylvesternacht bringt ausgiebige Regengüsse, alle Turmuhren sind so gestellt, daß sie zur Jahrhundertwende die Mitternachtsstunde zusammen anschlagen, »die Geistlichen bitten um des Himmels Schutz und Segen für das kommende Jahrhundert«, und in München hält ein Bürger sein gefülltes Sektglas in die Höhe und ruft: »Prost, Frau Senator, jetzt kemman hundert zünftige Johr!«
Am 2. Januar 1900 wird der Jahrgang 1880 aufgefordert, sich zur Stammrolle zu melden.

6 »Schlafmädchen gesucht, Hauptstätter Straße 9 im Laden«, steht am 15. Februar 1900 im »Neuen Tagblatt«, und das verwundert uns; wir denken uns manches dabei, das um die Jahrhundertwende als unpassend verworfen worden wäre. Auch jene Annonce, die lakonisch vermeldet: »Gesucht ein solider Schlafgänger, Silberburgstr. 134, Hinterhaus, 3. Stock links«, mutet uns sonderbar an, obwohl damals die Schlafstellen auf diese Weise angeboten worden sind. Der Anzeigentext dürfte deshalb als Dokument der sich wandelnden Umgangssprache auch für Gelehrte bemerkenswert sein.
Sie scheinen fröhliche Leute und alles andere als moralisch muffig gewesen zu sein, diese Herrschaften um 1900. Am Königlichen Hoftheater ist Anna Sutter der alle anderen überstrahlende Stern, und wenn sie einer gewissen »Heiserkeit« wegen den Spielplan des Königlichen Hoftheaters umwirft, so wird dies in der Zeitung nur zwischen Anführungsstrichen vermerkt. Denn dies ist das Äußerste an Kritik, das Fräulein Sutter zugemutet wird, demselben Fräulein Sutter, das zwei Kinder hat, ein Mädchen von einem Baron und einen Buben von einem Handelsherrn. Ihr Wort: »Ich will nur sehen, wie sich das Kaufmannsbüble später mal mit dem Baroneßle verträgt« geht in Stuttgart von Mund zu Mund. »Rixraths-Reklame Fischbein-Corsets« werden auch von schmalhüftigen Damen gekauft, wie die Annonce beweist; mindestens hierin also waren die Altvordern uns ein paar Schritte voraus. Am 14., 15. und 16. Februar hält der kaiserlich russische und königlich schwedische Hofkünstler Dr. Adams-Epstein im Konzertsaal der Liederhalle »Antispiritistische Séancen« ab, bei denen Geister klopfen, Skelette tanzen, Tische sich in die Luft erheben und Gedanken gelesen werden. »Geister von verstorbenen Personen werden hervorzitiert und bewegen sich zwischen dem Publikum frei umher« heißt es in der Ankündigung.
Freilich, im Faschingsmonat ist manches erlaubt. Der fingierte Brief einer Kellnerin an ihren Ulmer Freund schließt mit »Deine Braut und Monatsfrau«, während auf der Rückseite desselben Blattes ein »Kursus für junge Fräulein in feinen Umgangsformen, gewählter Umgangssprache, sicherem und gewandtem Verkehr nebst Briefstil« empfohlen wird.

Jeden Sonntag um vier und acht Uhr produziert sich im Gasthof zum Hirsch das »Erste Stuttgarter Komiker-Trio Flaig mit Fräulein Lina und Fräulein Ella«. Der Faschingsabend im Lindenhof am 10. Februar muß besonders lustig gewesen sein, obwohl einen Tag zuvor in der Mannschaftsküche des Infanterieregiments Kaiser Friedrich die Decke eingebrochen ist und zwei Mann schwer verletzt hat, weil über der Küche zu viele Patronen aufbewahrt worden sind. Heute gäbe ein solcher Vorfall zu heftigen Zeitungskontroversen Anlaß, weshalb angenommen werden darf, daß es mit der Freiheit der Meinungsäußerung inzwischen enorm aufwärts gegangen ist.
Beim »Großen Haaraffen-Fest des Bezirksvereins Crailsheim« werden »echte Haaraffen« verkauft (ein brezelartiges Gebäck), und an Empfehlungen für Bartwuchs-Cremes, die »absolut sicher wirken«, ist kein Mangel. Zumindest in dieser Produktionssparte haben unsere Großeltern mehr geleistet als wir. Aber wenn der Massengeschmack die Mode der struppigen Beatnik-Bärte absorbiert hat, werden auch wir in der Erzeugung von Bartpomade unsere Vorfahren hoch überflügeln.
Um 1900 ist die Sympathie für die Buren modern. Der königliche Hoflieferant G. L. Männer im Königsbau bietet für den Fasching Buren- und Engländerkostüme an, und daß jener Krieg vielleicht da und dort auch ein paar Tröpfchen Blut kostet, kümmert nur wenige. Ein Telegramm des »vielgenannten Kriegsberichterstatters Winston Churchill«, der als Beobachter auf dem südafrikanischen Kriegsschauplatz weilt, wird abgedruckt, und das von den Architekten Vollmer und Hassoy aus Berlin entworfene neue Rathaus zeigt seine altdeutsche Gestalt; mit dem Großraumbau von heute läßt es sich leider nicht vergleichen.
Wichtiger aber als Rathausneubau, Politik und Bartpomade ist das Theater, wo Agnes Sorma als Nora in Ibsens Stück auftritt und alles zu bieten weiß, was ein schauspielerisches Genie, dem ein Dichtergenie den Stoff gegeben, an Herzerquickendem und Herzergreifendem gewähren kann«. Frau Katharina Senger-Bettaque exzelliert als Brünhilde in Wagners »Walküre« und läßt einen Sturmwind gewaltiger Kunst über uns hinwegbrausen, wenn wir lesen: »Wie ergreifend brachte

sie, um nur einzelnes hervorzuheben, ihre kindlich-rührende Liebe zu Allvater Wotan zum Ausdruck, wie jauchzend und markig klang ihr Hojotoho und wie ernst und feierlich ihre Todesverkündigung: ›Siegmund, ich bin's, der du bald folgst!‹« Der achtzigjährige Sänger Heinrich Sontheim wird jubelnd gefeiert; der König befiehlt ihn in seine Loge und überreicht ihm sein Bild mit einer handschriftlichen Widmung; vierzig Lorbeerkränze fliegen Sontheim aus dem Orchesterraum zu; bei der Feier im Hotel Marquardt beglückwünscht der Intendant Baron zu Putlitz den Jubilar, und über sechzig Glückwunschschreiben werden ihm zugestellt.
Heitere Zeit. Die Fanfarentrompete, die Herr Rabinowicz aus Wien anbietet, macht mit ihrer »schmetternden Vibration durch Hineinsingen ohne Anstrengung und ohne alle Musikkenntnisse« auf vielen Fastnachtsbällen einen strahlenden Effekt, der nur von jener geheimnisvollen Dame im Löwenkäfig übertroffen wird, die Comtesse X heißt und im Apollo-Theater auftritt, das manche ältere Mitbürger als Kabarett beim Marienplatz noch in Erinnerung haben.

7   Damals war die blasse Frau mit durchsichtigem Teetassen-Teint begehrt, die oft Migräne hatte, wahrscheinlich weil sie selten an die Luft ging, während wir's heut mit vitalen Damen à la »Mondo Cane« haben.
Eine von der altmodischen Sorte also präsentiert am 26. März ein Hutmodell mit zwei Federn, die aussehen, als ob es gefiederte Pfeile seien, die der Liebesgott ihr ins Hutband hineingeschossen hat; dieselben trägt unsere Dame als Trophäe beim Besuch der deutschen Komödie von Otto Ernst »Jugend von heute«, einem Erfolgsstück, das nun auch im hiesigen königlichen Hoftheater aufgeführt wird. Der Autor heißt Schmidt, er ist früher Lehrer gewesen und verdient jetzt mit seiner Komödie so viel Geld, daß er als freier Schriftsteller in Elmsbüttel bei Hamburg leben kann.
In diesem damals zeitnahen Lustspiel werden alle Jünger der Nietzscheschen Philosophie gutmütig verspottet. Ein junger Mann glaubt, daß er ein Übermensch sei, und bekehrt sich zum redlichen Bürger; er vergißt seine Überspanntheit,

schließt mit seiner treuen Jugendfreundin den Bund fürs Leben und gibt einer emanzipierten Dame, die als Schriftstellerin der freien Liebe huldigt, den Laufpaß.
Eine solide Sache also, in der die bürgerliche Moral alles Chaotische und Hitzige besiegt. Anders als man's heute gerne hat, weil wir doch im Theater alles Bürgerliche als verderbt und ausgehöhlt genießen wollen und wünschen, daß wenigstens zwei Stunden lang Anarchie und erotische Freizügigkeit herrschen. Zu Hause freilich wollen auch wir's so behaglich wie unsere Großväter haben, denn jede Zeit hat ihre Pose. Damals war's das Elegante, Kultivierte, und jede Tochter aus ehrbarem Hause, die Chopinétüden spielte, kämmte sich ihre Gefühle ganz dünn aus, weil sie dazu Zeit hatte, während wir scharfe Gewürze brauchen und die Arbeit in Büro oder Maschinensaal uns eine dicke Haut hat wachsen lassen; sonst kämen wir nicht durch die Wohlstandszeit.
Damals aber wird im »Neuen Tagblatt« unter der Überschrift »Idealist« ein »hoher Aristokrat von tadellosem Ruf und feiner innerlicher Empfindung, 45-55 Jahre alt, zum Lebensbund für eine selten kunstvoll begabte Dame von tief innerlichem Gemüt« gesucht. Sie ist 33 Jahre alt, »eine alleinstehende Witwe und zarte, vornehme Erscheinung, protestantisch – aber religiös vorurteilsfrei – aus feinem bürgerlichen Hause mit 30000 Mark jährlicher Rente«, weshalb der »Idealist« weder ein Vermögen noch eine Lebensstellung zu haben braucht.
Statt Idealist sagt man heut Playboy, und alleinstehende Damen legen mehr aufs Habhafte und Handgreifliche Wert, wenn sich's um Männer handelt, was nicht anrüchig zu sein braucht, obwohl ein »tadelloser Ruf« auch heute noch erwünscht sein kann. Zuweilen freilich will's uns scheinen, als ob es in unseren Tagen einer mit call-girl-Praxis weiterbrächte, weil unsere Damen von der Kinoleinwand her (»Das Schweigen«) etwas anderes gewöhnt sind. Aber, wer weiß, ob es um neunzehnhundert nicht ähnlich gewesen ist und ob in den Anzeigen von damals nicht auch nur Wunschträume beschrieben worden sind wie heutzutage in Filmen und Bestsellern. Vielleicht hat sich inzwischen nur die Konvention geändert, denn im März 1900 werden unter dem Schlagwort »Fi-

dele Herren« dreißig allerfeinste »Visit-Bilder« angeboten; darunter steht eine Annonce für ein Heilmittel, das »die Schwächezustände der Männer beseitigen hilft«. Und bei Hebamme Wagner in Esslingen, Obere Metzgerbachstraße 13, »finden Damen liebevolle und diskrete Aufnahme«.
Jedenfalls hat man sich schon vor 65 Jahren um effektvolle Werbung bemüht. In der Königstraße hat Rudolf Mosse eine Annoncen-Expedition eröffnet und wirbt mit dem Bild eines lächelnden Storchs und fetten Froschs für seine Entwürfe von Cliché-Inseraten, die »sofort ins Auge fallen und eine starke Wirkung bei den Lesern hervorbringen«. Es gibt Uhrketten, die die Form eines Hirschfängers haben und heute als antiquarische Kostbarkeiten geschätzt sind. Am 10. März spricht der Psycho-Physiologe Herr Karl Huter im Saale des Bürgermuseums über Gesichtsausdruckskunde »in der Geschichte, Philosophie, Kunst und Naturforschung« und klärt seine Zuhörer über die »Bedeutung der praktischen Menschenkenntnis für Erziehung, Heilkunde und für das geschäftliche Leben auf«.
Poetische Genüsse vermittelt der Gedichtband »Der Alte vom Hohen-Neuffen« von Eduard Paulus, und der Mörike-Biograph Rudolf Krauß flicht dem Dichter im »Neuen Tagblatt« einen kräftigen Lobeszopf, indem er uns wissen läßt, daß Paulus zwar vor kurzer Zeit in den Ruhestand getreten ist (er war als Oberstudienrat tätig), sich ihm aber »gewaltiger als je die Dichterschwingen regen« und »die jüngste Gabe seiner Muse, was Leichtigkeit der Form, Rundung des Verses und Wohllaut der Sprache betrifft, den früheren Leistungen des Dichters gegenüber eher noch einen Überschuß aufweist«.
Jeder Musikfreund aber hört am 19. März im Festsaal der Liederhalle den spanischen Geiger Pablo de Sarasate, der von Madame Berthe Marx-Goldschmidt am Flügel begleitet wird. In Cannstatt wird das Wilhelmatheater, das am 29. Mai 1840 eingeweiht worden ist, für die Feier der Wiedereröffnung renoviert und mit tausend elektrischen Glühlampen (400 für den Zuschauerraum und 600 für die Bühne) ausgestattet. Bei C. A. Fischer in der Immenhoferstraße 22 gibt's Wartburg-Motorwagen, die, wie jedes Automobil, damals »Stinkkutschen« genannt worden sind, und vom Wilhelmspalais weht seit 2. März

die Königsstandarte (drei schwarze Hirschstangen auf gelbem Grund); sie wird von nun an immer dort wehen, wenn der König in seinen Räumen weilt.

8 Viele unserer Großväter haben zu den Adligen bewundernd aufgeschaut und jeden beneidet, der ein Wappen mit einer Krone vorzuweisen hatte. Deshalb war's damals wirkungsvoll, wenn sich eine Artistin »Prinzessin Piccolomini« genannt hat, mochte sie auch nur eine Liliputanerin gewesen sein wie jene, die nach dem 24. April 1900 jeden Tag von zehn Uhr morgens an als »die kleinste Dame der Welt und 32 Jahre alt mit ihrem Zwergenkinde« im Restaurant zur Schützenhalle zum ersten Male in Württemberg zu sehen war. Heut aber käme keine Priesterin der leichten Muse auf den Gedanken, als Prinzessin aufzutreten, denn in unseren fortschrittlichen Tagen heißen solche Damen Marina, Tipsy oder Gwendolin. Bewundernswert ist das Industriellentöchterlein mit Playboy-Anhang, obwohl allerdings immer noch eine, die Soraya heißt und früher Kaiserin gewesen ist, nicht nur die Wunschträume attraktiver Sekretärinnen belebt. Denn so wirkt sich auch heute noch die tief eingewurzelte monarchische Überlieferung aus, und unsere Kinder kostümieren sich wie vor Zeiten als Königin oder Prinzessin, nicht aber als Frau Ministerpräsident oder Direktorsgattin.
Und was heute vom Image einer Fürstin Gracia, einer Königin Fabiola oder von Sophia Lorens üppigem Heim auf unsere Phantasie ausstrahlt, das besorgte am 3. April 1900 die Galatafel im königlichen Residenzschlosse zu Stuttgart, zu welcher der österreichisch-ungarische Gesandte von Pereira-Arnstein mit Gemahlin, der k. k. Legationssekretär Dr. Julius Szillassy von Szillas und Pilis, der Präsident des königlichen Staatsministeriums, Staatsminister der auswärtigen Angelegenheiten Dr. Freiherr von Mittnacht, und Staatsrat Freiherr von König-Warthausen eingeladen worden sind.
»Jungfer«, sagt heute niemand mehr, auch »Stütze« ist aus der Mode gekommen, denn wir ersehnen eine »Haushaltshilfe«. Und »Monatfrau« hat für unsere Wohlstandszeit einen allzu prosaischen oder gar proletarischen Unterton, weshalb wir

uns zur »Raumpflegerin« durchgerungen haben; das ist unsern Büropalästen angemessener, denn um 1900 gab's nur Comptoirs. Jeder versierte Kenner unserer Gegenwart aber erkennt in solchen Wandlungen der Umgangssprache die veränderte soziale Struktur.

Wir sind auch abgebrühter als die Leute der Jahrhundertwende, und ein Vortrag wie der von Marie Stritt, die damals im Saal des Bürgermuseums über »Die Frauenfrage und die ethische Kultur« gesprochen hat, müßte in unsern Tagen wahrscheinlich mit weniger Zuhörern rechnen als am 3. April 1900. Freilich, heut gibt es den »Volkswartbund«, und damals hieß die Veranstaltergruppe »Deutsche Gesellschaft für ethische Kultur«.

Ist's falsch, wenn wir annehmen, daß dieselbe für so etwas wie »reine Lebensführung« eingetreten ist? Ein hohes Ziel, gewiß, das allerdings nur der erreicht, der fleckenlos durchs Leben kommt; und das wird auch 1900 nur wenigen gelungen sein. Zur Konfirmation wird das Buch »Aus der Töchterschule ins Leben – ein allseitiger Berater für Deutschlands Jungfrauen« angeboten, den Amalie Baisch »unter Mitwirkung hervorragender Kräfte« im Originaleinband zu sechs Mark herausgegeben hat. Er hat seine Wirkung getan, obwohl »Deutschlands Jungfrauen« sich in der Zwischenzeit in Teenager verwandelt haben. Und sittliche Empörung, die, wer weiß, vielleicht berechtigt war, verführt den Verfasser des »Römischen Briefes« vom 23. April dazu, Gabriele d'Annunzio seines Romans »Das Feuer« wegen einen »genialen Schmutzian« zu nennen, der an Eleonora Duse »einen Akt der Unanständigkeit und Brutalität« begangen habe, »was sich nur durch die geistige Perversität und Unzurechnungsfähigkeit des Dichters« erklären lasse; stilistisch sei das Buch freilich bedeutend.

So meldete sich also auch damals ein Bewußtsein moralischer Verantwortung zu Wort, das sogar heutzutage ab und zu noch wirksam wird, wenn ein Rezensent über Dichtungen von Miller und Grass referiert oder einem Autor seinen Quietismus ankreidet; nur machen wir's weniger emphatisch, weil wir nicht mehr so penibel sind; und das ist in der Tat ein Fortschritt.

Ein Schädlingsbekämpfungsmittel aber wurde damals in einem Bilde angepriesen, das viel erzählt. Da sprüht das Insektenmittel »Zacherlin« (nur in der Dose ist's echt) auf ein uraltes Städtchen, wo Heuschrecken in der Straßenbahn sitzen, ein Käfer als Polizist tätig ist, andere rudern, in Kutschen fahren, Pfeife rauchen und betrunken sind; ja, einer stürzt sich gar vom Kirchturm herunter, doch weil er Flügel hat, wird er sich fangen. Vom Himmel aber droht der Tod aus der Sprühdose. Ein naives Bild des Stadtgewimmels, von dem jeder weiß, daß es damals in Stuttgart weniger turbulent und chaotisch als heute gewesen ist. Am Bahnhof hat Herr Kronmüller im Auftrage der Stadtverwaltung zwischen eins und ein halb vier Uhr morgens einen Nachtdroschkendienst eingerichtet, der selten benützt worden ist, wie es im Sitzungsbericht des Gemeinderats heißt. Die »Influenza« macht sich breit, die heut asiatische Grippe heißt und, nach Willy Widmanns Bericht, zum ersten Male 1173 in Deutschland, England und Italien wirksam geworden ist; damals hieß man sie Tanawäschel oder Tannewetzel (von Tanne = Schläfe und Wetzel = Schlag), weil sie den Kopf benommen macht. »Vor huosten rützen und speiben / Mocht wir in der kirchen nit bleiben / Das kam vom Tanawäschel her« heißt es in einem uralten Gedicht, das uns mit der Einsicht tröstet, daß die Sorgen seit langem dieselben sind. Wenn es aber im »Neuen Tagblatt« heißt: »O Glbtr., w. d. h. Bhdlg. tr. tiefbtr. Hannchen«, was wohl als »O Geliebter, wegen deiner harten Behandlung trauert tiefbetrübt Hannchen« zu lesen ist, so beneiden wir trotz aller Nüchternheit, die uns heute ziert, vielleicht doch jenes Hannchen um seinen Mut, sich so einfach zu einer Empfindung zu bekennen.

9   Die Kultur ist noch intakt; die Chaisen und die Droschken fahren, und lange Röcke streifen übers Pflaster; mächtige Hüte sind mit Blumenarrangements garniert. Auf dem Schloßplatz geht der König zwischen seinen beiden Spitzern; ein Soldat läuft vom Trottoir herunter und stellt sich salutierend in der Abflußrinne auf. Der König dankt, indem er seinen breitkrempigen Hut zieht. Denn Wilhelm von Württemberg fühlt sich als Bürger unter Bürgern und ißt oft in der Bahnhofswirtschaft Sauerkraut mit Saitenwürstchen.

Auch heute noch sind wir ihm zugetan und es beschämt uns, wenn wir des Novembertags anno achtzehn gedenken, da »preußisches Gesindel« in sein Palais eindrang, seine Standarte mit den drei Hirschstangen auf gelbem Grunde niederholte und einen roten Lappen dafür aufzog. Der Offizier, der die Wache befehligte, lief ins Alte Waisenhaus hinüber, wo er sich hinter einer Holzbeige versteckte.

Im Mai des Jahres neunzehnhundert denkt noch niemand an solch arge Zeiten, die dort draußen liegen, wo die Zukunft sich leer und weiß streckt wie das Papier, auf das ich diese Zeilen schreibe. Ich tue es mit verklärender Sehnsucht nach Entschwundenem und sehe unsre Stadt im Zeitenschoße ruhen so wie sie um neunzehnhundert noch gewesen ist: mit viel Grün durchtränkt, das Konsulats- und Villenviertel bei der Goethe- und Alleenstraße noch unverletzt, und die Altstadt ein gar wohnlicher Bezirk.

Dann lese ich im »Neuen Tagblatt« jene »Polizeiliche Bekanntmachung, betreffend die Beschäftigung jugendlicher Arbeiter und Arbeiterinnen im Alter von dreizehn bis sechzehn Jahren und der über sechzehn Jahre«, die Polizeirat Wurster vor fünfundsechzig Jahren unterschrieben hat. Darin steht, daß Kinder unter vierzehn Jahren nur sechs Stunden, junge Leute zwischen vierzehn und sechzehn nicht länger als zehn Stunden, und Arbeiterinnen, die über sechzehn Jahre jung sind, höchstens elf Stunden am Tag beschäftigt werden dürfen. Frühestens um halb sechs Uhr des Morgens dürfen sie mit der Fabrikarbeit anfangen, und spätestens um halb neun Uhr am Abend muß ihr Chef sie heimwärts gehen lassen.

Das ist die Kehrseite der alten Zeit, von der immer behauptet wird, damals hätten die Leute halt noch Zeit gehabt. Zeit hatten sie natürlich schon, aber wie sie diese Zeit einteilen mußten, falls sie sich nicht zu den Eleganten und den Reichen zählen durften, das lesen wir in Wursters Polizeiverordnung. Heut geht zwar der Witz um, daß ein Betriebsführer bekanntgegeben habe, von nun an werde nur noch mittwochs gearbeitet, worauf einer: »Jeden Mittwoch?« gefragt haben soll, doch sind wir trotz Automation noch lange nicht so weit. Und ob dies schließlich ein so arg paradiesischer Zustand wäre – also, ich weiß nicht recht ...

Jedenfalls ist im Mai neunzehnhundert eine christliche Gewerkschaftsversammlung im Gasthof zum »Grafen Eberhard« von Sozialdemokraten gesprengt worden. Das hört sich ungemütlich an, und vielleicht war die Hitze daran schuld. Herr Gehringer, der Wirt der »Alten Post«, empfiehlt deshalb sein Schorle morle, das Glas zu dreißig Pfennig. Der Genuß der sauberen und besänftigenden Lebensatmosphäre der Vergangenheit jedoch muß da und dort von Ungeziefer gestört gewesen sein, denn immer wieder werden Mittel wie »ORI das Beste, tötet sicher!« und »So wirkt das Thurmelin« den Mitbürgern empfohlen. Und was die »Halbstarkenkrawalle« unserer Zeit betrifft, so vermeldet der Polizeibericht vom siebzehnten Mai neunzehnhundert, daß jener Bube, der im vergangenen Jahr Damenkleider mit Salzsäure bespritzt habe, neuerdings wieder am Werke sei, jetzt aber Tinte zu benutzen scheine. Zwölf- bis vierzehnjährige Knaben reißen Zinkblech von Weinberghäuschen ab und verkaufen's an Alteisenhändler, und Witwe Berta Stiefel werden wegen Kuppelei sechs Monate Gefängnis aufgebrummt. Wie's halt so geht... Es ändern sich, scheint's, nur die Ausdrucksmittel jugendlichen oder erwachsenen Lebensüberschwanges, sonst aber bleibt's sich gleich. Daneben spricht im Kreutzersaal der Liederhalle Lic. theol. Christoph Schrempf über »Gut und Böse«, und der Evangelische Jünglingsverein versammelt sich in der Torstraße, um Herrn Kiefer zuzuhören, der von »Schwäbischen Originalen« zu berichten weiß.

Aber etwas Originelles haben sich unsre Großeltern damals auch einfallen lassen: sie haben das Wilhelmatheater in Cannstatt am 25. Mai neu eröffnet. Heute steht's romantisch vergammelt da, als rage ein vergeßnes Lebewesen in unsere Zeit herein, weil halt die Enkel mancherlei verkommen oder gar abreißen lassen, was die Vorfahren errichtet haben. Denn das Wilhelmatheater ist ein schöner Bau und wär der Mühe und des Geldes wert, von dem heute genug vorhanden ist.

Bei der Eröffnung wird das Lustspiel »Die Schwäbin« von Bastelli unter denselben Kulissen wieder aufgeführt, die auch bei der Erstaufführung am 29. Mai 1840 benützt worden sind, denn Sinn für Tradition hatten sie jedenfalls, die Mächtigen unter den Herrschaften von anno neunzehnhundert. Der einaktige Schwank »Endlich allein« hat dazumal die neue Zeit symbolisiert, und es darf angenommen werden, daß sich nicht nur unser Königspaar, das mit Herzogin Wera und den Prinzessinnen Olga und Marie von Sachsen-Weimar in der Mittelloge saß, gut unterhalten hat.

Vielleicht ließ sich die eine oder andere der Damen vor der Premiere auf amerikanische Art (Shampooing) den Kopf waschen, wie es damals Carl Wenzler in seinem separaten Damen-Kabinett in der Hirschstraße praktiziert hat. Dabei liegt das offene Haar auf einer schräg gestellten Schüssel, die ein Petroleumofen wärmt. Wobei zu fragen wäre, wer von unsern Damen heute noch Lust habe, sich auf diese altmodische Art das Haar trocknen zu lassen.

Keine. ich weiß, daß es gefährlich und umständlich wäre. Und in unserer Liebe zur Vergangenheit brauchen wir auch nicht derart konsequent zu sein, daß wir unsern Komfort verleugnen und zu monarchischen Kopfwaschmethoden zurückkehren. Denn konsequent lieben wir heutzutage nur von Mund zu Mund und nicht nach rückwärts.

10 »Diejenige Dame, welche am Pfingstmontag auf dem Weg nach dem Rennplatz den Einspänner (Insassen: ältere Dame mit blondem Knaben) so prächtig zu lenken verstand, wird herzinnigst um Angabe ihrer werten Adresse unter K. L. hauptpostlagernd gebeten«, steht im »Stuttgarter Neuen Tagblatt«, und den Leser von heute beschleicht sehnsüchtiges Wehmutsgefühl, weil die Annonce ein kurzes Geschehnis von Anno dazumal heraufruft, als ob's noch lebendig wäre. Der Nachgeborene riecht die durchsonnte, sanft staubige Luft des warmen Junitages von neunzehnhundert, sieht den Einspänner traben und fahren, während die frische Person, eine mit steifem Strohhut, lacht, die Zügel hält und sich auf die Unterlippe beißt; denn es ist angenehm, sich's so vorzustellen.

Vielleicht war's Miß Claire Heliot, die mit fünf Löwen im Apollo-Theater auftritt und aus Sachsen stammt. Ihre Darbietungen machen Furore, ein Berichterstatter lobt ihre »sanfte Hand«. Auch die Schauspielerin, die im Kurtheater Berg in »Hals über Kopf« von A. Bisson spielt, kann's gewesen sein,

falls es sich nicht um jene Hausfrau gehandelt hat, die am 19. Juni auf der »Eselswiese« (so heißen die Kollegen von der Zeitung die Seite, auf der Zuschriften aus Leserkreisen abgedruckt werden) energisch dafür in die Bresche springt, daß jede Ehefrau es verstehen müsse, den Mann ans Haus zu fesseln. »Wenn die Frau sich seiner Erholung widmet und ein gemütliches Stündchen mit ihm feiert, unterläßt er seine gymnastischen Übungen«, schreibt sie und glaubt, es sei unwahrscheinlich, daß der Gatte trotz gymnastischer Übungen schon drei Stunden nach einem habhaften Mittagessen wieder Hunger verspüre und seine Frau in die Küche schicke, wie eine andere Dame zuvor behauptet hat.
Immerhin müssen unsere Groß- und Urgroßeltern ein starkes Verlangen nach Kraftnahrung verspürt haben, denn dies lassen die Anzeigen vermuten. Da streckt ein nackter Mann kühnen und trotzigen Gesichts eine Fackel hoch und wirbt fürs Nahrungseiweiß TROPON, das sich »im Körper unmittelbar in Blut und Muskelsubstanz umsetzt, ohne Fett zu bilden«. Muskel- und Nervensubstanz, Kraft und Energie aber vermittelt auch Siebolds Milcheiweiß PLASMON, was ein anderer Nackter demonstriert, indem er vor einer Säule den Hammer schwingt. An solchen Abbildungen richteten sich Anno dazumal jene verborgenen Wünsche auf, die heute von allerlei Unverhülltem genährt werden, das mit Busen und bloßen Hüften lockt, von denen Meerwasser abtropft.
Die von neunzehnhundert sind mit gedämpfteren Reizen zufrieden gewesen, obwohl auch sie das Wahlfieber gepackt hat. Am 21. Juni jenes verschollenen Jahres nämlich findet die Handelskammerwahl statt. Auf seitengroßen Verlautbarungen bekriegt der Schutzverein für Handel und Gewerbe das Großkapital und prangert »gehässige Wahlmanöver« der Gegenpartei an. Denn Schuld hat, wie heute, immer der andere, und jeder ist eine strahlende Idealgestalt wie die nackten Werbemänner von TROPON und PLASMON.
Den Schweiß und Schmutz der Geschäftigkeit aber wird jeder unter der »wirklich temperierten Douche« los, und der »Dampf-Badeapparat für den Hausgebrauch« öffnet die Poren. Wie behaglich muß es dem schnauzbärtigen Herrn zu Mute gewesen sein, der die Harmonika seines Dampfzeltes als

mächtige Halskrause getragen hat, als er am Samstag abend ins Bad mit dem Faltstuhl gestiegen ist. Und sonntags konzertiert im Stadtgarten das Musikkorps des Grenadier-Regiments Königin Olga, dessen Musikdirektor sowieso Sonntag heißt.
Am Montag, 11. Juni, jedoch, werden am Gewerbehalleplatz die öffentlichen Droschken gemustert, und ein Polizeiamtsvorstand, ein Polizeikommissär und der stellvertretende erste Stadttierarzt walten ihres Amtes. Neunundfünfzig Zweispänner, fünfundzwanzig Taxameter-Einspänner und zwei Motor-Taxameter traben und schnauben durch die Straßen der Residenzstadt, und nur zwei Pferde müssen bei der Droschken-Musterung »als ungeeignet weggesprochen werden«, wie der Berichterstatter diskret zu vermelden weiß. Alle anderen aber stehen sauber und gut in Futter und Saft, und kein Wagen läßt, was die Verkehrssicherheit anlangt, etwas zu wünschen übrig. Prämien für gute Pferdewartung werden vom Tierschutzverein und vom Fremdenverkehrsverein den Kutschern Gutbrod, Wankmüller, Eipper, Reischmann und Widmann verliehen, und jedermann freut sich des blanken Sommerwetters, das in diesem Monat von Stuttgart bis Lugano strahlt. Um die Mittagszeit des 28. Juni leistet in der Hofburg der Kaiserstadt Wien Erzherzog Franz Ferdinand seinen Eid als Thronfolger Franz Josephs des Ersten. Seine Trauung mit Gräfin Chotek wird zu Anfang Juli mit Ausschluß des Hofzeremoniells in Reichstadt gefeiert werden, denn Franz Ferdinand geht eine morganatische Ehe ein, was der Kaiser lächelnd billigt. Gräfin Sophie Chotek aber ist am 1. März 1868 in Stuttgart geboren worden, und weil man in Württemberg immer österreichfreundlich gesinnt ist, wird dieses Ereignisses in Sympathie gedacht.
Leichtes Sommerwetter und Freundlichkeit... Kein Wunder, daß Herr K. L. Jener Dame im Einspänner nachträumt und auch andere Herrschaften Lust verspüren, sich zu verehelichen, obwohl sie weder Thronfolger noch Gräfinnen sind. Die Aufgebotsmeldung des Standesamtes vom 12. Juni verrät, wie gefestigt das ständische Gefüge damals gewesen ist, und daß jedermann seine Lebensgefährtin aus jenem Lebenskreis geholt hat, in dem er heimisch war. So tut sich der Pfarrer von Unterregenbach mit einem Ellwanger Fabrikantentöchterlein

zusammen, ein Friseur aus Cannstatt nimmt die Tochter eines Tanzlehrers zur Frau, und der Lindenwirt von Zuffenhausen führt Pauline Gruber, Küfermeisterstochter dahier, in sein Haus ein.
Und wenn sie nicht gestorben sind, dann leben sie heute noch.

11   Im Juli 1900 breitet sich der Boxeraufstand aus, und Blut fließt im Land friedlicher Buddhisten. Deutsche Soldaten werden nach China geschickt. Am 16. Juli besichtigen der König und die Königin, von Bebenhausen kommend, auf dem Ludwigsburger Arsenalplatz Offiziere und Mannschaften, die freiwillig nach dem Fernen Osten gehen, der damals noch ferner als heut gewesen ist.
Das »Neue Tagblatt« druckt den Brief eines Soldaten ab, der seinem Unteroffizier nach Stuttgart schreibt; der gute Kerl hofft, als tapferer Mann im fremden Land für seine Heimat Ehre einzulegen, doch liest sich heute sein Brief bitteren Gefühls, obwohl er rührend klingt. Wir hoffen, daß der Gutgläubige unverletzt nach Hause zurückgekehrt ist und zum Staunen seiner Freunde viel erzählen konnte, nachdem ihm die Erinnerung seine Strapazen sanft verklärt hat.
Graf Zeppelin fliegt überm Bodensee und reizt die Phantasie der halben Welt. Am 3 Juli spricht er vor der Ausfahrt ein kurzes Gebet und verkündet nach der Rückkehr, daß sich sein Luftschiff als lenkbar erwiesen habe. Er ist dreißig Minuten in der Luft gewesen und hat in der Sekunde eine Geschwindigkeit von acht Metern erreicht. Ein Steuer freilich ist in der Luft abgebrochen, und bei der Landung im Immenstaader Hafen hat ein Pfosten die äußere Hülle aufgeschlitzt. Der Gasballon blieb unverletzt.
Die einen wollen hoch und weit hinaus und es lockt sie das Wagnis und der Ruhm; die andern müssen hier am Boden bleiben und Alltäglichem obliegen. Seit Jahren wird »Reissers Trocken-Closet« von Tausenden benützt und kostet mit Verpackung vierundzwanzig Mark und siebzig Pfennige. Sein Verschluß ist »gegen Luftzug und Austritt schlechter Dünste absolut zuverlässig«.
Das »Antisudorin«, ein ungiftiges Mittel gegen Fußschweiß,

dem es »den üblen Geruch benimmt, ohne denselben zu unterdrücken«, sorgt auch für gute Luft und kann in Stuttgart bei den Apothekern Scholl und Reihlen gekauft werden, während Hof-Kalligraph Gander in der Lange Straße die Handschrift verschönen hilft.
Und unsre Stadt verschönt sich mit neuen Gebäuden. Der Friedrichsbau, ein Werk der Architekten Bihl und Wolz, wird eingeweiht und als »ein Zeuge des mächtigen Fortschritts, den die Baukunst in den letzten Jahrzehnten gemacht hat«, laut gepriesen. In der Zeitung steht, der Bau sei im Stil Ludwigs XVI. errichtet und in seinen Hauptteilen feuerfest konstruiert worden, ein Hinweis, den die Brandbomben des Jahres 1944 leider außer acht gelassen haben.
Doch Anno 1900 sind wie heut viele Mitbürger froh, wenn alte Häuser durch solche »modernsten Stiles« verdrängt werden, und die paar Träumer, denen alles Alte lieber als das Neue ist, werden belächelt wie in unsern Tagen. Freilich, niemand weiß, wann alles wieder einmal anders kommt und unsre Architekten sich umstellen müssen, weil wir der toten Glätte des heutigen Baustils überdrüssig sind und zur Abwechslung wieder mal altmodisch wohnen wollen.
Dann finden wir auch ein Gedicht wie das von Christian Wagner wieder schön, das im Blatt abgedruckt wird und »Waldwandern« heißt. Es beginnt: »Nicht geh allein! – Zur Seite einer Fraue, / Daß sie die vielen Rosen drüben schaue«, und schließt: »Nun die Erkenntnis stolzer dicht durchlichte: Daß Kuß und Rose dich zum Gott verpflichte!«
Gewiß, er hat schon Besseres gemacht, der Bauerndichter aus Warmbronn, das wollen wir ihm gern zugute halten, auch wenn er diesmal nicht als erster Sieger durchs Ziel geht. Dafür hat der Stuttgarter Leutnant von Entreß-Fürsteneck beim Krefelder Jagdrennen auf seinem Pferd Bodesky den ersten Preis errungen. Entreß-Fürsteneck aber war mit Anna Sutter eng liiert, doch von ihr hören wir schon lange nichts mehr aus der Zeitung, wahrscheinlich weil die temperamentvolle Sängerin irgendwo auf dem Lande weilt und einem Kind das Leben schenkt. Im Juli sind sowieso alle Operngrößen längst an südliche Gestade abgewandert, und im Stuttgarter königlichen Hoftheater gastiert die Operettenbühne unter Leitung

von Herrn Kapellmeister Stefanides. Sein Orchester hat das Fräulein Ottmann im »Zigeunerbaron« auf offener Szene regelrecht im Stich gelassen, und Stefanides wird dafür von seiner Sängerin durch einen »entsprechenden Blick« bestraft.
Solch eine Schlamperei ist recht sympathisch. Die Hitze mag schuld daran sein, denn in der zweiten Julihälfte präsentiert sich Stuttgart heiß und staubig, und das Thermometer steigt auf einunddreißig Grad. Radfahrer fahren an den Haltestellen unsrer Straßenbahn so schnell vorbei, daß die Schutzmannschaft aufgefordert wird, gegen sie einzuschreiten. Doch heute fahren viele Buben auf dem Gehsteig, und so gleicht es sich wieder aus.
Ansonsten ist es friedlich. Der dreißig Jahre alte und ledige Maler Anton Rank aus Steinbach erhält drei Monate Gefängnis, weil er auf einer Fahrkarte nach Ludwigsburg, die fünfzig Pfennig kostet, das Datum ausgekratzt und abgeändert hat. Er wird vom Schwurgericht der Gnade des Königs empfohlen, und wir hoffen, daß unser gütiger Monarch ein Einsehen gehabt und Anton Rank hat laufen lassen. Hinter der Stöckachschule ist Heugras von einem größeren Baumgut zu verkaufen. Ein Lehrer versucht seinen Kindern den Unterschied zwischen Fluß und Bach klarzumachen und sagt, der Neckar sei ein Fluß, indes der Nesenbach – Worauf der liebe kleine Rudi ausruft: »Der Bach tut stinken und der Fluß nicht!« Heute wäre ihm das nicht mehr eingefallen.

12 Sympathie, Liebe und Leidenschaft wachen aus der Gazette auf, die als schwerer Band im Archiv der »Stuttgarter Zeitung« vor mir liegt. Der Duft angegilbten Papiers vermischt sich in der Sommerwärme mit dem räßen Arom alter Druckerschwärze, die nicht anders als die von heute riecht. Und ich bin froh, daß das Vergängliche sich abgelagert hat auf diesen Seiten, deren Druckbild mir so vertraut ist, als lebte ich im Jahre neunzehnhundert. Vielleicht denkt deshalb da und dort ein zorniger Mann, es sei der reine Eskapismus, wenn ich mich hier mit Sympathie in Abgesunkenes vertiefe; doch wer Altes nicht kennt, weiß nicht, wie Neues ist. Das eine unterscheidet sich vom anderen nur durch einen Hauch wie Patina

auf Kupferdächern, die heute blank glänzen und morgen schon grün belegt sind; das Metall unter der dünnen Schicht aber bleibt gleich.
Oder glauben Sie, es habe sich etwas geändert, wenn eine Dame bekennt: »Gbtr.! D. L. k. m. ja nur glückl. m. Ich lb. D. ebenf. u. b. i. Ged. stets b. D. Herzl. Gr. i. tr. L.«? So geschehen am 13. August 1900. Und am vierzehnten desselben Monats: »PENSEE. Deine lieben Zeilen erhalten. Heißen Dank. Freut mich, daß Du so vergnügt bist, und würde Dir gerne diese schöne Zeit noch lange gönnen. Aber mein Heimweh, Herz, ist zu groß. Zähle Tage. Betrachte oft Dein Bild lange, lange. Abends oft allein, kann ich am ungestörtesten an Dich denken. Es sind meine liebsten Stunden. Adieu, mein Herz, laß Dir's recht gut gehen. Sei vergnügt. Hab mich lieb. – Addio!«
Darunter ist ein Glas schäumenden Salon-Weißbieres zu sehen, eins nach Berliner Art, das »gehaltreich, pikant, durststillend ist und sich wochenlang hält«. Die erste württembergische Weißbierbrauerei A. G. in Esslingen produziert's und hat einen beachtenswerten Absatz aufzuweisen, auch wenn die Gewinnspanne damals enger als heute gewesen ist. Sie haben sich halt mit kleinerer Münze begnügt, als wir es gewohnt sind, und wenn der neue Jahrgang der »Illustrierten Welt« mit einem Bildchen angepriesen wird, auf dem Papa und Mama unter sonnedurchschienenen Bäumen gemeinsam ins Blatt blicken, während hinter ihnen der Bub im Gras liegt und der Giebel des trauten Heims von ferne herüberschaut, so zeigt sich alles, was einmal gewesen ist, zwar nur von seiner idyllischen Seite, aber rührend ist es halt doch. Wir freilich hätten gern einen Bungalow, den Eiermann entworfen hat und vor dem Mama mit pfundschweren Reizen à la Ekberg oder Bardot prunkt, der Sohn als ausgewachsener Beatle die Locken über beide Ohren schüttelt und Pappi, von Selbstsicherheit satt, sich in den aalglatten Achtzylinder (»Mensch, brutal! Das letzte Geschoß!«) wirft, um zur Freundin zu brausen.
Letzteres ist freilich auch damals schon vorgekommen, nur hat sich der Herr des Hauses im Einspänner zum Liebesnest tragen lassen, falls er nicht im stillen Ferienort mit Weib und Kind der Erholung pflog. Von dort ist dann ein Briefchen ans

»Stuttgarter Neue Tagblatt« gesandt und unter der Chiffre »T. U. J.« abgedruckt worden: »Liebes Kind! Meine Liebe umschwebt dich immerdar. Nicht schreiben, aber freundlich meiner gedenken, gelt! Mit tausend innigen Grüßen und Küssen F. J.«
Seltsam, daß sich die Zeugnisse der Liebe im August ein bißchen häufen, während um dieselbe Zeit Stadtpolizeiamtssekretär Kissel »eine Dirne, kaum mittelgroß und schlank, die dunkles, aufwärtsgekämmtes Haar« gehabt hat, und ihren Zuhälter, einen Herrn mit »starkem rötlichem Schnurrbart und rund eingedrücktem Schlapphut«, sucht. Ein großer illustrierter Katalog von Gummiwaren wird gratis und franko in verschlossenem Couvert angeboten und von Frau Hoof, Kanzleistraße 8 B, parterre, »als bester Ersatz für den Irrigator« offeriert, der zehn Mark kostet. Denn die erotische Freizügigkeit ist schon 1900 im Kommen, obwohl das Stück »Wie man Männer fesselt«, das im Wilhelmatheater aufgeführt wird, einige vorsichtige Ratschläge provoziert; man wünscht, daß bei den Vorstellungen dieser Bühne »ein etwas vornehmerer Geschmack« gewahrt werde, weil jener »vornehme Geschmack« damals noch allgemein gültig gewesen ist.
Auch Baudirektor a. D. Bock beweist ihn auf seine Weise, indem er die Entwürfe für das Schiller-Nationalmuseum in Marbach kritisiert und frägt, ob Friedrich Schiller nicht sein ganzes Leben lang den Schein und die Lüge verschmäht habe, um dem Wahren, Reinen, Edlen und Keuschen zum Siege zu verhelfen. Und einem solchen Manne solle ein Denkmal im Stil jenes verdorbenen Hoflebens errichtet werden, das er mißachtet habe?! Ein Museum für einen »Geistesherold« wie ihn müsse im »edelsten aller Stile«, dem des klassischen Altertums, errichtet werden, denn Schiller sei für uns »ein göttergleiches Wesen in menschlicher Gestalt«.
Gut, daß die anderen keine göttergleichen Wesen zu sein brauchen, auch wenn sie Dichter sind. Sie schauen im »Panorama« in der Lindenstraße das Kolossal-Rundgemälde »Der Kampf bei Nuits« an, zu dem Kinder und Militär vom Feldwebel abwärts für fünfundzwanzig Pfennig hineingelassen werden. Dort gucken sie durch Vergrößerungslinsen und delektieren sich an Kolossalem und Blutigem. Der Stemm- und

Ringklub »Askania« hält sein Sommerfest ab; zu Hause wird Flohpulver ins Bett gestreut; Madame aber, von Blumen umrankt, zeigt ihr neues Damentuchkleid aus Homespun, das als »entzückende Herbstneuheit« den Neid ihrer Geschlechtsgenossinnen aufblühen läßt. Tagsüber »nimmt sie AMOR in Schutz, da es viele minderwertige Nachahmungen gibt«, und verlangt »ausdrücklich die *echte* Marke«; denn AMOR ist »unstreitig das beste Metallputzmittel«, und schon um 1900 gab's gute Werbetexter.

13 Weshalb wohl der August des Jahres 1900, was die privaten Äußerungen unserer Großväter anlangt, hauptsächlich nur Liebesgeflüster gebracht hat? Vielleicht, weil's heiß gewesen ist. Jedenfalls wenden sie sich im September desselben Jahres wieder habhaften Genüssen zu und restaurieren sich von anstrengenden Ferientagen durch eine Traubenkur, die in der Naturheilanstalt des Oberstabsarztes a. D. Dr. Richard Katz in Degerloch am 1. September begonnen hat. Fräulein Allgaier, die »Erste Deutsche Hühneraugenoperateurin« gibt unter der Überschrift: »Telegramm!« und mit dem Ausruf: »Ohne Messer! Ohne Messer!« dem verehrlichen Publikum bekannt, daß sie in ihrem eigenen Sprechzimmer des Gasthofs »Zur Sonne« in der Hauptstätter Straße »Hühneraugen gründlich, schmerzlos und ohne Berufsstörung« entfernt; sie bittet, ihre Methode ja nicht »mit dem gewöhnlichen Hühneraugenschneiden zu vergleichen« und fügt die Lebensweisheit »Überzeugung macht wahr!« mit der Unterschrift: »Hochachtungsvollst Die Obige« ihrer Ankündigung im »Neuen Tagblatt« bei. Privat-Krankenwärter Karl Haas in der Lerchenstraße aber empfiehlt sich den geehrten Herrschaften und Herren Ärzten und schneidet eingewachsene Nägel gefahrlos und gründlich.
Aber, du liebe Zeit, was sind das alles für mühselige Lebensaufgaben, denen sich Fräulein Allgaier und Herr Haas widmen! Da ist Wirt sein ein fröhlicheres Geschäft. Weingärtner und Gemeinderat Hermann Aldinger, Karl Schwab und Johann Morchen schenken neuen Wein aus, und Louis Büchner lädt Liebhaber selbst gelagerter Weine in sein Landhaus höf-

lich ein, um dieselben zu probieren. Zu Tanzausflügen nach Cannstatt in den »Adler«, nach Wangen in den »Löwen«, oder in den »Römischen König«, auf die Weißenburg und nach der Rosenau werden unsere Vorfahren ermuntert. Man geht zum Fidelen Frühschoppenkonzert ins Café-Restaurant der Bachnerschen Brauerei, in die »Schützenliesel« oder zur Großen Bockmusik in die »Sieben Schwaben«. Auf der Doggenburg musizieren die Königsdragoner und es gibt süßen Apfelmost mit Obst- und Zwiebelkuchen. Eine Metzelsuppe nach der anderen wird ausgeschrieben. Bei Christian Bodenhöfer in der Silcherhalle donnert's vom Großen Preiskegeln, und Heinrich Hauser in der Kasernenstraße ist seines Großen Gansessens mit Freikonzert wegen nahezu berühmt.
Stuttgart dröhnt und hallt wider von Fröhlichkeit, Wurstkessel dampfen und Köche schwitzen, Schnauzbärte werden in jungen Rebensaft getunkt, und die Blechmusik lockert alle Gelenke. Die Vergnügungen der Leute von Anno dazumal kommen uns harmloser oder zumindest weniger anspruchsvoll vor, weil wir heute zum hocheleganten Schatten-Restaurant fahren, während sich unsere Großeltern mit der »Panoramahöhe« begnügt haben. Sie waren halt einfacher organisiert als wir, die raffinierten Genießer des Zeitgeistes von anno fünfundsechzig, obwohl es heute wie Anno dazumal auf dasselbe hinauskommt, denn Essen, Trinken und Sterben mischen sich immer noch durcheinander.
Es waren halt bloß die Wunschvorstellungen damals ein bißchen anders. Das Vornehme galt als bewundernswert, während heute ein rüder Grobians-Stil geschätzt wird. Als im Apollo-Theater die japanische Hofkünstler-Truppe Nishihana Matzui auftrat, hatten es dem Berichterstatter des »Tagblatts« die prächtigen Gewänder der Künstler und ihr Auftreten angetan, dessen »wohltuende Ruhe und Noblesse« er pries. Lebte er in unseren Tagen, so begeisterte er sich am Mähnenschütteln und Leibrütteln, am Beinewerfen und Johlen einer außer Rand und Band geratenen Beatle-Gruppe, denn so will es der Zeitgeschmack.
Vor 65 Jahren aber kommentiert »Herr von Prudelwitz« auf schnodderig-humorige Kavallerieoffiziersjargonweise die Lokalgeschichte, und seine Ergüsse muten uns lustiger an als jene

beflissenen Referate, die heute unterm Strich, von soziologischem Wissen geschärft, die Eingeweide unserer Gegenwart bloßzulegen glauben. Man war halt damals noch nicht so ernst gesinnt wie wir heute sein müssen, und das Erschreckende hat sich nur angedeutet.
Immerhin: ein Kindsmord ist damals in Stuttgart verübt worden, und Polizeirat Wurster teilt die näheren Umstände mit; sie sind alles andere als idyllisch, obwohl der Zeitgeschmack aufs Vornehme und fröhlich Elegante abgestimmt gewesen ist. Drum wird alles Finstere in dürrem Amtsdeutsch irgendwo auf der Anzeigenseite bekanntgemacht, während es heute nackt herausgestellt wird, weil's halt so üblich ist.
Am 24. aber wird der Zirkus Barnum und Bailey an der Kriegsbergstraße ausgeladen und zieht mit Elefanten und Pferden durch die Schiller- und Neckarstraße zum Stöckachplatz, wo die Zelte in zwei Stunden aufgestellt werden. Die täglichen Unkosten für dieses Riesenunternehmen sind mit 30 000 Mark nicht zu hoch geschätzt.
Das ist der Auftakt fürs Cannstatter Volksfest, wo ein »Theater der lebenden Photographie« Szenen aus dem Buren- und Chinakrieg zeigt. Obwohl der Boden von Regengüssen aufgeweicht ist, wird dort am 27. das 70. Landwirtschaftliche Hauptfest eröffnet. Unterm Trompetengeschmetter der Königsdragoner, die die Königshymne erklingen lassen, treffen König und Königin im Viererzug auf dem Wasen ein. Der gute Mann hat anstrengende Manövertage in Crailsheim hinter sich und wird drum bald nach Schloß Friedrichshafen fahren, wo sich sein Aufenthalt bis in den November dehnt; die übliche Herbstjagd im Seewald wird sich anschließen.
So entfaltet sich das Schwabenpanorama vom September als ein Abbild kräftiger Genüsse, deren Kehrseite lediglich in einem Kindsmord sichtbar wird. Ein Eisenbahnkonduktuer mit breitem Riebeleskopf bietet auf einer Annonce den Württembergischen und Badischen Blitz-Fahrplan an, und ein Leser des Tagblatts bemängelt die schmalen Trittbretter der Eisenbahnwagen. In Nills zoologischem Garten sind für 30 Pfennige Häuptlinge, Dorfjungfrauen und Krieger aus Samoa zu besichtigen und zu belauschen, wenn sie »Pese alofa i le no …« singen, was soviel heißen soll wie:

»Der Blume gleicht mein Herz, die auf den Bergen blüht, /
Doch keine gleichet ihr, für die mein Herz erglüht.«
Ja, das erglühende Herz ...

14 Über Christian Wagner wissen Sie wahrscheinlich nicht mehr viel, doch Ihr Großvater war mit ihm bekannt. Am 28. Oktober 1900 hat René Ponthière aus Paris, der den Rang eines Offiziers der Académie Française innehatte, die Freunde des »Bauerndichters« im »Neuen Tagblatt« aufgefordert, mit ihm einen Ausflug nach Warmbronn zu machen. Nachmittags um halb drei Uhr sind Damen und Herren im alten Stuttgarter Bahnhof, wo jetzt die »Palast-Lichtspiele« stehen, unter der Uhr (einem beliebten Treffpunkt) zusammengekommen, um nach Leonberg zu fahren, von wo es zu Fuß weiter nach Warmbronn ging; um vier Uhr begann dort das Fest.
Er wird sich gefreut haben, unser Bauerndichter, und nicht umsonst heißt heut die Straße, wo sein baufälliges Haus steht, Christian-Wagner-Straße. Wer dort verweilt, kann sich vorstellen, wie der kleine Mann mit dichtem weißen Haar und Backenbart unter dem Torbogen herauskommt, das Gesicht faltenrissig und die Augen klar. Wenn er lächelt, sieht er fast verschmitzt aus und gleicht einem Gnomen. Erst als Fünfundsechzigjähriger hat er erfahren dürfen, daß seine Landsleute ihn nicht nur für einen nachlässigen Bauern hielten, der »halt auch so Gedichtle« gemacht hat. Inzwischen haben die »Gedichtle« viele tatkräftige Bauern überlebt, und heute noch steht er als ein Seltener da, für den Gedichtemachen mehr gewesen ist als bloß Sprachmaterial zusammenbosseln.
Aber wir schweifen ab und sollen doch hier jene Tage des Oktobers 1900 wiederauferstehen lassen, da eine junge Dame mit wehendem Haar Geislinger Argentan-Bestecke angepriesen hat; sie trägt auf der Stirn einen Stern, streckt ihren wohlgeformten Arm nach einem Löffel aus und ist beinahe so anziehend wie eine aus der Clique vom »süßen Leben«. In ihrer Jugendstilumrandung gleicht sie freilich mehr einer gütigen Fee, indes sich ihre schnittigen Kolleginnen von 1965 lasterhaft aufmachen.
Aber das macht nichts. Wie er wechselt, wie er sich verändert,

dieser sogenannte Zeitgeschmack, das ist recht amüsant, weil's letzthin auf dasselbe hinausläuft, und Geislinger Metallwaren heute ebenso begehrt sind wie vor 65 Jahren. Auch Schuhe müssen immer noch repariert werden, obwohl Herr Bilfinger, lebte er unter uns, sich rasante Maschinen kaufen müßte, falls er den Ansprüchen der neuen Zeit gerecht zu werden wünschte. Da ist mit idyllischem Einen-Nagel-nach-dem-andern-in-die-Sohle-Klopfen nicht viel zu gewinnen, und er hätte es heute schwer. Doch, keine Sorge, als pfiffiger Schwabe stellte er sich sehr schnell um.
Vernachlässigt eine Frau ihre Zähne, so gehört sie schon um 1900 zu den Häßlichen, weil schöne Zähne sogar einem »reizlosen Gesicht Anmut und Anziehungskraft verleihen«. Deshalb ist's dringend nötig, täglich »Kosmin-Mundwasser« zu benützen. Das berühmte, in 81. Auflage mit 27 Abbildungen zum Preise von 3 Mark erschienene Buch »Dr. Retaus Selbstbewahrung« aber ist ein »wahrer Schatz für alle durch frühzeitige Verirrungen Erkrankte« und bei Herrn Junginger in der Kanzleistraße zu haben, der an ihm mehr verdient als an den Gedichtbändchen Christian Wagners. Für den Buchhändler muß es interessant gewesen sein, Damen und Herren zu bedienen, die sich dieses löbliche Werk kaufen wollten.
Übrigens sonderbar, daß solcherlei Annoncen damals in der Zeitung stehen durften, weil es doch immer heißt, unsre Großeltern seien viel empfindlicher als wir gewesen. Aber vielleicht galt es für einen Kavalier der alten Schule als besonders chic, wenn er die Folgen seiner muntern Jugendjahre auskurieren mußte. Und wer weiß, ob nicht mancher, den die Vergnügungen seiner leidenschaftzuckenden Frühzeit geschwächt haben, als erfahrener Mann zur großen Versammlung der Heilsarmee gegangen ist, die einen Vortrag über »Woher nahm Kain sein Weib?« im Tagblatt angekündigt hat.
Doch die Aufforderung: »Karl komme sofort heim!« hat sicher einem Jüngeren gegolten, der noch neugierig auf die Außenwelt gewesen ist, ein kraftstrotzender Ehemann wie jener Emil, dem »durstige Freunde ein fünfundzwanzigfaches Zibebenhoch« zurufen, »daß es beim Schankwirt zur Schillerei knallt und auf der Zibebeninsel hallt«.
So meldet sich ein lebensfrohes Element zu Wort. Die Sän-

gerschaft »Suevia« hat Sorgen einer Annonce wegen, die sie als »bübische Mystifikation« anprangert und für die »Ermittlung des Thäters« zwanzig Mark aussetzt; denn dieser Bube hat ins »Tagblatt« drucken lassen, die Sängerschaft suche einen stattlichen Mann als Fahnenträger, Gehalt nach Übereinkunft. Der Bürgerverein »Klimperkasten« schreibt seinen ersten großen Damenabend aus, und der Heirat des Herzogs Robert von Württemberg mit der Erzherzogin Maria Immaculata Raineria von Österreich-Toskana wird ausführlich gedacht. Beim Hofkonzert anläßlich dieser Hochzeit läuft in Wien ein graues Mäuschen an der ersten Stuhlreihe vorbei, wo auch der Kaiser sitzt; er bemerkt's lächelnd, und keine Dame schreit. An andrer Stelle ist zu lesen, daß derselbe Monarch siebzig Kilo wiegt.

So schimmert auch der Glanz der großen Welt schon damals in unsere Stadt herein. Trotzdem ist im Oktober 1900 eine Neigung zu nachdenklicher Tätigkeit festzustellen, weil in der Zeitung kaum noch Liebesflüstern laut wird und jener Zwerg erscheint, der für Biesingers Tinten wirbt. Nicht umsonst trägt er eine Zipfelmütze und taucht seinen beachtenswerten Federhalter in ein geräumiges Tintenfaß. Denn jetzt wendet sich mancher der Beschäftigung des Schreibens zu, wie auch das neueste Magisterbuch von Württemberg beweist; dort steht, von 49 Theologiestudenten seien allein 19 zur Schriftstellerei übergewechselt. Und auf der Anzeige der »Deutschen Romanbibliothek« sitzt eine stimmungsvolle Dichterin mit langem Federhalter vor einem breiten Buch. August Sperl, Wolfgang Kirchbach, Emil Roland und Luise Westkirch werden als erfolgreiche Autoren angepriesen, indes der Bauerndichter Christian Wagner zufrieden ist, wenn ihn fröhliche Herrschaften in seinem Dorf besuchen und beim neuen Wein hochleben lassen. Verlegen sitzt er unter ihnen, als jemand seine Verse vorliest, die er »Erinnerungen hinter der Erinnerung« genannt hat:

»Strahlt nicht auf mitunter, so zu Zeiten, / Kunde her von unsern Ewigkeiten? / So urplötzlich und so blitzesschnelle / Wie die blanke Spiegelung einer Welle? / Wie die ferne Spiegelung eines bunten / Kleinen Scherbchens an dem Kehricht drunten?

Wie die rasche Spieglung einer blinden / Fensterscheibe am Gehöft dahinten? / Die metallne Spieglung einer blanken / Pflugschar drüben an der Wiese Schranken? / Augenblicks mit Licht dich übergießend, / Augenblicklich in ein Nichts zerfließend?«

15 Ein stiller Monat, der November, da Martinsgänse »in zarter Ware« angepriesen werden und Ulmer Gans-Pfeffer allgemein beliebt ist. Auch Hasen- und Rehziemer verkaufen sich gut, das Pfund zu einer Mark und fünfzig Pfennigen. Heiratsannoncen werden keine aufgegeben, wahrscheinlich weil – mit einer großen, strahlenden Ausnahme – viele Stuttgarter in diesem Monat längst im warmen Neste ihres Ehestandes sitzen und die Flitterwochen sich verflüchtigt haben.
Uns will es scheinen, als ob die Groß- und Urgroßeltern leichter als wir zum erwünschten Partner gekommen wären und des gedruckten Rufes nach Kontakt kaum bedurft hätten; denn auch in früheren Monaten jenes Jahres 1900 sind Heiratswünsche in der Zeitung selten, und auf der Annoncenseite werden hauptsächlich »solide Schlafgänger« gesucht. Darüber sollten wir nicht schmunzeln, weil damit nur alleinstehende Mietherren gemeint gewesen sind. Und Zimmer, die vermietet wurden, müssen damals bei uns fast so viele frei gewesen sein, wie Kamine in der Altstadt geraucht haben.
Die gepflegte Dame wäscht sich mit Ray-Seife; ein appetitlicher Amor, Pfeil und Bogen in der Hand, schaut ihr dabei zu und drückt eine Sprosse der Jalousie nieder, wahrscheinlich weil Ray-Seife »die Nachteile paralysiert, die der Gebrauch von Puder, Schminke oder hartem Wasser der Haut zufügt«.
Eine Notiz informiert über »Lieblingsgerüche gekrönter Frauen«, und wir erfahren, daß die Prinzessin von Wales einen »ultramodernen Geruchssinn« hat, dem altmodische Parfüms nicht mehr genügen können; welchen Geruch sie aber bevorzugt, darüber schweigt das Blatt. Die Kaiserin von Rußland hat Frangipan, Jasmin und Veilchen am liebsten, während die Kronprinzessin von Rumänien Rosenwasser bevorzugt. Und gekleidet sind sie in lang schleifende und mollig schmeichelnde Paletots mit hohen Krägen; sie frieren nicht, wenn

dieser grämliche und dunkle, dieser triefende November anrückt, der Regenschirme über Trottoirs schweben läßt. Tengelmann wirbt mit einer Kohlezeichnung für seinen stärkenden Kaffee-Trank, den der Leser zu riechen glaubt, wenn er die damals hochmoderne, ja geradezu avantgardistische Annonce in der Zeitung sieht; er wird erstaunt gewesen sein und sich auch über die Reklame für Tachyphag-Särge gewundert haben, die Emil Glöckle in der Weberstraße »einem verehrlichen Publikum, besonders ärztlichen und technischen Autoritäten, hiedurch zur geneigten Kenntnisnahme« bringt und »verehrl. Interessenten zur gefl. Besichtigung ergebenst« einlädt. Dabei handelt es sich um Hartgußsärge, die Geheimrat Dr. von Pettenkofer/München und Professor Wyss in Zürich empfehlen. Als Beweis der Güte dieses neuen Produkts wird von einem Experiment auf dem Friedhof in Ravensburg berichtet wo am 7. Mai 1900 – in Gegenwart einer größeren Kommission zwei menschliche Leichen exhumiert worden sind, von denen die eine im üblichen Holz –, die andere aber im modernen Hartgußsarg 2 Jahre und 2 Monate nebeneinander in derselben Lettenbodenschicht gelegen haben. »Dabei befand sich die Leiche im Holzsarg in gärender, stinkender Fäulnis und bildete eine unerkenntliche, ekelerregende, breiartige, schaumige Masse, während die Leiche im Tachyphag-Hartgußsarg trocken dalag und die vom Leichengewand nichtbedeckten Körperteile mit Schimmelpilzen überzogen waren; sie unterlag daher der trockenen und völlig geruchlosen Verwesung.«

So ausführlich wird diese hygienische Neuerung angepriesen, und wir wundern uns über eine derart makabre Annonce, die auch noch im November erschienen ist, da der Toten gedacht wird. Oder weiß ein geschäftstüchtiger Schwabe, wann er Erfolg haben wird?

Doch Anna Sutter, diese rasante Sängerin, die heut eine Sexbombe genannt würde, exzelliert als Marketenderin in Donizettis »Regimentstochter«, und jeder, der von der Bühne her ihren Trommelwirbel durchs Haus dröhnen hört, wird noch als Achtzigjähriger dieser durchschlagskräftigen Persönlichkeit bewundernd gedenken. Frau Sigrid Arnoldson freilich muß von anderer Statur und Natur gewesen sein, denn in der

Zeitung wird nach der Aufführung von Gounods »Margarethe« ihre Darstellung des »deutschen, tiefsinnigen Gretchens« gerühmt.
Ministerpräsident von Mittnacht ist zurückgetreten. Obwohl der ehrwürdige Herr 75 Jahre alt ist und bei den letzten Sitzungen des Landtages, seines Augenleidens wegen, eine dunkle Brille trug, geistern durch die Residenzstadt Gerüchte, die von einer Mißstimmung zwischen ihm und dem König faseln. Doch Wilhelm II. überreicht ihm zwei Tage später seine neueste Photographie mit Widmung in goldenem Rahmen.
Zu Ehren des neuvermählten Herzogpaares Robert von Württemberg – jetzt erst heiratet der, und auch noch im November – findet im Neuen Schloß ein Galadiner statt, bei dem die Königin eine Robe aus cremefarbenem Spitzenstoff trägt, die mit Stickereien und Applikationen in Goldähren reich verziert ist. Ihr Haupt schmückt ein Diadem aus Diamanten und Perlen, während im Haar der Herzogin Wera eins aus Rubinrosen glüht.
Im Schwimmbad kann jedermann elektrische Glühlicht- und Bogenlichtbäder nehmen; Brünings Enthaarungspulver ist absolut unschädlich und wichtig für Damen; die Herren aber fördern ihren Bartwuchs durch Kommelin, Fixolin und Actopan-Creme. Dr. Ludwig Wüllner, der noch in den zwanziger Jahren als greiser Rezitator Schillerscher Balladen auftreten wird, singt in der Liederhalle Lieder von Schubert, Schumann, Weingartner und Hugo Wolf. Die neu geschmückten Gräber von Schillers Vater und seiner Schwester Nanette werden in Gerlingen den Behörden übergeben, und Kaiser Franz Joseph von Österreich-Ungarn verleiht Herzog Nikolaus von Württemberg den Charakter eines Feldzeugmeisters ad honores.

16 Eine Anzeige für die Landtagswahl und jenes zähnebleckende Gebiß, das auf Wendel Dottermanns Zahn-Atelier hinweist, stehen im Dezember 1900 nur zufällig nahe beieinander. Trotzdem geht's bissig zu, und man kämpft unerschrocken, obwohl damals die Köpfe der Wahlkandidaten noch nicht in der Zeitung abgebildet worden sind. Den Großvätern hat halt einer von uns gefehlt, der ihnen die werbende Wirkung eines Biedermanns-Gesichtes klargemacht hätte. Denn, wer weiß, ob dann nicht unsere schon damals respektablen sozialdemokratischen Genossen über die Volksparteiler hatten siegen können, was ihnen auch schon im Jahr neunzehnhundert nicht gelungen ist. Man war halt noch nicht daran interessiert, die Köpfe jener Herren Gießler, Kloß und Ehni vorzuweisen, obwohl, was den Tonfall betrifft, die Aufrufe von Anno dazumal den unserigen ähneln. »Bürgertum oder Sozialismus ist die Frage! Wählet alle! Wenn ihr nur wollt, ist euer Sieg gesichert!« heißt es da, und höhere Gehälter werden niederen Beamten, Bediensteten, Arbeitern, Kleinbauern und Kleingewerbetreibenden versprochen.

Ernst Ziels Gedichte aber sind »über den Parteienstreit erhaben« und strahlen eine »auf warmer Menschenliebe beruhende Weltanschauung aus«. In Ostheim gibt's Wahl-Metzelsuppen, und ein Zirkus aus Ungarn kündigt einen »High-Life-Evening mit Rendezvous der feinen Welt« an; denn Zirkus und feine Welt passen um 1900 noch zusammen, weil so etwas wie feine Welt tatsächlich existiert (da haben wir's heut schwerer). Vom Kritiker des Neuen Tagblatts werden die Wörter »schlicht und vornehm« der zweihundertfünfzigsten Aufführung des »Freischütz« im königlichen Hoftheater zugemessen, und im Roman »Das Opfer« von Otto Elster stehen die Sätze: »Eine dunkle Blutwelle ergoß sich über Louisens Antlitz.« – »Verzeihen Sie, mein gnädiges Fräulein«, sagte der Prinz mit der ihm eigenen Noblesse, »wenn ich Ihren Gesang belauscht habe. Man entdeckt immer wieder neue Talente bei Ihnen. Jetzt sind Sie auch eine vorzügliche Sängerin.«

Das Möbelgeschäft Sonleiter in der Paulinenstraße zeigt auf seiner Annonce neben stilvoll geraffter Portieren-Dekoration ein Zimmer mit Palmen, wo eine Dame an verschnörkeltem Geländer lehnt und ein Kind auf einem Polstersessel sitzt, denn so hat die feine Welt damals gelebt. Und an Weihnachten werden die Kinder mit Kutschen und Karren beschenkt, die von Eseln gezogen werden, während die Technisierung sich in Dampfschiffen und Lokomotiven ankündigt, von denen letztere Kamine wie Trichter haben. Sonderbar, daß we-

der Soldaten noch Kanonen damals in der Zeitung als Spielsachen angeboten worden sind.
Das Verbrechen aber scheint die Gemüter noch nicht mit jenem »knallhart realistischen« Reiz fasziniert zu haben, der uns heute von jeder Filmleinwand ins Gesicht springt. Denn die Steckbriefe verdächtiger Personen, die Polizeirat Wurster ins Blatt setzen läßt, muten uns fast romantisch an. Da wird die »gräuliche achteckige Kappe« eines elf- bis dreizehn Jahre alten Mädchens beschrieben, das anderen Kindern auf der Straße Geld abnimmt, wenn sie für ihre Eltern Einkäufe machen; oder einer, der sich als Doktor Ernst Demme, praktischer Arzt aus Wien, ausgegeben und von einem Hausknecht vierzig Mark erschwindelt hat, ist »mit magerem, bartlosem und abschreckendem Gesicht in einem grünen Havelock, schwarzem Filzhut und gelben Schuhen« gesehen worden. Zu einer solchen Gestalt paßt nebliges und regnerisches Wetter, wie es sich auch zum Weihnachtsabend ausbreitet, da der König die Offiziere, Chargierten und Mannschaften der Schloßwache besucht und jeden seiner Getreuen mit einem nützlichen Geschenk erfreut. Die Weihnachtsfeier des »Postclubs« aber muß besonders fröhlich gewesen sein, weil damals wohl jener amorettenhafte Postillon mit Zylinder auf einem Raben in den Saal geschwebt ist und ein Hornsolo zum besten gegeben hat, falls wir der Annonce glauben wollen, auf der dieser lustige Bursche sich präsentiert.
Das Konzert der Wiener Fiaker-Gesellschaft in Jean Schellmanns schwäbischer Bierhalle lockt viele Gäste herbei, und uns kommt's vor, als sei Anno dazumal etwas Liebenswertes, das sich in zierlichen Illustrationen zeigt, noch wirksam gewesen, obwohl Herr Doktor Forster aus Zürich über das gewaltige Thema: »Der Übermensch in Nietzsches Philosophie und in Goethes Faust« spricht; die Abteilung Stuttgart der deutschen Gesellschaft für ethische Kultur hat diesen Vortrag veranstaltet, und wenn wir uns an jenen »Übermenschen« aus Fleisch und Blut erinnern, der vor dreißig Jahren die Judengesetze erlassen hat, so verliert die Vergangenheit ihren verklärenden Schein und Rauch. Wir können nichts von ihr lernen, weil unsere Großväter auch nur im Ungewissen weitergestapft sind; wie wir mußten sie die Bedürfnisse ihrer Zeit

befriedigen, um durchzukommen und erfolgreich zu sein. Die Reize freilich, die von Werbung und Kunst ausgehen, haben sich in der Zwischenzeit fühlbar verschärft, und wenn 1900 eine Konvention des Vornehmen und der »feinen Welt« die Gemüter bewegt hat, so besorgt dies in unseren Tagen die Konvention des Groben und Rüden.
Alles aber hat sich aus Früherem herausgebildet. Schon um die Jahrhundertwende wird der Wunsch nach erotischer Freizügigkeit in kleinen Anzeigen erkennbar, und wir brauchen uns deshalb um so etwas wie »Sittenverfall« nicht zu kümmern. Denn zu jeder Zeit verfallen die Sitten und verjüngen sich im alten Geist.

Platzmusik
1966

Wilhelmsbau In Stuttgart sind die Plätze eng, nur eine Erweiterung der Straßen, weil unsere Stadt zwischen Hügeln liegt, die bis zum Häuserkern herunterreichen. Wenn Sommer sich ausbreitet, werden über Dächern grüne Flanken sichtbar, eine Wand aus Blättern und blitzenden Fenstern. Das Abendlicht weitet die Plätze, und die Luft wird klar, falls die Benzinkarossen sich verlaufen haben, also nach sieben Uhr oder am Samstag Nachmittag.
Der Winter freilich verwandelt die Szenerie der Trottoirs ins Schieferfarbene und Bräunliche wie auf verblichenen Photographien, bis das Zwielicht kommt. Dann werden Lichtreklamen wach und erlösen die Stadt von ihrer Nüchternheit. Das Gewühl, der Lebensbrei, drängt sich indessen weiter durch die Straßen, als ob es Därme wären. Beim Wilhelmsbau öffnet sich eine Blase, in die fünf Därme münden, welche König-, Tübinger-, Eberhard-, Marien- und Rotebühlstraße heißen.
Die Legionskaserne ist früher hier gestanden, ein langgestreckter Bau, der Anno 1753 unter Herzog Karl Eugen errichtet worden ist. In ihr hat Regimentsarzt Friedrich Schiller seines Amtes gewaltet. Und dort, wo heute sich die glatte und gelbliche Brust des Readers-Digest-Hauses wie ein Denkmal deutscher prosperity wölbt, soll Johann Wolfgang von Goethe im Gasthof »Zum römischen Kaiser« auf einer Reise nach Italien etwas mit Wanzen erlebt haben; es heißt, dies sei 1796 passiert, obwohl Goethe in diesem Jahr nur bis Jena gekommen ist und seine Reise nach Italien aus politischen Gründen aufgegeben hat.
Auch heute gibt es an der Readers-Digest-Ecke den »Römischen Kaiser«, ein Etablissement mit Schnellgaststätte, seriösem Speiseraum unter dem Boden und jener »Stereo-Tanzbar im Quadrat«, die junge Leute gerne frequentieren. Damen tragen hohe weiße Lederstiefel mit spitzen Absätzen, junge Herren kommen in roten Pullovern und schenkelengen Samthosen, die abgewetzt sein müssen und über den Knöcheln nach Hamburger Zimmermanns-Art lappig wedeln. Man sitzt an weißen Tischen im Geviert, und vorne, wo die Lampen hel-

ler brennen, regen ein paar schlenkerig und schlaksig schlotternd ihre Glieder. Das sieht träg und gelangweilt aus und mutet indolent, gleichgültig und hochmütig an. So hat man's heute gern, es ist die Pose unseres Zeitalters, während beim Lettengschwätz Letkiss und Locomotion aus den Stereo-Lautsprechern schreien. Es macht sich gut, wenn einer dort in schulterlangen Locken auftaucht, die Oberlippe vom ersten Flaum umflort, als wär er schlecht gewaschen; doch kommt dies nur noch selten vor, vielleicht, weil's wieder im Abklingen ist. Schade, denn ein junger Mann im romantischen Blondhaar und mit unterkühter Seele macht sich zwischen lauter Kurzgeschorenen recht attraktiv; und jedermann bewundert seinen Mut, so auffallen zu wollen.

Aber das ist der Zweck, und mir will's scheinen, als ob auch unsere Geschäfts- und Wirtshausburgen um den Wilhelmsbau herum nur angeben wollten, weil es uns halt im Wohlstand nicht ganz wohl ist. Schräg gegenüber reckt sich das »Hofbräueck« als Bollwerk der Eßlust empor, die Fassade mit lila und roten Tafeln effektvoll garniert. Seine Fenster glotzen schwarz, als ob ihnen die Lider weggeschnitten worden wären, und davor nimmt sich das Reklamezeichen des Stuttgarter Hofbräu-Bieres altväterlich aus. Der Aufgang zum Restaurant ist eine steile Treppenschlucht, und oben wuchtet sich ein Beton- und Glasquader vor; doch, keine Angst, das Ganze hält und protzt steril romantisch. An seiner Stelle stand vor Zeiten jener »Kleine Bazar«, der 1846 umgebaut worden ist und den die Bomben zerstampft haben; er war mit Pilastern und Fensterbekrönungen so geziert, daß er einen urbanen Eindruck machte. Das lieben wir heut nicht mehr, denn wir wollen es klotzig haben.

Wie's halt so geht im Lauf der Zeit, wenn der Geschmack sich wandelt ... Das Innere der Bauwerke ist immer respektabel oder zweckentsprechend, den Käufern und den Essern kann's gleichgültig sein, wie das Haus außen aussieht. Da ziehen sich die Läden glatt oder gestaffelt bis zur Strickstrumpfhaut des Kaufhauses »Merkur« hinunter, und man ist froh, daß wenigstens da und dort die Gesimshöhe ein wenig wechselt, anders als drüben beim Readers-Digest-Haus, wo die Architekten einen öden Prospekt aufgerichtet haben. Unten beim »Mer-

kur« macht das Turmhaus unserer »Stuttgarter Zeitung« immer noch die eindrucksvollste Figur.
Unterm Boden, wo die Gänge sich verzweigen, sind Schaukästen ewig hell und Aborttüren kommen nicht zur Ruhe. Die Wirtschaft zur »Holzkiste« zeigt eine aus Fässern gemauerte Wand, Rolltreppen heben jedermann dem Licht entgegen, und draußen rumpeln Straßenbahnen über Weichen, fädeln sich ein, halten auf den Steininseln und saugen Wartende an, eine abbröckelnde und von den Trottoirs, aus Unterführungen und Rolltreppen immer wieder aufgefüllte Versammlung, die sich verliert und in die gelben Wagen überwechselt. Autos, werden losgelassen, wenn Ampeln von Rot auf Grün springen, der trockene Verdauungsvorgang des Verkehrs sich weiterschiebt und weggeschluckt und wieder gestaut wird, bis er von neuem saust und brummt und pufft und knallt und stürmt und von Geräuschen brodelt, als ob ein Schotterwerk statt Steinen Wagen oder Menschen kaue. Der Wilhelmsbau, dessen Passage sich seit 1906, da er errichtet wurde, kaum verändert hat, schaut ungerührt auf den Brennpunkt des Schwabenfleißes, als gedächte er seiner Zerstörungen in Bombennächten nur noch träumend. Denn die sind längst vergessen, und die Fensterlöcher aus der Zeit um 1945 glänzen schon seit langem wieder makellos. Dahinter wechseln Geschäft und Kalkül, Handel und Wandel einander ab, und vielleicht mischt sich gar mitunter auch ein Hauch von Freundlichkeit in die Luft der Verkaufshallen und der Büros.

Wilhelmsplatz Von der Hauptstätter Straße sacht ansteigend, zeigt er sich als quadratischer Platz mit einem Brunnen, der 1714 in Königsbronn gegossen wurde und bis zu Anfang unseres Jahrhunderts auf dem Marktplatz stand. Hohe Platanen regen sich vor alten Häusern, die die Bomben verschont haben, und wenn, wie in den Weihnachtstagen, die Autos von ihm abgedrängt sind, weil Christbäume um den Brunnen liegen und an den Metallrändern seines Beckens lehnen, andere aufgerichtet stehen, als wäre über Nacht ein Tannenwäldchen in die Stadt hereingewandert und hätte sich hier eingewurzelt, zeigt er sich als Insel des Vergangenen und erscheint sehenswert. Denn immer ist's das Alte, welches eine Straße, einen Winkel und hier also unsern Wilhelmsplatz als sehenswert erscheinen läßt, wahrscheinlich weil sich Sehnsucht nach Entschwundenem mit Gegenwärtigem vermischen muß, damit wir etwas lieben können.

Hier aber ist noch manches Alte da, teils als Ganzes, teils in Rudimenten. Auch jene Häuser, die in den neunziger Jahren oder um neunzehnhundert erbaut worden sind, fügen sich gut ins Bild. Das an der Ecke zur Hauptstätter Straße, in dem H. Rueffs Zigarrenladen untergebracht ist, hat ein Schieferdach mit Turmspitze überm Erkervorbau, und weiter oben, zwischen Leonhard- und Katharinenstraße, schmücken Mittel- und Seitenerker und ein Zwiebelaufsatz den »Murrhardter Hof«. Es ist ein Mietshaus der monarchistischen Epoche, einer späten Bürgerzeit, in der unsre Großeltern jung gewesen sind; es hat Umrahmungen aus Sandstein, und vom Dachstockfenster schaut ein bärtiger Maskenkopf herab. Auch der Eingang zur »Felsengrotte«, einer Bar mit Tanzbetrieb, die erst ab zwanzig Uhr geöffnet ist, präsentiert sich bürgerlich solid; aufgestockt freilich wurde dieses Etablissement nach dem Krieg, als das Geld rar und die Bauweise karg gewesen ist. Von jener Zeit, deren Stil damals als »Barack« bezeichnet wurde, künden auch die beiden breiten Bauten zu Seiten der Wilhelmsstraße; doch wo die Schlosserstraße in den Platz hereinführt, sind eine »Konsum«-Filiale und das Ausgleichsamt in einem sogenannten Altbau heimisch. Die Kanzleien des Jugendamtes haben sich hinter die Fensterbänder eines Gebäudes mit flachem Dach zurückgezogen, während der dunkle Neubau vorne an der Ecke glatt und grau, als Block und Klotz vom stolzen und massiven wirtschaftlichen Aufschwung unserer Tage kündet. Der Spruch: »Einer trage des Anderen Last«, der in Bronzelettern von der düsteren Wand herunterspricht, gemahnt an Ewiges.

Dann fügen sich, der Hauptstätter Straße entlang, die den Wilhelmsplatz streift, die gestuften Konturen der Dächer dreier Häuser aneinander, von denen jenes der Firma Wega-Radio vor hundert Jahren ein Gas- und Wasserleitungsgeschäft beherbergt hat, und in dem 1882 das erste deutsche Elektrizitätswerk eingerichtet worden ist. Das Haus, das sich rechter Hand anschließt, ein zweistöckiges mit Giebelaufbau, hat ein Rundbogenportal, das zwei Urnen schmücken; die Felder unter seinen Mittelfenstern sind mit Girlanden ausgefüllt; einstmals gehörte es dem Pianofortefabrikanten Dörner. Mit der alten Uhlandschen Apotheke und ihrer »Homöopathischen Offizin«, die 1834 eröffnet wurde, wird der Wilhelmsplatz von zwei Häusern begrenzt, deren Fassaden die Urbanität einer Epoche zeigen, die zum Glück da und dort in unserer Stadt wenigstens noch in seltenen Relikten gegenwärtig ist. Die einheitlichen Fenster mit den Giebelbekrönungen in der Mitte, die Segmentfenster in den Seitendächern und die rundbogigen Fenster unterm Giebel geben, in bescheidener Form, ein Beispiel jener Fähigkeit, die sich in der Architektur der Gegenwart verflüchtigt hat: differenzierte Gliederung.

Daß hier die Autos ständig rauschen und der Verkehrsbrodem kocht, daß ein Schutzmann im weißen Mantel dort den gaspuffenden Blechstrom lenken muß, mutet anachronistisch an. Wer aber weiß, daß früher auf dem Wilhelmsplatz »die Hauptstatt«, also die Richtstätte, aufgebaut war, wo Hinrichtungen mit dem Schwert die Bürger anzulocken pflegten, wird nachdenklich gestimmt.

Im siebzehnten Jahrhundert stand der Nachrichterturm auf dem Wilhelmsplatz, und bei der Uhlandschen Apotheke ragte das Hauptstätter Tor; dahinter streckten sich Wiesen und Felder. Die Gegend hieß »Die Sankt Leonhards Vorstadt«, in der die Hauptstätter Straße damals schon breit angelegt gewesen ist Bereits zu Herzog Christophs Zeiten haben hier »Weingärtner und arme Tropfen« gewohnt, und Goethe hat geschrieben, Stuttgart sehe in dieser Gegend einer Landstadt ähnlich. Im Biedermeier hieß der Wilhelmsplatz, seiner Gestalt wegen, »Der Käs«, und später spannte hier alljährlich der Seiltänzer Knie sein Seil aus. Der Brunnen mit der Vase auf der kannelierten Säule zeigt allegorische, kriegerische, jagdliche und heraldische Szenen und Embleme an den Wänden seines Beckens.

Die Christbaumhändler kommen von Weissach herein und stellen ihre Tannen aus, fröhliche Männer in grünen Lodenjoppen, Männer mit roten Backen. Auf den Trottoirs, die im

Gegenlicht seidig glänzen, promenieren gegen Abend gefällige Täschchendamen aus dem »Bohnenviertel«, denn so hieß früher dieser Stadtteil, weil hier Gärten mit Stangen- und Buschbohnen angelegt gewesen sind; doch davon ist schon lang nichts mehr zu sehen. Die Uhlandsche Apotheke aber, die wird heuer abgerissen werden, wie es sich für Vandalen geziemt.

Karlsplatz Früher ist der Karlsplatz still dagelegen, nahezu abseitig und abseits, zwar kein Salon, aber doch eine gute Stube mit dem Himmel als Plafond, denn damals sagte man zur Decke noch Plafond. Und der Kaiser in der Mitte – Wilhelm der Erste von Preußen, jener Reichsgründer – hat mit seinem Pferde noch golden geglänzt, denn dieses Standbild war einmal vergoldet. In den Falten seines Uniformmantels hatte die Verwitterung schon dunkle Streifen bloßgelegt, daß es aussah, als wäre er rissig geworden oder habe Rost angesetzt; das war um 1925.
Heute ist er schwarz und reitet immer noch massiv einher, den Uniformmantel über der Brust offen. Den Uniformmantel über der Brust offen lassen, kann sich nur ein Kaiser leisten... denkt auch heute mancher Offizier, der zu Füßen des reitenden Kaisers seinen Wagen parkt, ein schwieriges Unterfangen, das Fingerspitzengefühl erfordert fürs Einlenken, damit die Blechkarosse keinen Kratzer leidet und das Gemüt des Autofahrers nicht ärgerlich durchsäuert wird.
Mit der guten Stube ist es heute nichts mehr, denn der Karlsplatz ist ein Abstellraum für Kraftfahrzeuge, die sein Pflaster mit Blech zudecken. Die Wagendächer scheinen auf ihm schillernd zu verschwimmen, als breite sich Hochwasser aus, über dem der Kaiser in der Pickelhaube seinem Pferd die Zügel läßt, denn dieses Pferd mit seiner Majestät hat sich als dunkles Geisterroß sogar bei uns erhalten, als ob's geduldet würde, ein liebenswürdiges Relikt des Stolzes, der sich heute nur noch in Motoren, knatternd, schnaubend, brummend präsentieren kann, auf der Planie dröhnend vorbeifegt und von Bauplanken gemildert und eingedämmt wird; denn auch hier wühlen sie die Erde auf, um unsrer sagenhaften »U-

Straß« ihren untergründigen Weg zu bahnen, was seine Gründe hat.

Bäume umrahmen den Karlsplatz als ein bewegliches Tapetenmuster immer wieder aufgelockert und durchsichtig gemacht von der wechselnden Jahreszeit. Mit grünlich belegten Mauern sieht das Alte Schloß herein und zeigt runde Ecktürme, die das Wasserschloß erkennen lassen, das es einstmals gewesen ist, freilich schon vor langer Zeit. Es ist, als wehe noch ein Hauch von Moos und Algen her, oder irgendwelche Kenner der Geschichte bilden sich das ein. Die Front des Instituts für Auslandsbeziehungen, des Alten Waisenhauses, ist sein Gegenüber. Und wer bedenkt, daß in den zwanziger Jahren dieser Bau umgeformt, sein Dachstock ausgebaut worden ist und Treppenhäuser eingefügt worden sind, die als kantige Aufbauten in Dachhöhe sichtbar werden, bewundert die Arbeit des Architekten, der Überkommenes mit Neuem zu vereinen wußte; doch ein solch rücksichtsvolles Können wird heut ab und an belächelt oder gar verachtet, obwohl an diesem Platz mit einer Ausnahme nur sorgfältig wiederhergestellte Bauten stehen.

Das Innenministerium an der Dorotheenstraße, die den Karlsplatz im Süden begrenzt, ist ein braver Beamtenbau, ein bißchen marklos und ausgedörrt zwar, was seine von Betonrippen durchzogene Front betrifft, im Innern aber praktikabel; auch decken es die Bäume zu. Da ist es gut, zur langgestreckten Fassade des eindrucksvollsten Neubaus nach dem Kriege hinzuschauen, der an der Planie seinen sandsteinfrischen Flügel mit Pavillondach zeigt: des Neuen Schlosses; denn an ihm ist wie am Alten kaum etwas verändert worden, und deshalb wirkt es schön.

Übrigens hat der Karlsplatz im Lauf der Zeit manche Veränderung erlebt. Hier war der »Garten der Herzogin«, also der Gemahlin Herzog Eberhards im Bart; er wurde 1778 eingeebnet oder »planiert« (daher die Bezeichnung »Planie«), mit Kastanien von der Solitude bepflanzt und mit Rasenparterres geschmückt. Nach Herzog Karl Eugen, der 1793 starb und zu Lebzeiten Herzog Karl genannt worden ist, erhielt der Platz anno 1794 seinen Namen. Ein Jahr später ist dort ein Obelisk als Zeichen des Dankes für die Genesung des Herzogs Fried-

rich Eugen errichtet worden, ein Obelisk, den man auf den Schloßplatz versetzt und 1817 beseitigt hat. An seiner Stelle ist auf dem Karlsplatz ein Wasserbecken angelegt worden, »der kleine See auf der Planie«, und 1841 hat man einen Springbrunnen dazugebaut, um schließlich alles anno 1897 wieder einzureißen und das Kaiser-Wilhelm-Denkmal aufzustellen, so nachzulesen in Gustav Wais »Alt Stuttgarts Bauten im Bild«.
Wann aber war er wohl am schönsten, oder ist der Karlsplatz vielleicht heute ganz besonders schön? Mit dem »Planie-Seele« und der Brunnenfigur von einst, über der Wasser emporspritzte, mit Rasenflächen und Büschen, sah er jedenfalls recht wohnlich aus. Doch auch der Kaiser auf dem Gaul ist respektabel, sozusagen eine kuriose Freundlichkeit der alten Zeit (bitte, nie abreißen!). Statt des Seeleins von 1841 breitet sich in unsern Tagen die blecherne Flut der Autos unter den Hufen des Kaiserpferdes aus. Im »Café Sommer« an der Ecke drängt sich bürgerliches Leben Tisch an Tisch, und gegenüber auf dem anderen Planie-Ufer, ist unsre »Mocca-Stube« leider leer; in ihr ging's immer heimlich bewegt zu, in ihren Nischenplätzen sammelte sich noch jener Kaffeehaus-Brodem, der aus Liebesgrotten-Illusion und Schwatzbude, Kaffeemaschinenzischen und wissender Theken-Frau so richtig süß gemischt gewesen ist, wie man es gerne hat.

Cannstatts Visitenkärtle Seit Bomben und Wohlstand bei uns gewütet haben, ist Stuttgart keine alte Stadt mehr, doch erweist sich ihre Lage immer noch als schön oder beachtenswürdig. Jedenfalls haben's manche Zeitgenossen gern, zuweilen ein bißchen abseits zu schlendern und beispielsweise Cannstatt aufzusuchen und die Marktstraße hinabzugehen, die nur da und dort mit glattgebügelten Fassaden prunkt, ansonsten aber wie in alter Zeit sich zwischen Giebeln und vorragenden Stockwerken bis zum Neckarufer streckt. Hinter der Kirche biegen Sie rechts ein; jetzt sind Sie auf dem Marktplatz.
Er ist das Cannstatter Visitenkärtle, ein Salon im weitläufigen Haus, mindestens an dieser Stelle, denn Cannstatts Markt-

platz wird von der Kirche in zwei Bezirke geteilt: einen repräsentativen und einen gemütlichen. Ich möchte weder den noch jenen herausstreichen, sondern beide loben.
Ich gehe auf dem Trottoir, und drüben steht die Kirche, frisch verputzt; sie hat gotisch gemeißelte Fenster, eine Hallenkirche, die 1471-1506 von Albrecht Georg gebaut wurde; ihr Turm ist 1613 errichtet worden. Und gegenüber diese alten Häuser: Das Modegeschäft Haussmann, rötlich getüncht, mit Fensterbekrönungen, Läden und unveränderten Scheiben, wie's zu einem Marktplatz paßt; dann der Sport-Haizmann, die Gaststätte zur Sakristei, das Haus mit breiten Rundbogenfenstern im Erdgeschoß, und schließlich jener Bau, dessen Fachwerk sauber herschaut und vor dessen Erkertürmchen der »Goldene Löwe« glänzt; ein Gasthaus, in dem Rudo Mikulic Speisen vom Holzkohlengrill serviert, als da sind: Sarma, Vesalica, Muskalica, Curbastija mit Salat. Denn wer sich sozusagen am Cannstatter Marktplatz entlangißt und -trinkt, der wird nicht darben und speziell bei Rudo Mikulic auf seine Kosten kommen.
Turmuhr-Glockenschläge, die ein melodischer Dreiklang ankündigt, begleiten die Mahlzeit, während der Lammbraten auf der Zunge schmilzt. Denn hier ist eine behagliche Altstadt-Ecke, wo die Fassade des Möbelhauses Rapp seine Voluten neben den Dachtraufen zeigt und den Giebel zwei nackte Damen (?) zieren, von denen einer Flügel angewachsen sind; sie schwingt eine Art Tennisschläger, indes die andere einen Schirm aufgespannt hat und davonläuft; dazwischen Blumengirlanden, ein Frühlingsrelief aus großelterlichen Jugendtagen, sagen wir: um 1900. Von der Marktstraße schaut Doktor Obermillers Kronen-Apotheke her, auch sie noch unverändert, welch ein Glück!
Hinterm alten Pfarrhaus (jetzt Büro des 12. Polizeireviers und Polizeiwache) strömt Wasser aus zwei blanken Messingröhren ins metallene Brunnenbecken vor einer Sandsteinsäule; nicht weit davon zweigt die Helfergasse ab, und dann liegt der gemütliche Teil des Marktplatzes da, denn wer in Cannstatt ist, fühlt sich einheimisch, auch wenn er nur aus Stuttgart stammt; denn dieses Stuttgart hat Cannstatt im Jahre 1905 geschluckt oder eingemeindet, was kein ehrsamer Cannstatter

jemals verwinden wird. Ich kann mitfühlen und hoffe, daß sich Cannstatt nicht nur in der Fasnet gewisse Reservatrechte zu wahren weiß; denn hier hält man auf Tradition, die sich im Stadtbild und in der schönen Frakturschrift des Kopfes der »Cannstatter Zeitung« ausprägt.

Der Marktplatz ist still, als wehe noch ein Lüftle aus der alten Zeit herüber, obwohl auch hier überall Autos stehen. Buben flitzen auf Radelrutschen um die blanken Wägen, von der modernen Schule in der Lammgasse schallt Kindergeschrei her, und Giebel sind mal höher und mal niedriger. Der des »Pfleghof-Stüble« ist spitz und lang und unterm höchsten Fenster mit flatternder Wäsche garniert. Der Platz wird weit, weil hier die Autos nur leis schnurren. Warten und horchen, sich umschauen: hier ist's noch am Platz, wo sich das Rathaus breitmacht, das Anno 1490 erbaut und 1875 renoviert worden ist; mit Blitzableitern wie mit Speeren bespickt, zeigt es sein Glockentürmchen, und in die Einfassung der Tür ist auf zwei Wappenschildern je eine Kanne in den Stein gemeißelt. Ein Gemüse- und Obststand bringt mit Orangen, Blumenkohl- und Krautköpfen einen Hauch von Sommerfrische unter benzinduftende Motorkutschen. Hinter drei Bäumen schaut das Gasthaus »zum grünen Baum« herüber, behäbig langgestreckt und von einem andern überragt, dessen Stockwerke sich übereinanderstaffeln. Ein Plankenzaun umgrenzt einen Hof mit braunem Lattenverschlag, denn hier ist's winklig. Zur Küblergasse ist's nicht weit; wie vor alters sind im Flur der Werkstatt des Küblermeisters Albert Traub hinter der offenen Tür Bottiche und Zuber (schwäbisch »Kübele«) aufgeschichtet, und es riecht nach frischem Holz. Die Heimsche Gasse, die Sulzbachgasse und die Sulzgasse biegen sich auf den Marktplatz herein, zur Brählesgasse ist's nicht weit, und in einem Schaufenster warten Petroleumlampen neben einer Dame mit bronzenem Busen und locker bekleideten Hüften; Reitersäbel lehnen an rostigen Flinten. Vor den Häuserwinden verzweigen sich Dachrinnen, die Pfosten niederer Eingänge sind mit kleinen Briefkästen behängt, auf denen Namen wie Calistridis, Otterbach, Lopez und Pichierri stehen, weil hier auch Gäste aus südlichen Zonen wohnen und die Weite des Mittelmeers sich mit Einheimischem vermischt. Schwarzhaarige

Mädchen, die perfekt ausländisch sprechen, spielen Fußball mit Cannstatter Buben, es geht lustig zu, und alle jubeln.
Italiener, Griechen, Spanier und Jugoslawen: sie müßten sich hier eigentlich wohlfühlen, denn früher waren sie auch schon mal hier, freilich nicht als Gastarbeiter; statt Daimler und Bosch haben ihre Arbeitgeber Cäsar und Marc Aurel geheißen. Inzwischen haben sie ihre Kostüme, ihre Spiel- und Werkzeuge gewechselt, doch alles andere ist gleichgeblieben. Damals wie heute setzt ihnen ein schwäbischer Wirt »Cannstatter Zuckerle« oder ein Viertele Remstäler vor, und wenn sie anno 166 ihre Kinder auf dem Rücken bei sich gehabt haben, während sie sie 1966 in chromblanken Kinderwägen neben Autos schieben, so macht das keinen Unterschied.

Bahnhofsplatz Wer mit dem Zug hier ankommt, betritt eine Halle oder einen einschiffigen Saal, wie er zu Zeiten Konstantins des Großen hätte erbaut werden können. Durch eine zweite Halle, den mittleren Ausgang, wo ein enormes Treppenhaus zu einem Pfeilergang hinabführt, gelangt der Reisende ins Freie und sieht auf den Bahnhofsplatz, diesen Empfangssaal unsrer Stadt. Seine Schmalseiten öffnen sich nach Westen einem Weinberg und nach Osten über Baumkronen einem häuserbepflasterten Hügel.
Der Bahnhof zeigt sich als Burg mit Rustikafassade, und sein Turm erscheint in bergfriedhafter Mächtigkeit. Die streng gefügten Kuben der äußeren Eingangshallen mit rückwärts gestaffelten Seitenbauten verbindet eine Kolonnade, die ein Wohngeschoß trägt.
Dem Bahnhof entspricht der Hindenburgbau, auch er als kubischer Bau errichtet. Ursprünglich waren seine Dachgeschosse abgetreppt. Nach dem letzten Krieg schien es notwendig zu sein, den Raum besser zu nutzen, und so wurden denn die Dachgeschosse zu gleichmäßiger Höhe hinter einer steinernen Blende aufgerichtet, die als eine Art Pergola die oberen Stockwerke gliedern, verhüllen oder leicht erscheinen lassen soll.
Im Westen schiebt sich die helle Flanke des Hotels Graf Zeppelin herein, sanft vorgewölbt und durchzogen von Fenster-

bändern. Neben den Bahnhof- und Hindenburgbaublöcken sieht das Hotel dünn und leicht, ja fast durchscheinend aus, wohl seiner Travertinverkleidung wegen. Hier lockert sich der Platz zum Areal der parkenden Automobile beim urbanen Säulenbau der Eisenbahndirektion, diesem freundlichen Tempel, der impressionistische Verfeinerung erkennen läßt und neben jenen starren Metropolis-Ablegern, die südlich von ihm aufwachsen, anachronistisch wirkt.

In dieser Ecke fängt der geisterhafte Bezirk neuen Wohlstands an. Das Volkswagenhochhaus steht dahinter, als habe es Elemente von Schiffs- und Flugzeugkonstruktionen in sich aufgenommen, denn seine Bugkanzeln, sein Kommandoturm und sein wie ein Kamin hochgezogenes Treppenhaus sind nicht zu übersehen.

Dem Zeppelin-Hotel soll am östlichen Rande jene Fassade entsprechen, die sich strickstrumpfartig spannt und der ein riesiger Bosch-Zünder zu fragwürdigem Schmuck gereicht, während auf dem Bahnhofsturm der Mercedes-Stern als Symbol technischer Kraft und Herrlichkeit sich dreht.

Ein Platz der neuen Zeiten also. Hier stehen nur Bauten jener Vergangenheit seit 1914, in der wir aufgewachsen sind. Von 1914 bis 1927 wurde am Bahnhof gebaut, der Hindenburgbau und die anderen Gebäude fügten sich später hinzu, und sonderbarerweise machten's auch die Bomben gnädig, als respektierten sie die Bauwerke der Gegenwart. Nach dem Krieg war im Planetarium des Hindenburgbaus ein »Special Service Center« der amerikanischen Armee daheim; heut beherbergt es ein Kino. Das Königstor, das zwischen Hindenburgbau und Schloßgartenhotel (früher Marstall) einstmals die Königstraße abschloß, wurde erst im Jahre 1922 abgerissen, stand also noch mit dem Bahnhofsturm Aug in Aug, ein seltsamer Effekt.

Heut breitet sich ein Mastenwald mit Stahlpilzen, die an Luftschutzsirenen denken lassen und der Beleuchtung dienen, über dem Platz aus. Steininseln starren von Menschen, vor der Bahnhofs-Kolonnade biegen Taxis in die Schleife, als drehe sich ein Kreisel, und das Stellwerk der Straßenbahn, halb Kommandohäuschen, halb technische Bedürfnisanstalt, hat sich dazwischen festgesetzt, ein friedlicher Fremdkörper, der

geduldet wird, obwohl er nicht genau zu wissen scheint, wofür er da ist.
»Dort kommt der Adenauer hinein«, hat einmal ein Spaßvogel gesagt.
Doch warum sollte man nicht auch diesen Empfangssaal mit nachsichtiger Ironie bedenken, auf die Gefahr hin, als hochnäsiger Raunzer zu gelten, dem niemand etwas recht machen kann? Hier wird das ausgesprochen, was gewichtige Städteplaner am Bahnhofsplatz zu kritisieren haben: Daß die Reisenden, kaum treten sie ins Freie, von der Rolltreppe geschnappt, verschluckt und unter den Boden geschickt werden, damit sie ja nichts vom Platz sehen. Aber wie wäre es gewesen, wenn die Treppe irgendwo abseits hinuntergeführt hätte? Kein Mensch finde sich hier zurecht, er sehe ja nicht, wo er in die Tiefe steigen müsse, so wäre dann (mit Recht?) gemäkelt worden. Oder man sagt, der Bahnhof rage als überdimensionale Kirche auf, und was sei das für eine Zeit, in der Bahnhöfe wie Kirchen, und Kirchen wie Bahnhöfe aussehen? Ja, in der Tat, was ist das bloß für eine Zeit … Oder wozu schmücke man einen Bahnhof mit antikisierenden Stilelementen wie dieser Kolonnade mit ihrem Architraven, der innen auch noch hohl sei? Wo finde sich in antiken Baudenkmälern ein Architrav, in dem man wohnen könne? Ein kaum ernst zu nehmender Einwand freilich, weil jener »Architrav« in diesem Baukörper als Stockwerk über Arkaden wirkt.
Die Unterführung für Fußgänger, die sich zu einem unterirdischen Platz weitet, war früher ein Luftschutzbunker, in dem ein Kino eingerichtet wurde, das, als »U-Kino« nach dem Krieg beliebt gewesen ist und wo Filmfreunde auf hölzernen Naether-Gartenstühlen saßen. Regnete es draußen, so schlich sich eine braune Soße unter ihre Füße. Also ein Platz, an dem sich, wie es einer Übergangszeit angemessen ist, überkommene Stilelemente in modernem Gewande zusammenfinden, und den die Verkehrsplanung noch nicht zerstören konnte, wahrscheinlich, weil sich der Verkehr mit neuen Bauwerken verträgt.

Eugensplatz Als Sinnbild jener »belle époque«, in der es sich zu leben lohnte, steht auf dem Eugensplatz, diesem Erker mit dem Ausblick auf die Stadt, der Galatea-Brunnen, ein Werk des Bildhauers Otto Rieth. Am 27. April 1890 ist es enthüllt worden, und in der Zwischenzeit hat Galatea einen Hauch grünlicher Patina angesetzt, der ihr gut zu Leib und zu Gesichte steht. Sie ist aus Bronze und lächelt, von einem Putto begleitet, aus ihrer Höhe in die Weite als ein liebenswürdiges Wahrzeichen.
Zu wünschen wäre, daß Galateas Lebenslust heute wieder Schule machte, denn diese Dame verspricht warmherzige Freuden, andere als unsre Sex-Idole. Die spärlich Verhüllte entstammt jener heiteren Zeit, da die Stadt als ein wohnlicher Bezirk ins Grüne wuchs. In der Alexanderstraße gibt es sogar heute noch Vorgärten, die den Raum der Straße zu einem Wandelgange machen, der sich auf den Erker der Anno 1877 angelegten und von Königin Olga gestifteten Eugensplatte öffnet. Heute ist der Eugensplatz nur eine Straßengabel. Hier verzweigt sich die Alexanderstraße in die Wagenburg- und in die Kernerstraße.
Elegante Leute haben früher hier gewohnt, und daran hat sich kaum etwas geändert. Wer von der Eugensplatte auf die Stadt schaut, hat zu seiner Rechten die Villa der Familie Kapp von Gültstein, ein heute aufgestocktes Haus, das immer noch in seinen rückwärtigen Teilen die Remisen und die Stallgebäude mit der Kutscherwohnung jener Herrschaften umschließt. Hinter Birken steht das Haus des preußischen Gesandten Molsberg, ein klassizistisches Palais, dessen Mittelrisalit im ersten Stock durch giebelförmige Fensterbekrönungen hervorgehoben wird und Frauenstandbilder auf dem Dachgesimse trägt.
Gegenüber hat um die Jahrhundertwende der Weinkaufmann Schändler jenes Haus Alexanderstraße 2 errichten lassen, dessen dunkle Sandsteinflanken der grünlichen Patina der Galatea und den Kastanien der Eugensplatte als ein Gebäude zugeordnet ist, das mit seinen Rustikaquadern, den Säulenumrahmungen seiner breiten Fenster und den eisernen Balkonbrüstungen wie das Palais Molsberg die Urbanität einer versunkenen Epoche charakterisiert, deren ständisches Ge-

füge noch intakt gewesen ist. Die Tür des Hauses wird flankiert von zwei sich nach unten verjüngenden Pilastern.
In der Kernerstraße war die Pension »Quisisana« als Domizil reicher und extravaganter, ja zuweilen sogar übermäßig empfindsamer oder »gschuckter« Herrschaften beliebt. Nicht weit davon wohnten Schauspieler wie Alexandrine Rossi, diese bewunderte Darstellerin hochdramatischer Rollen. Auch der letzte Minister unsres Königs, Excellenz Köhler, war nicht weit von hier ansässig, und im Haus Alexanderstraße 9 hat Oberbürgermeister Gauß, der Vorgänger von Oberbürgermeister Lautenschlager, bis zu seinem Tod gewohnt.
Unterhalb des Galatea-Brunnens mit seinen leider trockengelegten Wasserspielen führt die Eugenstaffel als Treppenweg und Blättertunnel zum Künstlereingang, des Opernhauses, wo der Schicksalsbrunnen dem Galatea-Brunnen erstmals entsprochen hat.
Zu seiten der bronzenen Brunnenschale lagern zwei Delphine, und in der Mitte trägt ein geflügelter Löwenkopf eine Krone mit Reichsapfel. An der Eugenstaffel ist das Haus der Verbindung »Vitruvia« bemerkenswert, und auch das Malerinnenheim steht wiederum am alten Platz. Die patinierte Blöße der Meernymphe aber ist in früheren Jahrzehnten zuweilen von Studenten mit Damenkleidern drapiert worden, wahrscheinlich weniger aus prüden als aus scherzhaften Gründen. Doch wer bedenkt, daß Galatea vom einäugigen Riesen Polyphem vergeblich geliebt wurde (so erzählt die Sage), überlegt, ob vielleicht solche Maskeraden um das Denkmal einer sich in Sehnsucht erschöpfenden Liebe als Opfergaben empfindsamer Männerherzen zu verstehen sind, die an Liebeskummer litten. Und hoffentlich hat es etwas genützt.

Berliner Platz Wer früher in der Gegend gewohnt hat, die heut »Berliner Platz« heißt, und nach zwanzig Jahren hierher zurückkehrt, findet sich im Geviert von Schloß-, Seiden-, Büchsen- und Breitscheidstraße, die diesen Platz begrenzen, nur mühsam zurecht; denn hier ist alles ganz anders geworden, nachdem die Räumbagger den Schutt der Bombenzeit beseitigt und die Städteplaner ein neues Viertel erbaut haben, blank, nüchtern und streng.

Früher war es dicht besiedelt. An der Ecke Schloß- und Büchsenstraße stand das »Excelsior«, ein Gesellschaftshaus der Jahrhundertwende, urban und distinguiert. In den Jahren 1905-1907 ist es von der »Bauhütte«, einer Baumeister-Vereinigung, errichtet worden, und die Neidhardtsche Kleinkunstbühne »Excelsior« hat sich darin etabliert. Nicht weit davon, ungefähr an der Ecke des Hörsaal-Provisoriums der Technischen Hochschule, stand die Garnisonkirche; das Dillmann-Realgymnasium war in der Nähe, und dort, wo heute der Max-Kade-Turm emporwächst und die Mensa der Technischen Hochschule liegt, hat sich einstmals das Eberhard-Ludwigs-Gymnasium gestreckt, im Schülerjargon »Ebelu« genannt.

Heute zeigt Ecke Büchsen- und Schloßstraße der Bau des Württembergischen Landesvermessungsamtes die starre Schmalseite seiner orangerot gefleckten Fassade; von drüben schaut der Turm der Hospitalkirche so her, wie ihn Mörike in den fünfziger Jahren des vergangenen Jahrhunderts noch gesehen hat, und der kantige Kubus des Motor-Presse-Hauses ist weiß und glatt. Pappeln und Ahorne mildern die Kälte einer strengen Architektenkunst, die mit unserer neuen Liederhalle gewissermaßen einen Höhepunkt internationaler Gelassenheit erreicht.

Die alte Liederhalle, die 1863 fertiggeworden ist, hatte ihren Eingang der Büchsenstraße zugekehrt und war vor dem Umbau im Jahre 1906 mit dem Standbild einer weißen, die Hand segnend ausstreckenden Göttin geschmückt. Der Bau war »straßenbezogen«, wie es im Architektenmunde heißt, indes der neue sich nach der Anlage öffnet. Das ist ein aus vielfältigen Gebäudeteilen sich zusammenschließender Komplex mit rauhen, dunkeln, rohen und kostbar eingelegten Flanken, deren fluktuierendes Blau und Gold Erinnerungen an spätantike Mosaiken weckt. Die Terrasse des Liederhalle-Restaurants fügt sich mit breiten Fensterscheiben und grünen Leinendächern dem kompakten Baukörper ein, dessen Ausdehnung erst im Inneren sichtbar wird; außen schmiegen sich die Bauteile der Straße an und wachsen durch flache Treppen mit der

Anlage zusammen, eine stufenweise Gliederung, die auch Parkplätze aufnimmt, von denen, besonders im Sommer, hinter Büschen verborgen, kaum etwas zu sehen ist. Die Grünanlagen, die sich aus dem früheren Liederkranzgarten und dem »Seiden-Anlägle« entwickelt haben, bestimmen den Charakter dieses Platzes. Sogar das Denkmal des Medizinalrats Dr. Haidlen, dieses tatkräftigen Präsidenten unseres Verschönerungsvereins seligen Angedenkens, das 1885 errichtet worden ist, steht noch am Rande, halb verdeckt von Buschwerk, als zöge es sich vor der neuen Zeit zurück. In seiner Nähe, vorne an der Ecke Schloß- und Seidenstraße, sprudelt eine Wasserkuppel über einer massiven Brunnenschale, und Kinder netzen sich, wenn's heiß ist, Beine und Füße; das ist der Berlin-Brunnen. Auf der andern Straßenseite entspricht ihm ein Sockel mit Bronze-Globus, der an Philipp Matthäus Hahn erinnert, jenen Pfarrer und Erfinder, der Uhrwerke erdacht hat, wie sie erst in neuer Zeit verwirklicht werden konnten. Und wer an versunkene Tage denkt, wird sich der Sonntagnachmittagskonzerte im Liederkranzgarten entsinnen, wo die bürgerliche Welt zu Hause war. Auch das Stuttgarter Schwimmbad in der Büchsenstraße darf nicht vergessen werden, ein im maurischen Stil mit Zwiebelkuppel sich kurios präsentierendes Haus, das die »Schwimmbüx« genannt worden ist und dort gestanden hat, wo heute salopp oder korrekt gekleidete Studenten der Mensa entgegengehen und nur ab und zu einer vom sympathisch bärtigen Lottel- und Gammeltyp sich weiterdrängt. In fern verschwimmenden Frühzeiten aber, also damals als die heute Fünfzigjährigen zur Schule gingen, war diese Gegend ein beliebter Treffpunkt, und es standen an der Haltestelle der Straßenbahnlinie Nummer sieben die aus dem »Dillmann«, dem »Ebelu« und der Friedrich-Eugen-Oberrealschule mit den Mädchen des Rhodertschen Instituts, eines exklusiven Privat-Gymnasiums, beisammen, um sich in täppischer Galanterie zu üben, wie es damals zum guten Ton gehört hat. Begradigte und breite Verkehrsadern, auf denen Autos dem Stadtinnern oder den Ausfallstraßen entgegentoben, gleißende Nüchternheit, die sich in glatten, fensterbebänderten Fronten zeigt: das gibt es überall. Das äußere Bild unserer Städte wird immer austauschbarer, die

Plätze und die Bauten gleichen sich, aber die Bildwerke, die kaum auffallen, wie jenes Denkmal des Medizinalrats Haidlen oder der Globus, der an Philipp Matthäus Hahn gemahnt, werden zu Merkzeichen, in denen das Besondere einer Stadt weiterlebt. Zwar ist nicht mehr viel davon da, es sticht auch nicht ins Auge, aber es bringt Lebendiges in eine erstarrende Zeit.

Marktplatz Behäbig und bequem, ein wohnlicher Bezirk, der sich in vier Jahrhunderten wenig verändert hat, so zeigte sich der Marktplatz in früherer Zeit. Die Häuser standen mit der Giebelseite dem Platz zugekehrt, und das 1460-68 erbaute Rathaus – es hieß damals »das Bürgerhaus« – ist 1582 mit einer Steinfassade geschmückt worden; es hatte einen abgetreppten, mit Voluten verzierten Giebel und ein Glockentürmchen. Und dort, wo heute sich ein Wasserbecken streckt, ist jener Marktbrunnen gestanden, der seit 1901 auf dem Wilhelmsplatz steht und dessen Säule von Nikolaus Friedrich von Thouret entworfen wurde. Vor diesem Brunnen ist im vergangenen Jahrhundert einem Mädchen ein arges Mißgeschick passiert. Sie füllte ihren Wasserkübel, stemmte sich ihn auf den Kopf, und der Rock rutschte ihr vom nackten Leib, worauf ein Ratsherr sich zu Tode lachte.
So etwas kann heutzutage nicht mehr geschehen, weil hier niemand mehr Wasser schöpft und ein Gemeinderat des Jahres 1966 nur noch schmunzeln oder sagen würde: »Aha, striptease im Freien, gar net schlecht.«
Das älteste gräfliche Rathaus aus dem Jahre 1400 stand auf dem Areal des Papierwarengeschäftes Haufler und war bis zur Zerstörung 1944 in seinem Untergeschoß noch erhalten. 1614 ist es von Heinrich Schickhardt für den Ahnherren der Tuchhändlerfamilie Keller umgebaut worden, und über zweihundert Jahre später hat es Mörike im »Stuttgarter Hutzelmännlein« so beschrieben: »Am Markt, gegen den Adler über, sieht man dermalen noch ein merkwürdiges altes Haus, vornher versehen mit drei Erkern, davon ein paar auf den Ecken gar heiter wie Türmlein stehn, mit Knöpfen und Windfahnen.«
Ein bißchen wehmütig wird es einem zumut, wenn man die

alten Photographien und Stiche ansieht und sie mit dem vergleicht, was heute dasteht. Aber zurückschauen nützt nichts, denn niemand wird es je gelingen, in einer anderen Zeit zu leben; auch brauchen wir uns nicht zu wundern, wenn der letzte Krieg viel Altes »ausradiert« hat. Es fragt sich nur, ob wir nicht alles wieder so hätten aufbauen sollen, wie's einmal gewesen ist.
Der Marktplatz von heute gruppiert sich um einen Parkplatzkern, und seine Häuser sind neu und starr geworden. Von der Kirchstraße her sind ihre oberen Geschosse abgetreppt, denn Giebel und Dächer haben sich verflüchtigt. Der Typ des dachlosen amerikanisierten Provinzhauses, teilweise mit Rippenfassade, hat nach der Zerstörung hier triumphiert, denn so wollte es der von Mißtrauen gegenüber der eigenen Geschichte und vom schlechten Gewissen verwandelte Geschmack. In gleichförmiger Reihung, teilweise von steifen Balkonen in den oberen Geschossen ein wenig aufgelockert, strecken sich die Häuser von Mayer am Markt über die Spielwarenhandlung Kurtz und das Benger-Haus zu Bletzingers Schuhgeschäft, das mit seiner vom Feuersturm der Bombenzeit wunden Fassade noch so dasteht wie es früher einmal war. Doch dieses einzige von Anno dazumal übriggebliebene Gebäude ist noch ein Lebewesen. Im übrigen wird hier, wie sich's für unsere Zeit gebührt, hauptsächlich Glas in ungerührter Glätte sichtbar und schaut düster drein, auch wenn da und dort ein verwaschenes Grün und Rosa die Außenwände aufhellt.
Das Maschinelle unserer Epoche macht sich breit, als seien Häuser keine Lebewesen mehr, die altern, sondern blanke Glieder eines Mechanismus, der zu funktionieren hat. Deshalb wirkt dieser Marktplatz menschenlos, auch wenn's auf ihm von Menschen wimmelt. Blech und Glas beherrschen ihn.
Daran kann auch der Riesenbau des neuen Rathauses nichts ändern, der als grobe und vielleicht vitale Zwingburg mit klotzigem Turm und toten Fenstern so breit hingelagert und eingerammt wirkt, daß sich der Bürger fürchtet. Der Sitzungssaal des Gemeinrats, diese Mischung aus überdimensionalem Atelier und Schwimmbad, zeigt in der Höhe als angefügte Halle den Boden seiner Amphitheatergalerie; wie ein Betonwurm

krümmt sie sich hinter der Glaswand. Gesimse trennen die Stockwerke und zeigen die schmutzig weißliche Ablagerung der Stadtluft, als wäre dort der Schweiß geschäftiger Beamter aus allen Fenstern herabgetropft oder -getrieft, eine »vertrielte« Fassade also, wie man auf schwäbisch sagt.
Das neue Rathaus ist ein kubisch strenger Bau, imposant, klotzig und nicht zu übersehen. Sein Vorgänger, der 1901 in flämischer Gotik aufgeführt worden und rückwärts, in der Hirsch- und Eichstraße, noch erhalten ist, war zwar kein Monument autonomer aber eklektizistischer Bauweise, die heute freilich distinguiert anmutet. Und sonderbar: an jenen alten Teilen des Rathauses sind nirgends jene Schmutzstreifen zu sehen, die das neue, nun, sagen wir einmal: verfremden.
Aber es macht nichts. Jedenfalls zeugt dieses Rathaus von unserer Vitalität, unserer Lust am Neuen, unserem Tätigkeitsdrang. Alles, was früher war, ist beiseite gedrängt worden. Die alte Gestalt des Marktplatzes interessiert uns nicht mehr, und schließlich ist auch durch den Neubau des Adelberger Hofs, der sich ans Rathaus anschließt, die Klosterstraße getilgt worden. Und der Durchgang zur Eichstraße mit seinem massigen Pfeiler atmet gegenwartsfrohe Poesie.
Es ist die Poesie des Fabrizierbaren einer technifizierten, technisch infizierten Zeit, mit der wir uns abfinden. Das Stadtbild wird durch Bauten umgeschichtet, die sich strecken und breit lagern, so daß, von oben her betrachtet, ein Bezirk aus übereinandergeschobenen Steinflächen zu entstehen scheint.

Leonhardsplatz Wer aus dem unterirdischen Gang aufsteigt, der vom Breuninger-Verkaufsgebäude zur Esslinger Straße führt, sieht den gotischen Chor der Leonhardskirche und davor eine Kreuzigungsgruppe. Zu Füßen des Kreuzes finden sich in den Augenhöhlen grünlicher Sandsteinschädel zuweilen weiße Papierblumen, wohl ein Zeichen gläubiger Verehrung.
Die Leonhardskirche erscheint als ein hohes Zelt mit steilem Dach, das sich im Turme fortsetzt; sie beherrscht den Platz, der eine Insel mit einer Anlage ist. Über die Hauptstätter Straße fegen schnaubende Fahrzeuge und werden von den

Bäumen ferngehalten, deren Stämme teilweise noch mit Strohseilen umflochten sind, weil sie erst kürzlich hier eingesetzt wurden.
Neben maßwerkgeschmückten Kirchenfenstern öffnet sich der Ausblick zum Charlottenplatz. Das Breuninger-Haus gleißt mit seiner Aluminiumblende, deren Rippen da und dort schräg gestellt sind, als öffneten sich metallene Kiemen. Die Straße wird von Baubaracken eingeengt, die hinter grau verwitterten Plankenzäunen hellgrün bemalt übereinanderstehen, während weiter unten zwei Zementsilos ihre Blechbäuche blähen und ein Kran seinen Ichthyosaurierhals emporreckt.
Als graue Kulisse liegen hinter der Leonhardskirche die Betongeschosse des Parkhauses Züblin, die aussehen, als wären sie aus Pappe. Zum Glück verdecken junge Pappeln nach der Pfarrstraße zu die rohen Mauern, ein wohltuender Effekt.
Altes steht dicht neben Neuem, ein erstaunliches Gemisch. Es wirkt belebend. Die Breuninger-Garage zeigt ihren schwarz glasierten Turmstumpf und grell getünchte Flanken. Einstöckige Provisoriumsbuden säumen die Hauptstätter Straße und präsentieren sich als »Schwarzer Kater«, »Lido Schnell Imbiß«, »Rendezvous«, »Western Saloon«, »Trichter« und »Rio Tanz Bar«, wo »The Magnificents« ein »Sondergastspiel« als »Sensation des Jahres« geben: lauter Amüsierlokale, die an Gerümpel denken lassen, über denen Rathaus und Rathausturm in die Höhe ragen.
Heiliges, Sündiges und kulturell Repräsentables sind hier beieinander. Die gelb glänzende Unterkunft der »Bruderschaft Salem«, wo Frauen in frisch gestärkten Arbeitsmänteln Gefallene und Strauchelnde betreuen und ein glutäugig bärtiger Mann heilsame Seelenkräfte ausstrahlt, bezeichnet sich als »Haus der Reinheit, Haus des Friedens, Haus der Wahrheit«. Nicht weit davon hängen im Schaukasten der »Leonhardspost« die Photographien verhüllter und enthüllter Damen. Das »Mitternachts-Schaumbad« gilt als pikante Attraktion des »striptease«-Schaugeschäfts, das eine Negerin mit deftigem Bikini-Körper und ein blondes Mädchen mit dicken Lippen reizvoll illustrieren. Jedenfalls regen viele Photos die vergnügungslüsterne Phantasie an, doch ob die Wirklichkeit aus

Fleisch und Haar daneben standhält, entzieht sich meiner Kenntnis.
Übrigens ist es mit dem Reizeffekt auch wieder nicht so arg, obwohl's vorkommen soll, daß sich herkulische Figuren in das Lokal schieben, wenn ein Gast nicht vierzig oder fünfzig Mark für eine Pulle Sekt hinlegen will. Die bulligen Gesellen stellen sich um den Protestler auf und boxen ihn zunächst nur mal so mit dem Kopf ans Kinn.
Das Gustav-Siegle-Haus zeigt als zierlicher Tempel der Kultur seine elegante Treppe, über die nie jemand hinauf- oder heruntergeht. Mit den schmalen Säulen, die neben ihrem Türmchen pavillonartige Dächer tragen, erinnert diese Treppe ans Jahr 1912, denn damals ist das Gustav-Siegle-Haus errichtet worden. In seinen Sälen haben Dichter aus ihren Werken vorgelesen, die Deutsche Akademie für Sprache und Dichtung hat dort vor geraumer Zeit eine solenne Tagung abgehalten und Elly Ney mit ausdrucksstarkem Mienenspiel Beethoven zelebriert. Alljährlich bieten Antiquare Bilder und Bücher in seinen Räumlichkeiten feil, denn dies ist, wie schon angedeutet, ein kulturelles Sammelbecken, das Respekt erheischt.
Trotzdem treiben um seine Mauern Freudenmädchen ihr wendiges Anlockspiel. Stöckelschuhe staksen, Sandaletten machen pitsch-patsch. Mini-Röcke lassen Knie und Kniekehlen sehen, Täschchen pendeln, und ein Enttäuschter kommt, kopfschüttelnd mit sich selber redend, aus der Wirtschaft »Brunnenwirt«. Der Vier-Röhren-Brunnen, der früher am Charlottenplatz gestanden hat, plätschert an der Ecke Leonhard- und Hauptstätter Straße vor sich hin, denn hören kann ihn keiner, weil sich hier Lautsprechermusik mit Autorauschen mischt. Junge Leute schlampen im Schmuck langen Haares zum »Club Voltaire« hinauf, massige Männer werfen Markstücke aufs Trottoir, als ob sie mit Steinnüssen spielten, und einer sackt einen erklecklichen Gewinn ein.
Hier ist gut schlendern und auf Brunnenwasser schauen, indes ein Hauch vulgären Feierabends schon am Nachmittag hereinweht. In der Passage hinter den Akazienbäumen nicht weit vom Postamt hat Herr Pascha verräucherte Bilder bröckelnder Ruinen und Flußlandschaften hinter talmisilbernen

Leuchtern ausgestellt, und am Wirtshaus »Zum Schatten« ist die Jahreszahl 1769 und ein Wappen über den Türstock gemeißelt. Denn hier sind noch Reste jenes »Bohnenviertels« sichtbar, das Richard Zanker in seinem Buch »Geliebtes altes Stuttgart« so beschrieben hat, daß es, unserer neudeutschen Abreißlüsternheit zum Trotz, nie ganz verschwinden wird. Und »Bohnenviertel« soll die Gegend deshalb heißen, weil sich hier früher Gärten gedehnt haben, in denen Stangen- und Buschbohnen gepflanzt worden sind.
Ein vielschichtiger, kontrastreicher Bezirk, in dem menschliche Hefe gärt. Bitte, aufpassen, daß Sie nicht straucheln und einem »Altstadtschlamper« in die muskulösen Arme fallen.

Charlottenplatz Hinterm Plankenzaun arbeiten Männer in Blechhelmen an rostigem Gestänge, zwischen das sich der Beton ergießen wird. Drunten, wo es von glatten Steinflächen weiß ist, ragen Säulen in die Höhe, und Mutter Erde schaut nirgends mehr lehmig oder wasserlachennaß herauf. Denn bald wird die Baugrube am Charlottenplatz sich über Gewölben, Schächten und Treppengängen schließen, als wären sie unter dem glatten Steindeckel der Straße eingesargt. Dann werden auch die Baukräne verschwinden, die sich noch rot, blau und zitrongelb recken, ihre starren Arme schwenken und Betonkübel oder gebündelte Eisenträger an Stahlseilen in die Tiefe senken, was an Himmelsgeschenke denken läßt, die an Fäden hängen.
Früher streckten sich hier unterm Boden Abflußröhren und Kanäle, und oben standen seit den siebziger Jahren Bäume um den Vierröhrenbrunnen, den Thouret entworfen hat und der vor einem Jahr zum Leonhardsplatz versetzt worden ist Neben dem Brunnen war ein Tabakladen in einem Häuschen heimisch, das vor dem alten Waisenhaus (jetzt Institut für Auslandsbeziehungen) eine zierliche Figur gemacht hat. Sommers sind im Becken des Vier-Röhren-Brunnens Buben herumgepatscht und haben sich Wasserstrahlen über Beine und Arme laufen lassen, während Tauben vorbeigetrippelt sind und Wind die Kronen des Baumgruppenrondells aufgeblättert hat. Denn hier standen bis lange nach dem Kriege Bäume, und die-

ser Platz, der nach der ersten Gemahlin Wilhelms II., einer bayrischen Prinzessin, genannt worden, ist, war weder kahl noch glatt, weil man sich's früher leisten konnte, Plätze und Straßen mit Büschen und mit Bäumen aufzulockern.
Das alte Waisenhaus ist als die erste Stuttgarter Kaserne 1705 errichtet und von 1710-1922 als Waisenhaus benützt worden. Heute steht es wie abwesend da, trotz den Planie-Lichtspielen mit »Sex mal Sex«, dem Feinkosthaus Böhm, dem Restaurant Charlottenkeller, dem Antiquitätengeschäft Starker, dem Café Sommer und allerlei Kanzleien kultureller und polizeilicher Provenienz, die sich in seinen Mauern heimisch fühlen. Der Hof des alten Waisenhauses mit knorrigen Akazienbäumen aber ist eine Oase neben der verkehrsbrodelnden Kreuzung, in die sich dieser Platz verwandelt hat.
Freilich, das Schwabenbräu-Hochhaus ist arg modern, glashart und kantig, ein harter Brocken. Man übersieht ihn neben dem Wilhelmpalais, diesem urbanen Bau, der nach Plänen Saluccis 1834-40 errichtet worden ist und von 1900 ab König Wilhelm II. als Wohnsitz gedient hat, bis anno 1918 die königliche Flagge (drei schwarze Hirschstangen auf gelbem Grund) für ein paar Stunden durch einen roten Revolutionslappen ersetzt worden und der König für immer nach Bebenhausen weggegangen ist. Denn das Brutale siegt in unsern Zeiten, was auch am Schwabenbräu-Hochhaus erkennbar wird, das nicht einmal chic, sondern nur angeberisch auf uns herabschaut, als hätte es ein Manager erdacht. Aber es ist charakteristisch für den Wohlstandsimpuls unserer Tage, der so etwas emportreibt.
An seiner Stelle stand vor Zeiten das alte Kriegsministerium, das mit seinem Giebel in der Mitte behaglich ausgesehen hat, wie sich's damals geziemte; ursprünglich ist es ein Privathaus aus dem Jahre 1811 gewesen, und später wurde es Charlottenbau genannt. Jedenfalls haben in der Vergangenheit sogar die Offiziere und die Minister das Unauffällige geliebt, während wir den Schein unseres Prestiges glänzen lassen müssen.
Bedauerlich, daß heute am Charlottenplatz nur noch Vergangenheitsreste bemerkenswert erscheinen, weil der Charlottenplatz nichts anderes mehr ist als eine kahle Kreuzung, auf der zwei Einfallstraßen sich begegnen und ihre Musik brüllen,

rauschen, toben, knattern, knallen und die Ausdünstungen unsres Lebensgefühls stinken lassen. Wenn alles fertig und der Boden wieder glattgebügelt ist, wird sich hier eine asphaltierte Betonplatte als steinerner See dehnen, an dessen Rand zwei sehenswerte Häuser gespült worden sind, indes sich sonst nur solche Bauten strecken, die überall stehen könnten und praktikabel sind. Und wenn in tausend Jahren hier einmal gegraben wird, wie im letzten Jahr hier gegraben wurde, so stellen künftige Archäologen den enormen Lebensstandard unserer Zeit fest, die ihnen entweder kraftstrotzend oder überspannt erscheinen mag. Vielleicht beneiden sie uns dann um unser »tolles Lebensgefühl«, das sie an Ruinen und unterirdischen Gewölben ablesen zu können glauben, während wir im Freien Benzingas und unterm Boden Desinfektionsgeruch eines blanken Untergrundbahnhofs gerochen haben. Eventuell aber wissen auch sie, daß in den fernen Zeiten, da der Charlottenplatz umgebaut werden mußte, die Planung unserer Stadtväter als weitschauend und großzügig bewundert worden ist.

Schloßplatz Überm Neuen Schlosse geht die Sonne auf, und hinterm Königsbau versinkt sie. Vor der Freitreppe des Königsbaus und getrennt durch die Königstraße, sind wegdurchkreuzte Blumenrabatten ausgelegt, zwei Brunnen schütteln ihre Helmbüsche aus Wasser, die Sandsteinflanken der Dresdner Bank schauen durch Kastanienkronen, über denen sich die Kuppel des Kunstgebäudes mit hohem Tambour reckt, und das Neue Schloß streckt sich vor einem hellen Hügel, die Fassaden seiner Seitenflügel streng gemeißelt und von hohen Fenstern leuchtend.
Noch zu Anfang des vergangenen Jahrhunderts war er ein sandiger Exerzierplatz, und junge Alleebäume, haben ihn rechts und links umgrenzt. Das Neue Schloß verlangte diese Fläche, diesen freien Raum als Plattform, auf dem sich militärisches und höfisches Leben zeigen und entfalten konnte. So war's dem damaligen Zeitgeschmack und einem Bedürfnis des absoluten Herrschers angemessen, der Abstand vom bürgerlichen Leben zeigen mußte, auch wenn er sich dann später als ein Bürger fühlte und »der Vielgeliebte« genannt worden ist;

denn so steht es auf der Inschrift des Sockels jener Säule, die im Volksmund »der Siegesspargel« heißt, am 30. Oktober 1841 zur Feier des 25jährigen Regierungsjubiläums Wilhelm I. von den Ständen Württembergs errichtet und 1863 mit dem Standbild einer Konkordia gekrönt wurde. Wie eine Stütze des Himmelsdaches steht sie in der Mitte dieses weiten Saals.
Er präsentiert sich als festlicher Raum, und die Fassaden der Gebäude, die um ihn versammelt sind, bilden die Wände. Der Königsbau zeigt seine Kolonnade mit der Treppe, auf der zuweilen sogar Gammler lungern und Gitarrenmusik hören lassen. Im Stil eines griechischen Tempels streckt sich dieser Bau und birgt Geschäfte, unter ihnen ein Café, das früher Ätzglasscheiben hatte und mit der Aufschrift »Kgl. Hoflieferant« geziert gewesen ist. In einem überdachten Hof, der zur hinteren Passage führt, konzertiert zuweilen eine Heilsarmeekapelle, die Passanten dürfen sich von grauhaarigen Predigern mit frischen Backen herzhaft ins Gewissen reden lassen, und immer ist eine besonders adrette Trompeterin dabei.
Immer noch wölbt das Hotel Marquardt seine distinguierte Sandsteinecke an der König- und Bolzstraße und hat im Arkadengange der Dresdner Bank ein den Umständen des Wiederaufbaus nach dem Krieg entsprechendes Gegenüber; denn die Verbindung von Arkaden und Straßenraum ist hier, was die Gesamtlage angeht, bemerkenswert geglückt, auch wenn man über einzelnes (was steinerne Fensterumrahmungen und Dachaufbau betreffen) verschiedener Meinung sein kann und die Kritiker, wenn sie ehrlich sind, auch nicht wissen, wie man's damals hätte besser machen sollen. Jedenfalls dort, wo die Taxis unter Bäumen warten und die Front des Bankhauses die nördliche Wand des Platzes bildet, ist eine andere Verbindung zur Loggia des Kunstgebäudes wohl kaum vorstellbar. Das Kunstgebäude aber, an der Stelle des alten Lusthauses und königlichen Hoftheaters 1912 errichtet, paßt sich mit seinem Kuppelaufbau, den ein vergoldeter Hirsch schmückt, dem Seitenflügel des Neuen Schlosses an, ohne ein Motiv der Fassade dieses spätbarocken Baus zu wiederholen. Und vielleicht konnte sich hier Neues mit überkommenem deshalb so harmonisch vereinigen, weil der Architekt Theodor Fischer noch

einer Zeit angehört hat, in der Höfisches sich mit Bürgerlichem zusammenfand und eins aufs andere einwirkte, so daß ein edles Baudenkmal entstand.
Dazu also das Neue Schloß, das im Krieg ausgebrannt und in seinem Äußeren fast so wiederhergestellt worden ist, wie es einmal war. Überm Eingangspavillon hat früher eine Krone auf goldglänzendem Kissen das Dach zierlich abgeschlossen. Auch die zerstörten Plastiken über dem Mittelteil und den Seitenflügeln schauen wieder wie in alten Zeiten her, und sogar Herzog Karl Eugen, unter dem dieser Bau begonnen wurde, entschlösse sich wahrscheinlich, wenn er's wiedersähe, zu einem großmütigen Placet.
Der Ehrenhof zwischen gleich hohen Seitenflügeln ist nach dem Krieg mit einem Rasenstück und einem Springbrunnen geschmückt worden, so daß der Löwe und der Hirsch auf den Sockeln ihre Wappenschilder zu Seiten des Eingangs über einem natürlichen Teppich halten.
Neben dieser gegliederten hellen Front zeigt das Alte Schloß die gedrungene Figur eines Wasserschlosses mit runden Ecktürmen; seine grünlichbraunen Flanken lassen an ein Tierfell denken, und enge Tore führen in den Innenhof, um den es sich zusammenschließt. Ihm zugeordnet die alte Kanzlei der Grafen von Württemberg, die zum erstenmal 1397 erwähnt wird und in ihrer heutigen Gestalt aus dem sechzehnten Jahrhundert stammt. An ihrer Ecke nach der Planie zu die Merkursäule, die ursprünglich die Wasserwerke im Lustgarten vor dem Lusthause gespeist hat. Denn unser Schloßplatz ist früher beinah so oft umgestaltet worden wie ein moderner Platz, der sich der Verkehrsturbulenz anpassen muß. Dort, wo heute Blumenparterres liegen, war einstmals der Lusthausgarten angelegt.
Den Kronprinzenpalast neben dem Königsbau aber gibt's heute nicht mehr. An seiner Stelle wächst ein Mehrzweck-Neubau, der die Baulücke schließen wird, wenn alle Schranken und Schuttplätze verschwunden sind und jene großzügige Planung des Planiedurchbruchs verwirklicht ist, die hier »im Rahmen des Verkehrsplanes als Verkehrsanlage für Fußgänger, Straßenbahn und Kraftfahrzeuge« in weiser Voraussicht von der Stadt Stuttgart erstellt werden muß.

Schillerplatz Wer zwischen Alter Kanzlei und Prinzenbau durch den »Bogen« zum Schillerplatz geht, sieht die dunkle Dichtergestalt von ihrem Sockel auf Autodächer niederblicken und ist in einen Bezirk eingetreten, der sich mit alten Mauern gegen Lärm und Gewühl abgrenzt. Im Lauf der Zeit hat sich ein Lebenszentrum vor dem Alten Schloß gebildet, das typisch Schwäbisches umschließt, wie beispielsweise Friedrich Schiller und den Wein. Denn sowohl im Alten Schloß als auch im Stiftsfruchtkasten, dieser ehemaligen Herrschaftskelter, und im Erdgeschoß des Prinzenbaus, wo Baumeister Heinrich Schickhardt 1605 den Kammerschreiberei-Keller nur aus Quadern und ohne Säulen baute, wurden Wohnstätten des Weins errichtet, die sich sehen lassen können.

Der Platz ist unser Schmuckkästle. Alle Bauten, die hier beisammenstehen, stellen sich so dar, als hätte sie ein genialer Städteplaner aufeinander abgestimmt; doch bedurfte es seiner damals nicht, denn die geschlossene Vollendung dieses Platzes wuchs von selber.

Heut ist der Schillerplatz ein Denkmal sorgfältiger Restaurierungskunst, denn nach dem Krieg waren das Alte Schloß, die Alte Kanzlei und der Stiftsfruchtkasten ausgebrannt, der Gasthof »Zum König von England« in der Südostecke des Platzes ganz vernichtet und die Stiftskirche verwüstet; allein der Prinzenbau war heil geblieben, und nicht weit von ihm begoß auf einem Schuttberg noch im Sommer 1946 ein alter Mann Tabak- und Tomatenpflanzen.

Das Alte Schloß hat seine braun gefleckte und olivfarbene Flanke mit dem runden Eckturm ausgestreckt, an dem der Efeu seine Finger spreizt. Hinterm rundbogigen Tor mit der Altane in der Höhe, die von turmartigen Dachaufbauten eingefaßt wird, zeigt das ehemalige Wasserschloß sein abweisendes Gesicht. Die Gräben, die es einst umsäumten, wurden zugeschüttet, nachdem sie schon zuvor trockengelegt und als Tierzwinger (Bären- und Hirschgraben) benützt worden sind; in einem von ihnen war sogar eine unterirdische Mühle heimisch.

Drüben an der Dorotheenstraße, wo ein graues Geschäftshaus mit kantigen Arkaden die frühere Bombenlücke fühlen läßt,

stand jener Gasthof zum König von England, in dem Jean Paul und Thorwaldsen abgestiegen sind. Chopin, der damals noch Szopen hieß, hat hier erfahren, daß Warschau gefallen war, und fast die ganze Nacht auf dem Flügel phantasiert; es heißt, daß so die Revolutionsetüde entstanden sei. Ludwig Börne hat den Mittagstisch dieses Gasthofs gerühmt und von der »Spannung« zwischen seinen Knopflöchern berichtet, die täglich, der »gerösteten Spätzle, Träubleskuchen und anderen Herrlichkeiten wegen« größer werde.
Der gotische, von hohen Fenstern aufgelockerte Chor der Stiftskirche schließt sich an; in seinen Quadern haben sich Herren des Jahres 1827, die Reichmann und Opitz hießen, verewigt, und in der Gasse neben dem Stiftsfruchtkasten weht immer noch ein mittelalterlicher Hauch, weil es dort eng und schattig ist. Der Stiftsfruchtkasten zeigt seinen behäbigen Giebel mit Volutenverzierungen, wie ihn Schickhardt um 1600 entworfen hat; der Bau birgt das Lapidarium, eine beachtenswerte Steindenkmäler-Sammlung. Ihm schließt sich der Prinzenbau mit Barockfassade an, die Obristleutnant Nette 1708 entworfen hat und deren Fensterglänzen unter gemeißelten Bekrönungen neben der burgartigen Alten Kanzlei wie eine Lebensäußerung der höfischen Epoche wirkt. Seine helle, grünliche Sandsteinfassade kontrastiert zur Monumentalität des Alten Schlosses.
Inmitten des zum Glück gepflasterten und nicht asphaltierten Platzes erhebt sich als Kontrapunkt Thorwaldsens Schillerdenkmal, das den Krieg im Wagenburgtunnel überdauert hat, am 8. Mai 1839 ist es in einer Feier enthüllt worden, bei der es von Tribünen für Honoratioren umstellt war, alle Stuttgarter Musikchöre und viele Liederkränze Württembergs dem Dichter huldigten, der sein Heimatland hatte verlassen müssen. In der Toga, ein Buch in der Hand, schaut er lorbeerumkränzten Hauptes als einer vor sich nieder, der – wohin? – vorübergeht. Mörike hat für die Festlichkeit eine Kantate geschrieben, die nicht aufgeführt worden ist.
Wenn der Blumenmarkt diesen Platz füllt, der früher Alter Schloßplatz geheißen hat, wenn an Samstagnachmittagen seine Gestalt von Autos unverstellt sichtbar wird, dann ist er am freundlichsten lebendig. Unterm Bogen der Passage, die

zum Schloßplatz führt, bietet im Frühling eine alte Frau Maiglöckchen feil, und gegen Jahresende spielt ein am Boden hockender Mann Weihnachtslieder und »Lang, lang ist's her«. Ein Achtzigjähriger erinnert sich der Tage, als er im Prinzenbau seine Base besuchte, die dort als Kammerzofe beim Freifräulein von Ulmenstein gewohnt und hernach Moskau und Sankt Petersburg kennengelernt hat. Einer um die fünfzig aber sieht Hindenburg 1925 mit massigem und weißhaarigem Kopf im schwarzen Auto sitzen und, indes er langsam am Alten Schloß vorüberfährt, den Zylinderhut im Schoß wippend bewegen, als kapituliere er vor der Zukunft, die dunkel hereinsieht.

Brunnenbummel

1967

1 Wir laden Sie ein, mit uns ein paar Brunnen anzuschauen, die früher täglich besucht worden sind, als es noch keine Wasserleitung gab. Mägde und Bürgersfrauen trafen sich am Brunnen, und deshalb rieselten und rannen von dort neben Wasserstrahlen viele Neuigkeiten in die Straßen und die Gassen. Eine mündliche Zeitung kam zustande, lediglich redigiert von mehr oder weniger Rücksicht auf das, was heute Intimsphäre heißt.
Und wer an Spitzwegs Bild vom ewigen Hochzeiter denkt, auf dem ein Herr im grünen Frack einer Dirne am Brunnen einen Blumenstrauß überreicht, der weiß, daß der Marktbrunnen in früherer Zeit sogar als Eheanbahnungsinstitut diente.
Strenge Gesetze wider die Brunnenverschmutzung wurden vom Gemeinderat erlassen, viele Städte – Regensburg zum Beispiel – schützten ihre Brunnen durch hohe und kunstvoll verzierte Gitter, die nur für Stunden aufgeschlossen wurden, und wer im Brunnen Wäsche wusch oder Abfälle ins Becken schüttete, wurde hart bestraft. Auch Betrunkene, die sich darein übergaben, sollen einer solchen Untat wegen in den Kotter geworfen worden sein.
Als erster Stuttgarter Brunnen wird 1304 im Esslinger Spitallagerbuch der Löbenbronnen erwähnt, der einer Familie Löb seinen Namen verdankte. 1350 ist der Haupmarktbrunnen rechts vom alten Rathaus gestanden, dem zwei Pumpbrunnen zugeordnet waren, die um 1700 abgebrochen wurden. Als Ersatz dafür diente ein großer Lust- und Springbrunnen auf dem Schillerplatz, dessen Bassin mit gußeisernen Platten Herzog Karl Eugen der Stadt schenkte, weil der Brunnen auf dem Schillerplatz den Militärparaden im Wege stand. 1804 hat man ihn südlich des Rathauses aufgerichtet, nachdem ihn Hofbaumeister Nikolaus Thouret mit einem Brunnenstock in Gußeisen versehen hatte, den ein Stadtwappen und eine Vase zieren. Seine sechzehn Eisenplatten sind 1714 in Königsbronn gegossen worden und zeigen neben dem Namenszug Herzog Eberhard Ludwigs ein großes und ein kleines württembergisches Wappen, Jagd- und Kriegsszenen sowie allegorische Figuren. Er faßt 87 000 Liter und ist seit 1837 durch eine zwar amü-

sante, aber leider erfundene Geschichte berühmt geworden, die in einem Stahlstich verewigt wurde; darauf balanciert ein Mädchen ohne Rock und unten ohne ein Wasserschaff auf dem Kopf und wird von einem Ratsherrn lachend beobachtet. Die Verse: »Ein Mägdelein zu Stuttgart / Einst Wasser / holen tat. / Verlor dabei ihr Röcklein. / Und dieses sah Herr Rat. / Der hatte sich zu Tod gelacht. / O Mensch, wer hätte dies gedacht!« erzählen das phantastische Geschehnis.
Als 1900 das alte Rathaus abgerissen und ein neues in flämischer Gotik errichtet wurde, ist dieser Brunnen auf den Wilhelmsplatz versetzt und an der früheren Richtstätte aufgestellt worden, wo er heute noch steht.
Ecke Hauptstätter und Jakobstraße ist der wahrscheinlich auch von Thouret erbaute Brunnen zu finden, an dem sich noch vor fünfzig Jahren die Boten getroffen und ihre Pferde getränkt haben. Er soll 1863 beim Bau der Gemüsehalle vom einstigen Bärenplatz, der später Dorotheenplatz hieß und sich auf dem Gelände der heutigen Markthalle dehnte, hierher versetzt worden sein. Nach dem Metzger Christoph Sigmund, der im vorigen Jahrhundert in der Hauptstätter Straße wohnte, wurde er eine Zeitlang Sigmundbrunnen genannt.
Der Brunnen im Hof der Akademie des Herzogs Karl Eugen wird vor dem Ostflügel des Neuen Schlosses von acht Platanen überwölbt und dient Liebespaaren und Rentnern, die um ihn auf Stühlen mit gelbem Kunststoffgeflecht sitzen, zur Dekoration ihrer teils abgrundfröhlichen, teils nachdenklichen Empfindungen. Sein achteckiges Becken ist mit vergoldeten Medaillen geschmückt, und auf einem runden Steinsockel werden die Kanten des Säulenschafts von vier wasserspeienden Löwen bewacht; jeder hält mit der Tatze eine vergoldete Kugel fest. Auf dem Säulenkopf hockt ein flügelspreizender Adler, die Säulen der Vierkantsäule sind mit dem württembergischen Wappen und dem Namenszug des Königs Friedrich belegt; Eichengirlanden und der 1807 gestiftete württembergische Adlerorden umschlingen über Delphinen die Säule, deren Schmuck frisch vergoldet glänzt und die gemessene Würde der klassizistischen Epoche fühlbar macht.
An der nordöstlichen Ecke der Alten Kanzlei und zu Füßen der Merkursäule an der Planie erinnert das Kosaken-Brünnele

an die im Januar 1814 im Feldzug gegen Napoleon einquartierten Kosaken, die hier ihre Pferde tränkten und auf dem Schillerplatz ihr Lager aufgeschlagen hatten. Eine Muschel bekrönt den Brunnen, und unter zwei Voluten sind drei gebündelte Fische und ein Krebs als Ziergehänge aus dem Stein gehauen. Sein Wasserstrahl springt aus dem Mund einer jugendlichen Maske.
Beim Kanzleibogen erinnert der Brunnen des Prinzenbaus mit seinen Obelisken und zwei Vasen an den Hofbaumeister Reinhard Ferdinand Heinrich Fischer, der als Schüler de la Guêpières beim Bau des Neuen Schlosses mitgewirkt hat. Er entwarf ihn 1778 und ließ ihn wahrscheinlich durch den Steinhauermeister Johann Bernhard Stähle meißeln. Von Fischers Werken sind das Schloß Hohenheim, große Teile der Schloßanlage der Solitude und das Bärenschlößle am bekanntesten.
Die beiden gußeisernen Brunnen auf der Schloßplatz-Anlage, die in der warmen Jahreszeit ihre Wasserhelmbüsche schütteln, sind am 27. September 1863 zum Geburtstag König Wilhelms I. aufgestellt worden. Professor Karl Kopp hat sie entworfen. Ihre pausbäckigen Putten, die unter den Schalen des südlichen Brunnens auf wasserspritzenden Delphinen sitzen, während die des nördlichen im Kriege zerstört worden sind, versinnbildlichen die Flüsse Neckar, Kocher, Fils und Enz und zeigen an, daß die Enz, deren kindlicher Genius eine Axt schwingt, dem Holzhandel, der als Bergknappe kostümierte Kocher dem Bergbau verpflichtet ist, die ein Lamm tragende Fils ihrer Schafzucht wegen geachtet wird, und der Neckar mit übergeworfener Wolldecke und verziertem Ruder sein Ansehen dem Handel und der Schiffahrt verdankt. Um sie springen, strömen und rauschen Wasserfäden und Wasserfransen und beleben plaudernde Spaziergänger, wenn der Wind das Wasser als Sprühregen auf die Wege weht. Im nahen Pavillon macht eine Polizeikapelle Musik, und die Wasserspiele, die spiegelnden Fensterscheiben an der Front des Neuen Schlosses vereinigen sich mit dem Rauschen des Verkehrs und den Bewegungen der Kastanienwipfel zu dem, was seit geraumer Zeit als Atmosphäre unseres Schloßplatzes überall bekannt ist.

2 Die Brunnen unserer Stadt, die als kunsthistorisch und denkmalschützerisch bedeutsame Denkmale gelten, haben Sie sich bei unserem letzten Brunnen-Bummel angeschaut. Heute lernen Sie die andern kennen, die zwar seltener beachtet werden und altmodischer wirken, obwohl die meisten höchstens siebzig Jahre alt sind, was kein Alter für einen Brunnen ist, die aber mit dem inniger verflochten sind, was Atmosphäre oder Lebensluft genannt wird und eine Ahnung dessen nahebringen, was als »G'schmäckle« oder »Bodeng'fährtle« sowohl für den Wein als auch für Menschliches bezeichnend ist.
Der Nachtwächterbrunnen stand früher vor dem Chor der Leonhardskirche und ist jetzt zur Pfaffstraße versetzt worden, wo er vom Anblick grober und grauer Geschosse einer Hochgarage ablenkt und mit seiner romantisch empfundenen Figur, die Adolf Fremd und Heinrich Halmhuber geschaffen haben, an jene Zeit erinnert, da man sich nur noch wehmütig des Nachtwächters entsann. Denn schon im Jahre 1900, als der Brunnen mit dem ersten elektrischen Licht in der Nachtwächterlampe hier aufgestellt worden ist, gab es bei uns keinen Nachtwächter mehr. Deshalb wurde er hier im Havelock mit Laterne, Hund und Hellebarde auf der kannelierten Brunnensäule in Bronze dargestellt, die inzwischen grünlich oxydiert ist.
Zwei Nixen spreizen ihm zu Füßen ihre Fischschwanzbeine mit krallenartig stilisierten Flossen und halten Blumengirlanden fest, die um den Sockel hängen. In drei Becken sprudelt Wasser aus dem Mund eines Delphins und zweier Faunsmasken, denen Röhren aus dem Munde ragen. Kinder klettern übers Becken, halten die Röhren zu und wollen, daß ihr Strahl einen dösenden Altstadtschlamper drüben auf der Bank erreicht.
Und nun zum Hans-im-Glück-Brunnen, der die Kreuzung Geiß-, Töpfer- und Schreinerstraße ziert und am 12. Mai 1909, als die Altstadtsanierung abgeschlossen war, vom Verein zur Förderung der Kunst gestiftet wurde. Bildhauer und Professor Josef Zeitler, der seit 1901 in Stuttgart wirkte, hat ihn geschaffen.
Unter einem schmiedeeisernen Baldachine, dessen stilisierte Ranken sechs Felder mit Medaillons schmücken und die Sta-

tionen der Märchenfigur mit einem Goldklumpen, einem Pferde, einer Kuh und einem Schleifstein zeigen, steht Hans im Glück als schwäbisch breitköpfiger Bauernbursche in Rohrstiefeln und hat zwischen den Beinen ein goldglänzendes Schwein. Sechs Gänschen spritzen von den Sockelkanten Wasser ins Becken aus Muschelkalk.
So steht hinter verkehrsdröhnenden Straßen dieser Brunnen als das Relikt einer Zeit, die sich in Gestalt einer Märchenfigur ihrer verlorenen Naivität erinnert.
Der Sparkassen-Brunnen in der Stiftstraße zwischen der Städtischen Spar- und Girokasse und dem Papierwarengeschäft Rehn ist nach einem Entwurf von Gimmi aus dem Jahre 1910 erst 1919 von Schönfeld vollendet worden. Im zweiten Weltkrieg wurde er beschädigt und später von einem Bagger zerstört. Professor Lörcher hat ihn 1953 neu geformt. Da kniet über einer aus einem Muschelkalk-Kernsteinblock herausgedrehten Schale eine bronzene und breite Mädchenfigur, über deren rechten Schenkel eine gefaltete Decke gelegt ist und die in jeder Hand eine Traube in die Höhe hält; sie schaut nach oben, als erbitte sie den Segen für die Früchte.
Lörcher hat hier eine jener Brunnenfiguren geschaffen, die das Unveränderbare sichtbar machen. Und der Chronist denkt, wenn er vor ihr steht, daß sich hier noch vor wenigen Jahren ein Bürger der Brunnenverschmutzung schuldig machte, indem er die Tinte seines Füllfederhalters in das Becken tröpfeln ließ. Hernach peinigte ihn die Angst, er werde seines Vergehens wegen zur Rechenschaft gezogen. Als ein Martinshorn hinter den Häusern erregt tönte, meinte er, es suche ihn ein Streifenwagen; weshalb er sich an den Häusern weiterdrückte, als lebe er im Mittelalter und die Erinnerungen derer würden in ihm wach, mit denen er durch die Jahrhunderte verbunden ist. Worauf er wiederum zurück zum Brunnen schlich, ins Becken schaute und aufatmete, weil jetzt das Wasser wieder klar wie vorher war.
In den Unteren Anlagen, dort wo hinter den Rossebändigern von Ludwig Hofer jene stille und in ihrer Abgeschiedenheit erhaltenswürdige Allee beginnt, die neben dem Bahndamm unter hohen sich zueinander neigenden Platanen dem Schloß Rosenstein entgegenführt, wartet das Schwefel-Brünnele mit

geschweiftem Pumpenschwengel. 1814 von Hofbaumeister Thouret errichtet, wurde es 1953 erneuert und mit einer sitzenden Venus aus Schloß Rosenstein geschmückt, die heute dort nicht mehr zu sehen ist. Bänke, in Hufeisenform geordnet, dienen hauptsächlich Männern in abenteuerlicher Kleidung zum Ausruhen, solche, von denen jeder Bürger mit gelindem Schaudern denkt, entweder schliefen sie hier oder im Städtischen Übernachtungsheim. Doch sie gehören ebenso zu uns wie unsre Brunnen, die ihr Wasser träufeln und ans Verrinnen und Verrieseln der Zeit denken lassen, während das Wasser für immer lebendig bleibt.

3 Heute ist die Silberburg-Anlage ein weiter Park mit hohen Bäumen, und wer darin herumgeht oder auf einer Bank sitzt, kann auf die Stadt und ihre Hügel sehen, lesen und sich der Vergangenheit entsinnen, weil dieser abseits liegende Park noch kein Rummelplatz geworden ist.
Dort erinnert, nicht weit von einem Kinderspielplatz, der Elly-Heuss-Knapp-Brunnen mit seiner Inschrift »Dem Gedächtnis von Elly Heuss-Knapp: dankbare deutsche Mütter« an die Frau von Theodor Heuss, die dem deutschen Müttergenesungswerk vorgestanden hat. Seine Figurengruppe in geschwärzter Bronze von Fritz Nuß hat Theodor Heuss 1962 eingeweiht; sie schließt zwei Frauengestalten und eine dritte, die von den beiden andern eine Handlänge abgerückt ist, zu einer Einheit zusammen, deren Anordnung und fließende Bearbeitung der Oberfläche zeitgenössische und überkommene Möglichkeiten der künstlerischen Formung miteinander verschmelzen. Bei der Einweihung hat Theodor Heuss über den Bildhauer gesagt: »Nuß ist übrigens ein Mann, der mit sich reden läßt. Ich habe ihm einmal gesagt: lieber Nuß, die Frauen wollen für ihr Geld ein bißle größere Köpf ... Und, siehe da, sie sind noch ein bißchen gewachsen.« Die Mittel für die Figurengruppe sind von deutschen Müttern gespendet worden. Der Name »Silberburg« geht übrigens auf den Gastwirt Silber zurück, der 1836 sein Anwesen an die »Museumsgesellschaft« verkauft hat.
Als Gegensatz zur abstrahierenden Darstellung des Elly-

Heuss-Knapp-Brunnens darf an den Gänsepeter-Brunnen von 1901 erinnert werden, der unterm Silberburg-Park an der Gabelung von Hasenbergsteige und Reinsburgstraße auf seiner Säule einen Hüterbuben mit zwei Gänsen grünlich oxydiert zeigt und ein idyllisches Ereignis dramatisiert.

Der Brunnen am Berliner Platz ist 1961 zum hundertjährigen Jubiläum des Verschönerungsvereins Stuttgart errichtet worden und hat drei gestaffelte Becken aus Raumünzacher Granit, die mit farbigen Mosaiksteinen ausgelegt sind. In ihm sprudelt ein Maulwurfshaufen aus Wasser, als räkele sich ein ungebärdiges Tier.

In seiner Anlage erinnert er an die Wasserspiele hinterm Schloßgartenhotel, über deren metallene Brunnenschalen eine Wasserhaut herunterhängt und silberfransig rinnt; dazu drei gestufte Becken, alle vierkantig streng und, von Blumen umgeben, wiederum jene ellenhoch stoßenden und schaumigen Wasserzapfen, die für unsere zeitgenössischen Wasserspiele charakteristisch sind.

Am Brunnen des Gustav-Siegle-Hauses wirkt Hans Dieter Bohnets sitzende Frauenfigur von 1954, die eine Taube an die Brust drückt, während ihr zu Füßen eine zweite Taube kauert, mit ihren geschlossenen Augenlidern beinahe mythisch. Es ist eine in sich versunkene Gestalt, die neben dem Gesicht einen wie ein Schwalbennest gewölbten Haarwulst aus Stein hat.

In Cannstatt lohnt es sich, am Veielbrunnen nicht weit von der König-Karls-Brücke einen kräftigen Trunk zu tun, denn das Veielbrunnenwasser gilt für das belebendste, das dort sprudelt. Diese Mineralquelle ist während des Krieges beschädigt und 1954 vom Hochbauamt neu gefaßt worden. In ein langgestrecktes Becken aus Travertin spenden vor einem ummauerten Platz, auf dem, der rastbedürftige Wandersmann eine Bank zum Ausruhen vermißt, vier Röhren einen Liter Mineralwasser in der Sekunde. Die Umfassungsmauer der baumumstandenen Brunnenanlage, die von der Straße aus tiefer liegt, zieren ein Krebs und eine Schildkröte aus Muschelkalk.

Das Wasser des Erbsen-Brünnele in der Marktstraße wurde früher von den Cannstatter Hausfrauen als besonders weich gepriesen und zum Waschen benutzt. Es ist ein achteckiger Brunnen, ebenfalls aus Travertin. Auf einer Kugel steht ein nackter Bub und streckt den Bauch heraus. Fritz von Graevenitz hat 1929 diese Figur geschaffen und sie 1948 erneuert. Das Wasser springt aus vier Ösen, es ist Quellwasser, das getrunken werden kann. Der nackte Bub hält einen Krug hinter sich und legt als selbstbewußter Schwabensohn eine Patschhand auf die Brust.

Vor dem Kursaal wird, wie der Veielbrunnen, auch der Lautenschläger-Brunnen seines Mineralwassers wegen von vielen Zeitgenossen besucht, die mitgebrachte Flaschen vollaufen lassen, um ihren flüssigen Schatz nach Hause tragen zu können. Im Buch von Gustav Wais »Stuttgarts Kunst- und Kulturdenkmale« ist vermerkt, der Brunnen sei »zu Ehren des um die Entwicklung der Stadt Stuttgart hochverdienten früheren Oberbürgermeisters Dr.-Ing. e. h. Karl Lautenschlager« angelegt worden. Doch irrt hier unser vielwissender Wais, weil J. Clements 1934 aus Travertin geformte Figur lediglich einen anonymen zwölfjährigen Knaben darstellt, der eine Laute zwischen den Schenkeln hält und sinnend vor sich niederschaut. Umgeben von drei Steinbänken, wird diese Anlage, nicht weit vom klassizistischen Kurpark-Pavillon, zum Ausruhen und zum Gespräch besucht.

Den Brunnen im Leuze-Bad jedoch, diese Glassäule, in der es strömt und sprudelt und an der sich jeder Bad-Besucher auch innerlich waschen kann, umschleichen sowohl sonnengebräunte Bikini-Nixen als auch junge Herren, Damen, mürbe Frauen und gestandene Männer, wenn es gilt, vom Sonnenanbeterdienst auszuruhen und sich einen erfrischenden Schluck abzuzapfen; denn um den Leuze-Brunnen fließt, wenn es heiß und hell ist, der Verkehr entkleideter und verhüllter Menschenleiber wie der eiliger Autos und Omnibusse um den Schwanenplatz. Und hier hat der Brunnen immer noch eine gesellschaftliche Funktion wie in alter Zeit, als Mägde am Stadtbrunnen Neuigkeiten tauschten und Hochzeiter auftauchten, um ihren Angebeteten ein Bukett auszuhändigen.

Durch Straßen schlendern
1967-1973

Birkenwaldstraße Sie beginnt bei der Türlenstraße, wo sie sich linker Hand am Hange hinaufwindet; vor hundert Jahren war sie nur ein unbebauter Weinbergweg zum Weißenhof. Bis nach dem Kriege standen in ihr jene gelben Emailtafeln an den Haltestellen der Linie. 10, deren gotische Buchstaben und weißblaue Nummerntäfelchen uns liebenswürdig antiquiert erschienen, wenn sie heute noch zu sehen wären; sie sind um die Jahrhundertwende aufgerichtet worden. Dem erst in den Gründerjahren nach 1871 (heut herrscht die zweite Gründerzeit) haben sich wohlsituierte Bürger aus dem Stadtkern auf die Hügel zurückgezogen und auch diese Straße vornehmlich mit Villen bebaut.
Noch vor zehn Jahren stand bei der Türlenstraße ein eisernes Gartenhäuschen wie ein Vogelbauer hinter Büschen und Bäumen; auch dies eine altmodische Erinnerung. Rechter Hand schaut die Erlöserkirche her, die 1908 von Theodor Fischer als »eine Kirche in Weinbergen« mit gedrungenem Turm aus einheimischem Süßwassertuff erbaut worden ist.
Seit dreiundvierzig Jahren bin ich in dieser Straße droben beim Weißenhof zu Hause, der wie die Villa des königlichen Hofwerkmeisters Albert Hangleiter im Kriege zerstört worden ist. In ihr, die nicht weit von der Erlöserkirche stand, bin ich als Bub zuweilen aus und ein gegangen. Heute ist nur noch die grausteinerne Sphinx neben dem überwachsenen Treppenaufgang von ihr übrig, eine kuriose Dame, deren Kopf und Brüste damals mit Moosflechten grünlich belegt gewesen sind. Rechts hinüber ging es zur Garage, die früher Kutschen beherbergt hat, und oben stand die Villa neben einem Taubentürmchen und den Gittern eines Geflügelhauses, das Hühner, Gänse, Ziegen und einen Pfau beherbergt hat. Innen hatte die Villa eine hohe Halle, wo überm offenen Kamin das Bildnis des Erbauers aus dickem Goldrahmen herunterschaute und wo es sich in breiten Ledersesseln beim feurigen Scheiterknacken recht gemütlich saß. Die Wand über der Treppe zur Galerie wurde bis zur Decke von einem Gemälde eingenommen, das Buchenstimme mit Lichterflecken und grüngelbem Blätterflimmern über einem schimmernden Weg zeigte,

als öffne sich ein Wald. Im Gang der Villa stand ein Lift hinterm verschnörkelten Gitter still, und die Räume dieses Hauses mit den getäfelten Wänden, Balkendecken, knarrenden Stühlen und einem Flügel aus Eichenholz, der zur Vertäfelung paßte, machten eine Zeit lebendig, die in den zwanziger Jahren, als ich dort gewesen bin, schon längst vergangen war.

Auch das Postdörfle auf der andern Seite hat sich hinter den Akazien in der Zwischenzeit gewandelt. Aber die Treppe führt wie früher zur Straße Im Kaiserner hinab, und auch das Haus des Corps Stauffia mit seinem Turm, auf dem sich eine schwarzgelbschwarze Fahne regt, ist unverändert. Dazu die Villen gegenüber, eine davon der Familie Schwegler gehörend, die den Gasthof zum König von England am Schillerplatz besessen hat. Eine solche Villa bekam zuweilen um 1910 eine Tochter aus begütertem Hause zur Hochzeit geschenkt.

Auch zur Mormonenkirche ist's nicht weit, die sonntags von Amerikanern in Autos und Omnibussen mit vielen Frauen und Kindern besucht wird.

Der Weinberg, dieser halbrunde Kegelberg, der vom Bahnhof aus sichtbar ist und der Kriegsberg heißt, reicht bis zur Kehre dieser Straße, wo die Panoramastraße abzweigt und im Frühling ein Magnolienbaum seine schweren Blüten sehen läßt. Eine nach dem letzten Kriege wiederaufgebaute Villa, das Untergeschoß aus Sandsteinen, hat eine Tafel mit der Jahreszahl 1875. Weiter oben, bei der Haltestelle Im Kaisemer aber wohnte Oberbürgermeister Lautenschlager lange Zeit in einem Mietshaus; wenn er in die Straßenbahn einstieg, salutierte der Schaffner. Sein Nachfolger hatte sich Im Himmelberg einlogiert, also noch höher, in jenem Haus, das wie ein Renaissanceschloß dasteht und 1913 von Albert Hangleiter aus dem damals abgebrochenen Interimstheater errichtet worden ist; innen hat es weiße Marmortreppen, weiße Türen und denselben Lift, der seit 54 Jahren dort benützt wird.

Dann biegt die Birkenwaldstraße nach links. Vor einem unbebauten Hang öffnet sich die Weite bis zum Württemberg, zum Kernen und zum Mainhardter Wald. An der Haltestelle Schottstraße stehen Kiefern vor dem Haus mit den abgerundeten Ecken, und gegenüber ist ein Tor mit bronzenen Jugendstilpflanzen zur Hälfte leider zugemauert; dahinter war einmal ein nie benützter Treppenaufgang, immer mit Blättern und Moos belegt und drum geheimnisvoll. Aber das Haus des königlich griechischen Konsuls, dessen nahezu mannshohe Sandsteinvasen auf breiten Sockeln den Eingang eng machen, ruht hinter seiner dichten Hecke äußerst distinguiert; es sieht derart gemessen drein, daß jeder, der es anschaut, davor die Stimme dämpft. Und nun, da ich am Birkendörfle vorbeischlendere, die Bäume der Vorgärten sich über die Straße neigen und eine Lärche nicht weit von jenem Hause in gotischem Stile wartet, ein verlassener Wirtsgarten von Kastanien überwölbt wird und ich bedaure, daß das Haus der chemischen Reinigung keine schindelbelegte Außenwand mehr hat, bin ich bereits bei der Helfferichstraße (»Die Rentenmark hat nicht Herr Schacht / Hat Helfferich allein erdacht«, hieß ein Wahlslogan der zwanziger Jahre) und dort oben, wo die Stuttgarter Luft sich leichter atmet als im Kessel

Vor dreiundvierzig Jahren war hier noch die Endstation der Linie 10. Ich sehe das Verbindungshaus mit der Jugendstilschrift »Saxonia sei's Panier« und das Haus mit der Holzgalerie im ersten Stock, bin sympathisch berührt von seinem Anblick und gehe am Etagenhaus rechter Hand vorbei, wo im Erdgeschoß hinterm Garten, wenn das Licht angemacht worden ist, ein Wohnzimmer mit einem alten Schrank zum Hineingehen einlädt, obwohl mir die Bewohner unbekannt sind. Dann das erhöhte Haus mit dem halbrunden Erkerzimmer, das eine Bücherwand von seltenen Ausmaßen sehen läßt und vor dem ich einer gefällten Pappel nachtrauere. Wieder führt die Straße tiefer, eine sanfte Senke, und das Akaziengebüsch neben dem Trottoir auf der Talseite ist glücklicherweise noch nicht abgeholzt. Hier hat einmal ein Kirschbaum auf einer steilen Wiese gestanden, und von unten sah ein Fachwerkhaus herauf, abgelegen und abseits; jetzt hat's Steinwände. Und der kahle Betonpalast mit kantigen Galerien, der so menschenleer anmutet wie ein betoniertes Haus nur sein kann, gehört zu jenem in den letzten Jahren neu gewachsenen Mietshausbezirk im früheren Steinbruch neben Gärtner Hartmanns freundlichem Fachwerk-Domizil, seinen Gewächshäusern und Beeten. Dort hat in jener Zwischenzeit der zwanziger Jahre, von

denen manche meinen, daß sie golden gewesen seien, ein Einsiedler in einer selbst gebastelten Hütte gehaust.
Der Weinberg der Stadt, Stuttgart, wo der preisenswerte Mönchhaldenwein reift, der auf Empfängen unserer Stadtverwaltung in sparsamen Portionen (nur ein Viertele für jeden) ausgeschenkt wird, senkt sich hinab, während das weiße Vettersche Haus, kantig und kühn mit betoniertem Schiffskiel-Sockel die Kehre zum Viergiebelweg und jenem sanft auslaufenden Ende der Birkenwaldstraße bewacht, wo eine Siedlung des »Heimstätten-Bauvereins öffentlich-rechtlicher Beamter« 1924 nach der Rentenmark-Währungsreform gebaut worden ist. Damals hat auch der »Weißenhofbäck« Wieland sein Etablissement an der Ecke zur Robert-Mayer-Straße errichtet, das er nach altem Muster »Weißenhofbek« genannt hat, weil es dem Weißenhof benachbart war, diesem behäbigen Bau des Bäckermeisters Georg Philipp Weiß, dem das Hofgut seit 1779 gehört und der im Hungerjahre 1816 seine Getreideernte den Armen der Stadt geschenkt hat.
Statt des Weißenhofes streckt sich heute eine Rasenfläche, und ein Wohnblock ist nicht zu übersehen; er harmoniert gewissermaßen mit dem Neubau der Akademie hinterm Zeitungskiosk, wo elegante Einfamilienhäuser der Weißenhofsiedlung auf die Augen erholsam wirken. Niemand aber weiß, ob nicht auch einmal die heute modernen Bauten – also sagen wir: in hundert Jahren – anmutig und elegant erscheinen werden.

Weberstraße Nur so breit, daß ein Leiterwagen in ihr Platz hat, schlupft die Weberstraße (ja, sie schlupft, denn so ist's schwäbisch richtig) dort in die Altstadt hinein, wo früher der Turm des Scharfrichters stand, der auch Abdecker (Schinder) war und darin Felle verendeter Tiere zum Trocknen aufgehängt hat; weshalb der Turm im Volksmund »Schinders Kleiderkasten« hieß; 1820 ist er abgerissen worden.
Die Weberstraße hat auch heute noch die ältesten Stuttgarter Häuser; sie ist eine gemächliche Gasse. Gras mischt eine Spur von Grün zwischen ihre Pflastersteine, und schräge Giebel, schiefe Dächer gibt es in ihr mancherlei. Weshalb der Chronist als ein Altem zugewandter und vielleicht pietätvoller

Mensch sich freut, weil diese Gegend hier bis heute allen zeitgenössischen Abreiß-Gelüsten trotzen durfte.
Das Haus Nummer zwei hat schiefe Fenster, die seit Menschengedenken schief gewesen sind. Es ist ein altes Weingärtnerhaus, und Herr Ludwig Schwab, der darin wohnt, ist auch in ihm geboren worden; sein Vater hat als Weingärtner Butten und Fäßle hier hereingetragen und hereingerollt.
Mit einem unverwechselbaren Gesicht schaut jedes Haus den an, der auf dem schmalen Trottoir in's »Ilgenstüble« geht oder bei Gustav Martin, Weberstraße 5b, neue oder getragene Kleider kaufen will. Im Schaufenster hängen frisch gereinigte Anzüge, ein Transistor glänzt, Schmetterlinge zeigen hinter Glas ihre präparierte Leichenpracht, und ein blauer Teller, auf den zwei Soldatenportraits gemalt sind, ist »Dem Gedenken unserer beiden Helden« gewidmet.
Weiter oben, wo die Leonhardstraße die Weberstraße schneidet, hebt an der Ecke der Wirtschaft »Im Käfig« ein steinerner Bub sein Hemdle hoch; ein Schuhmacher hat früher dort gewohnt. Ich stehe hier auf diesem dreieckigen Plätzle, wo eine schmächtige Kastanie ihre Blätter über Autodächern ausstreckt und nahebei der intellektuelle Treffpunkt »Club Voltaire« zu Hause ist, der mit blutfarbenen Anti-Vietnam-Parolen redlich protestiert, wie es sich heutzutage für fortschrittlich gesonnene Jugend ziemt.
Ein revolutionäres Lüftchen säuselt die Leonhardstraße aufwärts, und ein langhaariges Mädchen entfernt sich küssend vom bärtigen Freund, der seinen Autoschlüssel in die Samthose steckt. Das »Bohnenviertel«, diese Gaststätte mit Leuchtschrift, erinnert an Gärten voll Busch- und Stangenbohnen, die sich ehemals hier streckten. Heute hingen Wäschestücke und nasse Vorhänge an Schnüren zum Trocknen aus, Wellensittiche schnarren aus einem offenen Fenster, und ein Balkon unter dem Dach wird von Geranien und Stiefmütterchen fast verdeckt. Ein Ventilator wirbelt Essensgeruch aus dem »Finken-Nest«, neben dem eine schräge Fahnenstange an einer Backsteinwand herausragt, die mit zwei gußeisernen Schnörkeln geschmückt ist, indes die Fenster von Gardinen verhüllt sind, als wohnten dort nur ernste alte Leute. Doch dann kommt eine aufgeputzte rothaarige Dame her, schwenkt

Hinterteil und Busen und wird von einem grazilen Geschöpf im lila Kleid begleitet, das trotz laut klatschender Pitsch-Patsch-Sandaletten wie ausgebleicht wirkt.
Die Weberstraße kreuzt die Jakobstraße, weiter oben warten Feuerwehrautos, und die Rustikafassade der Jakobschule schaut nicht weit von einer Baulücke mit geschwärztem Bretterzaun herüber. Mein Vater hat in dieser Jakobschule nach seiner einjährigen Militärzeit vor dem ersten Weltkrieg als Lehrer gewirkt, weshalb ich ihrer gern gedenke.
Schrott und Metalle kauft und verkauft Herr Walter Hof, der die Holzwand seines Lagers mit einem rostgoldenen Württemberger Wappen »Furchtlos und treu« geschmückt hat. Auch die eiserne Traube hängt noch dort; vor allem aber ist jener mannslange Schlüssel, dieses Meisterstück ehrlichen Handwerks, neben einem Hirschkopf mit Geweih bewundernswürdig. Leider ist der ausgestopfte Eberkopf verschwunden, der früher hier gehangen hat; ihm trauere ich nach.
Nun versickert die Weberstraße, weil das Parkhaus Züblin sich mit nackten Betongeschossen hereinwuchtet und eine Tankstelle Platz braucht. Hier sind die alten Häuser von Bomben weggewischt worden. Unsere Weberstraße drückt sich erst dort drüben hinter der Pfarrstraße weiter, wo's über Staffeln in einen Obst- und Gemüseladen hineingeht; zwischen seinen Fenstern steht eine gußeiserne Säule, und gegenüber bietet ein Erdgeschoßzimmer Stühle mit geschweiften Lehnen, Sofas und Kommoden aus der Großväterzeit feil. Ein altmodischer Duft weht her und schmeichelt dem Gemüt. Antonio Echaniz wartet mit »Spanischen Spezialitäten« auf, und bei dem Gasthaus »Brett« wird der Stumpen des Schellenturmes von einem Rasenplätzchen freundlich eingefriedet. Dort sind zwei Bäume eingepflanzt und ich lobe mir die weise Voraussicht unserer Stadtplaner, die ein solches Relikt sorgsam umhegen.
1604 sind in der Weberstraße die Häuser auf der damals bereits alten Stadtmauer errichtet worden, und dieser Schellenturm ist der einzige Rest der Stadtbefestigung. Doch erst ab 1811 hat man ihn Schellenturm genannt; zuvor hieß er Kastkellerei-Turm und hatte die Jahreszahl 1564. Gustav Wais ver-

merkt über ihn, daß er nach der Verwaltung der herrschaftlichen Güter und Gefälle benannt worden sei, die in den Fruchtkasten und Weinkellern gelagert worden sind. 1906 wurde er erneuert, und bis 1944 stand er mit Hohlziegeldach und Fachwerkaufbau noch schmuck da. Vor der neugotischen Front des Gasthauses »Brett« aber überlege ich, woher der Name kommt. Ein Wirtshaus heißt zum Brett, weshalb?
Doch lassen wir dieses Geheimnis ungelüftet. Hinter der Kreuzung Wagner-/Weberstraße sind Häuser abgebrochen worden, und sommers riecht es dort aus einer angelehnten Tür süß nach schmelzender Sirup-Suppe, die zu einer Bonbonkocherei gehört. Vor einer vergilbten Spitzengardine steht eine blaue Chrysanthemen-Vase, in der die Zwiebel fehlt. Und weiter vorne ist ein stilisierter Stammbaum mit Blättern, Früchten und breiten, aber leeren Namenstafeln in Jugendstilmanier als wuchernder Schmuck an einem 1900 erbauten Bürgerhaus bemerkenswert. Am Hause Weberstraße 30 aber ist der Türstock gotisch gekerbt, und mir will's scheinen, als handelte es sich dabei um den letzten Überrest aus der Frühzeit unserer Stadt, der hier noch sichtbar ist; denn unser Schellentürmle wurde ja später gebaut. Nicht weit vom »Weberstüble«, das seines Nachtlebens wegen manchen Damen und Herren Angst einflößt, kommt mir dieser Türstock wie ein Rest der Stadtbefestigung vor, und ich sehe einen Wachsoldaten seine Hellebarde in das Innere eines Gewölbes tragen, wo er die Armbrust spannt. Doch die Geschichte schweigt sich aus, nur die Phantasie raunt es mir zu, und ich warte im krummen Geschling der engen Straße entweder auf eine Erleuchtung oder auf ein ruchloses Geschehnis, während eine Frau in Hausschuhen vorbeischlappt und ein schlurfender Alter, die Augen von einer dicken Brille eulenhaft vergrößert, einen Krug Bier über die Straße trägt.
Dann purzelt die Weberstraße unvermutet in's Gedröhn der Lebensader, die beim Charlottenplatz mit ihren Straßenbahnen unter den Boden schlupft. Der Klotz des Schwabenbräu-Hochhauses reckt sich hoch, und es ist, als werde die Weberstraße hier unsanft geweckt; doch ist das nicht ganz sicher. Es kann auch sein, daß ihr's gleichgültig ist, weil sie in den vergangenen fünfhundert Jahren allerlei gesehen hat: »Arme

Tropfen«, die vor der Ummauerung im Jahre 1567 in ihr gewohnt haben, »Hofbeamte und Kanzleiverwandte«, die sie später zu einer Gegend machten, deren »lustige Straßen, schöne Häuser und vermögende Leute« von Chronisten gepriesen wurden, indes sie heute die verschiedenartigsten Gewerbetreibenden in ihren Mauern birgt, die, wie es sich geziemt, mit Alterspatina belegt und vom Geruch vielerlei Menschenarten durchtränkt sind; weshalb es mir leid täte, wenn die Weberstraße einmal jener kantigen und strengen Ordnung weichen müßte, die heutzutag beliebt ist.

Theodor-Heuss-Straße Sie wächst noch, sie ist noch im Werden; aber einmal wird sie eine Avenue sein, die den Stadtkern gerade durchschneidet. Ihre Sehnsucht und ihr Ehrgeiz sind erst dann befriedigt, wenn alles Lästige, Altmodische, jegliches Häusergerümpel oder gar Traditionsgefühl (so etwas Vages) endlich weggefegt, beiseite geräumt oder überwunden ist, und sie sich vom Haupt- bis zum Westbahnhof ausstrecken und frei atmen kann wie ein Ringkämpfer, der seine Muskeln springen läßt und die Brust dehnt.
Vorerst freilich fängt sie erst hinterm Friedrichsplatz an und macht nur kleine Schritte, zwängt sich am Bretterzaun des großen Bauplatzes vorbei, drückt den Fußgänger auf die Seite oder zwischendurch auch mal unter den Boden; denn sie ist für die Autos da und scheint sich aller zweibeinigen Pflastertreter ein bißchen zu schämen. Aber sie bildet sich ja erst heraus, und mit der Zeit hat sie für alle Platz.
In der Nähe der »Drei Mohren«, dieses Fachwerkhauses, das wie eingezwängt zwischen Mietshäusern der Jahrhundertwende steht, ist sie noch recht schmalbrüstig. Ein Bauplatz rückt ihr auf den Leib mit seinen Eisenträgerstapeln und dem blauen Kranen-Monstrum. Auch gehört die Häuserpartie der »Drei Mohren«, des »Schwabenbräus«, der Papierhandlung Treutter, des Reisebüros Zimmermann und der »Alten Post« noch zur Friedrichstraße; und ihr fehlt hier die zweite Häuserfront; wahrscheinlich wird sie bald von der Theodor-Heuss-Straße eingemeindet, geschluckt oder annektiert.
Jedenfalls sind hier die Straßengrenzen fließend, und zeit-

gemäße Rasanz berührt Überkommenes. Altes, das fertig, abgekehrt und abgeschlossen dasteht, das noch geduldet wird, ist der Veränderung, dem jungen, stampfenden und wühlenden Zeitgeist brüsk konfrontiert. Ein Bild des Lebens also, fast symbolisch. Hier wird – um im Jargon der Zeit zu bleiben – intensiv umfunktioniert.
So hat man's gern. Auf den Fußgänger, der, von fauchenden Automobilen weggescheucht, zu denken wagt: Auf daß dir's weit 'nei graust... kommt es in dieser impulsiven Straße nicht mehr an. Soll er sich doch beiseite schleichen!
Schaust du nach Süden, und das Licht fällt scharf und schräg und fast waagrecht herein, dann steht der dunkle Klotz des Neubaus der »Württembergischen Bank« im Schmuck seines Gerüsts und seiner Verschalungen stachelig da. Baubuden haben sich vor ihm angesiedelt, das verwaschene Grün einer Bretterwand berührt das Schiefergrau der Straße, deren Wölbung gleißt. Und der Betrachter stellt sich in dem mächtigen Betonblock Büros über Speiseetablissements vor, wo Teakholzwände mit Blitzblankem wetteifern, das unserem sauberen, schicken, mit dem Duft der großen weiten Welt durchströmten Zeitalter gebührend Ehre macht. Drüben die gelbliche hohe Front des Gewerkschaftshauses mit seiner großzügigen Buchhandlung.
Hier zweigt die Kanzleistraße ab. Die »Deutsche Bank« hat Goldbuchstaben und einen vierkantigen Turm, als wäre sie ein Schloß des Geldes oder eine Goldkaserne, vor der frisch gepflanzte Bäume, teilweise noch mit Strohseilen umwickelt, als trügen sie Verbände, einen Hauch Natur einfließen lassen; dazu schlafende Autos, Bauarbeiterkarren und wieder eine Bretterwand, diesmal mit Pappdeckeln bepflastert.
Herüben laden die Arkaden mit den Schaufenstern des Landesgewerbeamts zum Rückblick in Vergangenes nahezu rührend ein und zeigen Biedermeierpuppen und kuriose Dampfmaschinen neben neuem Spielzeug. Jetzt gehst du unterm Wirtschaftsministerium dahin, schaust in die Hospital-, die Kienestraße und erweisest ockergelben Holzbaracken über hohen Stelzen inmitten der schnellen Straße deine Reverenz. Denn immer wieder erweckt es deine Bewunderung, wenn du siehst, wie ein technisches Problem gemeistert wird, denn

Baubuden, die, um dem Verkehr nicht hinderlich zu sein, auf Stelzen stehen, haben etwas Geniales an sich; es kommt auch noch das Altertümliche, Behäbige hinzu, denn Holzbarakken zwischen blanken Häuserwänden entbehren nicht eines gewissen anachronistischen Reizes, der nach Vesperpause mit Bierflaschen auf Holztischen schmeckt.
Abele (»Alles fürs Büro«) schaut von der Büchsenstraße her, der Gummi-Spring ist farbig vollgestopft. Und wieder bringen Bäume eine Ahnung von Frische in die steinerne Trockenheit voll unablässigen Motorensausens, Rauschens, Brummens, Tobens. Verschnörkelte Lämpchen mit schwanzringelnden Drachen leuchten hinter den Vorhängen des China-Restaurants, wo du eines bitteren Viertels Reisweins und beißender Gewürze gedenkst, die dir vor Monaten die Zunge verbrannt haben. Hier herum muß vor Zeiten eine Tanzdiele, die »Bohème« hieß und seriös war, heimisch gewesen sein, wahrscheinlich dort, wo jetzt der Laden mit »Stotz-Leuchten« armdicke Kerzen sehen läßt. Und immer noch gehst du unter Arkaden, schielst aber doch aus all dieser Schaufensterpracht zuweilen zum »Andechser Klosterbräu« hinüber und erinnerst dich dieser Wirtschaft mit ihren krachenden Stühlen, die geschweifte Lehnen haben; denn »Das Andechser« ist noch so altväterlich, wie du es als Gegengewicht gegen alle strenge Gegenwartsglätte brauchst. Altbauten aus der Calwer Straße haben geduckte Dächer und fleckige Fronten und schauen als bröckelnde Häusergreise auf Fassaden mit spiegelnden Fensterbändern.
Die Lange Straße sticht herein. Waffen-Eblen zeigt solenne Jagdgewehre mit Gravierungen an den Schäften, Gummiknüppel, Tränengas in der Sprühdose, Lodenjoppen. Dann rosafarbene Helena Rubinstein-Kosmetik, enorme Perücken, Haar wie Schnecken oder Muscheln aufgetürmt. Fernsehgeräte schlafen mit blinden und grünlichen Scheiben noch steril und unberührt, und »Pelzhaus Alexander« mahnt an unerfüllte Weiberwünsche.
Draußen aber ist die Straße enorm schnell. Marmorierte Häuserflanken glänzen wie gischtendes Gebirgsbachwasser, doch die Fritz-Elsas-Straße bremst die dynamische Avenue. Schon ist es aus mit ihrer Schnelligkeit, eine heiße, flüchtige, heftige

Freude, auf die das Grau der Rotebühlkasernenmauer wartet, die sich resigniert und alt hereinschiebt, als böte sie dem Vorwärtsdrängen die steinerne Stirne des Finanzamts. Die Wägen aber witschen dran vorbei, als ob sie sich eins lachten.

Calwer Straße Was ist das für eine Straße! So gemütlich, fast behäbig und so schmal. Sie hat nichts Rasantes, Schnelllebiges oder Vitales und sollte sich deshalb ein bißchen schämen, doch tut sie's (ums Verrecken) nicht, obwohl es »eigentlich« nicht angeht und sich nicht schickt, daß man im Wohlstandszeitalter – sogar als Straße – liebenswert und gemächlich ist, wie sich das unsere Calwer Straße zum Trotz oder zum Bossà immer noch erlaubt. Sogar in unsern Tagen hat sie alte Dächer und Läden, die so behaglich sind, als wären wir immer noch nicht aus der Schlafmützen- und Nachtwächterzeit herausgekommen.
Gerade deshalb aber ist sie mir ans Herz gewachsen. Freilich, auch dort ist manches Haus, in das ich früher ab und an hineingegangen bin, verschwunden; weshalb ich mir erlauben werde, ein paar Erinnerungen vorzutragen, wie ich es auch in meinem Roman »Verlassene Zimmer« getan habe, der in Stuttgart spielt. Um der Reklame willen sei dies eingeflochten.
Trotzdem handelt es sich dabei nicht um ein selbstgefälliges Geschwätz, sondern um einen Hinweis, wie er sich auch für unsere Calwer Straße ziemt, die unten, nach der Kanzleistraße zu, wo früher die Wirtschaft »Haus Vaterland« gestanden hat, hochmodern wird. Und während ich zur Front der Württembergischen Bank schaue, die hinter einem stacheligen Baugerüst emporgewachsen ist, kommt es mir seltsam vor, wenn ich mich eines Hauses aus der Biedermeierzeit entsinne. Sein breiter Giebel hatte Stuckgirlanden, die noch um 1850 zum guten Geschmack gehörten. Von April 1864 bis zum Februar 1870 hat dort im dritten Stock Eduard Mörike gewohnt und einen Grundriß seiner Vierzimmerwohnung gezeichnet, auf dem jedes Möbelstück abgebildet und die Aussicht aus jedem Fenster sorgfältig beschrieben ist. Sein Zimmer ging nach hinten hinaus, und er hat von ihm »auf den Giebel des Nachbarhauses, auf Kamine und Blitzableiter und allerlei Sperchenwirth-

schaft« gesehen; daneben ganz schmal »zur Uhlandshöhe mit kleinem Pavillon, zum rothen Steinbruch am Kanonenweg und auf das Schießhaus«; auch »über lauter Dächer hinweg, z. B. des Theaters mit dem vergoldeten fliegenden Engel«. Sein Schlafzimmer hatte eine gelbe Tapete – denn auch die Farben der Tapeten seiner Zimmer hat er vermerkt – und vor dem Fenster lag »die ganze Länge der Calwer Straße bis zum alten Postplatz hinauf, im Hintergrund Weinberge mit Hoffmanns Schweizerhäuschen«; dazu »die Ansicht des Spitalkirchthurms bis unter den Kranz«.
Heute sähe er von dort die stolze Front der Deutschen Bank, Baracken und Baubuden. Nach links hinüber ist der Blick zum fensterspiegelnden Stuttgarter-Nachrichten-Haus und zum Stiftskirchenturm weit offen. Ein Bretterzaun umgrenzt den Neubau der Württembergischen Landessparkasse und neben dem Stammhaus des Feinkostgeschäfts Böhm greift eine Baulücke unerwartet tief hinunter; Erdwände sind mit Balken versprießt, und im feuchten Grund, wo dunkler Beton wächst, glänzen gelbe und weiße Schutzhelme auf den Köpfen arbeitender Männer. Die Baugrube schaut unheimlich herauf und zeigt das Innere von Mutter Erde, als wär's ein geöffneter Bauch. Doch so gehört's zu jeder Neues gebärenden Straße, die von Dampframmen durchstampft und unter schwenkenden Kränen von Mischmaschinen mahlend belebt wird; weshalb sowohl mit Fug als auch mit Recht behauptet werden darf, die Calwer Straße sei zumindest hier eine dynamische Persönlichkeit, die vorwärtsdrängt und mit Ellbogenfreiheit alles Behäbige, Private und Persönliche, das mir gefällt, beiseite boxt.
Bei Wilhelm Groner ist dieses Persönliche noch spürbar, der an der Ecke der Büchsen- und Calwer Straße und dem Gaissmaier-Laden gegenüber seinem bemerkenswerten Hut- und Krawattenhaus vorsteht, das seit 1852 bei uns heimisch ist. Dort werde ich so beraten wie vor alters, die Auswahl entspricht meinen Vorstellungen, meinen Wünschen, und wenn Herr Groner mir eine Krawatte anpreist, weiß ich, daß ich mich darauf verlassen kann, wahrscheinlich weil der Genius loci der Calwer Straße einem persönlichen Timbre günstig ist. Nicht weit von ihm ist Herr Karl Hörnle im Uhren- und

Schmuckwarengeschäft Schmidt am Werk, dem ich schon manche Großvateruhr anvertraute, weil er dieselbe noch zu schätzen weiß.

Einige Schritte weiter ist im Hause Nummer 25 Rafael Levis Antiquariat heimisch gewesen, diese Schatzkammer der Bücher, wo ich auch unterm tausendjährigen Hitler alles haben konnte, das damals verboten war. Dem hohen Verkaufsraum, der durchs Schaufenster Licht erhielt, schloß sich das Kontor mit Glaswand und Oberlicht an, und Hermann Levis hageres und kantiges Profil bildete zum rotbackigen Wanderergesicht seines Associés Friedrich Plessing einen interessanten Kontrast. Dazu das alte Bücherzimmer, dieses generationsüberdauernde Gemach mit einem Stehpult im Kontor, wo eine grün beschirmte Lampe an einem langen Kabel hing, während gelbliches Oberlicht hereinschien: das sind unverwischbare Eindrücke, die aus den damals dort erworbenen Büchern (Schnitzler et cetera) lebendig werden. Gegenüber und herüben aber ist noch manches unverändert. Giebel haben bizarre Konturen, und in Oscar Zahns Laden ist der Plafond immer noch mit Plakaten aus der Großväterzeit bedeckt, weshalb ich unter ihm den Kopf verdrehe, wenn ich mir dort ein hohenlohisches Holzkohlenofen-Roggenbrot mit Kümmel kaufe und Regale und Schubladen bewundere, die Porzellanschildchen wie in einer alten Apotheke haben. Fast tut's mir leid, daß Oscar Zahn sein Haus verputzen ließ, weil es zuvor halt so anheimelnd patiniert gewesen ist und aus seiner Dachrinne ein ellenlanger Schößling wuchs, von dem ich immer wieder gedacht habe: wie lange es wohl dauern wird, bis der sich zum Baum ausgewachsen hat? Dies hätte ich noch gern erlebt.

Auch Müller und Gräffs Buchhandlung ist unverletzt. Und im Münchener Hof esse ich ab und an preiswert zu Abend. Die oberen Stockwerke der alten Geschäfte sind bewohnt, im Zwielicht werden Hängelampen angeknipst, denn hier wohnen noch viele im selben Haus, in dem sie auch arbeiten. Weshalb die Calwer Straße sogar am Feierabend freundlich aussieht und in ihr nicht bloß stolze Arbeitsburgen nach Büroschluß in düsterem Schlaf erstarren.

Teppiche, Glaskannen mit schwanenhalsgeschweiften Schnauzen, grünspanige Doppelflinten, einen geschnitzten Elfenbeinzahn, einen Ehrendolch mit Hakenkreuz und derlei Dinge hat I. Rastani anzubieten. Ein anderes Schaufenster läßt Amethystkristalle sehen, als lägen sie in einer aufgebrochenen Frucht aus Stein, und beim Paulaner Thomasbräu, das noch einmal altväterisch herübergrüßt, ist es mit unserer Calwer Straße leider aus. Denn hier wird vom Alten Postplatz herüber (jetzt Rotebühlplatz) Blankes und Maschinelles angeschwemmt, das rumpelt, siedet und vorbeibrummt, als ob dort eine neue Suppe gekocht werde, die heißer dampft und schärfer gewürzt als die alte sein soll. Es kann aber auch möglich sein, daß es sich dabei nur um eine Suppe handelt, die schwerer zu verdauen und weniger bekömmlich ist.

Marienstraße Sie hat zwei Hälften, eine untere, die bis zur Paulinenstraße reicht, und eine obere bis zum Silberburggarten. Die untere ist neu, die obere alt; weshalb ich sage, das sei eine Straße mit altem Kopf und neuem Rumpf. Bei Straßen ist das möglich, und vielleicht wird es auch bei Menschen recht bald möglich sein, wer weiß; obwohl sich dann der eine oder andre lieber einen neuen Kopf aufsetzen als einen neuen Leib anflicken ließe, falls nicht die Wirkung einer Altmänner- und Altweibermühle besonders begehrt würde.
Einstweilen biegen wir noch mit unsern üblichen Köpfen und Leibern in die Marienstraße ein und sind froh, beide zu besitzen, an die wir uns im Lauf der Jahre gewöhnt haben.
Beim Wilhelmsbau gehen wir aufwärts, erinnern uns, daß hier bis 1905 die Legionskaserne stand, zu der man damals Leschionskaserne sagte, und passen auf, daß uns nicht dieses Kaufhaus Horten schluckt, das winters durch offene Türen Wärme aushaucht. Das Kunsthaus Schaller hat noch seine Sandsteinfront im Jugendstilgeschmack, und auch das Hotel Ketterer ist recht maßvoll erneuert worden, während gegenüber lauter blanke Häuser strahlen und ein Kino seinen Eingang gleißen läßt.
Kein Wunder, denn im Kriege ist hier unten alles zerstört worden, und eingesessene Stuttgarter erinnern sich der niedern Häuser zwischen »Leschionskaserne« und Sophienstraße, in

denen orthodoxe Juden wohnten, die am Laubhüttenfest mit efeuumwundenen Stäben zur Synagoge in der Hospitalstraße gegangen sind. Geschäfte reihten sich aneinander, ein Handarbeitslädchen und ein Tapetengeschäft waren in Häusern aus der Biedermeierzeit noch da und hatten im ersten Stock Wohnungen mit Tannenholzfußböden, die geölt gewesen sind. An den Fenstern waren schräggestellte Spiegel angebracht, die man »Spione« nannte. Wenn beim Nachbar die Standuhr mit Westminster-Schlag zu dröhnen anhub, mußte der Arzt im Nebenhaus mit Lungen-Abhorchen aufhören, so dünn waren die Wände. Es fehlte, wie sich denken läßt, die Wasserspülung, alle Öfen wurden mit Kohle geheizt, und diese Fachwerkhäuser sind auch nach dem ersten Weltkrieg noch verwanzt gewesen; wobei der Wanzenjäger sagte, desinfizieren nütze hier so gut wie nichts, weil die Wanzen vom Café Reinsburg bis zum heutigen Oberpaur liefen. Weshalb wir froh sind, hygienischer und komfortabler als Anno dazumal zu leben; was sich freilich immer wieder ändern kann.
Im Durchgang zum Hof eines Elektrizitätswerks, das diese Gegend hier mit Strom versorgte, stand eine gußeiserne Dame, die eine Leuchte hochhielt. Und daneben hatte sich die erste private Stuttgarter Galerie in der Hofkunsthandlung Louis Rath Nachfolger unter einem Glasdach etabliert, deren späterer Inhaber Hofmeister geheißen hat und ein Duzfreund unseres letzten Königs gewesen ist. Die beiden, von denen der König zwei weiße Spitze und Herr Hofmeister einen weißen Foxterrier besessen hat, sind jedes Jahr zusammen in Urlaub gefahren, übrigens nach Cap Martin.
Heute gibt's in der Marienstraße weder weiße Pudel noch weiße Foxterriers, um von Königen zu schweigen; denn hier herrscht jetzt der Kommerz. Die Geschäfte sind enorm belebt, und wer sie mit den früheren Etablissements vergleicht, die einstmals hier gestanden haben, muß ein bißchen schmunzeln. Obwohl dort, wo sich jetzt das Wulle-Haus breitmacht, seinerzeit der erste Automat errichtet worden ist, der für zehn Pfennige ein belegtes Brötchen hergegeben hat.
Weiter oben machen heute lange rosa Glitzerabendkleider, die auf schwarzem Hintergrund in Schaufensterräumen stehen, einen enormen Effekt und erinnern an Schneewittchen im glä-

sernen Sarg. Dazu Schuhe, viele mit langen Schäften, wie sie der Jahreszeit der gestiefelten Katzen angemessen sind.
Doch gemach. Wieder schweifen wir in die vergangene, längst zu Asche zerfallene Zeit ab und erinnern uns vor der Buchhandlung Steinkopf des Evangelischen Töchterinstituts, das »der Lämmerstall« hieß, weil über seinem Eingang zu lesen stand: »Ich weide meine Lämmer auf einer grünen Aue.« Dort gab es eine Wirtschaft, die »Zum Blauen Auge« genannt wurde, weil die Inhaberin mit einem Muttermal geziert war. Austräger und Hausmeister tranken dort ihr Bier, es roch nach Wurstbrühe, und weiter oben, also etwa dort, wo jetzt das Café Kipp ganz neu ist, stand bis zum zweiten Weltkrieg das Schönhardtsche Haus, ein Fachwerkbau der zwanziger Jahre des vergangenen Jahrhunderts.
Gegenüber aber ist noch heute das Cafè Reinsburg da und pflegt die Tradition eleganter Behaglichkeit und preiswerter Bäckereien, obwohl auch seine Mauern neu sind. Dort ist Wilhelm Raabe jeden Tag mit seinem Freunde Staatsrat Carl von Schönhardt zusammengesessen, der dazu nur über die Straße gehen mußte, während Raabe weiter oben (in der Hermannstraße) wohnte.
Vor 1914 gehörte das Café Frau Laura Stahl, einer imposanten Dame mit dichtem weißem Haar, deren Merinkentorte und Pralinen in der ganzen Stadt berühmt gewesen sind. Dann übernahm es die Familie Lehrenkraus, die aus Kairo zugewandert war und von dort exquisite Pralinenrezepte mitgebracht hat; und, wie gesagt, noch heute ist im Café Reinsburg dieser Genius loci so lebendig wie zu Raabes Zeit; es fehlt halt leider nur ein Raabe.
Hier sind wir jetzt an der so arg rasanten und modernen Paulinenbrücke, deren Straße auf Betonstelzen breit gekurvt nach unten saust, während hier früher der Paulinenbuckel war, ein von Linden umstandener Hang, auf dem um die Jahrhundertwende Kinder Schlittenfahren durften. Ein Gemüseladen, genannt »der Kellergruber«, weil's zu ihm drei Stufen abwärts ging, schloß hier den unteren Teil der Marienstraße ab; ihm entsprach auf der andern Seite »der Griesgruber«.
Die Reinsburgstraße senkt sich rechts herein und bildet mit unsrer Marienstraße einen spitzen Winkel, den heute das

Autohaus Lentner füllt. Das dreistöckige Haus, das sich nach hinten zu an beiden Straßenflanken konisch erweitert, hat ein sechseckiges Türmchen, dessen obere Fenster grüne und blaue Scheiben haben. Zwischen zwei Bäumen ist der gußeiserne Brunnen mit drei Becken sichtbar, und von seiner Säule schaut eine Stuttgardia mit Mauerkrone her. Hier haben um die Mittagszeit die Dienstmädchen ihr Quellwasser geholt, und bis zum zweiten Weltkrieg ist dort Schutzmann Debele gestanden, der von jedem der ringsum wohnenden Herren Ärzte, Präsidenten, Rechtsanwälte und so weiter Zigarren, von den Dienstmädchen aber liebevolle Blicke eingesammelt hat.

Weiter oben und auf der linken Seite, wo sich jetzt ein Parkplatz streckt, hatte das Geheimrat Bindersche Haus einen Portikus und eine Pergola, dazu im Innern eine Treppe, als ob sie für Hoffestlichkeiten gebaut worden wäre. Die Kinder aber mußten über die Hintertreppe hinaufsteigen, damit die vordere geschont blieb. Das Haus hatte eine »Bühne«, wie einen Tanzboden so lang und so breit, und einen Garten, der bis zur Tübinger Straße reichte. Es gab auch noch ein Gartenhäuschen und einen steinernen Tisch. Im Herbst wurde Weinlese gefeiert und ein Feuerwerk abgebrannt.

Das rote Sandsteinhaus, das später Hotel Kresse hieß und heute nicht mehr steht, ist von Kommerzienrat Rominger und der Familie Nopper (von Zahn und Nopper) bewohnt gewesen. Marienstraße 35 hat im ersten Stock Baron von Gemmingen gewohnt, dessen Frau eine Schwester des Grafen Zeppelin gewesen ist, der, von der Nachbarschaft bestaunt, dort jede Woche in seiner Chaise vorfuhr. Das Haus des Kommerzienrates Bareis, dem die Schachenmayr-Wollfabrik gehörte, ist im Kriege zerstört worden. Und oben an der Ecke zur Silberburgstraße steht noch dieses Haus mit der gotischen Fassade, wo Hofmarschall Graf Reischach daheim gewesen ist und bei Hoftrauer schwarze, danach eine Zeitlang graue und schließlich wieder weiße Gamaschen oder »Hundedeckchen« trug; er hatte einen bis zum Nacken durchgezogenen Scheitel, den man bekanntlich Poposcheitel hieß, und der früher üblich war, wie heut die Bärte und das lange Haar bei jungen Leuten. Mit Standesgenossen kam Graf Reischach jeden Mittag vor

dem Dannecker-Denkmal in den Schloßplatz-Anlagen zusammen, das in unseren Tagen beseitigt worden ist.
Wo jetzt die »Albingia«-Versicherung ihr machtvolles Domizil aufgeschlagen hat, stand früher das Sanitätsrat Steinersche und ab 1907 Kohlhaassche Haus, in dem Obermedizinalrat Dr. Max Kohlhaas gelebt hat, derselbe, dessen »Lebenserinnerungen« 1967 im Kohlhammer-Verlag erschienen sind. Ich aber verdanke mein Wissen über die Marienstraße einer alten Stuttgarterin, die lange dort gewohnt hat. Der obere Teil der Straße wird heute fast nur von Versicherungsbüros beherrscht; sie haben sich zum Teil in jenen Häusern eingerichtet, die nach dem Siebzigerkrieg erbaut worden sind, als fünf Milliarden Francs Reparationskosten in das Reich flossen.
So bildet sich hier die Umschichtung unserer Gesellschaft in den letzten hundert Jahren ab. Aus einer Kommerzien- und Sanitätsrats-, einer Rechtsanwalts-, Präsidenten- und Hofmarschallstraße, in der sich hinterm Wilhelmsbau bis 1944 noch manches Fachwerkhaus der Biedermeierzeit erhalten hatte, ist eine Geschäfts- und Versicherungsstraße moderner Provenienz geworden. Ihr Leib ist glatt, ihr Kopf vom Alter mitgenommen, dafür aber charaktervoll und interessanter als ihr junger Leib; bei Menschen freilich soll es manchmal anders sein.

Königstraße Wir dürfen sie nicht übersehen, denn sie präsentiert sich jedem, der zum ersten Mal hierherkommt; sie ist unsre Visitenkarte, unser Aushängeschild oder unser Status-Symbol, das unseren Lebensstandard nicht nur an den hohen Preisen, sondern auch an den Bauwerken sichtbar macht: Die Königstraße.
Also, daß wir einen ruinierten Eindruck machen, auch wenn ein paar Linksdrall-Studenten meinen, es sei alles bloß Fassade, was sich in der Königstraße zeigt: Das kann man zwar behaupten, aber stimmen tut es nicht. Denn was sich zeigt, ist eindrucksvoll, gleichgültig, ob es dir gefällt, oder ob du lieber abseits gehst und diese vibrierende, rumpelnde, bebende und zischende Straße meidest, die einer gerade gestreckten und im Mittagslicht gleißenden Schlange gleicht.

Der Bahnhofsturm schaut wie ein vierkantiger Bergfried auf sie herab. Als er um 1920 fertig wurde, stand das Königstor am Eingang der Königstraße und erinnerte an biedermeierliche Zeiten, da Stuttgart eine Pferdestadt gewesen ist. Doch wer will heute davon noch was wissen? Wir sind längst erhaben übers verschlafene Biedermeier, rümpfen unsre Nasen, wenn wir daran erinnert werden, und sehnen uns im geheimen danach zurück; zugeben aber tun wir so etwas natürlich nie. Aufgeschlossen für alles Neue, bieten wir der Gegenwart Stirne und Brust.
Oder denkt heute irgend jemand an den königlichen Marstall, der sich auf der linken Seite mit einstöckigen Flügelbauten streckte und in der Mitte eine kuppelüberwölbte Reithalle gehabt hat, die auch noch nach dem Krieg als Kino diente? Ihr Schieferdach glänzte bei hellem Wetter oft wie Zinn.
Dort gleißen heute drei gläserne Langstreckenbauten, die Fassaden farbenfröhlich aufgelockert. Das Eingangsdach des Kaufhauses für Alle greift übers Trottoir und ist mit rosa Neonröhren wie gerifft. An seiner Fassade sind Ideen des weltberühmten Mies van der Rohe mit ihren Glas- und Stahleffekten konsequent weiterentwickelt worden. Dann diese toll enorme Girokasse, in der arbeitsame Menschen schräg von unten anzuschauen sind; sie haben so viel Platz, und jeder beneidet sie um ihre Arbeitsstätte. Hoffentlich aber fallen nie mehr Bomben, weil dann zumindest der Glasschaden hier außergewöhnlich wäre. Abrupt und unerwartet, doch in der Wirkung recht nachhaltig, schließen sich die steinernen Blöcke der alten (und vor zehn Jahren neuen) Girokasse, der Eberhardskirche und der Dresdener Bank an. Weil sie aus Naturstein erbaut und sorgsam gegliedert, auch von Arkaden aufgelockert, und gestaffelt angeordnet sind, erscheinen sie als massive und lebendige Leiber, deren steinerne Haut organisch wirkt, indes die Glasblöcke nüchterne Strenge und abstrakte Leere auszustrahlen scheinen, die für die Gegenwart bezeichnend sind; denn so scheint's unserem Lebensgefühl zu entsprechen. Wie urtümlich wirkt neben jenen Glasblöcken der Bahnhofsturm.
In der unteren Königstraße werden Erinnerungen wach, Erinnerungen aus den dreißiger Jahren, als unter der Markise des

Schloßgartenhotels (ungefähr, dort, wo jetzt eine Mauer wie gehäkelt aussieht) der achtzigjährige Generalleutnant von Gerok neben einer Schauspielerin gesessen ist, die früher berühmt war. Und beide, dieser in der Tat noch elegante (das gibt es heute gar nicht mehr) und schmalgesichtige Herr mit frischen Lippen und rosig geäderter Haut, und diese Dame (auch das gibt es heute, streng genommen, nicht mehr) hatten das, was man früher Flair genannt hat. Daß Herr von Gerok zuweilen ein randloses Monokel an schwarzer Seidenschnur aus der oberen Jackentasche nahm, wirkte nur als Nuance eines Bildes, in dem alles stimmte. Eins war aufs andre abgestimmt, doch so etwas ist längst aus der Mode gekommen; im Zeitalter von Schock und Pop wirken nur Gegensätze, wie beispielsweise Langstreckenbauten aus Stahl und Glas, die an Steinblöcke grenzen.
Oberhalb des Universum-Kinos war nach dem Krieg das Café »Mozart« mit seinen gepolsterten Bänken um einen Springbrunnen ein behaglicher Treffpunkt, wo sich Gäste aus Jugoslawien und Griechenland wohlfühlten, wahrscheinlich, weil dieses Café an Altwiener Kaffeehäuser erinnert hat. Um 1949, als es errichtet wurde, galt es für elegant; und, in der Tat, es hat einen Schimmer von Eleganz gehabt. Die schicke Note freilich, die heute beliebt ist, fehlte.
Ansonsten ist für mich die Buchhandlung »Bücher-Binder« bemerkenswert, deren Besitzer in bräunlichem Wollhemd etwas modern Künstlerisches an sich hat. Hier geht es unkonventionell zu, der Laden ist nach praktischen Gesichtspunkten angelegt, und die Verkäuferinnen wirken irgendwie leger oder salopp, was in unserer korrekten Stadt erholsam wirkt. Doch weil auch hier das Gegensätzliche dicht beieinander steht, weht im Tabakgeschäft neben Herrn Binders Laden ein Hauch von Tradition und von englischem Lebensstil, der exquisit anmutet. Dort sagte ein älterer Herr noch vor wenigen Jahren: »Wenn ich recht schön bitten darf ...« zu mir, und ich fühlte mich geehrt.
Vor dem Hotel Marquardt aber, das kein Hotel mehr ist, dehnt sich der Schloßplatz mit dem Königsbau, und unsre Königstraße weitet sich wie der Leib einer Schlange, die einen dicken Brocken mühsam verdauen muß. Und, in der Tat, die-

ses Auto- und Straßenbahngewurrle erinnert an Verdauungsbeschwerden, mit denen heutzutage jeder Stadt-Organismus fertig werden muß, falls er derart vital wie Stuttgart ist.
Da ist es gut, sich vergangener Zeiten zu entsinnen, als Fuhrwerke mit angehängtem Milchkärrele am Königsbau vorbeigerasselt sind und meine Urgroßmutter in die Küche des Hotels Marquardt gegangen ist, wo sie für jede Gänseleber, die sie brachte, ein Goldstück bekommen hat (so nachzulesen in meinem Roman »Verlassene Zimmer«).
Der Hausmeister des Königsbaus war zuvor Lakai am königlichen Hof gewesen und hatte einen Stock mit Silberkrücke. Sein Sohn war mein angeheirateter Onkel Carl, der Bahnmeister der königlichen Eisenbahn gewesen ist und eine delikate Lebensart zu schätzen wußte. Schräg gegenüber, dort drüben beim Obeliskenbrunnen an der Ecke der Alten Kanzlei, hat meine Tante Emilie mit achtzehn Jahren als Kammerzofe beim Freifräulein von Ulmenstein gewohnt, bis sie nach Rußland kam und am Ende erfreulicher Jahre bei den Fürsten Orlow-Dawidows die Schrecken der Oktoberrevolution kennenlernen mußte, bevor sie mit ihrem Mann, einem Franzosen, nach Stuttgart zurückkehren durfte. So daß also behauptet werden kann, jenes Gerede von der guten alten Zeit sei deshalb lächerlich, weil jede gute alte Zeit einmal zu Ende geht oder wie jede andere gewesen ist; obwohl, zumindest was dies letztere betrifft, einige Zweifel angebracht sind. Irgend etwas muß da nicht ganz stimmen, aber was? Ich weiß es nicht.
Unter den Königsbau-Arkaden schlendere ich wie vor hundert Jahren, obwohl sich die Kostüme inzwischen geändert haben und junge Leute heutzutage wieder so elegant sind wie man in Groß- und Urgroßvätertagen elegant gewesen ist. Denn hier zwischen den Säulen ist dies nachprüfbar.
Bärtige Gesellen lassen die Schöße taillenenger Cordsamtjacken wedeln, während Mädchen, miniröckisch und langmähnig, mühsam erhungerten Wasserleichen gleichen, im übrigen jedoch ganz munter und Sekretärinnen oder Oberschülerinnen sind. Am Plankenzaun vorbei, wenn sich am Abend die Büros entleeren, ist es nicht nur für Angegraute amüsant, Mädchen mit Schenkelreizen und ummalten Augen zu betrachten. Man wünscht dann wieder einmal den Frühling

herbei. Und ich entsinne mich der Arbeit des Architekten Max Bächer, der hinter'm Plankenzaun imposante Gebäude neuen Stils aufwachsen läßt, Gebäude, die sich mit den Überbleibseln der Vergangenheit vertragen.
Die obere Königstraße, früher vom Cotta-Haus, vom Mittnachtbau, vom Stockgebäude, das Kanzleien beherbergte, und vom Kaufhaus Tietz mit dem Signum eines gläsernen Globus akzentuiert, hat heute meistens moderne Fassaden. Das Stockgebäude zeigt noch seine alte; sie ist langgeschossig, klassizistisch. Wie vor alters hat die Buchhandlung Konrad Wittwer ihr Domizil neben dem wiederaufgebauten Cotta-Haus, der Westminster-Glockenschlag des Uhren-Niemann rollt als hörbare Kugel dem Schloßplatz entgegen, und Weises Hofbuchhandlung steht wieder dort – wo sie schon zu Mörikes Zeiten heimisch war; sie läßt die alten Tage, als ich mir nur Reclam-Heftchen kaufen konnte, wiederum lebendig werden. Weiter oben ist das Schuhgeschäft Stein verschwunden, wo ich im Sommer 1938 von einem braun uniformierten Reporter geknipst worden bin. Das Bild war andern Tages im NS-Kurier zu sehen, und darunter stand: »Dieser fesche junge Mann hat soeben beim Juden gekauft.«
Was einem halt so einfällt, wenn man durch unsere Königstraße schlendert.

Heilbronner Straße Das ist eine langgestreckte Ein- und Ausfallstraße, die nach Ludwigsburg führt, eine zischende und sausende, eine, die brummt und dröhnt und klopft und rattert, eine ständig pulsierende, wie man gemeinhin sagt und den Lärm, den der Verkehr macht, auf die Straße selber überträgt, obwohl solch eine Straße für ihren Verkehr eigentlich wenig kann. Jedenfalls mutet in der Heilbronner Straße Straßenbahngeklingel rührend an, geradezu erinnerungsschwer, altmodisch, altertümlich.
Da beginnt sie also bei der eleganten und urbanen, mit Säulen gezierten Sandsteinfassade der Eisenbahndirektion und setzt gewissermaßen zum Sprung an, doch wird ihr Wagenstrom schon oben, wo die Jägerstraße einbiegt, durch hängende Ampeln gestaut, und die zur Muße genötigten Autofahrer

können einen Blick über die Brüstung des Trottoirs riskieren, wo der Kernen und der Rotenberg rötlich und mit blauen Wäldern in der Ferne liegen.

Hier mutet sie wie eine Uferstraße an, ein Kai am Rand des Güterbahnhofs, dessen backsteinerne Lagerhäuser mit Rampen und Schienen sich als eiserner und steinerner See strecken. Hochhäuser setzen drüben auf der flachen Hügelflanke mächtige Akzente und ragen imposant empor. Die Schienenfläche der Geleise liegt als Fächer ausgebreitet, Talhänge lassen Fenster gleißen, und den Schlendernden begleitet ein weites Panorama mit den Wäldern über Gaisburg, der Haußmannstraße und den Degerlocher Höhen, wo der Fernsehturm hinaufsticht. Und auch bei Tage ist die Leuchtreklame des Wulle-Hauses nicht zu übersehen.

Auf der rechten Seite bekam das Trottoir im Jahre 1929 seine Brüstung, die inzwischen da und dort defekt geworden ist, doch macht sich das nicht schlecht; ein bißchen darf's auch in unserem saubern Stuttgart bröckeln, und sei's nur an der Brüstung einer Straße, über die Akazien ragen.

Doch wer beachtet diese Bäume? Und wer sieht die beiden, über Muschelkalkmauern gelagerten Gebäude, die einen Umgang mit Eisengeländer haben und an die siebzig Jahre alt sein mögen? Wie die beiden oben stehen, als wären sie alte Befestigungen, das kann sich sehen lassen. Bei der Vordernbergstraße aber verschachteln und verwinkeln sich recht vielfältige neue Dächer. Hier stand das Stammhaus der Schokoladenfabrik Moser-Roth, die im Krieg zerstört wurde. Das Plakat eines Body Building Centers, das jetzt »Sport-Studio« heißt, zeigt einen Supermann mit quellenden Armmuskeln.

Wie blank und sauber sich der weiße Block der Handwerkskammer Stuttgart präsentiert und an der Türlenstraßenkurve dem reservierten und korrekten Mercedes-Haus die Stirne bietet, während vom Güterbahnhof neue Autoschlangen grüßen! Die Züge laden Nachschub an Fahrzeugen ab, und lassen die Vitalität und das Prestigebedürfnis unsrer Bürger gleichsam in einem stillen Stadium sichtbar werden. Denn diese Wägen sind noch unberührt wie jene in den Sälen hinter den Schaufenstern von Mercedes-Benz, wo Traum-Automobile auf glänzenden Fliesen schlummern. Drüben dann

Ahorne und Akazien. Und weiter oben, wo die Wolframstraße abzweigt, die grün getünchte Wand eines Miethauses der Metzgerei Schosser gegenübersteht und Läden bis zur Tankstelle hinaufsteigen, dort beginnt ein vertrauter Bezirk für den, der in die Prag-Realschule gegangen ist und bei Gremlitza Federn und Hefte gekauft hat. Gremlitzas Haus steht nicht mehr, weil er, den alle Schüler den »Gremele« nannten, mit seiner Frau bei einem Bombenangriff umgekommen ist.
In der Konditorei oben an der Ecke nehmen sich auch heute noch die Schüler ihre Süßigkeiten mit. Die lange, gelb glasierte Backsteinmauer des Pragfriedhofes säumt die Straße, und Bäume schauen aus dem weiten Bereich dieses Gottesackers her, während die Straße aufwärtssteigt, ein sich hebender Rücken, dessen linke Schulter die Sankt-Georgs-Kirche trägt. Breit gelagert und mit vierkantigem Turm ist sie dem Friedhof beigeordnet und erinnert mit ihrer breiten Treppe und den Bronzetüren ihres Portals, über dem Sankt Georg als ein ernstes Reliefbild wartet an die Sphäre (des Glaubens), die nie beseitigt werden wird.
Und wieder weitet sich die Aussicht zum Weißen- und zum Burgholzhof. Die Straße darf sich dehnen. An heißen Tagen schillert ihre Decke hier wie Wasser. Und drüben, wo jetzt Gartenland hinter Maschendraht brachliegt und auf neue Häuserblöcke wartet, dehnte sich vor kurzer Zeit noch eine Gärtnerei.
Auch die Villa Gaucher ist verschwunden, dieses großbürgerliche Haus, dessen Remisen mit dem Hauptgebäude einen harmonischen Bezirk umschlossen. Zuletzt war eine Polizeiwache in ihm zu Haus. Die Beamten waren dort immer recht freundlich, wie es sich für ein demokratisches Meldeamt geziemt; vielleicht, daß auch der Genius loci dabei noch ein bißchen mitgewirkt hat. Im Garten stand eine Sandsteinfigur, und heute überlege ich, wohin sie weggefahren wurde.
An dieser Stelle wuchtet sich der Glas- und Betonkasten von Schiedmayer-Söhne hoch, ein Monument neuer Prosperität, ganz nüchtern. Das in der Mitte aufgewinkelte Dach (ein stumpfer Winkel) ist durch Höhendrang gleichsam gespalten, hat aber nichts Dynamisches.

Hier wird die Gegend von einer Tankstelle mit der Reklame »Stinnes Fanal« und von den Arbeitsburgen der Firmen Wolfer & Goebel und Jakob Trefz Söhne beherrscht; der Eisen-Fuchs schaut auch herüber. Die Presselstraße biegt zur Seite, drüben liegt auf einer Böschung ein erhöhter Weg, und hohe Bäume schirmen Mietshäuser vom rauschenden Verkehrsfluß ab. Mit mannshohen Aufschriften verkündet ein Bretterzaun, daß die Firma Jakob Trefz Söhne Düngemittel, Heizöle, Kohlen und Baustoffe anzubieten hat.
Ihr Lagerplatz streckt sich mit hohen Stapeln braun glasierter Röhren bis zur Brücke zwischen Nordbahnhof und Tunnel, der in zwei rußigen Schlupflöchern Züge schluckt, die dann bei Feuerbach ins Freie kommen. Und unsere Heilbronner Straße läßt die durchsichtigen Türme gestapelter Hölzer einer Faßfabrik und eine Gärtnerei rechts liegen, die so erfreulich unverändert ist, wie sich das jeder Angegraute wünscht, der gern in die Vergangenheit zurückschaut und sich über jeden Winkel freut, der wenigstens bis heute der Veränderung getrotzt hat. Denn leider wirken sich Erfolg und Reichtum nur rasant und wegputzerisch aus, vital, wie man so sagt, wenn man rücksichtslos meint. Da ist es gut, zu wissen, daß zumindest diese Gärtnerei im Winkel zwischen Löwenstraße und Heilbronner Straße gleichgeblieben ist.
Das Löwentor schaut her. Die Straße legt sich in die Aufwärtskurve, diesen gemauerten Durchstich, der einen Hügel spaltet, und verwandelt sich zwischen dem grauen Bunkerturm und dem Robert-Bosch-Krankenhaus in eine numerierte Bundesstraße. Ledig ihrer Individualität, eilt die Heilbronner Straße nordwärts. Auf ihr sind auch de Gaulle und Kiesinger hinausgebraust, und keiner von den beiden Großen dieser Erde hat des Pragwirtshauses liebevoll gedacht, das hier am Rand des Verkehrsflusses noch vor ein paar Jahren Rentnern und Liebespaaren eine Raststätte geboten hat. Wie roch das Pragwirtshaus nach Kindheit; sogar sein Pissoir war wie um 1910. In seiner Glanzzeit wurde es von Bauern, Fuhrleuten und Weingärtnern besucht, die auf dem Wochenmarkt von Anno dazumal sich vor der Heimkehr noch ein bißchen stärkten.

Konrad-Adenauer- und Neckarstraße Sie beginnt als Konrad-Adenauer-Straße beim Charlottenplatz, diesem Riesen-Roulette des Verkehrs, das nackt und baumlos ist. Die Häuser ringsum sehen wie aufs Trockene gesetzt aus. Seit die Bäume verschwunden sind, hat sich hier der Ausblick geweitet und gelichtet. Das Neue Schloß drüben ist bloßgelegt und präsentiert sich neben dem schwarzbraunen Glaskasten des Landtags orange und respektabel weil die Hohe Karlsschule verschwunden ist. Ach ja, das mußte wohl so kommen ... Die Platanengruppe um den Akademiebrunnen (1811, von Thouret) stimmt versöhnlich, während hier herüben das Wilhelmspalais als Stadtbibliothek und ehemaliger Wohnsitz unseres letzten Königs gegenwärtig ist: Ein renovierter, klassizistisch eleganter Bau, den Salucci errichtet hat; von ihm stammt auch Schloß Rosenstein.

Das Ganze hier ein Brennpunkt des Verkehrs. Die Konrad-Adenauer-Straße sorgt für Abfluß. Die Straßenbahn taucht in die Tiefe.

Indes der Blechfluß rauscht und schnaubt, zeigt der Neubau des Staatsarchivs betonierte Zacken, als ahme er die Zinnen eines Schlosses nach. Der Landesbibliotheksneubau wächst auf jenem einstmals idyllischen Rasenflecken, der früher von der Urbanstraße her durchschritten werden konnte und ein Wege-Oval mit bröckelndem Denkmalssockel hatte. Ich gedenke auch der schmiedeeisernen Schnörkel an der rückwärtigen Türe unserer alten Bibliothek, derselben Türe, in die »1883« als Jahreszahl eingelassen war, und entsinne mich der Fensterbögen des halb zerstörten alten Baus mit wehmütigem Gefühl, wie es sich für ältere Herren ziemt.

Ein bißchen Selbstbespiegelung ist auch dabei, wie bei den Jungen, welche nur auf Neues schwören und sich freuen, wenn der alte Häuserkrempel endlich weggeräumt wird.

Die Staatsgalerie aber schmeichelt mit den goldenen Lettern ihrer Inschrift »Museum der bildenden Künste« dem alternden Gemüt. Im Geviert ihrer Flügel grüßt Wilhelm I. als geschwärzter Reiter aus Bronze auf hohem Sockel. Und der vorbeischlendernde Angegraute gedenkt des Porträtbildes einer Dame von Renoir, einer Villa am Meer, die Böcklin gemalt hat, und jenes Bildes von Theodor Schüz »Rast in der Ernte«,

auf dem die Leberspatzen in irdener Schüssel einen kaum merkbaren bläulichen Hitzehauch ausströmen, indes die Bauernfamilie betet. Dunstverschleiert liegt Herrenberg in der Ferne, denn von den Schätzen des Museums stehen diese Bilder mir besonders nahe, wahrscheinlich, weil ich früher lange Zeit mit großer Kunst beschäftigt war.
Ich weiß, daß all dies nicht hierhergehört, weil ich die Konrad-Adenauer-Straße zu beschreiben habe, die hinter der Staatsgalerie beim Wagenburgtunnel aufhört und als Neckarstraße weiterzieht. An der Kreuzung, wo die Schillerstraße einbricht, nötigt mich die vom Bahnhof und vom Wagenburgtunnel her ausgespieene Verkehrsflut und -wut zum Verweilen. Ich sehe Reste vom Untergeschoß der Königlichen Münze drüben herausragen und flüchte in die Neckarstraße mit ihrem Beat-Schuppen und anderen provisorischen Buden. In einer Baulücke werden Gebrauchtwagen angeboten (so sagt man heut), und dann eilt sie an der »Stuttgarter Bürgerhalle« der Brauerei Wulle und an Häusern aus dem 19. Jahrhundert vorbei, die zurückhaltend und deshalb elegant dastehen, schnurgerade bis zum ersten Knick am Neckartor hinunter, das längst verschwunden ist.
Hier geht es in die Anlagen hinein. Die Straße Am Neckartor hat eine blättergrüne Flanke. Als Überrest eines abgerissenen Hauses steht hier eine Sandsteindame in griechischem Gewand auf einer kannelierten Säule und trägt auf dem Kopf ein Gebälkstück wie früher Bäuerinnen Körbe trugen. Beim Eingang zu den Anlagen aber trauere ich einem kurios verschnörkelten und angerosteten Pissoir aus Gußeisen nach, dem ich vor Jahren mit zwei Architekten in der Geisterstunde meine Reverenz erwies. Der eine der beiden Baumeister blies auf einer Kindertrompete und würdigte es in einer Ansprache, weil es in den nächsten Tagen abgerissen werden sollte; weshalb der jüngere der beiden, der nur hochmodern baut und berühmt ist, bevor dies Pissoir in Schrott und Schutt verwandelt wurde, sich eine der gußeisernen Schalen sicherte, die sein Dach zierten. Dieselbe steht nun auf der Gartenmauer seines Hauses neben der Gartentüre unter einem Nußbaum.
Die Friedenstraße läßt Reste eines sorgfältig gestuften, von Erkern aufgelockerten Prospektes sehen, den der neugotische

Turm der Friedenskirche abschließt. Wie diese verschollenen Architekten der Jahrhundertwende eine Front zu gliedern wußten, ist da und dort noch in Stuttgart zu sehen.
Ich grüße die Heilmannstraße, die in meiner Jugendzeit Retraitestraße geheißen hat, weil hier an der Ecke zur Neckarstraße einstmals ein Landhaus stand, das König Friedrich 1811 erworben hatte und »Retraite«, also Ruhe oder Zurückgezogenheit hieß. Denn auch damals brauchten Landesherren abgeschiedene Bezirke, um sich zu erholen, und mir fällt Bundeskanzler Kiesingers Villa ein, die er sich in Bebenhausen gemietet hat. In der »Retraite« fühlte sich König Friedrich wohl, weil hinter ihr ein großes Baumgut lag.
Davon ist heute nichts mehr übrig. An der Ecke blinzle ich dem Schuhmacherladen des Herrn Katz zu und freue mich, weil das Haus zwei gußeiserne Säulchen neben dem Eingang hat. Seit ich mir denken kann, ist in der »Cannstatter Bierhalle 1904« (so steht's über dem Eingang in zierlichen Buchstaben eingemeißelt) eine Apotheke heimisch. Ihr Mobiliar ist so, wie man's in einer Apotheke gerne sieht (moderne Möbel passen dort eigentlich nicht hinein), und ich versäume deshalb nie, durch die Glastür zu schauen, hinter der zwischen Regalen ein eichener Torbogen mit einer Uhr Solidität und Zuverlässigkeit ausstrahlt.
In den Schaukästen des Süddeutschen Rundfunks, dieser neuzeitlichen Burg, sind Filmbilder und Portraits berühmter Regisseure und Schauspieler ausgehängt und ich komme vor das Zeppelingymnasium, das zu meiner Zeit Reformrealgymnasium geheißen hat. Inzwischen haben sich, was sein Äußeres anlangt, nur die Fenster verändert, denn immer noch schaut Athena mit Speer und Eule vom Giebel überm Eingang her. Beklommenen Gemüts gedenke ich der mittelmäßigen und schlechten Zeugnisse, die ich von dort nach Hause trug, bemerke, daß die Linden den Brunnen mit dem nackten Knaben und dem Böcklein ganz verdecken, und möchte nicht mehr Schüler sein. Am Brunnen hat sich unser magerer, kleiner und spitzbärtiger Rektor öfters ein Bierglas mit Wasser gefüllt. Und wir, die dort im Jahre 1931 unsere Reifeprüfung gemacht haben, sind heute gestandene Männer, alle grauhaarig und manche auch ein bißchen resigniert. Drüben, am Rand des

Stöckachplatzes, wo jetzt ein Friseurladen rosa lächelt, habe ich mir als Sechzehnjähriger im Papierwarengeschäft Klingler einen Reclamband von Mörikes Gedichten in Leinen binden lassen, ein Büchlein, das im Krieg Frankreich, Rußland und Amerika gesehen hat; lauter tempi passati also, die keiner von uns noch einmal durchmachen will. Aber daß Metzger Otto Böhringers schwarze Glastafel immer noch mit Goldbuchstaben von der Ecke herschaut, erweckt ein vertrautes Gefühl.
Auch die Bäckerei Mantel ist noch da, und ich gedenke meines Schulkameraden Alexander Mantel, dessen Vater diese Bäckerei gehört hat. Andre hießen Grieshaber, Vollmer, Koch, Keese, Gomeringer, Otter, Uhl, Stöckle, Büsing, Greiner, Gebhardt, Breitschwerdt und so weiter.
Die Stöckachschule ist ganz gelb und glatt und neu geworden; daran sind die Bomben schuld. Daß Dörrs Schnellgaststätte noch nikkt aufgebaut worden ist, bedaure ich zwar, bin aber trotzdem froh, wenigstens den Eingang unverändert vorzufinden. Wo sich jetzt das Arbeitsamt streckt, waren damals Baracken angesiedelt, die wir »Holzhausen« hießen. Wenn es sie nicht mehr gibt, so ist das nur ein gutes Zeichen. Atme auf, sei froh, mache dir klar, daß es uns besser geht als damals.
Weiter unten suche ich den »Kleinen Königsbau« vergebens. Das ist die ironische Bezeichnung für ein Wärterhäuschen mit vier Säulen, von dem jetzt nur noch ein schwärzlicher Flecken an der weiß getünchten Mauer mit der Reklameschrift »Metzeler Reifen 100 m« übrig ist. Ich meine, dieses Wärterhäuschen sei noch vor einem Jahr hier zwischen den Läden von Kumpf und Zwicker und von Lutzeier gestanden. Die Mauern des Autogenwerks Kraiss und Friz schauten auf das Überbleibsel der Biedermeierzeit, in dem der Einnehmer des Wegzolls bis 1913 gewohnt hatte, duldsam herab.
Nur die Gegenwart ist wichtig. Was kümmert uns schon ein winziges Wärterhäuschen, über das jeder nur geschmunzelt hat. Trotzdem gedenke ich seiner mit Wehmut, male mir aus, wie ich in ihm (freilich nicht in der Neckarstraße, denn die ist mir zu laut) am Schreibtisch gesessen wäre, und meine, daß es mir gut angestanden hätte, besser jedenfalls als ein Appartement im Park-Hotel dort droben auf der rechten Seite und

nicht weit von der Villa Berg. Die Wirtschaft, die früher »Em Rievhoche« geheißen hat, nennt sich heut anders, ich aber grüble immer noch darüber nach, was »Em Rievhoche« wohl bedeutet hat.

Doch jetzt bin ich schon nah beim Mineralbad Berg, vor dem eine Wiese ansteigt und wo an der S-Schleife, in der die Neckarstraße sich hier weiterwindet (auch vom Neckartor an läuft sie schnurgerade bis hierher), das Haus mit den Glasveranden linker Hand mir jedesmal beachtenswert erscheint, wenn ich (mit der Straßenbahn) ins Mineralbad fahre. Zwar bin ich ein Leuze-Anhänger, verschmähe aber auch das Berger Mineralbad nicht und schätze an seinen Rasenflächen vor dem Schwimmbecken die Menschenmenge ab, die mich im Leuze hinterm Schwanenplatz erwartet.

Der Schwanenplatz jedoch, diese für Autofahrer und für Straßenbahner arge Schleife, die den Nesenbach verschluckt, hat meine Sympathie. Hier unter den Platanen biege ich zum Leuze ab und bin jedesmal froh, wenn ich die »Kleine Gaststätte zum Rößle« noch am alten Platze finde. Sie, die nur ein Behelfsbau ist, hat es mir ihrer Eisentische auf dem Kiesplatz wegen angetan, wo ich unter Jelängerjelieber-Zweigen ein Bier trinke oder den Bierbrauergaul der Firma Dinkelacker anschaue, der hier zuweilen wartet, die Haut seiner Knie zucken und den Schweif flitzen läßt.

Die Neckarstraße aber stürzt sich am Schwanenplatz vorbei der König-Karls-Brücke entgegen und vereinigt sich vor ihr mit der Cannstatter Straße. Am anderen Ufer, wo Cannstatt beginnt, wird sie zur König-Karl-Straße, als ob in Cannstatt alle Stuttgarter den Mund zu halten hätten. Und ich bin leider kein Cannstatter.

Charlotten- und Hohenheimer Straße Nein, es geht nicht. Du kannst die Hohenheimer Straße nicht allein schildern, denn die ist nur ein Teil des langen Straßen-Darms, der sich nach Degerloch zum Flugplatz und über die Filderebene nach Süden windet. Oder solltest du sie eine »Lebensader« nennen? Das wäre rücksichtsvoller, obwohl dir das Wort »Straßen-Darm« gewissermaßen ehrlich vorkommt, wenn du

an die Gerüche und Geräusche denkst, welche dich dort umdröhnen und umblasen.
Ich gehe auf der linken Seite, besuche den Friseur, Herrn Peters, bei dem ich mir seit achtzehn Jahren das Haar scheren lasse, und hole mir im Tabakladen nebenan den nötigen Stoff für die Pfeife. Gedenke dabei früherer Begegnungen im Laden des Herrn Peters, wo ein älterer Herr von unserem letzten König zu erzählen wußte und sogar ein enorm verwilderter Mann, der aussah, als hätte er auf Parkbänken genächtigt, von einem Fräulein mit lackierten Fingernägeln das Haar gewaschen und geschoren und einen drei Monate alten Bart abrasiert bekam. »Nein«, sagte der, »arbeiten tu ich nicht mehr.«
Erscheinungen am Rande, auf die ich nicht verzichten möchte; sie gehören zur Charlottenstraße wie die im Betonschacht verschwindende Straßenbahn, wie die hintere Stube des Café Mann, wie das behäbige Haus der sechziger Jahre, das sich unterhalb der Charlotten-Apotheke noch erhalten hat und einen in der Mitte aufsteigenden Giebel vor seinem dunkeln Ziegeldache zeigt. Die andern Häuser sind jahrhundertwendealt und haben Schilder, deren Glänzen, Glitzern, Schimmern die Straße wohnlich macht. Am Olgaeck dann der gelbliche Steinbau mit der Filiale der Dresdner Bank, wo früher das Café Olgaeck heimisch war. Das ist ein vorbildlich restauriertes Gebäude, an dem mir die zipfelig spitzen Fensterumrahmungen gefallen, alle in neugotischem Geschmack, während ein paar Schritte weiter oben das Hotel Espenlaub ganz neu ist und die Leuchtschrift »Stuttgarter Zeitung« wie einen Stirnreif trägt.
Das ist dort, wo Blumen- und Alexanderstraße abbiegen und die Hohenheimer Straße anfängt. Gegenüber wird die Ecke von einem braunen Häuserstumpf besetzt, dessen Reklameschrift »Hunde-Bad« ins Auge sticht. Dahinter und an der Alexanderstraße hat eine Böschung reinliches Grün, das sich zaghaft hervorwagt, weil das altmodische Etagenhaus noch nicht lange verschwunden ist, dessen gelbe Front ein verwilderter Garten liebenswürdig machte und das für diese distinguierte Alexanderstraße typisch war. Schade, daß es weg ist.
Und dann stellen sich Sandsteinhäuser der Gründerjahre nach dem siebziger Krieg nebeneinander, und das Atmosphärische

der Hohenheimer Straße macht sich bemerkbar, diese heutzutage wieder rehabilitierte Lebensluft, wenn man so sagen darf; denn sonderbarerweise haben in unserer Zeit die noch vor dreißig Jahren als abscheulich verschrieenen Fassaden unserer Großväter einen neuen Wert bekommen. Ob's daran liegt, daß unsere Architekten ihre Fassaden nicht mehr gliedern wollen, die Kunst der Differenzierung durch Fensterbrüstungen und Gebälk, durch Nischen, Pilaster und Halbsäulen verpönt haben? Eventuell ...
Die Technische Oberschule, dieser enorm altmodische Bau, der an den Schlapphut und den grauen Rauschebart eines Oberlehrers denken läßt, ist das Urbild einer Schule versunkener Tage, die an der Ecke zur Danneckerstraße ihr Portal mit Doppelsäulen vorschiebt und über deren schiefergedecktem Pavillondach eine Fahnenstange in die Höhe zeigt. Die jungen Leute, diese Techniker, die sich in ihr ausbilden lassen, werden wohl die Säulen, die im Segmentgiebel überm Eingang lagernden Göttinnen der Weisheit und den schmiedeeisernen Zierat der Tür (Lorbeerkränze mit aufrechten Fackeln) nur angewidert betrachten und sich kahle Arbeitsräume wünschen, obwohl auch Techniker als seelischen Ausgleichssport und zur Entspannung anmutvolle Schnörkel lieben. Genaues aber weiß man nie, weil der Geschmack, das Lebensgefühl oder die Bewußtseinslage (wie man so etwas nennt) sich immer wieder ändern, ins Schwanken und ins Schwimmen kommen.
Immerhin, drüben auf der andern Straßenseite, wo die Sonnenbergstraße beginnt, hat das Bethesda-Krankenhaus an seinen alten Kern neue Gebäude angesetzt, die sich übereinander und hintereinander schichten; so ist ein Komplex entstanden, der zum sechseckigen Erkertürmchen aus den siebziger Jahren, das im Zwickel von Sonnenberg- und Hohenheimer Straße steht, auffallend kontrastiert. Dieses Erkertürmchen hat hohe Fenster, ich stelle mir vor, daß es dort angenehm zu sitzen sei, und entbiete wiederum dem Architekten meinen Respekt, der die Gebäude-Ecke hier so einzugliedern und der Straße anzugleichen wußte, daß sie freundlich wirkt. Heute wird darauf verzichtet, wahrscheinlich weil's den Architekten einer robusten Zeit als geschmacklicher Firlefanz erscheint; denn jetzt gilt nur der Nutzen und die grobe Wirkung.

Eigentlich schade ... denke ich und gehe weiter, erinnere mich oben, wo die Hohenheimer Straße eine Kehre macht, des Gartens hinterm Hotel Wörtz; dort stemmt sich hinter Fliederbüschen der Zyklopenfuß eines nahen Hochhauses ein, was drohend, düster aussieht. An der Ecke zur Dobelstraße haben sich Miethäuser aus dem Jahre 1910 erhalten, und dann beginnt der Teil der Hohenheimer Straße, an dem noch alte Bäume stehen, nachdem die auf der andern Seite abgeholzt und durch junge ersetzt worden sind. Eine kurze Strecke lang gehe ich im Blätterschatten von Ahornen und habe neben mir die Sandsteinfronten jener Häuser, die, falls sie die nächsten fünf Jahre überleben sollten, als seltene Baudenkmäler einer Epoche geachtet werden, in der man das Urbane geschätzt hat. Es war die Zeit des späten Bürgertums, das es nicht nötig hatte, auf Prestige bedacht zu sein, weil es geachtet wurde.
Deshalb hat jedes Haus hier eine Sandsteinfront, die nur in der Mitte durch einen Balkon akzentuiert wird. Die Front des Hauses ist ein Kubus, den Fensterprofile mit gemeißeltem Gebälk beleben; die Fenster selbst sind durch Sprossen geteilt; es sind Doppelfenster mit grüngestrichenen Rahmen, die freilich nur an einem Hause noch so sind, wie es zu einem Haus der sechziger Jahre gehört. Merkwürdig, daß heute das ungeteilte Kippfenster herrscht, das jede alte Fassade zerstört; aber man meint, wer neumodische Fenster habe, sei ein moderner Mensch. Dabei hat sich der Mensch doch seit dreihunderttausend Jahren nicht verändert, weil seine Schmerzen und seine Freuden dieselben geblieben sind.
Beim Aufwärtssteigen zur Bopser-Anlage, wo sich die Hohenheimer Straße in die Neue Weinsteige verwandelt, gedenke ich unsrer Großväter, die von Studentenunruhen nichts wußten. Und während ich wieder hinuntergehe, erinnere ich mich der Schutthügel, die nach dem Kriege oberhalb des Olga-Ecks zu sehen waren, das eigentlich Olga-Ecke heißen müßte, wenn man's Hochdeutsch nimmt. Auf diesen Schutthügeln hat im Jahre 47 oder 48 ein Metzger das erste neue Haus gebaut, das inzwischen längst verschwunden ist. Auch ich habe es danach neidvoll angeschaut und gedacht, daß nur Leute zu Geld kommen, die etwas Habhaftes anzubieten haben, indes ich heute weiß, daß dies in Ordnung ist.

Haußmannstraße Sie hieß früher Kanonenweg, war aber immer eine unblutige Straße, ja ursprünglich nur ein Weinbergpfad, über dem (auf der Gänsheide) ein Hochwachthäuschen mit zwei Lärmkanonen stand; weshalb es das »Stuckhäusle«, »Lärmenhäusle« und schließlich das »Kanonenhäusle« genannt wurde. Brannte es im Tal, so alarmierten seine Kanonen durch Böllerschüsse die umliegenden Ortschaften. Im Herbst wurden die Kanonen an zwei Tagen aus dem Häuschen weggeschafft, damit der Weingärtner von nebenan sein Herbstfest drin abhalten konnte.

So war's der Brauch von 1702 bis 1862. Dann bauten sie ein rotes Backsteinhaus als Aussichtspunkt an seine Stelle, doch der Kanonenweg hieß weiterhin Kanonenweg. Erst um 1900 wurde er bebaut, weil mehrere wohlsituierte Bürger aus dem »schwülen Thalkessel« auf luftige Höhen ziehen wollten. Und sie errichteten dort ihre Villen zwischen den Weinbergen, machten den Kanonenweg als Höhenstraße salonfähig und schauten auf die Stadt hinunter, wie ich heutzutage vom linken Trottoir der Haußmannstraße, langsam gehend und ins Notizbuch kritzelnd, auf die Stadt hinunterschauen kann; und jeder andre kann es mir nachmachen, denn es lohnt sich. Er muß dabei nicht unbedingt in sein Notizbuch kritzeln.

1945 wollte man, zumindest durch einen Straßennamen, nicht mehr an Kanonen erinnert werden und gedachte lieber der Brüder Konrad und Friedrich Haußmann, die als demokratische Politiker fürs »Gute Alte Recht« gestritten haben. Eine Tafel teilt ihre Geburts- und Todesdaten mit; beide sind 1857 auf die Welt gekommen.

So wurde der Kanonenweg zur Haußmannstraße, die heute lange Ketten abgestellter Autos säumen. An der Ecke zur Gerokstraße steht eine Villa hinter Bäumen und Büschen, eine mit hohem Giebel, gemeißelten Ecksäulen aus rotem Sandstein und einem Turm. Sollte sie so erhalten bleiben, dann wird sie später als ein Anschauungs-Monument für Kunsthistoriker bedeutsam sein, die wissen wollen, wie man in der späten Bürgerzeit des jungen Kapitalismus, der so alt wie die Welt ist, gewohnt hat.

Also eine »reiche« Straße, zumindest hier am Anfang.

Bei Nummer 34 ist eine dieser alten Villen abgebrochen und durch ein kantiges Bauwerk ersetzt worden, dessen Block auf kahler Gartenerde holzverschalte Dachaufbauten hat, die gestaffelt angeordnet sind. Zwischen zwei Garagen ist ein Brunnen erhalten geblieben, von dem ein lächelnder Silen, grünlich patiniert und genüßlich schmunzelnd, eine Syrinxflöte und eine Weinflasche auf seinem Bocksfell festhält. Unter ihm spritzt aus bronzenem Froschmaul der Wasserstrahl.
Weite Sicht auf der anderen Seite. Das Trottoir wird von Buntsandsteinzinnen begrenzt. Der Ausblick dehnt sich westwärts und läßt Stuttgart, insbesondere im Gegenlicht und nach einem Gewitterregen, gewissermaßen hingegossen aussehen. Säulen aus Licht stützen die Wolken, und es erstreckt sich dieses Panorama von den Degerlocher Höhen bis zum Burgholzhof.
Im Lauf der Zeit hat sich der »Monte Scherbelino«, unser Trümmerberg, diese Fundgrube zukünftiger Archäologen, grün eingekleidet und den bewaldeten Höhen angeglichen, als wäre die Vergangenheit bewältigt worden, obwohl Vergangenheit niemals »bewältigt« werden kann, denn Vergangenheit ist. Der Kegel des Kriegsberges mit seiner Weinhalde scheint hinterm Bahnhofsturm emporzuwachsen, das Rebengelände der Mönchhalde ist ein heller Flecken in den mit Häusern bepflasterten jenseitigen Hängen, und das Schönblick-Hotel setzt seinen Akzent wie unten die Stadttürme, die breitbrüstigen Blockbauten der Technischen Universität, wie die Hochhäuser Romeo und Julia über den Gleisanlagen der Talsohle. Davor bläht sich der Windfang auf dem Kamin der Bierbrauerei Wulle, als strecke ein blecherner Popanz seinen Bauch heraus.
Gegenüber, in der Villa Nummer 38, war nach seiner Schiller-Rede im Staatstheater, am 9. Mai 1955, Thomas Mann zu Gast.
Da und dort stehen noch alte Gartenhäuschen zwischen den Obstbäumen hinter Staketenzäunen. Die Freie Waldorfschule ist in einer Art Behelfsbau heimisch; ein säulengezierter Gebäudeteil, wohl der Rest einer Villa, schaut unter hohen Kastanien heraus. Sechs Rechtsanwälte, ein Hausmeister und die Burschenschaft »Alemannia« wohnen in einem neuen Haus.

Das Sozialwerk der Christengemeinschaft schließt sich an, und der Haftpflichtverband der deutschen Industrie läßt die verhängten hohen Scheiben seines Glashauses an der Ecke zur Schellbergstraße sehen.
Obwohl hinter der Anlage bei der Werfmershalde ein Gartenhaus an Waldmeisterbowle und Gelächter einer Abendgesellschaft zu erinnern scheint, verliert die Haußmannstraße hinter der Ameisenbergschule, die weiß und flach als moderne Behausung für viele eingeordnet ist, ihren Hauch altväterischen Bürgertums. Denn nun, da sie hinter der Straßenkehre abwärts gleitet, wird sie gemütlicher. Die Straßenbahn rumpelt vorbei, Etagenhäuser stehen da, und der Fußgänger werden mehr. Hier hat sie mittelständischen Charakter, und bei der backsteinroten Wirkwarenfabrik Gebrüder Ammann, wo ein Emailschild mahnt: »Laderampe! Anfahrt freihalten!« ist sie vollends eine Angestellten- und Arbeiterstraße. Ich fühle mich heimisch, denke an den Krieg, als ich fünf Jahre lang mit Arbeitern zusammenlebte, und wünsche, daß im Ausländerwohnheim der Kühlerfabrik Längerer und Reich unsere Gäste aus dem Süden sich zu Hause fühlen.
Ein Flugzeug steht auf dem Dach einer Tankstelle. Nahebei hat die Lichtensteinstraße Vorgärten wie um neunzehnhundertzehn, und wieder einmal merke ich, daß sich Reste der alten Zeit nur abseits halten können.
Ich bin in Ostheim, wo Giebelhäuser aus glasiertem Backstein an den jüdischen Wohltäter Eduard Pfeiffer erinnern, der hier zum ersten Mal eine Siedlung für Arbeiter und Angestellte bauen ließ; das war noch vor dem ersten Weltkrieg.
Läden sind da, die Gegend wird vorstädtisch. Aus einer Apotheke kommt reinigender Drogenduft. Neben dem Rotenberg schaut der höchste Gaskessel (insgesamt haben wir drei) in die gerade Straße, die zu Tal führt. Menschenwarme Nähe ist zu spüren, anders als dort, wo nur Villen vornehme Gesichter machen. Ich sehe Frauen Kinderwägen schieben, begegne einer »Blase« barfüßiger Buben und weiche Hunden aus, die auf die Straße geführt werden. Schwere Einkaufstaschen lassen Hausfrauen langsam gehen, und ein Balkon ist von Akazienranken dicht versponnen. Zuweilen legt ein älteres Paar Kissen aufs Fenstergesims und schaut, die nackten Ellenbogen

aufgestützt, hinunter in den Straßen-Feierabend. Am Ostendplatz hat ein Bedürfnishäuschen ein Pagodendach, ein lang- und dickhaariger Bursche schleppt Pakete, und drüben läßt einer, dessen schwarzbrauner Bart wie ein zottiger Fußsack auf die Brust hängt, Holzsandalen an den Füßen klappern; sein heller Sommeranzug ist vom letzten Chic (so präsentiert sich heute ein Vorstadt-Galan). Schilder abzweigender Straßen haben noch Frakturschrift, die Gaisburger Kirche schaut herab, und ich bin froh, an der Talstraße die letzte Hausnummer der Haußmannstraße (251) endlich erreicht zu haben. Die Speisekarte der Gaststätte zum »Rappen« heimelt mich an, und ich gehe, vom langen Schlendern mitgenommen, in das Wirtshaus hinein, um mich an einem Rostbrätle und einem Glase Bier zu laben. Dabei gedenke ich der Wanderung, die ich hinter mir habe, und die mich durch die letzten siebzig Jahre geführt hat. Über eine Villenstraße mit beherrschendem Höhenblick erreichte ich die Bezirke der Arbeit, las unterwegs die Ordnung unserer Gesellschaft wie an Erdschichten ab und erinnerte mich gewisser Leute, die behaupten, die Gesellschaft löse sich heutzutag auf. Ich sah Menschen, die mir zum Glück nicht als Notleidende erschienen. Und dies ist doch am wichtigsten.

Hauptstätter Straße Durch eine Straße schlendern, die gewissermaßen umgewälzt wird, kann auch reizvoll sein; wenigstens ist es mir so vorgekommen, obwohl ich niemandem empfehlen möchte, es mir gleichzutun. Probieren freilich kann er's trotzdem. Und ich wünsche jedem dazu viel Vergnügen, das sich bei einer solchen Wanderung nur dann auskosten läßt, wenn man ein Faltstühlchen dabeihat, wie es in grauer Vorzeit jeder Landschaftsmaler im Rucksack mit sich führte. Ich hatte es leider vergessen.
Ein heißer Tag. Am Rande des Charlottenplatzes halte ich mich in der Schattenzone des Instituts für Auslandsbeziehungen und sehe in die Hauptstätter Straße hinein, die sich in einen Bauschacht verwandelt hat. Drüben sind die Geschosse des Parkhauses Breuninger mit Autos bespickt, und der Sankt Leonhardskirche, diesem steinernen Zelt mit Turmnadel, wird gerade noch ein Plätzchen zugebilligt, als ob sie eine

Antiquität wäre, die man duldet; nun, schließlich wird sie 1970 auch fünfhundert Jahre alt.
Eisenträger und Bauhölzer stapeln sich zu Füßen eines gelben Krans, der mich wieder einmal an einen Ichthyosaurierhals erinnert und vor dem Laden der »Stuttgarter Wohnkultur« postiert ist, wo Möbel im alten Stil (ein hochbeiniger Damen-Sekretär aus Eichenholz mutet diskret an) mit einer geräumigen Einbauküche von glättestem Lack wetteifern, als öffne sich ein keimfreies Labor. Das ist ein schlummernder Bezirk hinter Schaufenstern, vor dem der Fortschritt derart gräbt und stampft, daß die Mauern zu wackeln scheinen.
Es steht aber noch alles festgegründet da. Das Breuningersche Kaufhaus läßt seine aluminiumverkleidete Fassade gleißen, als atme es durch metallene Kiemen. Und ob es stimmt, wenn einige Bewohner der Charlottenstraße meinen, diese Aluminiumfassade sei am verwischten Flimmerbild ihres Fernsehers schuld, weil sie die Fernsehstrahlen wie ein Spiegel reflektiere, das weiß ich leider nicht. Und es bekümmert mich auch wenig, während ich unter den Boden steige, mich in der Untergrundpassage einem von Brettern begrenzten Gange überlasse, der in den unverletzten Teil des unterirdischen Wegs mündet und mich vor der Leonhardskirche ans Sonnenlicht entläßt.
Scharfe Helligkeit. Und froh bist du, daß du dich hier nicht mit einem Auto durchschlängeln und durchquetschen mußt ... Der Ausblick aber lichtet sich wie nach einem Bombenangriff, weil die Behelfsbauten, die Baracken drüben fast alle verschwunden sind. Nur noch das »Tivoli«, das »Rendezvous«, der »Schnellimbiß« und die »Bolero-Bar« können sich wenigstens äußerlich noch halten und erinnern an das nach dem Kriege hier aufgewachsene Buden-Konglomerat eines vulgären Feierabends, dessen Atmosphäre ausgelöscht erscheint. Nicht einmal beim Gasthaus »Zum Brunnenwirt«, wo ein Bagger einen feuchten Erdhügel aus dem Boden genagt hat, kann sie sich halten. Kaum daß ich ihr nachtraure, aber die Luft der Altstadtschlamper, der Rauschkugeln und leichten Mädchen gehört halt in dieses Revier; ohne das wäre jede Stadt aseptisch sauber und bloß hygienisch.
Aber gemach. Abends werden hier wie eh und je erholungs-

und entspannungsbedürftige Zeitgenossen herumschlampen, Mädchen miniröckisch vorbeiwedeln und Goldsandaletten klappern lassen. Es ist ja auch noch manches Altgewohnte da, wie beispielsweise das Schaufenster des Antiquitätenladens Gertrud Mayer mit Bataillonen alter Gläser, Petroleumfunzeln und einem Schirmständer voll Kavalleriesäbel, Seitengewehren aus dem Siebzigerkrieg et cetera. In einem Haus des achtzehnten Jahrhunderts ist dieses Geschäft daheim, und mich freut's, feststellen zu dürfen, daß an ihm noch kein Fenster verändert worden ist Die kleinen Fensterscheiben mit den Sprossen dürfen hier wie ehemals herunterschauen, als hier noch Boten ihre Planwägen aufgestellt haben und es für einen Kutscher schwierig war, im sperrigen Fuhrwerksgewühl zu wenden. Der Name Hauptstätter Straße aber erinnert an die Haupt- oder Richtstätte, die in alter Zeit auf dem Wilhelmsplatz stand.
Keine idyllische Erinnerung. Trotzdem sieht beispielsweise das klassizistische Haus der Commerzbank mit Giebel und Zahnfries-Schmuck aus dem Beginn der Biedermeierzeit und das einstöckige Haus am Anfang der Weberstraße, dessen Schaufenster Blumen füllen, auch heute noch so aus, wie man sich die genügsame Zeit der Urgroß- und Großväter vorstellt (und es ist angenehm, sich dies wenigstens vorzustellen). Sie haben jedenfalls manches Erfreuliche und Freundliche gebaut, gemacht, gebastelt, das den Dampf ihrer Leidenschaften geklärt oder gereinigt hat.
Heutzutage wirken sich die Leidenschaften des Verkehrs nachhaltig aus. In der Hauptstätter Straße haben sie die Uhland'sche Apotheke weggefegt, weil dort die Haltestelle »Österreichischer Platz« des Untergrund-Straßenbahn-Streckennetzes errichtet werden muß. Unterm Wilhelmsplatz hätte man sie nicht einrichten können? Schade ... So erzählen jetzt noch ein alter Geißhirtlebaum und eine Hecke in der Torstraße von der wohnlichen Behäbigkeit lärmfreier Tage, als der Apotheker Uhland abends mitten in der Stadt im Garten seine Zeitung lesen und zwischendurch ein paar Geißhirtle-Birnen essen konnte.
Geleitet von rot-weiß bemalten Planken, komme ich aufs jenseitige Trottoir-Ufer und bewundere die Mühsal der Bau-

arbeiter, die den Straßenschacht in die Tiefe treiben, die Fassaden mit schräg gestellten Baumstämmen abstützen und die Häuserfundamente betonieren müssen, damit nichts rutscht. Dann aber darf ich auf der Straße gehen, weil nun kein Auto mehr hier fahren kann. Und ich bemerke die Breite des vor hundert Jahren gebauten Straßenabschnitts, der den Österreichischen Platz erreicht, dieses Arrangement von Straßenkurven, das an eine Drehscheibe erinnert. Über ochsenblutroten Betonkesseln fahrbarer Mischmaschinen sieht die neugotische Kirche her und steht auffällig mächtig und verästelt da. Und wieder einmal suche ich mir hinter einem engen Plankenzaun meinen Fußgängerpfad, auf dem ein Kind kniet, um sich einen Spreißel aus dem nackten Fuß zu ziehen.
So etwas mutet menschlich an und wärmt in all der wilden technischen Gewalt ringsum. Weiter oben steht ein alter Kastanienbaum neben einem freigelegten Keller. Eine Dampframme stampft. Es stapeln sich rostige Eisenträger und Beton-Roste, Baubudenkarren erinnern an die fahrbare Heimat der Zigeuner damals in der Kindheit, und an der Ecke zur Fangelsbachstraße hat Andreas Papadakis seine Taverne »Plaka« eingerichtet; er bietet griechische Spezialitäten an. Seine Speisekarte netzt (zumindest imaginär) den staubtrockenen Gaumen, und drüben neben einem mit Steinvasen gezierten Balkon der siebziger Jahre hat ein Fenstergucker eine weiße Katze neben sich auf dem Gesims. Der Vorgarten der Römerschule macht die Straße für eine kurze Strecke blätterfreundlich. Das 1904-05 erbaute heutige Alterskrankenhaus sieht recht urtümlich her, weil es über der romanischen Torwölbung seiner Pforte ein steiles Dächlein mit Hohlziegeln und eine gotische Inschrift hat. Dazu die zinnen- und turmbekrönte Burg des Direktionsgebäudes der Stuttgarter Straßenbahnen neben der »Eyacher Kohlensäure-Industrie«, in deren Hof sogar noch Weinlaub rankt: Dies bringt (und ich kann es mir nicht verkneifen, es wieder mal hervorzuheben) etwas behäbig Freundliches und Liebenswertes ins Gestampf dieser Straßenbaustelle, wo ein angegrauter Polier im »blauen Anton«, den Kopf vom weiß lackierten Helm geschützt, im Hosenbein den gelben Meterstab, über die aufgewühlte, von Schranken und Stapeln versperrte Straße stapft. Auf Freund-

liches möchte ich nicht verzichten, und deshalb frage ich mich oft: Bist du mit einer solchen Sympathie heutzutage allein? Ich kann oder will es mir noch immer nicht vorstellen, indes ich am Marienplatz angelangt bin, wo die Hauptstätter Straße endet.

Schmale Straße Heute mache ich es mir bequem und gehe auch einmal durch eine kurze Straße, damit ich richtig schlendern kann.
Das habe ich hier öfters ausprobiert und biege also nicht zum ersten Mal von der Schulstraße in die Schmale Straße ein, wo im Durchgang unterm Kaufhaus Hertie an einem Zeitungskiosk wieder einmal diese Zeitung mit dem Eisernen Kreuz hängt, die mir widerwärtig ist und die's bei uns nicht geben sollte; leider gibt sie's trotzdem. Und vielleicht ist's so, daß im Halbdunkel des Durchganges der und jener diese Zeitung lieber kauft als oben in der Königstraße, der unsere Schmale Straße parallel geht. Abseits vom Stadtgewühl, dem stinkigen, kann hier jedermann zu sich selber sagen: jetzt aber gemach oder: mach's no halbwegs ... Das Dämmerlicht des Durchgangs und die Schattenkühle begünstigen sogar die Einkehr in das eigene Gemüt; und zuweilen lassen die Schaufenster des Kaufhauses aufgeschlitzte Schweine sehen, die zum Kauf von Kühltruhen ermuntern, während dicht daneben ein Mädchen ohne Schuhe und im weißen Arbeitsmantel hinter der Scheibe kniet und Preisschilder an Keramikteller heftet, falls solche Keramikteller hier ausgestellt werden sollen; es können auch Küchengeräte oder Waagen für das Badezimmer sein, die das Wachstum des Wohlstands-Specks anzeigen.
Doch wenn ein Mädchen im Schaufenster kauert, denken manche: was die wohl kosten mag? und das ist schändlich; obwohl's in dieser Gegend (nicht weit vom städtisch überwachten Freudenhaus) niemanden wundern dürfte, wenn der und jener Zeitgenosse auf solche Gedanken kommt. Auch zeigt die Buchhandlung, die weiter vorne neben einem Schuhbesohlgeschäft zu Hause ist, Bilder von Nackedeis, weshalb es nicht verfehlt sein dürfte, anzunehmen, auf dem Trottoir der Schmalen Straße würden mancherlei Gefühle, Wünsche,

Triebe oder Lüste intensiver geweckt als in der Königstraße, doch wuchern sie auch hier nur in der Stille.
Neben abgestellten Wagen präsentiert sich die Grill-Bar der Metzgerei Wild mit ihrer Theke und der Leuchtschrift »Aus hygienischen Gründen bitte erst an der Kasse bezahlen« als blitzsaubere Märchengrotte fleischlicher Genüsse, und ein Stockwerk höher strahlen der Aufgang zum Kaufhaus und der Abgang in das Parkhaus Hertie gelb und blau: weshalb behauptet werden kann, im Winkel zwischen Schul- und Schmale Straße seien auch tagsüber Reize und Lichteffekte der Stuttgarter Nächte wahrzunehmen. Daneben kriechen Autos in den Parkhausschacht oder schleichen von unten herauf, und die rotbraune Front von Foto-Weizsäcker zeigt ihre makellose und moderne Eleganz. Das Musikhaus Barth verspricht dort, wo die Neue Brücke vom Rathaus heraufkommt, wilde Grammophon-Ekstasen zeitgenössischer Musik mit Stereo-Effekt für Beat- und andre Fans, während in Lausch und Zweigles alteingesessener Musikalienhandlung seriöse Notenhefte für Klavier- und Streichquartette ausgelegt sind. Hier sehe ich in einem Haus der königlichen Vorkriegszeit elegant verschlungene Buchstaben und Zierleisten auf den Titelblättern alter Notenhefte, aus denen unsre Mütter und Großmütter Chopin- und Mendelssohn- und Beethoven- und Schubertmelodien erweckt haben, die sich an einem hellen Herbsttag durch offene Fenster und Gardinen einer Villenstraße stimmungsvoll anhörten.
In Schaals Tabakgeschäft ist altschwäbische Atmosphäre spürbar, wie sie bereits um 1910 dem Zeitgeschmack entsprach, als es modern gewesen ist, auch Häuser für Kanzleien so zurückhaltend wie möglich in den Straßenorganismus einzugliedern. Hier kann man dies nachprüfen. Und auf der Polizeiwache im alten Bau, wo auch das Paßamt heimisch ist, habe ich zwei Mal Fundsachen abgegeben (einen Füllfederhalter und ein goldenes Kettchen) und bin im Publikumsverkehr, der dort die Türen kaum zur Ruhe kommen läßt, freundlich empfangen worden, wahrscheinlich, weil die Polizeibeamten hier des öfteren als Tröster wirken müssen. Jedenfalls war in diesem Büro nie ein rauher, ruppiger oder gar grober Ton zu hören.
Und dann vorn auf der rechten Seite Niedlichs Buchladen am

Ende der Schmalen Straße. Niedlich bietet jetzt hauptsächlich Texte revolutionären Stiles an, und der bärtige Kopf des Che Guevara schaut von Büchern und Photographien durch das Fenster. Blättere ich innen in Broschüren, so kommt's mir seltsam vor, nur trotzige, grimmige und haßgeschärfte Sätze in den Paperbacks und Heftchen vorzufinden, die hauptsächlich von Studenten verfaßt worden sind. Studenten schreiben böse über Polizisten, während drüben in der Polizeiwache die Polizisten konziliant und hilfsbereit Dienst machen; weshalb behauptet werden darf, daß zwischen Wirklichkeit und Wunschbild immer noch ein Abgrund klafft.
Niedlichs Buchladen ist preiswert, weil er so attraktive Avantgarde-Abende mit zeitgemäßer Kunst und Dichtung arrangiert. Da staut sich dann in engen Räumen ein fortschrittlicher Clan bärtiger Männer und miniberockter Damen, die Augen lidschattenumflort (und das Klosett ist immerzu besetzt). Die stickige Luft wird geduldig hingenommen, während jemand trotzige Gedichte vorliest oder ein massiger Herr über provozierende Zeichnungen, Lithographien und Gemälde »pornopoetischen« Charakters spricht. Da zeigen sich die Abbilder von Busen und von Bäuchen ziemlich prall, und einer sagt, es müsse recht anstrengend sein, bei solch einem Künstler Modell zu stehen. »Sie als Angehörige der jungen Generation können sich von dieser Kunst erwecken lassen«, verkündet der Redner, der die Vernissage eröffnet und erzählt, der Künstler sei dreiundsiebzig Jahre alt, habe sich lange als technischer Zeichner und Sohn eines Beamten durchgebracht, indes ihm erst in unsern Tagen der endgültige Durchbruch gelungen sei. Es präsentieren sich wilde und schonungslose oder tote Bilder; manches Buch und manche Graphikmappe kostet zwischen fünfzig und zweitausend Mark, und der Betrachter mit schmalem Geldbeutel wünscht Niedlich potentere Käufer als ihn selbst. Wie aber wär's, wenn sich der Zeitgeschmack nach solch einer »Veränderung«, wie sie in der Tschechoslowakei vorexerziert wird, wieder einmal wandeln würde?
Neben der Treppe zur Königstraße türmt sich die Rückseite des Geschäftshauses, das nach dem Kriege an der Stelle erbaut worden ist, wo früher ein urbaner Bazar stand, und läßt seine

mit blauen und mit roten Tafeln geschmückten Balkone sehen. Die Breite Straße abwärts hat das Kaufhaus Merkur ein kokettes Durchbruchstickerei-Gewand aus Metall angezogen, und weiter unten schauen Giebel her, als entspräche immer noch das gutmütige Biedermeier dem Geschmack unserer Zeit. Doch sei dem wie ihm wolle, mir will's scheinen, als wäre heutzutage so ein bißchen Biedermeier gar net schlecht.

Hackstraße Eine, die schnurgerade einen Hügelkamm erreicht und sich dann in das Neckartal hinunterwindet, eine, die bei Nacht von ferne als breite Lichtbahn sichtbar wird und die, um die Jahrhundertwende hinterm Stöckachplatz, wo sie beginnt, nur einzelne Häuser zwischen Gärten gehabt haben mag: Das ist unsre Hackstraße, wo nirgends Villen stehen.
In ihr gehe ich »leschär« gekleidet (ohne Krawatte) und denke an den Juli 1900, als hier »Heugras von einem größeren Baumgut« zum Verkauf angeboten wurde. Das weiß ich aus dem »Stuttgarter Neuen Tagblatt«, wo auch zu lesen ist, der Zirkus Barnum und Bailey habe vor 68 Jahren im September seine Zelte am Stöckachplatz aufgeschlagen. Und dort, wo heute das Zeppelin-Gymnasium (früher Reformrealgymnasium) steht, öffnete einstmals, wenn der Winter scharfe Kälte brachte, eine Eisbahn ihre Tore.
Ländliches Anno dazumal ... Ich gehe am »Tanzrestaurant Gutshof« vorbei, das im ersten Stock ein Billardzimmer hat, und dessen Speise- und Getränkekarten im Schaufenster mit Holzlöffeln und blau bemalten Steingutkrügen drapiert sind, was einen Hauch altväterischer Würde hereinwehen läßt, auch wenn enorm frisierte Mädchen mit »lasterhaft« ummalten Augen neben schlankeligen Burschen in hautengen Samthosen durch die Tür des einstöckigen neuen Fachwerkhauses gehen, das schmiedeeiserne Lampen hat.
Noch nicht lange ist's her, da stand neben dem Eingang eine Kutsche mit schwarzen Lederpolstern als Dekorationsstück, altväterisch und erinnerungsvoll; denn eine solche Kutsche weckt Erinnerungen an ländliche Stille, Heugeruch und Wiesenpfade, die es hier vor siebzig Jahren noch gegeben hat. Schade, daß die Kutsche schnittigen Sportwagen weichen

mußte, weil auch hier jedes Fleckchen als Parkplätzchen gebraucht wird.
Schräg gegenüber und ein bißchen weiter oben dann der imposante Baukomplex mit makellos getünchten Betonmauern über einer Böschung, deren Rasen so gepflegt ist, wie es sich für eine Wohnburg unserer Zeit ziemt. Ihr steinernes Gesicht schaut undurchdringlich, als erwarte sie die kommenden zweitausend Jahre mit Gelassenheit, wohl wissend, daß nur sie von all den Häusern der Hackstraße dem Sturm der zukünftigen Tage trotzen wird; denn unsere Betonbauten können der Vergänglichkeit länger die Stirne bieten als Sand-Backstein- oder Fachwerkhäuser und werden später so bewundert werden, wie wir das Kolosseum (in Rom) heute noch bewundern dürfen.
Roths Molkereimaschinenfabrik ordnet sich auf jene Weise in die Straße ein, die wir von Bauten aus der königlichen Zeit gewohnt sind, als sogar reiche Leute darauf bedacht waren, unauffällig aufzutreten. Eine Tafel verkündet, daß hier Kupferschmiede, Dreher und Maschinenschlosser gesucht werden; das ist ein gutes Zeichen, und niemand schmähe unsere Prosperität, die vielen ihre Arbeitsplätze sichert und auch in der Hackstraße sich bemerkbar macht.
Ich schaue die Heinrich-Baumann-Straße hinauf, neben deren Treppen erkergegliederte Häuser mit Vorgärten noch aus der Zeit stehen, als diese Gegend hier besiedelt wurde. Das war um 1910. Damals ist an der Ecke zur Schwarenbergstraße das Karl-Olga-Krankenhaus und weiter unten (ebenfalls in der Schwarenbergstraße) die Heilandskirche in romanischem Stil als Stiftung der Herzogin Wera gebaut worden; mit gedrungenem Turm und engem Eingang schaut sie von unten herauf, ein streng gefügter Rundbau, der sich wehrhaft abschließt, als ob er aus einer Epoche stamme, da sich die Gläubigen gegen Feinde abzuschirmen hatten, während doch im Jahre 1913, dem Baujahr dieser Kirche, jeder glauben durfte, was er wollte.
»E. Schreibers Graphische Kunstanstalten Inhaber E. Burck« zeigen ihr Firmenschild mit gotischer Schrift; so etwas heimelt mich an, weil ich es heute selten sehe. Ich gedenke der Faksimile-Ausgabe von Mörikes Gedichthandschrift »Grünes

Heft« und der Abbildungen in Manfred Koschligs Buch »Mörike in seiner Welt«, die diese Firma so reproduziert hat, wie ich's mir wünsche. Daneben das Restaurant Pflugfelder im Jugendstil-Mietshaus, das spitzbogige Fenster hat, unter denen Reliefs mit Blätterranken die Fassade schmücken. Und ich lobe mir den Schmuck, weil mich die glatten Fassaden neuer Bauten des öfteren – sagen wir mal: allzu kompromißlos anmuten.

In der Anlage auf der andern Seite sehen Autos unter Ahornen und Linden, und an der Kreuzung zur Ostendstraße, wo früher die Bergkaserne als Backsteinbau Wacht gehalten hat, streckt sich heute das Hauptzollamt und läßt breite Fenster sehen. Nach der Teckstraße zu stehen noch Überbleibsel aus der militärischen Vergangenheit, die Fenster da und dort nur provisorisch ausgebessert. Ein Haus scheint früher als Offizierskasino gedient zu haben, schaut es doch eleganter als die andern her, und neben dem Eingang des Hauptzollamtes erinnert eine Bronzetafel an das »II. Bataillon Grenadier Regiments Königin Olga i. Württ. 119«, das vom 1. Oktober 1895 bis zum Ausmarsch in den Weltkrieg am 7. August 1914 hier stationiert gewesen ist Mein Vater hat sein Einjährigen-Freiwilligen-Jahr in der Bergkaserne abgedient und ist recht stolz darauf gewesen, ehemaliger Olga-Grenadier zu sein, was mir immer ein bißchen kurios erschien. Und weil er damals (so um 1910 herum) ein »junger strabeliger Kerle« war, hat er nach einem Wirtshausabend mit seinem Freund Burckhardt ein paar Gaslaternen ausgelöscht, ist vom Schutzmann erwischt worden, aber derart flink davongewetzt und hineingeflitzt in seine Bergkaserne, daß jener Schutzmann mit seinem dicken Bauch weit hinter ihm zurückblieb.

Jetzt frägt mich hier ein struppiger Geselle, dem ein Teil der Vorderzähne fehlt, nach dem Weg zum Nordbahnhof, und ich meine, er gehöre zu gewissen verwilderten Herren, die Wert darauf legen, bloß so zwischendurch mal zu arbeiten, um dann wieder eine Zeitlang nichts zu tun; die lassen sich gelegentlich vom Arbeitsamt eine Beschäftigung zuweisen, welche heute »Job« heißt, und ich denke wieder einmal: Au net schlecht. Die Hackstraße senkt sich hinab, eine Tankstelle ist auf der anderen Seite hell und flach, ein schnittiger Benzin-

Bungalow, und zwei Gaskessel schauen silbergrau von unten her. Der Rotenberg hebt über ihnen seinen grünen Kopf und läßt das Mausoleum sehen, diesen Rundtempel, der, seitdem er dort an Stelle des Stammschlosses der Herzöge von Württemberg errichtet wurde, als Erinnerungsmal gegenwärtig ist und unserer Hügellandschaft zugehört.

An der hohen Mauer vorbei, die den Garten des Versorgungslazarettes stützt, das früher als Standortlazarett aller in Stuttgart stationierten Truppen diente, komme ich zu dem Bezirk, der mir in der Hackstraße am besten gefällt: zur Gaswerk- und zur Straßenbahnersiedlung. Die Gaswerksiedlung mit ihren einstöckigen Reihenhäusern zwischen Gärten, ihren Gassen, die »Im Haselbusch«, »Im Holder«, »Im Efeu« und »Im Flieder« heißen, ist in den zwanziger, Jahren von Generaldirektor Nübling und Stadtrat Bay gegründet worden. Im zweiten Weltkrieg wurde sie zerstört und nachher als eine der ersten wieder aufgebaut. Arbeiter und Angestellte des Städtischen Gaswerks haben in der schlechten Zeit, als man sein Essen nur auf Marken kaufen konnte, selber zugepackt und ihre schmucken Häuser aus Schlackensteinen, die sie vom Gaswerk kostenlos bekamen, am Feierabend wieder aufgerichtet, weshalb jedem sein Häusle an das Herz gewachsen ist.

Idyllisch sieht's hier aus zwischen den sorgfältig gepflegten Gärten, wo eine Straße nach dem Gaswerkdirektor Nübling heißt, eine Anlage unter Linden Platz für Bänke hat, auf denen auch die Herren vom Hauptzollamt ihre Mittagspause verbringen und mir ein weißhaariger Herr im blauen Arbeitsmantel, der sein Vorgartengitter mit Mennigfarbe streicht, alles Wissenswerte über diese Siedlung mitteilt. Ich erfahre, daß die Häuser den Arbeitern und Angestellten gehören, daß jedes 60 000 Mark Schätzwert hat und monatlich eine Grundsteuerabgabe von 18 bis 20 Mark erfordert. Mein Gewährsmann preist die Ruhe und die gute Luft und sagt: »Also, was will mer mee? Ond i ben iberall gwä: Drei Mol en Italie, oi Mol en Spanie. Ond älles mitem Omnibus! Was brauch i do a Auto? Dia Jonge freilich, dia wellat halt bloß schnell ...« Und er reibt Daumen und Zeigefingerspitzen aneinander, als zähle er Geld.

Ein Zufriedener (so was gibt's also heute auch noch). Das

Klima hier ist ausgeglichen, und ich bin froh, weil heutzutage Arbeiter und Angestellte ihr eigenes Häusle haben und nach Spanien reisen können.
Weiter unten schmiegt sich die Straßenbahnersiedlung so in die Straßenkurve, wie ich sie aus den zwanziger Jahren im Gedächtnis habe: Einstöckig und mit rundbogigen Toren nach den Gaskesseln zu. Die Tore erinnern an alte Bauernhöfe in Weilimdorf, Münchingen oder Schwieberdingen, wo zuweilen Jahreszahlen ferner Jahrhunderte in sie eingemeißelt sind. Daß diese Rundbögen auch hier verwendet wurden, ist erfreulich, denn viele Straßenbahner kommen ja vom Land und wollen in der Stadt an ihre Jugendzeit erinnert werden.
Innen dehnen sich Gärten. Ein krummer Weg führt am Hang weiter, als führe er durch ein schwäbisches Dorf, und auch die Häuser fügen sich so aneinander, daß sie mich ans Remstal denken lassen. Zwischen Stangenbohnen blühen Dahlien, ein Gartenhäuschen hat ein Zipfeldach, und Gartenmöbel schauen rot und blau aus einer Laube her. Auf einem Sandplatz bewerfen sich Buben mit feuchtem Sand, sie lachen, bis dann einer weint, wegläuft und ruft: »Dees sag i deiner Mamme!«
Auch dies gehört dazu. Die Heilig-Geist-Kirche mit ihrem Glockentürmchen drunten an der Rotenbergstraße, wo die Häuser der Siedlung höher als an der Hackstraße sind, würde auch nach Ditzingen oder Heimsheim passen. Und während ich hier herumstreune, erinnere ich mich an Schülerzeiten, als ich durch die Hackstraße zum Sportplatz hinter den Gaskesseln gegangen bin, wo damals Lehrer Wochele unsere Turnspiele geleitet hat. Wenn er zu den Handballern drüben am andern Sportplatzende ging (ich gehörte zur Schlagballmannschaft), hockte ich mich abseits ins Gras und las in Mörikes Gedichten; dies aber habe ich bereits in meinem Roman »Andere Tage« erzählt, der jetzt herauskommt.

Kriegsbergstraße Auch eine, in der kaum noch jemand wohnt. Sie kennt mich seit dem Jahre 1924, ich aber habe von ihr, wie sie damals war, nur noch ein verwischtes Bild in Erinnerung, ähnlich einer Fotografie, die ein Schüler Ende No-

vember und bei nebeligem Wetter mit einem Fotoapparätle für sechs Mark gemacht hat.
Damals ist schon das Straßenschild mit den weißen Frakturbuchstaben an der Mauer der Eisenbahndirektion befestigt gewesen, die zu jener Zeit noch »Reichsbahndirektion« geheißen hat. Denn bereits in der königlichen Zeit hatte sie Villen und Mietshäuser der neunziger Jahre, und die Reichsbahndirektion aus dem Jahre 1910 war eine ihrer jüngsten Bauten. Die Kriegsbergstraße führte von dort zum Hegelplatz, wo die Gewerbehalle stand, ein ziegelroter Backsteinbau, vor dem jährlich eine Kutschenmusterung stattfand. Die Weinhalden des Kriegsbergs aber haben damals schon auf sie herabgeschaut.
Heute hat sie gar nichts Gemächliches mehr, denn mit Witsch und Hui, mit Brummen und mit Donnern strebt sie südwärts, hinter sich den Hauptbahnhof; es tuckert und es kreischt in ihr, und die Gebäude sind enorm. Wo sie beginnt, hat sich ein Metropolis-Eckle angesiedelt, und ich schaue mir's gern an, damit ich weiß, wie man heutzutag baut, denn in der Kriegsbergstraße kann ich diese hochmoderne Bauweise studieren, die nun in aller Welt beliebt ist.
Ein dunkler Block, an dem links oben »iduna versicherungen«, weiter unten EISEN BLUME und überm Erdgeschoß FIAT steht, schaut undurchdringlich und hat Geschoß-Rippen aus Fenstern, alle nackt, denn Vorhänge würden seine Strenge stören. »Wehe dir, der du bei iduna nicht versichert bist«, scheinen die düsteren Etagen zu verkünden, während in der Ferne das Volkswagen-Hochhaus seinen Schiffskamin-Turm reckt.
Dies alles ist so makellos modern und so großartig, wie es sich in dieser Zeit gebührt. Wenn einer sagt: «Da komm ich nicht mehr mit», gesteht er ein, daß seine Zeit ihn weit dahinten läßt, wo Fachwerkhäuslein oder Sandsteinbauten seinem altbackenen Geschmack entsprechen.
Allerdings, ein bißchen heimatlicher sind die Mietshäuser der Jahrhundertwende schon gewesen und haben einen wohnlichen Bezirk geschaffen, von dem nur noch das alte Haus an der Ecke zur Ossietzkystraße übriggeblieben ist, dieser verputzte Steinbau mit Sandsteinsockel, dessen Fensterprofile

sorgfältig gemeißelt sind; das macht man heute nirgends mehr, wahrscheinlich weil es nur zu einem Haus gehört, in dem man wohnt. Doch heut, da hier herum nur noch in Bürohäusern gearbeitet und repräsentiert wird, ist eine verzierte Fassade fehl am Platz; so etwas wirkt bestenfalls liebenswürdig oder kurios und erzählt von Vergangenem, das hier, nicht weit vom Auto-Brixner und gegenüber diesem gelbgemusterten und glatten Glasbau der Sparkassen-Versicherung, wie ein erfrischender Trunk wirkt.
Das alte Haus, das so erfreulich renoviert ist, wie ich mir dies wünsche, gehört zur Goethestraße; es hat einen Vorgarten (ein Labsal in all der steinernen Trockenheit) und eine Sandsteintreppe; ja, sogar eine Birke darf dort stehen. Und ich gedenke der früheren Gestalt der Goethestraße, als es hier derart still gewesen ist, wie es sich für Wohnstätten der Jahrhundertwende ziemte. Doch sogar in den zwanziger und dreißiger Jahren durfte sich dieser Bezirk mit seinen Konsulaten noch so zeigen, als hätte sich seit damals kaum etwas geändert. Weshalb ich früher (vor seiner Zerstörung im Krieg) dies Viertel ab und zu besuchte, mich meiner Tante Emilie entsann, die drüben in der Kronenstraße als Frau des Dieners Henry Conin aus Versailles im französischen Konsulat lebte, nachdem sie vor den Bolschewisten aus Rußland geflohen war. Sie erzählte von Anna Sutter, einem tollen Theaterweib, das Sängerin an der Oper und die Geliebte des Barons von Endreß-Fürsteneck gewesen ist, der auch hier gewohnt hat und als Turnierreiter bekannt war; von ihm hatte sie den einen, aus einer anderen Liaison den anderen Sohn, weshalb sie in Gesellschaft zu bemerken pflegte, sie sei neugierig darauf, wie sich ihr Kaufmannsbüble mit ihrem Barönle später mal vertragen werde; bis sie (aus Liebe) 1910 erschossen wurde.
Von alledem ist heute weder in der Kriegsberg- noch in der Goethestraße etwas spürbar. Mir aber fällt, während ich an dem einzigen noch erhaltenen Haus der königlichen Zeit vorübergehe, ein Augenblick des Jahres 1936 ein, da ich den jovial strotzenden Göring und den schwächlichen Herzog von Windsor aus dem Zeppelin-Hotel kommen sah und in die Kriegsberg- und die Goethestraße ging, um diese beiden Macht- und Geldbesitzer zu vergessen.

Welch ein Glück, daß diese Zeit vorbei ist. Drum lobe ich mir heute sogar diesen Abstellplatz für gebrauchte Autos, dort, wo die Kronenstraße einbiegt und ein neuer Glasbau tadellos und glatt ist. Beim Gebrauchtwagen-Platz war noch vor Jahren das kniehohe Gemäuer eines im Krieg zerstörten Hauses sichtbar. Zwischen seinen Sandsteinquadern wucherten Gras und Moos, im Keller haben manchmal Heimatlose übernachtet, und noch um 1953 war diese Gegend ein Bezirk, durch den bei Nacht ein Polizeibeamter mit Hund patrouillierte.
Jetzt rauscht es hier von Autoreifen, und Abgase schleichen sich in die Lunge dessen, der hier geht. Die Kriegsbergstraße wird weltstädtisch weit, als wäre Stuttgart eine Metropole, und läuft mit Witsch und Hui dem Abendhimmel zu.
Das Möbelhaus Schildknecht zeigt seine Auswahl altenglischer Möbel mit braunroten Lederpolstern, die wie von seltenen Tabakgerüchen imprägniert aussehen und eine lautlose Club-Atmosphäre suggerieren; das Messingzifferblatt einer Standuhr schimmert, und ich denke mir das teppichgedämpfte Schuhsohlenknarren eines Butlers, der Portwein und Sherry serviert dazu, und überlege, ob sich jetzt in England auch bärtige Hippies in solch eleganten Polstersesseln räkeln, wie sie hier bei Schildknecht angeboten werden.
Draußen die rauschende Straßenweite. Neben den Bauwerken der Technischen Universität, diesen glasgleißenden Riesenschildern, schiebt der Stadtgarten versöhnliche Laubkulissen bis zur Bibliothek, die sich lang streckt; darüber der Klotz des Max-Kade-Hauses und herüben das Katharinenhospital als großes Krankenhaus, das unseren Stadtvätern Ehre macht. Alles in allem ein respektabler Prospekt, der den Bedürfnissen unsrer Stadt entspricht.
Freilich, bereits beim Hegelplatz endet der großräumige Traum, und mir gefällt's, daß dem so ist. Einer Wehrkirche ähnlich, steht der alte Bau des Lindenmuseums da. Und weil es heißt, daß er auch einmal abgerissen werden soll, preise ich seine Konturen, die mir lieber sind als irgendein ästhetisch makelloser Bau von heute. Das Makellose wirkt auf mich bloß furchtbar hygienisch; und die andre Sorte der »zeitadäquaten« oder »autonomen« Baukunst unseres Jahrhunderts, die sich als »brutalismo« in »beton brut« (auf Deutsch: Sichtbeton)

selber charakterisiert, vor der nehme ich wie vor einem Panzer im Krieg volle Deckung; doch meine ich dies nur in übertragenem Sinn, sozusagen als Metapher, denn ich bin machtlos. Und unsre Architekten müssen halt so bauen, wie man heute auf dem ganzen Erdball baut; täten sie es nicht, dann hieße es: Ihr seid altbacken. Die Architektur ist so, wie es unserer Gegenwart entspricht, die mir aus Gewalttätigkeit, Hygiene- und Prestigebedürfnis sonderbar gemischt erscheint.

Planie Wenn es noch so wie früher wäre (und Sie erlauben mir, daß ich dies wieder mal bedenke), dann hätte die Planie, dieser planierte, also eingeebnete Bezirk, vier Baumreihen, zwei auf der linken und zwei auf der rechten Seite, wie sie zwischen 1775 und 1778 von Hofbaumeister Reinhard Ferdinand Fischer angelegt worden sind; sie stammten von den Kastanienpflanzungen der Solitude und geleiteten viele Stuttgarter von der König- zur Neckarstraße. Vor dem Neuen Schloß stand noch bis 1943 eine Kastanienreihe, und weshalb sie damals abgehauen werden mußte, weiß ich nicht. Im Krieg – so will's mir scheinen – konnte der Verkehr doch nicht derart rasant wie heute sein.
Aber sei dem wie ihm wolle. In unsern Tagen sind die Bäume bis auf zwei verschwunden, denn der Verkehr hat alle anderen gefressen. Ich bin froh, weil wenigstens der Prinzenbau mit dem Obeliskenbrunnen und die Alte Kanzlei, die im Krieg ausbrannte, wieder so dastehen, wie ich sie von früher kenne; und das tut einem, der am alten hängt, halt wohl. Weshalb ich hoffe, daß Sie mir's durchgehen lassen, wenn ich einen Augenblick verweile und, unserem großzügigen Planie-Durchbruch zum Trotz, der Kastanienallee nachtrauere, ja sogar jenes gußeisernen Wetterhäuschens gedenke, das früher beim Stand eines Maroniverkäufers nicht weit vom Obeliskenbrunnen eine Uhr und eine Quecksilbersäule mit den Nachrichten der Wetterwarte hinter Drahtgittern gehabt hat; wobei mir's vorkommt, als wären die verschnörkelten Zierate jenes Wetterhäuschens zuweilen rostig patiniert gewesen; doch ist es möglich, daß ich mir dies nur einbilde, weil es schon so

lange her ist. Die Alte Kanzlei aber hat noch immer ihre alte Mauer, und die Sandsteinprofile ihrer Fenster heimeln mich an. Freilich kann sie nicht mit den Beton-Bauten drüben beim Kleinen Schloßplatz konkurrieren, doch will sie das vielleicht auch nicht. Wahrscheinlich ficht sie's wenig an, was dort aufgewachsen ist.

Ich grüße die dorische Säule an der Alten Kanzlei, auf der Hofers vergoldeter Merkur (nach Giovanni da Bologna) seit 1862 steht, dieser fersengeflügelte Gott der Handelsleute, der Dichter und der Diebe, der es eilig hat. Vor vierhundert Jahren speiste diese Säule als Teil von Wasserwerken die Brunnen im Lustgarten vor dem Lusthaus und im Alten Schloß, denn damals dehnte sich ein vielfältiger Garten bis zum heutigen Bahnhofsbezirk. Das Kosakenbrünnele erinnert an die Kosaken, die 1814 auf dem Schillerplatz kampierten und hier ihre Pferde tränkten.

Heute schnauben solche aus Blech und Gummi über die Planie, und ihre Ausdünstungen sollen sogar Steine, wenn nicht erweichen, so doch rissig und bröckelig machen, während Beton gegen sie unempfindlich ist. Trotzdem säumt immer noch unsere längst aufs Trockene gesetzte Wasserburg (das Alte Schloß) die Planie, ein herbstfleckiger Sandsteinquaderbau, der wie in sich verkrochen dahockt und den Wisentrücken seiner Dächer unterm Himmel duckt.

Gut, daß das Neue Schloß dem alten gegenübersteht, dessen nach innen gewendetes Mittelalter sich vom weit geöffneten Barockbau abhebt, der hohe Fenster weltoffen präsentiert. So öffnen sich die Formen der Kunst im Lauf der Zeit und ziehen sich wieder zusammen, werden kompakt und streng wie drüben an Architekt Bächers Beton-Plätzle, dem Kleinen Schloßplatz, der von ferne und im Umriß mit dem Alten Schloß gewissermaßen harmoniert; denn dort und hier ist die Baumasse kompakt geschlossen.

Den Karlsplatz säumen zum Glück noch die alten Bäume, die freilich arg beschnitten werden mußten, und Wilhelm der Erste darf bronzen und von Löwen bewacht dort zu Pferde sitzen. Das ist erfreulich, obwohl unser Karlsplatz neben der erweiterten Planie kaum noch zur Geltung kommt. Mächtig gleißt das Schwabenbräu-Hochhaus als ein moderner Prunk-

bau im Mies-van-der-Rohe-Stil und davor das Straßen-Roulette.
Was willst da machen? Dastehen und zuschauen mit verdutztem Gesicht, etwas anderes bleibt dir nicht übrig. Ein steinerner See scheint bis zur Leonhardskirche hinunterzulangen und das Wilhelmspalais und das frühere Waisenhaus hinwegzuspülen. Weshalb du als ein rückgewandter Träumer, spätbürgerlicher Eskapist und Solipsist, über den jeder zeitbewußte Gegenwartsmensch mit den Schultern zucken darf, unter den Boden gehst, wo das suburbane Stuttgart seine Weltstadtsehnsüchte befriedigt und einer wie du an Salucci denkt, der die Planie um 1840 in eine Parkallee mit ovalem See verwandeln wollte. Ich preise das Schicksal, das Salucci gestattet hat, das Wilhelmspalais zu errichten, das im Krieg verwüstet wurde und in unseren Tagen neu erstanden ist. Lob und Dank also unseren Stadtvätern, weil sie unser Wilhelmspalais wieder errichten ließen, in dem der letzte König von 1900 bis 1918 gewohnt hat. Und Dank dem Schicksal, das uns immer noch das Waisenhaus in seiner achtzehnten Jahrhundert-Würde sehen läßt und mit dem Charlottenplatz versöhnt. Um des Verkehrs willen ist's halt so wie es heute dort ist.

Rotebühlstraße Sie beginnt am Rotebühlplatz, der früher Alter Postplatz hieß. An Altem aber steht nur noch das von Gültlingensche Haus mit dem gemeißelten Gebälk überm Portal drüben bei der Calwer Straße und heißt heute Paulaner-Thomasbräu. Und dort, wo das Musikhaus Barth majestätische Flanken sehen läßt, stand einstmals ein Tabak-Kiosk mit Jugendstilschlingpflanzen an der Türe; winters hatte in ihm ein Gasofen blaue Flämmchen vor Kupferblech, das leise knackte. Dahinter aber führten Treppen in ein unterirdisches Bedürfnishäuschen, der Brunnen von Thouret plätscherte unter Ahornbäumen und zeigte seinen Sandsteinobelisken.
Dieser wohnliche Bezirk ist in unseren Tagen einer großräumigen Kreuzung gewichen, an der die Rotebühlkaserne derart dominiert, daß es jedem, der in ihr das Finanzamt weiß, über den Rücken rieselt; denn ein Finanzamt, das in einer grauen Kaserne heimisch ist, läßt jedermann erschauern.

An seiner Ecke erinnert eine Pyramidensäule an das Infanterie-Regiment König von Preußen 7. Württ. Numero 125, das »1809 gegründet einhundertneunzehn Jahre in Frieden und Krieg unter vier Königen furchtlos und treu im Dienst des Vaterlandes« existiert hat und 1919 aufgelöst worden ist, wie die Inschrift verkündet.
Die Rotebühlstraße strebt, gerade und stetig ansteigend, dem Hasenberg entgegen, eine junge Straße, die erst vor hundert Jahren bebaut worden ist. Als Wilhelm Raabe neben ihr im dritten Stock des Hauses Hermannstraße 11 von 1865 bis 1870 gewohnt und seine Bücher »Der Hungerpastor«, »Abu Telfan« und »Der Schüdderump« geschrieben hat, gab's hier noch Gärten. Und gegen Ende des Jahrhunderts hat Wilhelm Raabe diesen Stadtbezirk in »Die Akten des Vogelsangs« aufleben lassen, einem Buch, in dem die Gegend, wie sie einmal war, auch heute noch jedem lebendig wird, der sich entschließt, dies Buch zu lesen.
Es gleißt der Wohnblock von »Auto Ell«, und an der Ecke zur Silberburgstraße ducken sich noch provisorische Gipsdielenbauten, unter ihnen die »Wein- und Vesperstube zum Feuersee«. Dann aber hebt sich Ernst Kletts Glasbau mit einem Vogelbauer-Erker, den eine stilisierte Lilie schmückt, urban ins Blickfeld. Wie's dasteht, wie es sich einfügt, ohne zu prunken, aber trotzdem zeitbewußt, das kann sich sehen lassen. Und sogar solch ein altmodischer Mensch wie ich, dem's die modernen Architekten kaum einmal recht machen können (doch wenn ich selber heutzutage einen Bau hinstellen sollte, käm' ich in Verlegenheit) erwärmt sich für des Architekten Gero Karrer mit zwölf Beton-Blumenkästen aufgelockerte Fassade eines Verlags- und Druckereigebäudes, das speziell im Sommer, wenn allenthalben Blumen aus den Kästchen nicken, einladend auf die Straße schaut.
Den Feuersee umkränzen Bäume. An seinen Ufern lüften sich in der Mittagspause vielerlei Damen und Herren der umliegenden Büros ein wenig aus, und Arbeiterinnen der Firma Waldbaur gehen in hellblauen Kleidern und hellblauen Häubchen Arm in Arm auf den Trottoirs, schwatzen, lachen, gestikulieren mit südländischer Verve und verwandeln die Hermannstraße in eine Agora. Dienstags und donnerstags säumen

Blumenverkäufer den Feuersee, und Sekretärinnen kaufen bei ihnen ein, um ihre Schreibtische zu schmücken.
Damit man Wasser habe, wenn eine Feuersbrunst ausbreche, wurde unser Feuersee von 1701 bis 1707 auf einem Areal von drei Morgen Gärten und Wiesen ausgeschachtet und sah zunächst dreieckig aus. Erst 1866, als der Grundstein der Johanneskirche gelegt wurde, ist er in ein gestrecktes Rechteck verwandelt worden und hat die Halbinsel bekommen, auf der nun die neugotische Johanneskirche steht. Im Morgenschein, oder wenn der Abendhimmel rot wird, breitet sich der See mit seiner Kirche wie ein romantisches Bild aus. 1875 wurde die Johanneskirche eingeweiht; sie ist die erste, die nach vierhundert Jahren in Stuttgart erbaut wurde; denn vom 15. bis ins 19. Jahrhundert genügten für unsere Stadt die drei gotischen Kirchen von Aberlin Jörg: Stiftskirche, Leonhardskirche und Hospitalkirche.
1737 liefen vom Feuersee fünf Wasserleitungen zur Stadt, und so wie heute war auf ihm das Schlittschuhlaufgewimmel recht beliebt.
Nicht weit von ihm ist Waldbaurs Schokoladenfabrik immer noch im selben Sandsteinhause der neunziger Jahre heimisch, dessen Fassade in der Mitte von Säulen akzentuiert wird und die jene selbstverständliche Würde hat, die zu einer Zeit gehört, in der das Distinguierte geschätzt worden ist, obwohl sich auch in ihr nicht jedermann distinguiert verhalten hat; aber der Zeitgeschmack ist gerade noch distinguiert und diskret gewesen, während heute so etwas wie eine schicke Note beliebt ist, die sich im Neubau dicht daneben zeigt.
Doch auch in dem modernen Restaurant »Seekneiple« ist noch wärmende Lebensluft zu spüren, auch wenn die Filme, die im Kino nebenan ablaufen, nichts zu wünschen übrig lassen an habhaftem Sex and Crime; denn Reize des Verbrechens und des Geschlechts gehören als lüsterner Gruseleffekt zum Behagen, das im »Seekneiple« wirksam wird. Außerdem mischt sich heutzutage alles miteinander, wie es sich für eine Spätzeit geziemt.
Wie aus Schleiflack oder Kunststoff zeigt der BASF-Bau seine badezimmerglatte Außenfläche und läßt grünliche Fensterscheiben hinter einer Anlage glänzen, die so tadellos gepflegt

wie dieser Neubau ist, während neben ihm eine Villa aus der Gründerzeit vor sich hinduselt. Und beachten Sie, bitte, weiter oben den gußeisernen Baldachin vor einer anderen Villa. Nach dem Garten zu hat sie ein luftiges Plätzchen zwischen zierlichen Gußeisensäulen, und ich meine, daß es sich gut machen würde, wenn dort einmal sommers Equipagen, Kutschen und Droschken vorfahren und Damen mit Sonnenschirmchen sich zum Kaffee unterm Pavillondach sammeln würden. Doch soweit wird es leider nie mehr kommen.
Die Wirtschaftsschule und höhere Handelsschule aber erinnert manchen Angegrauten an kulturhungrige Nachkriegsjahre, als er hier unter Rennerts Regie mit dazumal modernen Theaterstücken gespeist worden ist. Aus dem »Hauptmann von Köpenick« ist mir ein Buchhalter erinnerlich, der immer wieder »Wenn meine Frau sich auszieht, / ja, wie das aussieht: / Die Beene wie zwee Kiepen, / Es is zum Piepen« sang; und um jene Schauspielerin, die in einem Einakter von Cocteau derart »hautnah« gespielt hat, daß es schien, als hätte sie sich nicht nur zum Schein aus Liebeskrankheit mit dem Telefonkabel erdrosselt, habe ich ehrlich gebangt, doch wird sie wohl inzwischen längst berühmt geworden sein; ihren Namen aber weiß ich nicht mehr.
Gegenüber der Engel-Apotheke sind noch Altbauten aus Wilhelm Raabes Lebenszeit erhalten, und unter ihnen ist die Gaststätte zur »Rosenau« zweier Fassadenmalereien wegen recht bemerkenswert. »Erbaut 1894« steht dort in gotisch verschnörkelten Buchstaben, und ein bierkrugschwingendes Mädchen mit weitem Blusenausschnitt und langem Rock sitzt auf einem Faß, während neben ihr ein junger Herr vom Typus »Musensohn« mit Beatle-Locken in altdeutscher Tracht zwischen Ranken und Trauben sein Weinglas hebt.
Die Heilsarmee ist in einem gotischen Hause der Jahrhundertwende einlogiert, ein Hochhaus bei der Schwabstraße erinnert an die Gegenwart, und der Komplex von Wilhelm Bleyles Trikotagenfabrik dehnt sich aus; weshalb behauptet werden kann, auch hier seien gewerbesteuereinbringende Unternehmen angesiedelt, die den geldlichen Untergrund unsrer Stadt festigen.
Danach erholt sich unsere Rotebühlstraße an der Kurve in ei-

nem stillen Winkel bis zur zweiläufigen Treppe oder Staffel bei der Neuapostolischen Kirche und steigt zur Reinsburgstraße hoch. Von dort oben sehe ich sie dann in ihrer ganzen Länge liegen. Die Stadt entfaltet sich im gelben Schneelicht eines klaren Nachmittags und zeigt die Hügel vor der Ebene Waiblingen zu als eine helle Szenerie.

Fritz-Elsas-Straße Es schlendert sich in Stuttgart angenehm, und es gibt bei uns noch Bezirke zu entdecken, in denen sich die neue Zeit auf eine Weise eingenistet hat, welche bemerkenswert erscheint. mit Skurrilem durchsetzt, das irreal anmutet, präsentiert sich dann ein solcher Winkel als ein Straßen-Leckerbissen, der auch für junge Herrschaften interessant ist, die nach dem neuesten Schick schnuppern. Wobei festgestellt werden darf, daß sich dieser neueste Schick seltsamerweise des Altmodischen bedient, um effektvoll hervorzustechen; aber so etwas ist ja für Zeiten wie die unseren charakteristisch, in denen der Geschmack, die Mode und die Kunst sich eklektizistischer Spielarten bedienen.
In der Fritz-Elsas-Straße ist all dies zu finden. Früher hieß sie Gartenstraße, aber das war Anno dazumal, und auch ich erinnere mich nicht mehr an die Zeit, als hier Grünes lebendig war; doch ist es möglich, daß ich damals nicht hierhergekommen bin.
Vom Berliner Platz zum Rotebühlplatz fährt sie sacht hinauf und dann wieder hinab, also über einen »Huppel«, wie's auf schwäbisch heißt.
Gleich linker Hand und noch dicht beim Berliner Platz hat sie ein Feinkostgeschäft in einem Häusersumpf der Bombenzeit, und dünne Bäumchen wachsen dicht an seiner Kante neben der Mülltonne. Das jugoslawische Restaurant »Split« des Josip Gjirlic schließt sich an, und dicht daneben wird das Häuserband schnell großzügig und hoch und blank, während die Straße sich ausweitet und viel Himmel sehen läßt. »heim objekt« (exklusiv kleingeschrieben) zeigt Stühle aus Kunststoff in Weiß, Blau und Orange, der Modefarbe der Saison; die Gaststätte »Bollwerk« ist so behaglich wie ehedem, ein bürgerliches Bollwerk also, und nicht weit von Inge Schne-

pels delikatem Kosmetik-Salon, der, wie es sich geziemt, in einem Hause der neunziger Jahre heimisch ist, das mit zwei Erkern herschaut, um deren Fenster gemeißeltes Maßwerk rankt: Ein Sandsteinbau, der sich hier zierlich ins Moderne fügt.

Drüben sehen Sie die Max-Eyth-Schule als wuchtiges Monument mit zwei gereckten Beton-Ohren, aus denen ab und an Rauch wölkt. Ihre Fenster glänzen und schauen selbstbewußt herüber, indes die Rotebühlkaserne wie ein altersgrauer Saurierschwanz sich streckt. Ja, sie schaut aus, als läge hier noch ein versteinerter Lindwurm aus der Großväterzeit.

Und dann die »Altschwäbische Bauernkunst«, die Herr Karakaschian gesammelt hat, der gegenwärtig eine vergoldete Laterne, die vormals in einer Villa gehangen hat, Kupferkessel, bemalte Gläser, Pfannen und Kuhglocken zu reellen Preisen anzubieten hat.

Hier weitet sich der Ausblick über den schwarzen Steinblock, auf dem »Parkhaus« steht, bis hinauf zu den Degerlocher Höhen mit dem Fernsehturm. Nahebei aber wartet die »Pfeffermühle« auf teen- und twenager-Gäste, die – so verlangt's der Brauch oder die Vorschrift heute – eine Klubkarte erworben haben, damit sie zu dem exklusiven Kreis derer gehören, die hier aus und ein gehen. Ein intimes Lokal, gemütlich, und es wird getanzt.

An der Ecke der Firnhaberstraße sind bei »Rank Xerox« in einem Haus aus Stahl und Glas drei schleiflackgraue Druck- und Sortiermaschinen sowie ein langhaarfransiges, enorm hübsches Mädchen hinter einem Schreibtisch mit zwei Telefonen ausgestellt, was weltstädtisch anmutet und zu den nagelneuen Plüschmöbeln in viktorianischem Geschmack, die nebenan sich präsentieren, einen gewissermaßen hochkarätigen Gegensatz bildet. Die Türe gegenüber aber führt in ein Drugstore, eine »damen-boutique« und einen »menshop« mit Getränke-Ecke, in dem »Neucreationen aus Frankreich, England, Amerika, Italien und Schweden« greifbar sind. Hier und in der »Pfeffermühle« kann die Kultur der jungen Leute studiert werden. Der Drugstore ist mit Büffel- und Antilopengeweihen romantisch geschmückt, und im Schaufenster hängt ein Pferdekummet, in das ein Spiegel eingelassen ist. Eisbärfellwesten (echte und künstliche), Lederjacken und weiße Kunststoffmäntel gehören hier zum letzten Schick. Was für ein Etablissement aber hinter den mit weißen Wolkengardinen dicht verhängten Scheiben eingerichtet ist, dies entzieht sich der Neugier des Schlendernden, welcher versucht, durchs dichte Vorhanggewebe zu schauen. Ein Foyer oder Entree ist mit einem schräg gestellten Schreibtisch, Polstersesseln und Causeusen ausgestattet, wo wiederum einige Mädchen sitzen, plaudern, lässig oder zierlich gehen. Ein Schild weist auf die Hohner-Musikschule Stuttgart hin, und vielleicht wird dahinter tatsächlich nur musiziert. Von außen aber sieht es geheimnisvoll aus.

»DRT – die revolutionierende neue Schlankheits-Methode Sheri Lynn« kann jedenfalls nur im Haus Nummer 30 kennengelernt werden. Dieselbe macht es möglich, ohne zu hungern in 35 Minuten um 11 Zentimeter schlanker zu werden, und zwar: 2 Zentimeter an den Armen, 3 Zentimeter am Bauch, 3 Zentimeter an den Hüften und 3 Zentimeter an den Oberschenkeln; und das schon nach einigen Vorbehandlungen. So steht es in einer Annonce dieses Instituts, die Ihnen alles Wissenswerte so erschöpfend mitteilt, als läsen Sie eine Anzeige aus dem Jahre 1900, denn solche Unternehmen haben eine ehrwürdige Tradition.

Was aber gehört heute unbedingt dazu? Was macht Prestige und Prominenz einer Persönlichkeit am eindrucksvollsten sichtbar? Sie haben es erraten: Ein schnittiger Wagen. Und weshalb ist der NSU Ro 80 zum »Auto des Jahres« kreiert worden? Sie lesen die Antwort im NSU-Schaufenster: »Sicherheit, Straßenlage, Form, Motor, Komfort, Preis, Avantgardismus«; wobei das Wort »Avantgardismus« auf eine spezielle Weise interessant ist, weil es erkennen läßt, daß »Avantgardismus« heutzutage nicht nur als ein Prüfstein für zeitadäquate Kunst, sondern auch als Prädikat für Autos geschätzt wird.

»Fischingers Zeichenbedarf« grenzt an die »Emka-Kühlung«, wo neben Kühlschränken »Das Bad im Schrank« als fortschrittliche Creation der Technik scharf ins Auge sticht; denn dieses »erfordert keine Montage am Aufstellungsort«; wobei es (für den Laien) fraglich bleibt, ob vielleicht nicht trotzdem

ein Zufluß- und ein Abflußrohr installiert werden müssen. Die Gaststätte »Schwarzwaldheim« hat eine derart geldbeutelfreundliche Speisekarte, daß jeder auf preiswerte Kost angewiesene Zeitgenosse am liebsten gleich einträte, um mindestens eines der neun Gerichte zu essen, die hier unter drei Mark zu haben sind. Weshalb es mir so scheinen will, als ob unsre Fritz-Elsas-Straße fast eine Art von Paradies sowohl für ältere, als auch für junge Leute sei.
Brauchen Sie eine Brille, dann kaufen Sie dieselbe hier bei Friedemann und Tröster, den »Fachleuten für besseres Sehen«. Pelzhaus Alexander jedoch erinnert den Betrachter. an vorwurfs- und sehnsuchtsvolle Frauenaugen, die einen Mantel aus Swakara-Fellen seines seidigen Glanzes wegen und weil er sich jedem Schritt anschmiegt so bezaubernd finden. Oder braucht die Liebste unbedingt Persianer mit Breitschwanz aus Südwestafrika? Jedenfalls sind auch diese Modelle »jung und modisch hochaktuell«. Etwas ganz Tolles aber dürfte ein Cape aus Otter mit Saphirnerz sein, dieser schwarzglanzschmeichelnde Umhang, dessen heller Kragen ins Silbergraue schimmert (sapperlot).
So steigern sich in der Fritz-Elsas-Straße die Wünsche langsam zu Zweitausend-Mark-Höhen hinauf, und das Bewußtsein, zu den Auserlesenen zu zählen, teilt sich auch denen mit, deren Kapitaldecke vorerst noch nicht ganz so stabil ist, daß sie die Belastung durch einen Swakara-Mantel unverletzt überstünde.

Eberhardstraße Bevor auch sie total und radikal von unserer vitalen Gegenwart verändert ist, die nur noch neue Häuser haben möchte, gehe ich durch die Eberhardstraße und schaue an, was heut' noch steht. Vielleicht gibt's außer mir noch ein paar Eskapisten, die es, wenn alte Häuser abgerissen werden, sozusagen psychisch friert. Für diese schreibe ich.
Die Straße biegt sich als eine gemächliche und dürfte, grob geschätzt, zweihundertfünfzig Jahre alt sein. Für unser rasantes Jahrhundert ist auch sie zu schmal, und die Blechflut muß sich von ihr, besonders in der sogenannten »Stoßzeit« des Ver-

kehrs, zusammendrängen lassen, was mich ein bißchen amüsiert.
Sie heißt nach dem Grafen Eberhard, dem Greiner, dem alten Rauschebart, der 1367 von den Schleglern im Wildbad geschnappt worden wäre, hätte nicht ein Hirte ihn auf Geißenpfaden durchs Dickicht geführt und schließlich auf dem Rücken weggetragen. Daß Ludwig Uhland darüber im Versmaß des Nibelungenliedes eine beachtenswürdige Ballade schrieb, darf hier am Rande erwähnt werden, weil dieser Ludwig Uhland heute von jedem fortschrittlichen Federhelden übersehen wird.
Doch Ludwig Uhland und wahrscheinlich auch unseren Grafen Eberhard ficht dies nicht an. Obwohl die Straße an der Marktstraße beginnt, wo der Breuningerbau seine Aluminium-Lamellenfassade zeigt, gehe ich in ihr von der oberen Königstraße abwärts. Dort hat sie an der Ecke zur Tübinger Straße ein Sandsteinetagenhaus der Jahrhundertwende, das sich älteren Häusern anschmiegt und dasteht, als ob es ihnen zugehörig wäre, wahrscheinlich weil um 1900 jeder Architekt so bauen wollte, daß Überkommenes und Altes sich vertrugen und kein Stilbruch entstand; indes der Stilbruch heutzutage (unter Architekten) zum guten Tone zu gehören scheint, vielleicht weil ähnliche Tendenzen auch in den übrigen Künsten sichtbar werden; wobei angemerkt werden muß, daß die Gegenwart andern Bedürfnissen gerecht zu werden hat als die Großväterzeit.
Ich schlendere aufs Turmhaus zu und gehe auf der drübern Seite, wo ich die drei Giebel der Juwelier Kurtzschen Häusergruppe (»Soll die Ehe glücklich sein / Kauf bei Kurtz die Ringe ein«) vor mir habe. Im obern Teil verbirgt sich die Fassade hinter einer Reklamehaut, was mich nicht anficht, weil dahinter alles noch beim alten ist. Neben ihr schließt sich, das Dachgesims der Straße zugekehrt, ein breites Geschäftshaus der neunziger Jahre mit hohen Fenstern und Balkonen an, und hinter ihm reckt sich das Turmhaus, das, obwohl schon über vierzig Jahre alt, mit seinem gestaffelten Aufbau imposant emporragt. Ich flüstere mir zu, es habe sich, weil's alt sei, auch schon eingeordnet. Wer aber weiß, ob späterhin nicht jeder andere moderne Bau, der den und jenen Zeitgenossen zum

Widerspruch reizt, unsern Nachkommen in dreißig oder vierzig Jahren ebenso harmonisch zugeordnet vorkommt wie mir heute unser Turmhaus? Man hat sich mit der Zeit daran gewöhnt, obwohl eine Aufnahme dieser Gegend aus dem Sommer 1907 ohne Turmhaus eben doch ein wohnlicheres Bild vermittelt. Graf Eberhard jedoch hätte wahrscheinlich, wenn er 1907 hier gegangen wäre, jeden wissen lassen, daß es zu seiner Zeit, also im 14. Jahrhundert, in Stuttgart viel behaglicher gewesen sei, weil sich damals statt der Eberhardstraße die Stadtmauer mit ihrem Graben und davor Wiesen gestreckt hätten.
Müßig also, sich zurückzusehnen. Und ich grüße das Eckhaus bei der Torstraße mit seinen spitzen Turmdächern und neugotischen Zieraten und erfahre von einem Spruchband im Schaufenster des »Zoo-Schmelzer«, daß dieses Haus abgebrochen werden soll. Herr Schmelzer lädt deshalb zum Räumungsverkauf ein, und mir tut's leid, daß ich sein mit Goldhamstern, Papageien, Vogelkäfigen und Rehplastiken aus Terrakotta gefülltes Schaufenster in absehbarer Zeit nicht mehr anschauen kann. Daneben aber scheint das Geburtshaus des Philosophen Hegel, dessen Profil auf einer Bronzeplakette unter der Hausmarke des Stiftskastenverwalters und Bäckerzunftmeisters Lieb von 1794 zu betrachten ist, vom Demolierungszwang unserer Zeit verschont zu bleiben. Im Inneren durchziehen dieses Haus steil verwinkelte Treppen, über einer Türe wird die Jahreszahl 1765 von gemeißelten Ornamenten eingerahmt, und ich kann im Antiquitätenladen des Herrn Schaible ein Portrait des Prinzregenten Luitpold von Bayern bewundern, das Franz von Lenbach gemalt hat. Das Schaufenster ist eine mit Brillantringen belegte Wundergrotte, in der ein goldenes Armband, dessen Glieder Münzen schmücken, goldene Zigarettenetuis, wohl aus dem Nachlaß teurer Lebedamen, und ein Tintenfaß der Königin Olga von Württemberg, dessen Kristallkern und Deckel von Email- und Goldinkrustationen diskret glänzt, auf Käufer warten.
Wo heute das Kaufhaus Merkur seine keramische Strickstrumpfhaut sehen läßt, stand zuvor das von Mendelsohn erbaute, klassisch moderne Kaufhaus Schocken. Ihm aber mußte 1925 der Petersburger Hof weichen, der 1772 als Gasthaus

Zum Ritter Sankt Georg aufgeführt wurde und vor dem 1888 der Möbelfabrikant Georg Schöttle einen eisernen Pavillon errichtet hat, um hinter hohen Scheiben seine Möbel anzubieten.
Das Geburtshaus Wilhelm Hauffs, dessen Roman »Lichtenstein«, dessen »Märchen« und »Phantasien im Bremer Ratskeller« sogar heutzutage wieder in einer neuen Ausgabe herausgekommen sind, stand an der Ecke zur Kreuzstraße, wo nach der Zerstörung im Krieg einstöckige Behelfsbauten errichtet wurden.
Und daß unsere Großeltern ebenso wie wir im Wegschaffen brüchiger Häuser-Greise tüchtig waren, beweist der »Schillerbau«. Denn hier hat die Altstadtsanierung zwischen 1906 und 1909 viele freundliche Wohnstätten beiseite geräumt und statt ihrer beispielsweise auch das Café Talmon-Gros erstellt, das mir mit seinen Bogenfenstern recht urban erscheint. Der Eberhardsbau aber wurde auf der einstmals freien Fläche des sogenannten »Alleele« aufgebaut, an das sich heute nur noch Achtzigjährige erinnern. Dieses »Alleele« muß biedermeierlich idyllisch ausgesehen haben. Platanen standen dort an der Stelle des zugeschütteten »kleinen Grabens«, und hinter ihnen reihten sich die Giebel breiter zweistöckiger und schmaler einstöckiger Häuser aneinander, ein Auf und Ab von Firsten und ein Fensterglänzen, das ich aus Gustav Wais' Buch »Alt Stuttgarts Bauten im Bild« kenne. Die Häuser standen auf der Stadtmauer, und rechts außen, also zum Kaufhaus Breuninger hinüber, muß ein Park oder ein Garten gewesen sein, weil dort auf der Photographie Bäume zu sehen sind.
Der Eberhardsbau und der Schillerbau also sind neueren Datums, obwohl sie schon der Großväterzeit angehören; was wieder einmal zu der Einsicht nötigt, daß es mit dem Großvaterwerden rasch geht. Das werden unsre strammen Jugend-Ideologen auch bald merken, denn schnell verwandelt sich mancher lockige Apo-Mann in einen kahlen Opa.
Im Weitergehen aber wende ich mich von allem Alten ab und Neuem zu. Hier hat mir der mit Solnhofer Schieferplatten verkleidete Adelberger Hof zu gefallen, in dem auch das Standesamt heimisch ist, und der vom Rathaus bis hierher reicht. Großartig läßt das Kaufhaus Breuninger seine Metallbrust

gleißen, unter der eine gipserne Liliput-Architektur aus klassizistischen und barocken Häuslein-Kulissen die Passage mit Pop-Effekten ziert, was wieder mal beweist, daß sich der Gegenwartsmensch manchmal eben doch aus seinem technischen Zeitalter wegwünscht. Und wohin wünscht er sich weg? Nicht etwa in die Zukunft, wo Astronauten wie aluminiumumhüllte Käferlarven auf Mondkratern herumkriechen werden, sondern hundertfünfzig Jahre rückwärts.

Tübinger Straße Bei der Eberhardstraße biegt sie ab und wird von einer Straßenbahninsel verengt. Vom ersten Stock eines Hauses der achtziger Jahre des vergangenen Jahrhunderts, wo das Photoatelier Dittmar zu Hause ist, lächeln die ehrwürdigen Häupter Theodor Heuss' und Wilhelm Lübkes als mannshohe Aufnahmen zwischen gußeisernen Säulen, während gegenüber das »Delphi«-Lichtspieltheater nackte Mädchen sehen läßt und mit dem Filmtitel »Liebling vergiß die Peitsche nicht« Besucher anlockt; zumindest war es so am nebelnässenden 21. März, als dieser Straßenbummel-Aufsatz zu schreiben angefangen wurde.
Hier stehen noch Etagenhäuser aus der königlichen Zeit, und ihre Fassaden sind mit Erkern aufgelockert. Die Tübinger Straße biegt zur Seite, sie macht eine Kehre, und die Christophstraße kommt von unten her. Dem grauhaarigen Betrachter, der sich beim Schlendern manchmal der Vergangenheit entsinnt, ist die Gegend hier vertraut seit frühen Lebenstagen, weil er an dieser Stelle, mit seinen Eltern vom Hospiz »Herzog Christoph« kommend, zum ersten Mal Residenzluft gerochen hat; sie kam ihm damals aromatisch vor, und heute noch kann er ein gewisses Apfelsinen-Gefühl von Anno dazumal nachschmecken, das vielleicht daher kam, weil hier Orangen feilgeboten wurden, die es zu Hause in der fernen Kleinstadt nicht gegeben hat. Zwar ist der Großstadt-Geruch in der Zwischenzeit anders geworden, aber wenn das Vormittagslicht hier an dieser Straßenbiegung die Fenster der Geschäfts- und Miethäuser erhellt, dann weht etwas vom Sommer neunzehnhundertfünfzehn her.
Balkone haben gemeißelte Brüstungen aus Sandstein im neu-

gotischen Stil, wie er von den siebziger Jahren bis um neunzehnhundert noch modern gewesen ist, als die Tübinger Straße bebaut wurde. Die Architektur jener Zeit ist hier noch gegenwärtig, und es wäre erfreulich, wenn sie heut wieder geachtet würde, nachdem sie viele Jahre verpönt worden ist. Nicht umsonst weiß der Architekturprofessor Max Bächer, der den Kleinen Schloßplatz entworfen hat, die Bauten jener Zeit zu schätzen.
Vor zweihundert Jahren aber streckten sich hier Wiesen aus, und der Hügel zur oberen Marienstraße war mit Weinreben bepflanzt. Heute schneidet die Paulinenbrücke die Tübinger Straße neben dem hohen Bau der Allgemeinen Rentenanstalt, deren Fenster wie Briefmarken auf der glatten Fassade wirken; ein gegensätzlicher Effekt zum Hause gegenüber, diesem behäbig verschnörkelten Gebäude, das aus der Zeit des Königs Karl herüberschaut. Als ein schnurrbärtiger Regent mit Ordensschärpe ist der König unterm Erker in einer angestaubten Marmorplastik zwischen Voluten und steinernen Fruchtkränzen überm Eingang zum Barbarino-Tabakladen gegenwärtig und hat die Jahreszahl 1889 in römischen Lettern unter seiner Büste.
Bei einem Besuch des Kaisers von Österreich-Ungarn soll König Karl mit ihm durch die flaggengeschmückte Stadt gefahren sein und auf die Frage seines Gastes: »Was sind das für Farben?« (Franz Joseph interessierte sich für die heraldische Herkunft der Stuttgarter Stadtfarben) geantwortet haben: »Schwarz und Gelb.«
Unter der Straßenbrücke sind Autos zwischen Betonpfeilern abgestellt, als ruhten sie im Bauch eines steinernen Schiffs. Dahinter öffnet sich ein weiter Parkplatz mit der neugotischen Marienkirche aus den siebziger Jahren, für die König Karl zwanzig Zentner Kanonenmetall aus französischen Kanonen stiftete. Die schnittige Straßenbrücke wird hier Altertümlichem konfrontiert, das auch in der Fassade des zwischen 1889 und unseren Tagen immer wieder erweiterten Furtbachkrankenhauses herschaut.
Hinter der Anlage zwischen Kirche und Krankenhaus wartet bei der Brücke ein Haus hoffentlich noch lange auf Spitzhacke und Räumbagger. Es steht in einem Garten, als sei's bis heute

geschont worden, weil sogar seine Fenster noch die alten sind; nur seine Glasveranden wurden zugemauert. Und unter ihm, im Zwickel bei den Brückenpfeilern, wird ein Erholungsplatz mit Bänken und zwei Schachbrett-Flächen ausgebaut, damit das großstädtische Treiben durch einen Ruhebezirk gedämpft werde.

Die Straße führt gerade weiter. Das Karlsgymnasium wartet als ehrwürdige Schule im Renaissancegeschmack mit zwei Eckrisaliten und einem Giebel überm Mittelteil. Zwar mag solch ein Gebäude unsre rebellischen Oberschüler allzu autoritär anmuten, aber für die Angegrauten, die seiner Macht entwachsen sind und selber, auch wenn sie es nicht wünschen, mit Vokabeln wie »Würde« oder »Establishment«« ironisch bedacht werden, für diese Angegrauten ist das Karlsgymnasium ein Relikt aus jener Zeit, da alle Lehrer als Attribute ihrer Würde langes Haar und Bärte trugen wie heute dieser und jener Rebell. Aber man sage nicht, daß junge Leute Altfränkisches nicht zu schätzen wüßten, auch wenn sie in grünen Amerikaner-Anoraks herumzuschlendern lieben und Samthosen tragen, die es bei »US-Waren-Kuni« in bemerkenswerter Vielfalt gibt. Nicht weit davon sollte das Haus Nummer 83 nicht übersehen werden, weil es mit seiner geschnitzten Eichenholztür und den Fensterbekrönungen im ersten Stock so sorgfältig erhalten worden ist, wie es sich für ein derart harmonisches Haus geziemt, das die Besonderheiten einer differenzierten Bauweise erkennen läßt, die von den Rustikaquadern des Erdgeschosses hervorgehoben wird.

Abseits hat die Römerstraße eine Treppe zwischen zwei siebenstöckigen Häusern der Jahrhundertwende, bevor sich der Marienplatz als mächtiger Bauplatz dehnt, wo Holzschwellen gestapelt sind und zwei Kräne ihre Lasten schwenken. Der Zahnradbahnhof erscheint wie an den Rand gespült.

Da ist es gut, die Brauerei Dinkelacker nahe zu wissen, die jedem Bauhandwerker und Tiefbauingenieur, der auf dem Marienplatz tätig ist, jenen Rückhalt der Erholung und der Stärkung bietet, den er in seinen Arbeitspausen braucht.

Bei der Hohenstaufenstraße aber hat ein Jugendstilhaus netzartige Fassadenblenden, die an Fachwerk denken lassen. Mit seinem Turmdach ist es derart in die Straßenecke eingefügt, daß es auffällt, weil heutzutage Eckbauten selten so subtil auskalkuliert werden wie um neunzehnhundertzehn. Womit die Tübinger Straße dem Leser als Studienobjekt der Baukunst unserer Großväter ans Herz gelegt sei.

Sonnenbergstraße Eine Straße, die in einem Winkel ganz privat und ohne von sich Aufhebens zu machen anfängt, die hat sozusagen einen typisch schwäbischen Charakter. So verhält sich unsere Sonnenbergstraße, die, der Technischen Oberschule gegenüber, von der Hohenheimer Straße abzweigt, wo das Bethesda-Krankenhaus am Hang neue Anbauten als schimmernde Kuben neben seinem alten Sandsteinkerne sehen läßt.
An der Ecke ist einem Haus, das wohl bald achtzig Jahre alt wird, ein sechseckiges Türmchen mit hohen Fenstern angewachsen. Unsere Großeltern liebten solche wohnlichen Bezirke als Ausguck eines Zimmers, und meistens hatte dort die Mutter am Nähtisch ihren Platz, wo sie die Straße überschauen konnte. Aber auch heute noch muß es in einem solchen Erker angenehm zu sitzen sein, fast wie in einem Leuchtturm.
»Hehlinge«, also heimlich, schiebt sich die Sonnenbergstraße empor. Am Trottoir zur Rechten hat Tapeziermeister Helmut Butz im ebenerdigen Schaufenster den Meisterbrief seines Urgroßvaters ausgestellt, der in Marbach am 15. November 1851 als Sattler sein Diplom erworben hat, was ihm auf einem mit dem Bild des Schloßplatzes geschmückten Blatt bescheinigt wird.
Gärten schließen sich dahinter an, Gärten, in denen Zwetschgenbäume blühen, ein Pavillon wie ein hölzerner Vogelbauer inmitten überwachsener Wege steht, und die Küchenveranden der Häuser an der Hohenheimer Straße hereinschauen. Gegenüber führen nicht weit vom Straßenschild mit Frakturbuchstaben (und wie erfreulich ist's, daß es noch nicht beseitigt wurde) Gartentore in steile Vorgärten, über denen Bürgerhäuser der Jahrhundertwende entweder Zinnen im gotischen Geschmack oder jene eleganten Jugendstilornamente neben breiten Fenstern haben, die heute noch die distinguierte

Lebensluft der späten königlichen An zumindest ahnen lassen.
Zwischen Büschen führt eine Treppe in den höher gelegenen Teil der Straße, wo eine einstöckige Häuserreihe durch Erker aufgelockert ist. Die Vorgartengitter sind dort derart zierlich, daß sie fast museumsreif erscheinen. Und weil die Gegend hier als Sackgasse oder als »totes« Straßenende nur für parkplatzsuchende Zeitgenossen interessant ist, darf angenommen werden, daß sie auch in absehbarer Zeit noch nicht »bereinigt« oder »dem Verkehr erschlossen« werden möge, weil sich eine solche Anstrengung glücklicherweise nicht lohnte. Der Reiz des stillen Winkels bleibt gewahrt und läßt den, der hier schlendert, auf eine nicht alltägliche Begegnung hoffen.
Er sieht dann eine tief gebückte Frau mit schwerer Einkaufstasche und dickgläserner Brille, das Haar weiß, und denkt sich aus, sie wäre hier seit fünfzig Jahren heimisch, wohne in ihrer vom Vater weiter oben erbauten Villa als lediges Fräulein zwischen Bric-à-brac, Krimskrams, Spitzendeckchen und Photographien in Stahlrahmen, die mit Schlingpflanzenornamenten verziert sind.
Denn hier sind solche Villen und Etagenhäuser noch fast unverändert zu studieren; sogar die Staketenzäune der Vorgärten haben sich seit Fünfzig Jahren nicht verändert. Der Erker des Eckhauses zur Dobelstraße beispielsweise wird durch schräge Säulen gestützt, ein kurioser Effekt. Und weiter oben finden sich schiefergedeckte Türmchen über solchen Erkern. Der untere Teil einer Glasveranda ist mit Holz verschalt, und an den Häuserflanken wechselt gelb glasierter Backstein mit rotbraunen Rustikaquadern aus Buntsandstein, die das Erdgeschoß umkleiden. Eine Glasveranda wird von einer dünnen und langen gußeisernen Säule gestützt, an der Geißblatt emporrankt, und grün gestrichene Fensterkreuze haben Doppelfenster mit Rolläden, die außen unter einer gezackten Blechhülle verborgen sind, wenn man sie hochgezogen hat. Solche Jalousien erinnern an heiße Sommernachmittage, und durch sie sollte dann die Melodie einer Etüde von Chopin zu hören sein, welche von einem alten Fräulein ein bißchen wackelig gespielt wird; das hat dann etwas Rührendes und sozusagen einen verschollenen Klang.

Aber zu wohnen wußten sie, unsere Altvordern. Ihre hohen Zimmer, sommers kühl und luftig und winters kachelofenwarm, lockerten das Seelenleben auf, von dem man heutzutage immer meint, es sei halt nur muffig gewesen; übrigens gibt's heute auch muffiges Seelenleben. Wer aber dann in solche hellen Villenzimmer tritt, die einen grünlichen Schein von Birkenblättern oder Geishirtleästen haben, ist sich als fortschrittshungriger und dynamischer Zeitgenosse, falls er für so etwas empfänglich ist, nicht mehr so sicher und sinnt nach. Denn fürs Nachsinnen (ach, wie unzeitgemäß, weil heute selten einmal einer zu sich selber kommen, dafür aber vor sich selber davonlaufen will) sind Villen der Jahrhundertwende gut geeignet. Auch nicht schlecht. Und solch eine Villa empfängt den Besucher mit einem spitzen Schieferdach, unter dem, wie im Hause Nummer 25, ein Lämpchen hängt. Unten ist eine Balustrade gotisch durchbrochen, und drei romanisch anmutende Rundsäulen stützen den Balkon. Daß nicht weit vom Haus Nummer 18 ein Emailschild mit der Aufschrift »B. Heintzeler Klavierunterricht« neben dem Gartentor befestigt ist, das paßt auch gut ins Bild der Sonnenbergstraße.
Dann der Neubau des Landesverbands Württembergischer Zuckerrübenanbauer, dessen Fresko Landleute bei der Arbeit zeigt. Hier schauen Hügel von beiden Seiten herein, und wer die Sonnenbergstraße hinunterschaut, sieht in der Ferne den Kegel des Kriegsbergs mit Weinstöcken hinterm Bahnhofsturm. Der Himmelfahrtsbrunnen an der Straßengabel, wo die Straße »Im Kienle« abzweigt, scheint leider versiegt zu sein; aber daß der dreieckige Streifen, den die beiden Straßen hier aussparen, mit einem Brunnen, einer Bank und einer Anlage versehen wurde, das gehört zu den lobenswerten Gepflogenheiten längst vergessener Stadtbaumeister, die das Glück hatten, in einer Zeit zu leben, als es darauf ankam, die Stadt wohnlich zu machen, ohne mit enormen Verkehrsballungen in »Stoßzeiten« rechnen oder an den Abfluß des Verkehrs denken zu müssen, dem heutzutage auch die Sonnenbergstraße bis zur Kehre der Richard-Wagner-Straße dienen muß.
Hinterm Himmelfahrtsbrunnen stehen zwei einstöckige Häuser aus unseren fünfziger Jahren und erinnern an Häuser von Weingärtnern, wie sie in den Vororten zu finden sind.

Hinter der Kehre zur Richard-Wagner-Straße aber wird die Sonnenbergstraße wieder so privat wie unten beim Bethesda-Krankenhaus. Die Luft atmet sich reiner mit der Höhe (wartende Autos hauchen keine Gase aus), und der steile Anstieg wird mit einer Aussicht in das Seitental belohnt, wo die Wohnviertel »Im Buchenrain« und »Im Eulenrain« neue Villen haben wie die Sonnenbergstraße hier oben auch. Das Haus Nummer 121 scheint sozusagen einem »Pioniere« zu gehören, der hier vor langer Zeit (an die dreißig oder vierzig Jahre wird es her sein) als erster gesiedelt hat, denn damals muß hier ein freundlicher Pfad vor einem milden Garten- und Wälderwinkel gewesen sein.

Auch heute noch ist diese Lebensluft zu spüren. Der Schlendernde verweilt und atmet neben gestaffelten Einfamilienhäusern auf. Schließlich ist jeder gern für sich, denkt er und meint, daß der dort oben in dem letzten einstöckigen Häuschen hinter einer efeuüberwachsenen Weinbergmauer, vor der sich Hummeln tummeln und neben der ein bröckelndes Treppchen in einen grasigen Pfad zwischen Büschen führt, am beneidenswertesten wohnt, weil es hier still ist.

Die Überraschung, das Besondere jedoch, wird ihm in einem Milchgeschäft zuteil, wo er einer Dame im roten Kleid begegnet, die ihr Langfransiges und schwarzes Haar beim Weggehen so kühn über die Schultern schlenkert, daß ihm ein »Sapperlot!« entschlüpft.

Robert-Bosch-Straße Sie beginnt beim Herdweg und zieht unterhalb des Bismarckturms an jenem Hügel weiter, der »Gähkopf« heißt; sie ist eine Villenstraße. Ich nehme an, daß »Gähkopf« einen steil oder jäh abfallenden Hang bedeutet, bin mir aber nicht ganz sicher, weshalb ich um Belehrung bitte, falls es jemand besser weiß.

Jedenfalls lohnt es sich, in der hellen Jahreszeit auf dieser Höhenstraße hier zu gehen, die gewissermaßen Lässigkeitscharakter hat. In der Altstadt drücken sich Straßen und Gassen gemächlich um anmutige Ecken, während die Robert-Bosch-Straße großzügig gedehnt daliegt und einen weiten Ausblick bietet.

Sie hält sich immer auf derselben Höhe und ist erst in den letzten Jahren verlängert worden, also in der Wirtschaftswunderzeit. Zuvor fehlte ihr Mittelstück; sie reichte im oberen Teil nur bis zur Staffel des Viktor-Köchl-Wegs und führte drüben weiter, wo der Frauenbergweg ansteigt und der Gähkopfweg sich unter überhängenden Hecken verliert. Dazwischen lagen Gärten, die auch heute noch bis an die Straße reichen und ihre rechte Flanke säumen. Lediglich die linke Seite ist locker bebaut.
Dies gibt ihr einen Hauch von Freiheit und Großzügigkeit, der sich nur dort entfalten kann, wo die entsprechenden Rücklagen (auch in Form von Aktien) vorhanden sind.
Übrigens erfreulich, daß dem so ist. »Geld haben, auf die Menschen pfeifen können«, darauf kommt's heute an, und im Weiterschlendern erinnert sich der Zuschauer an einen Werbeslogan, den er kürzlich gehört hat und der »Ende der Bescheidenheit« heißt. Denn in der Robert-Bosch-Straße läßt jeder sehen, was er hat; und sollte der, der hindurchschlendert, weniger als die Anrainer und Villenbesitzer haben, dann kann er sich vorstellen, wie er sich fühlte, wenn er hier heimisch wäre; und ihn erfüllt ein nahezu wohlwollendes Gefühl, falls er sich des Neides enthält.
Er biegt, vom Herdweg kommend, zwischen Villen der dreißiger Jahre ein, lächelt an einer Parkmauer hinauf, über der in Baumwipfeln Lichteffekte wechseln, wie sie auf Bildern von Pleuer, Landenberger und Reiniger lebendig sind, grüßt weißgestrichene Gartentore und dichte Ligusterhecken, schaut auf die Platten eines Vorplatzes, den eine hohe Weide mit hellen Blättergehängen beschirmt, und wo ein Weg zum tiefer gelegenen Eingang führt, denn auf der rechten Seite verbergen sich die Häuser vor der Straße, vielleicht, damit sie nicht auffallen. Als sie gebaut worden sind, liebte man zumindest noch den Anschein der Bescheidenheit.
Weiter vorne dann am Viktor-Köchl-Weg ein gelbes Etagenhaus der Zeit um 1910, das vielleicht von einem Mann errichtet wurde, der sich als Pionier gefühlt hat, weil er als erster hier gesiedelt hat.
Von hier ab ist die Straße kaum zehn Jahre alt. Die Häuser des Grillparzerweges weiter oben lassen sich nur ahnen, weil sie

hinter Laub verborgen sind, aber die Kinderklinik »Viktor-Köchl-Haus« schaut von dort her. Die Häuser an der linken Straßenseite bis zur Anzengruberstraße, die hinaufsteigt, sind erst in diesem Jahre bewohnt worden, und das breite Schieferdach des einen läßt die weißen Kuben seines Nachbarn mit breiten Balkonen im Licht moderner Stabilität leuchten, die zu großflächigen Fensterscheiben und Garagentüren aus seltenen Hölzern paßt. Die Wohnungen der Autos haben nahezu Saloncharakter, und die Klinken ihrer Türen blitzen messingblank; darüber ein vorstoßendes Betondach, das einen Garten trägt und auf dem Trottoir auch noch die Wagen der Gäste beschützt, die hier manchmal zu Parties vorgefahren kommen. Am Nachmittag aber holt die Dame ihren Zweitwagen aus dem Auto-livingroom, und die Tore öffnen sich gedämpft, wie es zu feinen Leuten paßt.
Gegenüber ist das Panorama Stuttgarts ausgebreitet als eine Hügel-Szenerie mit dem künstlichen Tafelberg des Birkenkopfs, den Degerlocher Höhen, dem Bopser, den häuserschimmernden Abhängen und den Wäldern, bis weit draußen noch ein Stückchen Rotenberg rötlich im Dunst verschwimmt.
Die Stadt zeigt ihre breiten Bauten, flachdächig zwischen Satteldächern; und sie erscheint dichter und breiter ausgestreckt als noch vor dreißig Jahren. Die Karlshöhe jedoch hat auch in unsern Tagen ihre Kegelform erhalten, als wäre auf ihr immer noch der distinguierte Lebensstil der Großväter zu Hause. Bei Nacht wird sie von einer weißen Kette aus Licht umspannt, indes nicht weit von den zwei kleineren Brüdern des Fernsehturmes eine Traube orangeroter Lampen glüht, im Tal die Blüten der Reklamen blau und rot angezündet sind, Grünliches hineingemischt ist und kleine Lichter blitzen, als wären die schwarzblauen Hügelflanken nadeldünn durchstochen worden.
Tagsüber und bei klarem Licht wird die Aussicht von Baumkronen begrenzt. Die Blätter der Obstbäume scheinen den blauen Dunst der Ferne zu berühren, eine Linde entfaltet sich als breiter Schild, und eine Pappel ragt empor. Die Straße legt sich an den Hang bis zur Kehre, wo der Frauenbergweg hinter einer Treppe steil beginnt, der Gähkopf-Pfad abzweigt

und schräg nach unten führt. Das pompejanisch rote Haus jedoch, das im ersten Stock hohe Fenster und im Vorgarten einen Ahorn auf einer rund ummauerten Wölbung sehen läßt, das schaut mich wie vor dreißig Jahren an; noch immer erscheint's mir als Inbegriff der Harmonie. Und weil sein Besitzer Sigmund hieß, kam mir damals der Satz nach einer Melodie der Operette »Das weiße Rößl« in den Sinn: »Was kann Herr Sigmund denn dafür, daß er ein Haus hat ...« Denn ihn beneidete ich damals intensiv um sein Besitztum.
An der Kehre schaut eine Architektenvilla breitfensterig herab und zeigt bei Nacht im Innern zeitadäquate Bilder und eine Bücherwand. Neben ihr ragen Etagenhäuser wie bürgerliche Burgen auf. Wenn's heiß und windstill ist, wird hier das Trottoir zum Ofen, während auf der andern Seite unter dichten Blätterkugeln schmalstämmiger Linden Kühle wartet, weil auch noch Hecken und Obstbäume über die Zäune schauen.
Jetzt senkt sich die Robert-Bosch-Straße, als freue sie sich auf den Augenblick, da sie an der Kurve in die Parlerstraße münden darf. Gesäumt von Fliederbüschen, über der Mauer den Giebel eines Hauses, das einem Arzt gehört und in seinem Garten wie ein Refugium wartet, entläßt die Robert-Bosch-Straße den, der hier schlendert und aufatmet. Und wenn das Wetter sich gut anläßt, dann glühen die Glasdächer der Gärtnerei Nicklas im Abendrot, als wolle auch der Himmel dieser erfreulichen Gegend hier sein Wohlwollen bezeigen.

Stafflenbergstraße Je höher der Zuschauer an Stuttgarts Hügeln emporschlendert, desto seltener werden die Altertümer, die sein nach rückwärts schauendes Gemüt ergötzen. Dafür weitet sich der Ausblick in die milde Landschaft, und in den Straßen, die um die Jahrhundertwende in Weinbergen angelegt worden sind, ist immer noch die Lebensluft der bürgerlichen Kultur gegenwärtig, um die wir unsere Großeltern auch heute noch beneiden dürfen, obwohl sich der Geschmack inzwischen oft gewandelt hat. Wie sorgfältig sind unsre Höhenstraßen angelegt, die immer den Ausblick ins Weite einbeziehen.
So auch bei der Stafflenbergstraße, die von der Sonnenberg-

straße abzweigt und nur auf der rechten Seite bebaut ist. Zur Linken lohnt es sich, auf unsre Stadt hinabzuschauen und der Stitzenburg zu gedenken, welche nicht weit von hier bereits um 1770 als Gartenwirtschaft des Uhrmachers Stitz beliebt gewesen ist. Ursprünglich ein Landhaus, das »Kleine Solitude« oder »Grüneisens Solitude« geheißen hat, ließ Herr Stitz eine Wirtschaft daraus machen, wo man im Freien sitzen und von einer Gartenterrasse aus, inmitten von Weinbergen, ins blaudunstige Nesenbachtal schauen konnte, während Kinder sich in einer Schaukel wiegten. Ein Vesper, sagen wir mit Kräuterkäse und mit Butter, gab dem Bodeng'fährtle des Weines und des Mostes die richtige Unterlage, was sich in der Zwischenzeit auch nicht geändert hat, obwohl in unsern Tagen niemand mehr Most trinkt. Aber ein Vesper mit Kräuterkäse und mit Wein streichelt auch heutzutage immer noch den Bauch von innen.

Dies bedenkend, geht manch einer in der Stafflenbergstraße weiter, die sanft ansteigt. Da steht auch noch das Schweizerhaus, wie es um 1890 aus Fachwerk und Backsteinen erbaut worden ist, und hat eine Tanne neben sich. Seine geschnitzten Fensterumrahmungen und das vorragende Dach verstecken sich hinter dem Laube des Vorgartens.

Der Eingang in die Straße ist von Bäumen überhangen, und der Garten eines neuen Hauses, das überm Hang seinen weißen Giebel zeigt, ist an der Kehre so sorgfältig eingegliedert, daß der Zuschauer den Architekten lobt, dem dies geglückt ist. Dann sieht er die Etagenhäuser der Jahrhundertwende auf der rechten Seite und freut sich, weil jedes von ihnen noch ein eigenes Gesicht hat. Es sind villenartige Bauten, die meisten aus hellgrauem Sandstein, deren Erker und Balkone auf die Stadt schauen und die ab und an ein Türmchen haben. Solch ein Turm mit Schieferdach, der macht sich gut überm Blättergehänge einer Birke.

Schade, daß die Ahorne auf der linken Seite gestutzt worden sind, obwohl sie so den Blick ins Weite über steile Gärten hinweg öffnen. Die Rosenbüsche, die Schwertlilien um die schmalen Gartenwege, das Laub der Apfelbäume rahmt die Aussicht nicht weit von der Dobelstaffel, und wieder einmal denkt der, der hier schlendert: eigentlich beachtlich. Wie

Hauch auf Pflaumen so dunstig blau sind nun drüben die Hügel. Der Klotz eines Hochhauses setzt seinen Akzent, und hinter Gartenzäunen verstecken sich die schmalen Pfade. Das Hotel Stafflenberg ist hellgrün übersponnen, und weiter vorne schaut der weiße Turm der Kirche zu Sankt Konrad her. Rechts zweigt der Weg »Im Schellenkönig« ab, und ein Jugendstilgitter ist mit seinem Mäander-, seinem Lorbeermuster so geschmackvoll, daß es jedem Museum zum Schmucke gereichen würde; doch zum Glück lebt es hier noch mit seiner eleganten Villa und braucht nicht konserviert zu werden.
Der Verlag »Junge Gemeinde«, das Chemische Untersuchungsamt der Stadt (technische Abteilung und Wasserabteilung), die Bundesanstalt Technisches Hilfswerk, das Büro der »Merkur«-Werbung des Dr. Jeserich sind hier, und breite, halbrunde Sandsteinbalkone öffnen sich über dem Vorgartengebüsch.
Gegenüber wartet eine Bank. Zwischen Laub, das sich kaum regt, wird die Innenstadt als durchsichtige Silhouette im Gegenlicht wie das Negativbild einer Photographie mit den Umrissen des Stiftskirchenturmes, dem breiten Steinzelt der Leonhardskirche und den gelagerten dachlosen Häusern der Neubauten deutlich, als wären sie aus dunstiger Luft. Die Seitenflügel des Neuen Schlosses sehen gelblich und rosafarben her, als wäre ihre Farbe abgestimmt worden, sagen wir: als Kulminationspunkt eines impressionistischen Bildes, das die gefächerten Blätter einer Akazie umrahmen, während die Schichtungen des Laubes sich vertiefen.
Der Garten hier gehört zum Hause Scheuffelen, von dem weiter unten nur Dächer zu sehen sind, die kleine Ziegel wie Schindeln haben und im weißlichen Sommerlicht wie Schindeln glänzen.
Die helle Fassade der Sankt-Konrads-Kirche tritt an der Kurve konvex zurück und bildet einen eigenen Bezirk, dem das Konrad-Miller-Altersheim und die Akademie der Diözese Rottenburg als moderner Bau angegliedert sind.
Eine enge Treppe, dicht von Bäumen überwachsen, biegt am Hang abwärts, und das Haus der Burschenschaft Hilaritas steht als Renaissance-Schlößlein der neunziger Jahre des vergangenen Jahrhunderts am Straßenrand. In seinen Eckpfeiler

ist ein Drache eingemeißelt, der Eingang hat Säulen mit üppigen Kapitellen, und der Bau mutet ehrwürdig an, weil an ihm nichts verändert worden ist. Erfreulich ... denkt der Betrachter, der an der Kehre zur Diemershaldenstraße auf eine breite Baugrube schaut, deren rote Keuperflanken von Mergelschichten durchwoben sind und in der bereits kantig graue Betonklötze übereinandergeschichtet sind und breite Fenster sehen lassen. Ein Plakat sagt, daß hier die Verwaltung und zentrale Fortbildungsakademie des diakonischen Werkes der evangelischen Kirche in Deutschland gebaut wird, die für »einhundertfünfundzwanzigtausend hauptamtliche Mitarbeiter in pflegerischen, sozialpädagogischen, sozialen und sonstigen diakonischen Aufgaben Fortbildungskurse, Studententagungen und Berufsaufbaukurse veranstalten« wird.
Ein enormes Programm und ein weites Arbeitsfeld, das sich hier (in Gedanken) öffnet, indes der, der hier schlendert, des Wirtshauses zur Stitzenburg gedenkt und Herrn Uhrmacher Stitz über die Zeit hinweg (ebenfalls in Gedanken) zuprostet, weil er vor seinem Wirtshaus gern gesessen wäre und hinuntergeschaut hätte auf die Stadt.

Mörikestraße Oft heißt's, Stuttgart sei eine amusische Stadt; und als am 4. Juni 1880 das Mörikedenkmal zum fünften Todestag des Dichters in den Anlagen unter der Silberburg eingeweiht wurde, dichtete Eduard Paulus: »Hat dann ein schwäbischer Poet / Das Augenlid geschlossen, / Wie kolossal so gut es geht, / Sein Bild in Erz gegossen. / Freund Mörike kommt jetzt daran. / Es wurde stets in Schwaben / Für einen Dichter was getan / Sowie man ihn begraben.«
Das Denkmal aber ist nicht aus Erz, sondern aus Marmor. Seine Büste steht auf hohem Sockel, den eine blumenstreuende Muse mit Leier in langem Gewand als Relief schmückt; ein wehender Schal umrahmt sie, und der Dichter schaut aus großen und tief umränderten Augen.
Anno 1880 wurde Mörike nur von seinen Freunden als Dichter geschätzt; für alle anderen war er ein kleiner Lokalpoet, und deshalb ist es unseren Stadtvätern hoch anzurechnen, daß sie ihn damals schon geehrt haben. Und bereits 1884 ist die

Straße nach ihm genannt worden, die heute beim Silberburggarten, von Bäumen umgeben, an der Karlshöhe emporsteigt und sich beinahe noch so zeigt, wie sie um die Jahrhundertwende gewesen ist.
Heute sind mehrere Villen im Besitz der Stadt; ihr Äußeres ist vorbildlich erhalten worden. Die Sandsteinfassaden haben hohe Fenster, da und dort breiten sich fächerartige Glasdächer über den Eingängen aus. Die Villa zur Rechten hat einen Balkon in der Mitte über den Fenstern der Beletage und wird von dorischen Pilastern gegliedert; vom Garten schaut die Kutscherwohnung als kleineres Haus her, und wer hier geht, denkt, damals hätten die Kutscher es fein gehabt, weil ihre Behausungen abseits liegen; und es kommt ihm vor, als wäre hier immer noch ein Hauch urbaner Lebensluft aus der Großväterzeit spürbar.
Dort, wo die Hohenstaufenstraße abzweigt, fällt das auf, was in der Architektensprache eine »Ecklösung« genannt wird. Heutzutage ist sie nur noch an solchen alten Villen zu sehen, die sich, wie hier, mit einem turmartigen Vorbau in den spitzen Winkel einer Straßengabel schieben. Für die damaligen Baumeister war dies eine Spezialität, die inzwischen entweder vergessen wurde oder in unsere Zeit nicht mehr hereinpaßt.
Im Haus Nummer 21 hat die Familie Dinkelacker gewohnt und sein Portal 1895 mit einer Nachtwächterfigur von Professor Zeitler schmücken lassen; an der Hauswand steht ein Ritter. Lambert und Stahl haben das Herrschaftshaus Nummer 24 mit einem runden Erker und drei Gitterbalkonen im Stil eines Barockpalais errichtet, dessen Fenster Reliefmasken zwischen Konsolen mit Blätter- und Früchteschmuck haben; auch Muschelornamente sind verwendet worden, und das Dach ist ein schiefergedecktes Mansard-Dach. Hier geht es in das Lapidarium hinein. Ein Ritter aus Bronze vom früheren Rathaus, das 1905 errichtet wurde, steht neben der Pforte. Und wer den Garten des Hauses von Fabrikant Carl von Ostertag-Siegle betritt, findet dort Standbilder, Wappen, Grabsteine, Säulen abgebrochener Gebäude und Reste alter Tore aus Stuttgarts Vergangenheit. Die Fundstücke aus spätrömischer Zeit, dem 2. bis 3. Jahrhundert n. Chr., die Herr von Ostertag gesammelt hat, machen die Sympathie der bürger-

lichen Zeit mit den Bruchstücken einer Kultur deutlich, die der um 1900 ähnlich war.
Ein Teil dieses Freilichtmuseums steht auf dem Park der Villa des Freiherrn von Gemmingen-Hornberg, die Gustav von Siegle 1911 für seine Tochter bauen ließ und die mit ihren Terrassen und ihrem kleinen See an ein Lustschloß des späten Rokoko erinnert, während das »Haus Elly« mit seinen wie Blumenstengel geschweiften Gittern das Flair der »belle époque« umgibt.
Wie fügt sich all dies zu einer Einheit zusammen, einem Bezirk, in dem kein Bau dem andern Konkurrenz macht. Eine Zeit der Verfeinerung hat es ermöglicht, daß in zwanzig Jahren ein Viertel entstand, das mit Gärten und Villen und dem Park der Silberburg auf der Karlshöhe heute noch, zumindest in seinen Kulissen, die Ahnung einer »schönen Epoche« lebendig werden läßt, obwohl hier nirgends mehr Familien wohnen, die früher als »hochherrschaftlich« bezeichnet worden sind.
Wo früher die Silberburg stand, steht heute ein modernes Café. Vom alten Haus ist im Park nur noch die eiserne Brücke da, die 1843 über den Hohlweg gebaut wurde. 1938 ist die Silberburg abgebrochen worden, nachdem sie 99 Jahre lang der Museumsgesellschaft gehört und zuvor Küfer Silber sie als Landhaus des Prinzen von Thurn und Taxis erworben und dort Wein ausgeschenkt hatte. So daß also in Stuttgart eine »Burg« nach einem Küfermeister hieß, dessen Name noch als Silberburgstraße lebendig ist, während vom Prinzen von Thurn und Taxis und vom Obristleutnant Freiherrn von Irmtraut, der die Silberburg als zweistöckiges Lusthaus mit Saal um 1800 hatte errichten lassen, heute nur noch Akten und Bücher erzählen.
Bedauerlich ist, daß nun auch die Villa Benger abgerissen werden soll, in der das Mörikeheim untergebracht ist. Neben ihm steht jetzt ein Terrassen-Neubau als Altersheim kantig und schneeweiß da, während die Villa Benger mit ihrem Garten am Hang, den Turmspitzen, Erkern, Balkonen und Zierarten im Renaissance-Geschmack ein repräsentatives Überbleibsel der Gründerzeit ist.
Freilich, die Bedürfnisse ändern sich, und »die Gesellschaft«,

wie man heute sagt, schichtet sich um, obwohl wahrscheinlich solche »Umschichtungen« nur deshalb vollzogen werden, weil die Alten sterben und die Jungen alles anders haben wollen. So war die Villa Gemmingen im sogenannten dritten Reich vom »Reichsarbeitsdienst« besetzt und hatte zwei Arbeitsmänner mit schwungvollen braunen Hüten und blitzenden Spaten als Doppelposten neben dem Eingang; danach wohnte der französische Militärkommandant in ihr. Und das hinter einem Vorgarten zurückstehende Haus war einmal das tschechische Konsulat; später hatte dort der Oberbürgermeister seinen Amtssitz, bis er (um 1956) in das neue Rathaus umzog.
Heute sind hier das Polizeipräsidium, das Gesundheitsamt und andere Dienststellen in den Häusern von Kommerzienräten und Bankiers heimisch, deren Familienburgen verraten, daß die wohlhabenden Bürger den Lebensstil der Adligen bewundert haben, deshalb steht auch im oberen Teil der Mörikestraße ein Rittersmann unter einem Baldachin und schaut trutzig geradeaus. Hier senkt sie sich bis zum Stadtbad in Heslach hinab, und nicht weit von der Adlerstraße sind an einem Etagenhaus von 1910 die Verse: »Wollest mit Freuden / Und wollest mit Leiden / Mich nicht überschütten! / Doch in der Mitten / Liegt holdes Bescheiden.« und der Name »Eduard Mörike« zwischen seinem Geburts- und seinem Todesdatum in eine Tafel gemeißelt; darüber steht eine Porträtbüste des Dichters.

Herdweg Früher sind auf ihm Viehherden zur Feuerbacher Heide getrieben worden, und schon in einer Urkunde von 1350 wird er genannt. Am 26. September 1747 zog Herzog Karl Eugen auf einem dänischen Apfelschimmel, von Ludwigsburg kommend, den Herdweg herunter und in Stuttgart ein. Dem Zug ritten sechs Postmeister mit zwanzig Postillionen und einem Geschwader Dragoner voraus; dann folgten 86 Handpferde der fürstlichen Vasallen, Hofbeamten und Obervögte mit kostbaren Decken, acht Staatskarossen der Geheimräte, 36 herzogliche Jagd-, Staats- und Handpferde, die Herzoginwitwe mit Gefolge und hinterm Herzog

die Herzogin in einem Staatswagen, der von acht Goldfalben württembergischer Zucht gezogen wurde.
Es war also ein prächtiges und prunkvolles Geleit, wie's damals zu einem Herrscher gehörte. Am Herdweg aber standen keine Häuser; er zog sich zwischen Wiesen, Obstgärten und Weinbergen hin.
Hundert Jahre später, und – wenn Sie es genau wissen wollen – im Adreßbuch des Jahres 1863, das die Briefträger Vogel und Schäffler zusammengestellt haben, wird er als Straße erwähnt, in der ein Fuhrmann, ein Goldarbeiter im Gartenhaus eines Gärtners und der Zimmermeister Johannes Nill wohnen. Zwei Landhäuser, das des Dr. med. Haußmann und des Dr. Elben, werden nur sommers bewohnt, und um den Herdweg dehnt sich ein ländlicher Bezirk, denn hinterm »Catharinenhospital« hört die Stadt auf.
Dann hat hier Rentier August Rothermund seine Villa vom Architekten Tritschler bauen lassen, und die Brüder Ploquet, von denen einer Präparator, der andere Kaufmann und der dritte Ingenieur ist, wohnen im Haus Nummer 22; denn erst um 1870 sind die Gebäude numeriert worden, und der Zimmerwerkmeister Johannes Nill hat im Haus Nummer 10 eine »Speisewirtschaft« eingerichtet. Professor Dr. Blum und Gutsbesitzer Schuler haben sich hierher vor dem Stadtlärm zurückgezogen. Und es darf angenommen werden, daß August Rothermund, der hier bereits seit 1863 eine Villa hatte, den Honoratioren diese Gegend pries, weil schon um 1880 der königlich bayerische außerordentliche Gesandte und bevollmächtigte Minister Graf von Tauffkirchen mit seinem Diener Matthias Herrmann nicht weit von Kaufmann Leo Vetter wohnte.
Jetzt standen im Herdweg sechsundzwanzig Häuser. Herr Rothermund hat sich eine Kalesche angeschafft und den Kutscher Christian Beck in Dienst genommen. Die Prosperität der Gründerzeit, in der fünf Milliarden französische Francs als Reparationszahlung des siebziger Krieges ins Reich fließen, macht sich bemerkbar, und Johannes Nill hat seit September 1871 neben seinem Wirtshaus einen Tiergarten aus der eigenen Tasche eingerichtet.
Jeder Stuttgarter, der auch nur ein bißchen auf Bildung hält,

kennt »Nills Tiergarten« mindestens vom Hörensagen. Meine Mutter besitzt eine Messingschale, die sie um 1905 in Nills Tiergarten kaufte, weil Nill dort neben seinen Raubtier-, Schlangen- und Affenhäusern eine »Völkerwiese« angelegt hatte, auf der neben Indianern, Eskimos, Lappländern und Beduinen auch Inder heimisch waren, die Tiermuster in Messingschalen hämmerten. Nun sorgte Adolf Nill, der Sohn des Zimmerwerkmeisters und Wirts, immer wieder für eine neue Attraktion und ließ bei seinen Löwen auch die Dompteuse Claire Heliot auftreten, die 1953 in einem Stuttgarter Altersheim gestorben ist. Am 1. April 1906 jedoch mußte Nill seine Tore schließen, weil ihm die Unkosten über den Kopf gewachsen waren. Er verkaufte viele seiner Tiere an den Schirmfabrikanten Widmann, der auf der Doggenburg einen Tiergarten aufbaute.
In ihm bin ich als vierjähriger Bub gewesen. Ich sehe noch das rote Mäntelchen, das ich dabei getragen habe und das mir fast zum Verhängnis geworden wäre, weil mich dort eine junge Löwin lauernd umschlich. Sie kam näher, ich sah sie an, und sie gefiel mir, war sie doch kaum größer als ein kleiner Hund. Aber da rief ein Wärter: »Stehenbleiben!«, und ich merkte, daß meine Mutter aufgeregt und schließlich arg erleichtert war, als jener Wächter das schleichende »Kätzchen« wegnahm. Ich aber hatte das Gefühl, es sei eigentlich schade drum.
Aber das war 1917. Inzwischen hatten sich am Herdweg vielerlei Herrschaften angesiedelt. Die Villa Föhr (Juweliergeschäft Föhr) stand da, Dr.-Ing. Graf Ferdinand von Zeppelin, General der Kavallerie und Luftschiffbauer, hatte dort gewohnt und war in einem pompösen Leichenzug mit rauchenden Pylonen zum Pragfriedhof gefahren worden. Die Fabrikanten Leins und Trefz hatten sich hier niedergelassen, Gustav Gerson hatte als Konsul von Peru im Herdweg seine Villa, und die Stiftsdame Freifräulein von Gemmingen-Hornberg wohnte im Haus Nummer 9.
Wie aber sieht's hier heute aus, und was ist übrig von der alten Pracht?
Jedenfalls gilt der Herdweg immer noch als exquisite Straße, durch die jetzt die Straßenbahnlinie 10 fährt, nachdem seit den Großvätertagen der Siebener in ihm hinauf- und herunterge-

klingelt ist. Und wie einst hat hier jedes Haus seinen Vorgarten, und von der Villa Föhr mit ihrem runden Eckbau, der wie ein eleganter Turmstumpf aussieht, scheint nur das Dach im Krieg zerstört und später erneuert worden zu sein. Als Musterbeispiel einer erhaltenen Villa mit Gitterbalkon und geschweiften Giebeln aber erhebt sich das Haus Nummer 22 wie im Jahre 1868.

Der Fackelverlag, der seit 1919 in Stuttgart heimisch ist, hat an der Ecke zur Hölderlinstraße sein breites neues Domizil, während die Villa Lorenz hinter einer schmiedeeisernen Gartentür und hohen Bäumen sich so diskret wie Anno 1910 verbirgt. Im früheren Konsulat von Peru hat das Versorgungswerk der Presse seinen Sitz. An einer Loggia mit gotischen Ornamenten hängen neue Geigen, und ein Bewachungsunternehmen ist im Haus des Chemikers Dr. Louis Musculus von 1910 untergebracht, dessen Dachbalustrade gotische Wappenschilder zieren und über dessen Eingang der Spruch »Mein Haus ist meine Burg« in Fraktur eingemeißelt ist; ein wahres Wort, weil diese Villa wie eine Miniaturburg aussieht, während das Haus des Grafen Zeppelin verschwunden ist. Statt seiner präsentiert sich das neue Eberhard-Ludwig-Gymnasium, das früher in der Holzgartenstraße stand. Junge Herren schlendern hier herum, erinnern, wohl ihrer modernen Haar- und Barttracht wegen, an Schildknappen, Rittersleute und Feldwebel einer fernen Zeit und beleben das Straßenbild.

Wo einst Major von Fortenbach in einer Villa aus dem Jahre 1898 wohnte, hat sich unser berühmter Architekt Paul Stohrer, der Erbauer des neuen Rathauses, ein modernes Bürohaus errichtet. Das Glashaus des Gerling-Konzerns wird von einer Blutbuche beschützt, und weiter oben spritzt ein Faunskopf aus blauschwarzem Erz mit aufgeblasenen Backen Wasser aus seinen Mundwinkeln und demonstriert fröhlichen Jugendstil. Durch die breiten Scheiben des Georg-Thieme-Verlags, der sich zeitgemäß präsentiert, leuchten weiße Neonstäbe, und der Park hinter seinem alten Gitter ist in einen Parkplatz umgewandelt worden. Wie Trümmer eines antiken Landhauses stehen an der Ecke zur Lessingstraße Pfeilerreste einer Pergola und einer Balustrade, die sich sehen lassen können.

Bis zur Eisenbahnbrücke ist es nicht mehr weit; hinter ihr

steigt der Herdweg als Lindenallee auf und biegt an vielerlei distinguierten Wohnsitzen beiseite, von denen manche erst um 1910 entstanden sind.
Ich komme auf die Feuerbacher Heide, gedenke des langen Weges, den ich – freilich nur in Gedanken – seit dem Jahre 1350 durchmessen habe, und suche das Bahnwärterhaus Nummer 6 der Gäubahn leider vergeblich, in dem Christian Bäuerle als Bahnwärter a. D. um 1890 noch gewohnt hat. Ich stelle mir vor, wie er auf einer Gartenbank vor seinem Domizil zwischen blühenden Stangenbohnen neben einer blauen Glaskugel Pfeife raucht, sich über den Fortschritt, die Entwicklung mit Dampfrössern und Luftschiffen beflügelnde Gedanken macht, schließlich aber seine Pfeife ausklopft und zu sich selber sagt: »'s ist nemme dees.«

Esslinger Straße   Wenn am Charlottenplatz ein Fremder aus den weltstädtischen Tiefen des Untergrundbahnhofs zur Kanalstraße aufsteigt, kommt er in einen merkwürdigen Winkel, wo zeitgemäßer Schick (denn Eleganz kann man nicht sagen) dicht neben altväterlich Rührendem, Kleinem und Krummem steht. Das Schwabenbräu-Hochhaus, ein gleißender Zyklopenklotz aus Glas, Stahl und Beton, wuchtet sich neben der Weinwirtschaft »Zur Kiste«, diesem Kleinod, hoch, in dem alles wie früher ist. Und neben ihr fängt die Esslinger Straße an, die im Windschatten, des Verkehrs liegt, der über die Hauptstätter Straße südwärts braust.
Einem Ozeandampfer ähnlich, der hier gestrandet ist, streckt sich die Breuninger-Garage mit weißen Geschossen rechter Hand als ein Monument der rasanten Gegenwart. Das imposante Bauwerk mit seinem dämonschwarzen Mauerquadrat, das den spitz auslaufenden, gewissermaßen zischenden Geschossen der Garage einen Bremsklotz oder eine »Mitte« einzufügen scheint, zielt auf die Neckarstraße und erinnert an eine Rakete, die bis Berg und Cannstatt hindurchstoßen möchte. Sie duckt sich vor dem schmalen altersbraunen Chor, dem Turm mit achtseitigem Zeltdach unserer Leonhardskirche und vor der Kreuzigungsgruppe aus dem Jahre 1501, die Hans Seyffer, ein Schüler von Nikolaus Gerhaert, gemeißelt

hat. Übrigens stand dort, wo es jetzt ins Parkhaus Breuninger hineingeht, das Gewerkschaftshaus »Goldener Bär«.
Jawohl, Sie gehen hier auf einem Boden, der schon in der Vergangenheit umgewühlt wurde und glücklicherweise nicht mit Blut, dafür aber mit inzwischen verkohlten Weinrebentrestern getränkt worden ist, weil früher hier Trauben gekeltert wurden, übrigens mit nackten Füßen. Denn diese Gegend der »Sant Lienhartz vorstatt«, wie's in einer Urkunde von 1472 heißt, in der die Esslinger Straße zum erstenmal erwähnt wird, war von Weingärtnern und Kleinbauern bewohnt, die auf den »finkenwisen zwischen der Esslinger strassen und der alten Lachen« ihre schmalen Felder hatten, wie's Anno 1558 bezeugt wird. Sie galten damals noch als »arme Tropfen«.
Statt des Schwabenbräu-Hochhauses stand das Äußere Esslinger Tor seit 1448 mit zwei dicken Rundtürmen vor einem Wassergraben, der erst 1813 aufgefüllt worden ist und nach dem die Kanalstraße heißt, die heute zu einer Art Hinterhof des Hochhauses geschrumpft ist. Denn erst im 15. Jahrhundert hat sich die Sankt-Leonhards-Vorstadt zwischen Innerem und Äußerem Esslinger Tor entwickelt, von denen das Innere seit 1350 auf dem Platz des Kaufhauses Breuninger als das älteste Stuttgarter Stadttor stand.
Du gerätst zu tief in die Vergangenheit, während du dich hier ans Gegenwärtige zu halten hast, das, wie in jeder Altstadt, den Ruch des Abseitigen und den Schein des Zwielichtigen nicht vermissen läßt; dafür sorgen zwei Nachtlokale, diese einstöckigen Behelfsbauten, von denen einer »Kuhstall« heißt und mit gebeizten Balken rustikal anmutet, obwohl in ihm nur empfindsame Damen anzutreffen sind, die von Männern fast nichts wissen wollen. Eine feine, vorsichtige Stimmung sensibler und handfester Seelenregungen bestimmt die Atmosphäre, die für Frauen oder Damen, die ganz unter sich sein wollen, charakteristisch ist; denn hier sitzen so gut wie immer Damen bei Damen, und es duftet nach Wein und Whisky.
Aber weshalb heißt eine derart kurze Straße, die immer nur vierundvierzig Häuser gehabt hat, nach Esslingen, das doch von hier aus recht weitab liegt? Weil durchs Esslinger Tor ein langer Weg über Gaisburg und an Gablenberg vorbei, wo er gepflastert war und wo noch heute ein Bezirk »Das Pflaster«

heißt, bis zur Reichsstraße im Neckartal führte, über die einstmals der streitsüchtige Graf Eberhard der Greiner, der alte Rauschebart, sowie die Kaiser Rudolf von Habsburg und Karl der Fünfte geritten sind, von denen Rudolf, wie jeder weiß, Stuttgart für ein paar Jahre österreichisch gemacht hat. Nun ja, das liegt weitab, obwohl es sogar heutzutage noch ein paar Stuttgarter geben soll, die nichts dagegen hätten, wenn Württemberg wieder österreichisch würde, eine kuriose Vorstellung, von der sich jeder leichten Sinns befreien kann, außer er sympathisiert mit den Österreichern. Das Straßenleben und der Slogan »Wir schaffen das moderne Deutschland!« führen ihn weiter, und er denkt: Da waren doch das erste und das zweite Haus an der Ecke zur Kanalstraße nach dem Kriege noch intakt ... Als übertünchte Fachwerkhäuser mit breiten Giebeln sind sie dort gestanden, und daß sie 1958 abgerissen wurden, das weißt du auch noch so, als ob es gestern passiert wäre; denn bekanntlich ist unser Wohlstand der rücksichtsloseste Kulturzerstörer. Das zweite hatte die Weinwirtschaft »Zum Postmichel« in winkeligen Stuben, deren Dielenbretter krachten, beheimatet. Und weil es schon um 1955 außergewöhnlich oder gar verdächtig war, wenn ein »Weinbeizle« nicht einen einzigen neumodischen Stuhl hatte, kam's mir damals vor, als ob die Dielen des »Postmichel« schon der Spitzhacke entgegenächzten. Und so ist's auch gewesen. Der »Postmichel« und das Haus neben ihm, die mußten beide weg, damit das Neue sich aufrichten konnte, ein neues Möbelgeschäft beispielsweise, in dem Samtpolstersitze und Schnitzmöbel den äußeren Rahmen unseres neudeutschen Partybetriebs demonstrierten.
Konditor Nast, dessen napoleonisches N eine Brezel als Wappenemblem umschlingt, hat nach dem Krieg als erster hier im neuen Stil gebaut, also großzügig, breit und hoch. Ihm folgte Bäcker Stumpp. Die beiden imposanten Häuser geben mit der Großgarage sozusagen den modernen Ton in der Esslinger Straße an, wo aber auch ein Gebrauchtwagenhändler in einer Baulücke seine frischpolierten Autos zeigt und in einem Wohnanhänger sein Büro hat. Dahinter schaut Gebüsch herein, ein kleiner Wirtsgarten nistet in einem Hinterhof und mutet rührend an mit seinen Eisenstühlen.

Ein Seifensieder Lenz steht schon im Adreßbuch von 1865, und ich grüße »geistweis« meinen Namensvetter, der heute noch hier sein Geschäft hat. Zu Zeiten seines Urgroßvaters aber wohnten hier eine Harfenistin, eine Ballettänzerin und eine Federnreinigerin, dazu ein Remisendiener aus dem königlichen Leibstall, ein Telegraphist sowie Karl Daimler, der eine Eisenwarenhandlung hatte. Später ist die Pferdebahn und noch später die Straßenbahn hier durchgefahren.
Eine Gasexplosion hat im Februar 1865 das Haus des Flaschners Diez zerstört und einen jungen Mann getötet, der vorbeiging. Von der Ruine wurde ein Stich angefertigt, der eine Trümmerstätte wie nach einem Bombenangriff zeigt. Für 15 Kreuzer das Stück wurde dieser Stich verkauft, und der Erlös sollte das Los der Geschädigten mildern. Im selben Jahre aber wurde ein Gesetz erlassen, das die Vergütung von Gebäudeschäden durch Explosionen regelte. So kündigte sich damals hier das technische Zeitalter an.
Im Kunsthaus Fischinger hat auch Herr Wahan Gulumjan seinen Antiquitätenladen. Im Schaufenster steht eine Petroleumlampe mit Schnörkelfuß und Ätzglaskelch, welche in ihren Jugendtagen einen teppichbelegten Makartsalon stimmungsschwül beleuchtet hat. Nicht weit davon also »Kuhstall« und Pony-Bar, die unterschwellige Erdgeruch-Sehnsüchte zu befriedigen scheinen, weil in unserer Asphalt- und Autozeit der Mensch, auch wenn er mit kunststoffglänzender Jacke geht, wenigstens in der Phantasie das riechen will, was bisher mehr als neunundneunzig Komma neun Prozent seiner Existenzzeit auf der Erde parfümiert hat. Der »Wienerwald« am Anfang der Esslinger Straße aber gehört einem Genre an, das die Jahrhundertwende mit Schrammelmusik, Gumpoldskirchner und Brathendeln österreichisch verklärt, obwohl es so etwas, wenn man dem kaltgleißenden Wirklichkeitsbild glauben will, das die Literatur unserer Zeit entwirft, eigentlich nicht geben dürfte.
Das älteste Haus der Esslinger Straße steht heute dort, wo's in die Brennerstraße hineingeht, und stammt aus der Zeit um 1910. Brandnarbig und geflickt, schaut es mit seinen zertrümmerten Jugendstilfiguren enorm dunkel her, als überträfe es an Alter sogar die Leonhardskirche und wäre schon ins Zeitlose

entrückt. Es erweitert die Vergangenheit beinahe ins Unendliche, und wenn ich vor ihm daran denke, daß es die Esslinger Straße seit fünfhundert Jahren gibt, merke ich wieder einmal, daß sich die Zeiträume je nach der Perspektive dehnen.
Der Himmel aber und das Tal sind unausdenkbar alt und ewig jung. Sie werden bleiben.

Friedrichstraße Zwischen neuen Bauten ist's hier weit, geweitet und großzügig. Die Straße muß so sein, damit sie rasch durchfahren werden kann. Ans Schlendern denkt hier niemand, eher ans Nachhausekommen, an eine Besprechung, einen Treff, einen Termin. Niemand schaut sich um. Nur die Ampeln an den Übergängen ziehen Blicke an. »Wildwechsel« nennen Autofahrer die Fußgänger-Zebrastreifen, und die Straße wird zum Fließband, das Gefährte weitertransportiert. Hier erinnern die Gebäude an Kulissen eines Traums oder an Fertigwaren. An der Kreuzung zur Kronenstraße ist das Hochhaus der Volkswagenhandlung Hahn wie ein Mahnmal aufgereckt. Früher (sechzig Jahre ist's mindestens her) sah man von hier aus unten, wo sich jetzt die Lautenschlagerstraße streckt, Züge über eine Brücke fahren. Und mir fällt ein, daß ich als Vierzehnjähriger hierher ein Mädchen bestellt habe, das nicht kam; denn alles wurde aufgedeckt, entlud sich als Familien-Strafgericht. Glücklicherweise ist es längst vorbei, denkt jetzt der Angegraute und schaut zum dunklen Komplex des Iduna-Versicherungs-Bauwerks hin, wo »Eisen-Blume« steht. Kantig ragt sein Unterbau heraus und bleckt die Fenster. Diese Verlängerung der Friedrichstraße ist ihr jüngster Teil und hieß nach 1888 Blücherstraße.
Nahezu distinguiert wartet das Hotel Brenner; seit 1948 wurde es auch älter. Das Cafe Mettenleiter hieß früher Lehrenkraus, Bäckermeister Lehrenkraus war ein feiner Herr, von dem diese Geschichte erzählt wurde: Ein Mann vom Land kommt zu Herrn Lehrenkraus und frägt ihn, ob er seinen Sohn als Lehrling nehme. Lehrenkraus unterhält sich mit dem Vater und erfährt, daß dessen Sohn ein anstelliger Bub ist. – »Alles schön und gut«, sagt Lehrenkraus, »aber hat Ihr Sohn das Einjährige?« – »Nein«, sagt der Vater. – »Ach so...«, sagt

Lehrenkraus und schweigt. Worauf sich unser Mann vom Lande bei Herrn Lehrenkraus erkundigt, ob er Reserveoffizier sei. – »Nein«, sagt Herr Lehrenkraus, »das bin ich nicht.« – »Dann kann ich Ihnen meinen Buben leider nicht als Lehrling geben«, bemerkt der Mann vom Land.
Bis 1933 ist die »Schwäbische Tagwacht« im heutigen Friedrich-Ebert-Haus gedruckt worden. Nach dem Krieg wurde es wieder aufgebaut und der Sozialdemokratischen Partei zurückgegeben, nachdem nicht weit davon ein kleines Theater als »Kellerbühne« in der Ruine moderne Stücke aufgeführt hatte. Bei kargem Licht saßen in einem Souterrain Kulturbeflissene beisammen und waren begeistert.
Vorbei, vorüber und vergangen wie fast jedes Haus, das hier einstmals gestanden hat.
Mir fällt das Hospiz »Viktoria« ein, dieses Hotel aus den neunziger Jahren, in dem meine Eltern 1911 ihre Hochzeit gefeiert haben und wo sechzehn Jahre später bei meiner Konfirmation Großeltern, Tanten und Oheime zu einem Essen zusammenkamen, von dem ich mich nur noch der Eisbombe und meines Vaters entsinne, wie er im Cutaway, das Eiserne Kreuz an der Seite, durch eine hohe weißlackierte Türe geht; sein Cutaway war übrigens derselbe, den er sich zu seiner Hochzeit hatte machen lassen.
Dobler senior und junior haben 1960/61 die Südwestdeutsche Landwirtschaftsbank errichtet, die sich, sacht gewölbt, fünfstöckig und 36 Meter lang, der Straße anschmiegt. Im selben Jahr ist Schmohls Amerikahaus fertig geworden, das sich als Beton-Regal von der ziselierten Sandstein-Jugendstilfront abhebt, die neben ihm emporsteigt. Und zwischen Friedrich- und Lautenschlagerstraße steht das von Bomben verschonte Haus, das Heinrich Jassoy 1924 baute, der auch das alte Rathaus entworfen und errichtet hat.
Dort wo die Schloßstraße anfängt, stand seit 1900 der Friedrichsbau. In ihm hat Willy Reichert seine ersten Lorbeeren eingeheimst. Ich denke an das Café im ersten Stock, das noch in den dreißiger Jahren mit jedem Stuhl und jedem Spiegel, mit Ätzglasscheiben und verschnörkelten Deckenleisten ein Museumsstück des Jugendstils gewesen ist.
Statt dessen ist jetzt hier der Himmel weit. Das älteste Stück

der Friedrichstraße, wo die neuen Etablissements »Zum-Zum«, »The Pub«, »Coupé« und »Alte Post«, jedenfalls was die letzteren betrifft, eine gewisse distinguierte Atmosphäre pflegen und von denen »The Pub« vielleicht schon in fünf Jahren als echte Antiquität bewundert werden wird, ist die Friedrichstraße ein Anhängsel jener strahlenden Avenue, die Theodor-Heuss-Straße heißt. Aber das Fachwerkhaus »Zu den drei Mohren«, das ist original und unverfälscht, auch wenn's zwischen den hohen Häusern wie hineingesteckt erscheint. Und obwohl hier immer wieder aus der Tiefe Autos auftauchen, findet vielleicht der und jener einen Augenblick der Muße vor dem holzgeschnitzten Bildwerk der drei Mohren, das die Front eines behäbigen Gasthofs ziert und die Gedanken in Pferdegetrappel-Tage schweifen läßt. Sind Sie gewillt, sich dazu ermuntern zu lassen?

Dann tauchen Sie zurück, erinnern sich des Hotels Royal, das vor dreißig Jahren noch so elegant wie vor siebzig gewesen ist, und kommen weitab bis dorthin, wo unsre Friedrichstraße noch Seegasse hieß.

In einer Urkunde wird sie Anno 1500 zum ersten Mal erwähnt, obwohl sie bereits 1492 so geheißen haben mag, als der Graf Eberhard im Bart die schwäbische Residenz vergrößern und für die »Obere Vorstadt«, die später auch »Liebfrauenvorstadt« genannt wurde, einen Bauplan anfertigen ließ. Die älteste Straße war hier die Seegasse. Sie hieß nach dem »Unteren oder Großen See«, der um 1440 angelegt worden war und sein Wasser vom Büchsensee erhielt; dort, wo heut die Liederhalle steht, hat sich dieser Büchsensee ausgedehnt. An der Kreuzung zur Schloßstraße erhob sich das Seegassentor, das noch 1865 als »Friedrichsthor« erwähnt wird und in dem eine Wäscherin, eine Cabinets-Dieners-Witwe, die als Leichenfrau tätig war, und ein Eisenbahnarbeiter wohnten.

Am 31. August 1808 wurde die Seegasse in Friedrichstraße umbenannt. Aber, wie's so geht, die Leute sagten nach wie vor Seegasse, auch nachdem Thouret dort das Haus der Hofebenisten Schweikle errichtet hatte, das 1900 dem Friedrichsbau weichen mußte. (Ebenist war übrigens ein feines Wort für Schreiner.)

Honoratioren haben in der Seegasse gewohnt, wie der Leibarzt König Wilhelms I., Staatsrat Dr. Ludwig, der englische und der französische Gesandte, hohe Offiziere und Hofkammerpräsidenten, Regierungs- und Geheimräthe, Kammerherren, von denen nur noch ihre Namen in Adreßbüchern und Akten übrig sind.

Lebendig aber blieb die Erinnerung an das Haus Feuerlein-Pistorius, wo Frau Geheimrath Eleonore von Pistorius als »Seegassen-Königin« Jean Paul, Friedrich Rückert, Gustav Schwab und Ludwig Uhland in einem Wohnzimmer versammelt hat, das auf einer Photographie erhalten blieb. Sie saß dort in der Mitte ihres Sofas, trug ein schwarzes Seidenkleid und weiße Handschuhe und präsidierte unter einer Kopie von Rafaels Sixtinischer Madonna. Weil dieses Zimmer mit dem Tafelklavier, dem weißen Kachelofen, der Portiere einfach eingerichtet war, wirkt es noch heute elegant. Überm Eingang des Hauses erinnerte das Wort »Linquenda« (»Zu verlassen«) aus einem Gedicht von Horaz an die Vergänglichkeit. Und als es abgerissen wurde, fand man unter den Dielenbrettern des Wohnzimmers ein Porträtbild der »Seegassen-Königin«, das diese Dame einstmals versteckt hatte.

Friedrichstraße 14 hat Hofrat Georg Reinbeck bewohnt, der am Gymnasium und am Katharinenstift Professor war, bei Cotta das »Morgenblatt der gebildeten Stände« herausgab und vielerlei dichtete. Von ihm stammt der Ausspruch: »Es gibt in Deutschland drei große und berühmte Dichter: Goethe, Schiller ... und den dritten verbietet mir die Bescheidenheit zu nennen.«

Seine Frau Emilie, die ideale Landschaften von beachtenswerter Qualität gemalt hat, pflegte Nikolaus Lenau, als ihn der Wahnsinn überfiel. Seit 1832 hat Lenau immer wieder im Reinbeckschen Haus gewohnt, dessen oberes Zimmer die intime Ordnung der geselligen Biedermeierzeit heraufruft, und das in einem Aquarell auch heute noch betrachtet werden kann.

Unsere Urahnen wußten wie man lebt, indem man sich bescheidet. In den Gärten der »Friedrichstadt« glänzten Seen neben Pavillons, ein Balkon hatte ein Leinendach, und Maulbeerbäumchen standen in Holzkübeln wie im Haus Friedrichstraße 4, das Kaufmann Louis Landauer gehört hat und

1915 abgebrochen wurde. Zuweilen verändert sich halt alles. Und auch in der Vergangenheit hat sich Dämonisches nicht immer drunten halten lassen.

1736 wurde dem Geheimen Finanzrath Josef Süß Oppenheimer durch allerhöchste Bewilligung erlaubt, in der Seegasse ein um 1650 gebautes Haus unter dem Namen »Regierungsrath Lauz« zu kaufen, denn Juden durften im Herzogtum Württemberg keinen Grundbesitz haben. Doch lange konnte sich Süß seines Eigentum nicht erfreuen, weil er in ihm bereits am 13. März 1737 als Gefangener festgehalten wurde und es wenige Tage später für immer verlassen mußte. Am 4. Februar 1738 ist er hingerichtet worden.

Das Haus gehörte später zum Katharinenstift, das 1818 von der Königstraße hierher verlegt wurde, weil die höhere Töchterschule mit ihrem Internat in diese stille Gegend, wo Gärten hinter Patrizierhäusern sich ausdehnten, besser paßte als in die obere Königstraße, wo die Legionskaserne nahe war; denn hier wurden die jungen Damen nicht mehr durch rauhe Soldatenstimmen aufgeschreckt oder gereizt; obwohl sich dann im Haus des Finanzraths Süß Oppenheimer manche vor dessen »Geist« gefürchtet haben, der hier umgehen sollte.

1865 hieß die Vorsteherin Louise Theiß, der die Gouvernantinnen Lina Lade, Virginie und Justine Matthey, Pauline Pauliak und Julie Kunzer sowie der Aufwärter und Hausverwalter Jeremias mit Rosine Hubauer unterstanden. Der klassizistische Festsaal des Hauses wurde eine Zeitlang als Ständesaal und hundert Jahre später als Verkaufsraum der Mittelstandsfürsorge benützt, doch ist das alte Katharinenstift schon 1930 im Spitzhackenschutt dahingesunken. Es muß an der Schloßstraße gegenüber den »Drei Mohren« gestanden haben.

Die Schule, die nach Königin Katharina hieß, war hier in drei Häusern untergebracht. Eduard Mörike, der an ihr zwei Literaturstunden in der Woche gab, was ihm recht sauer fiel, wohnte in der Canzleistraße, also um die Ecke; weit hat er nicht in sein Amt gehen müssen. Und auf die Pensionärinnen, die, ihrer grünen Tracht wegen, »Laubfrösche« genannt und von einer Gouvernante im Gänsemarsch ausgeführt worden sind, dichtete er »Laßt mir die Grünen in Ruh und schweigt mir doch von dem Laubfrosch! / Dieser plumpe Vergleich, dieser erbärmliche Witz! / Kleidet denn nicht das Grün auf Erden die edelsten Dinge? / Vielbesungener Lenz, zeige dein stolzes Gewand!«

Torstraße Eine finden, die zwar alt, aber immer noch vital ist, darauf kommt es an, sagte ich zu mir und entsann mich der Torstraße, die im Adreßbuch von 1811 so beschrieben wird: »Die äußerste Gasse links vom Hauptstätter Tor bis an die Brücke gegen das ehemal. Ducksteinische Gäßle.«
Bei einer Straße zeigt sich die Lebenskraft auf mannigfache Weise. Sie kann als »vital« gelten, weil sie häufig benutzt wird, zu denen gehört, die von Autos verstopft werden und die von Läden, Kinos, Banken und andern Langstreckenbauten gleichsam strotzen; oder ihre Stärke äußert sich in Häusern, die blank strahlen, weil sie erst vor einer Viertelstunde fertig wurden.
Es kann aber auch sein, daß sie deshalb für widerstandskräftig und den Erfordernissen unserer Tage gewachsen gilt, weil in ihr Preßluftbohrer rattern und Räumbagger brummen, die Morsches beiseite schaffen.
Dies trifft auf unsere Torstraße zu, wo Baulücken ihre Mäuler weit aufsperren und alte Häuser lediglich geduldet werden, als genössen sie gerade noch eine Art Austräglerdasein, wenigstens für kurze Zeit.
Ich habe davon fünf gezählt. Vielleicht sind's, wenn dieser Aufsatz erscheint, schon wieder in paar weniger; doch standen jedenfalls in der zweiten Dezemberhälfte des Jahres 1969 der Seitenbau des Turmhauses mit seinem Nachbarn, einem bejahrten Altbau, die Wirtschaft »Tauberquelle«, die mich jedesmal anheimelt, wenn ich an ihr vorbeigehe, das Haus des Optikers Mollenkopf (seit 1847) sowie dort, wo die Nesenbachstraße hereinkommt, jenes Domizil, das als die äußerste Bastion im Baugewühl bezeichnet werden kann, weil es sich mit seiner Jugendstil-Sandsteinfront von der mit Balken abgestützten und von vier Kranen überragten Untergrund-Baustelle wie ein Adeliger abhebt, der als der Letzte seines Geschlechts unter Zeitgenossen weilt.
Droben an der Eberhardstraße ist noch im Frühjahr ein

Mietshaus gestanden, dessen Eckturm eine patinagrüne Haube mit Wetterfahne zierte, die ich im Lapidarium wiedergefunden habe, wo sie auf dem Rasen wie eine zur Strecke gebrachte Echse lag. Das Etagenhaus selber ist mir deutlich gegenwärtig mit seinen Balkonen und Brüstungen, seinem abgewetzten Treppenhause und dem Laden des »Zoo-Schmelzer«, an dessen Schaufenster ich ab und zu verweilte, um Goldhamstern und Grünfinken zuzuschauen. Das Haus Mollenkopf aber weckt Erinnerungen an weitab liegende Schülerzeiten, als ich dort vom mühsam zusammengesparten Taschengeld Reagenz- und Stöpselgläser, Kochkolben, Glasröhren und Gummipfropfen kaufte, weil ich an chemischen Versuchen interessiert war. Eine Destillationsanlage freilich, die war unerschwinglich.

Das Torhospiz vermisse ich, weil es in seinen letzten Lebensjahren düster dreingeschaut hat, wie es zu einem Versteigerungshaus paßt, in dem auch Sekten tagten und Uniformstücke der amerikanischen Armee, Anoraks und Kappen feilgeboten wurden. Neben und gegenüber diesem geschwärzten Gebäude waren nach dem Krieg einstöckige Behelfsbauten in die von Bomben geschaffenen Lücken eingefügt. Von ihnen ist mir ein Antiquitätenladen noch erinnerlich, in dem ich ein Reiseschreibzeug aus der Biedermeierzeit mit zwei kristallenen Tintenfässern gekauft hätte, wäre mir der Preis für diese in einem Etui mit verblichenem Samt verschlossene Rarität nicht zu horrend erschienen. Die Petroleumlampe aber, bei deren (elektrischem) Licht ich diese Zeilen schreibe, stammt von dort.

Der Tribut an meine Erinnerungen, die in der Torstraße heimisch sind, wäre damit abgegolten, hätte ich nicht auch noch der Uhlandschen Apotheke zu gedenken, die an der Ecke der Torstraße beim Wilhelmsplatz stand. Sie war mir, ihres bürgerlichen Klassizismus wegen und weil Mörike nicht weit von ihr Hermann Kurz besucht hat, recht erfreulich.

Der Rundturmrest mit achteckigem Kranzgesims jedoch, der noch im Frühjahr 1969 auf dem Grundstück Torstraße 7 stand, gehörte zur Stadtbefestigung und stammte aus der ersten Hälfte des 16. Jahrhunderts. Jetzt ist auch er verschwunden, doch heißt es, daß er anderswo wiederaufgebaut werden soll,

eine Nachricht, die jeder gerne hört, der das Verschwinden von Vergangenheitsrelikten hinauszögern will.
Hier hat sich die Stadtmauer ausgestreckt. Auf Sautters Stich von 1592 und auf dem Vogelschaubild von 1680 aus dem altwürttembergischen Forstkartenwerk des Kriegsrates Andreas Kieser, führt ein Weg durch Wiesen vom Hauptstätter Tor bis zur Eberhardstraße, wo an der Ecke ein Haus steht.
Damals war hier die Stadt zu Ende. Das Hauptstätter Tor mit zwei spitzen Türmen war 1448 erstellt worden. Vor ihm, auf dem heutigen Wilhelmsplatz und nicht weit vom Marktbrunnen stand die Richtstätte als ein Rundgemäuer, das »der Käs« hieß. Vor der Stadtmauer lagen Seen, von denen der »mittlere See« gegen Ende des 17. Jahrhunderts nur noch ein schilfiger Sumpf gewesen ist, der auch »das Binsenseelein« genannt und später ausgetrocknet wurde. Die fürstliche Hofverwaltung hat dort einen großen Krautgarten angelegt, und wer sich Bilder der von Mauern und Seen umschlossenen Stadt anschaut, kann in ihr herumgehen, als träte er in den Raum der Vergangenheit; übrigens eine phantasiebelebende Beschäftigung.
Die Torstraße, die bis 1811 Hauptstätter Thorgaß hieß und erst im Jahre 1764 in einer Urkunde genannt wird, hieß später auch Weißisches Gäßle, weil dort seit 1784 im Haus Nummer 8 der Bäckermeister Georg Philipp Weiß gewohnt hat, der 1779 den Weißenhof als Gutshof gründete und als »Weißenhofbäck« bekannt war. Nach der Mißernte von 1816 ließ er den ersten Garbenwagen in die Stadt fahren und an die Armen verteilen. Sein Haus in der Torstraße ist erst 1940 abgebrochen worden, nachdem in ihm achtzig Jahre lang die Torschule, eine Gewerbe- und Fortbildungsschule, untergebracht war. Die Straße selber aber muß noch im achtzehnten Jahrhundert ein abseitiger Winkel, ja geradezu eine Gegend für Liebespaare und Rentner gewesen sein, wo an manchem Juniabend lediglich Fröschequaken die Stille untermalte.
Der Nesenbach war nicht überbaut und floß durch die Nesenbachstraße, doch standen damals hier schon 29 Häuser. 1811 waren es zehn, und an feinen Leuten haben dort Obrist von Hoven, Kammerherr Graf Wittgenstein und Bibliothekar Reichenbach gewohnt; außerdem Hoftrompeter Hetsch, Pflästerer Blutharsch, die Heubinder Schill senior und junior,

der Kammerdiener des französischen Gesandten, Monsieur Meuret, die Soldatenwitwe und Taglöhnerin Catharina Himmelreich sowie ein Hofvergolder, ein Fuhrmann und Wagenspanner, mehrere ledige Weißnäherinnen und der Waffenschmied Conrad Nikolaus Berger, dessen Nachkomme Eugen Berger noch 1967 in der alten Bergerschen Schmiede gegenüber der früheren Herberge zur Heimat gearbeitet und gewohnt hat. In ihr sind 1938 die letzten Pferde beschlagen worden. Familie Berger aber hat seit 1710 im selben Haus gewohnt, das vor zwei Jahren abgerissen wurde.
1829 werden in der Torstraße nur Handwerker aufgeführt; zwei Seckler, ein Goldarbeiter-Gehülfe, vier Weingärtner und ein Tuchscherer kommen zu den alten Bewohnern hinzu. Elf Jahre später haben sich ein Ober-Rechnungsrath, ein Kanzleirath und der »gewesene Pfarrer« Karr zwischen Handwerkern einlogiert. Um 1900 aber sind die »besseren Herrschaften« in elegantere Viertel ausgewichen, so daß Handwerker und Weingärtner wieder unter sich gewesen sind.
All dies wüßte ich nicht, wäre ich nicht im Stadtarchiv mit Büchern und Hinweisen versorgt worden; erst dort habe ich unsre Stadt kennengelernt: Als Siedlung, deren ältester Kern vom »Graben«, der heutigen Königstraße, und vom Nesenbach umgrenzt worden ist und die sich seit eh und je nach den Anlagen zuerst als Gestüt und später als Park dehnte. Ihr ist die Esslinger oder Sankt-Leonhards-Vorstadt zugewachsen, bis dann seit 1490 hinter der Seegasse und heutigen Friedrichstraße die Liebfrauenvorstadt bis zur Verschanzung des »Bollwerks« erweitert wurde. Das alte Stadtbild mit Befestigungstürmen, Mauern, Toren und Seen, die vielleicht nur ungesunde und versumpfte Lacken waren, erscheint mir bemerkenswert, und die kargen Reste, die von ihm noch übrig sind, sollten bewahrt werden, damit später niemand sagen kann: Ihr habt uns die Verbindung zur Vergangenheit zerstört, ohne die niemand leben kann.

Reinsburgstraße Nur streckenweise und an Sommerabenden oder für Frühaufsteher taugt sie zum Schlendern, denn tagsüber lärmt's in ihr enorm. Sie hat 207 Häuser und

schlingt sich von der Marienstraße bis unter den Westbahnhof hinauf. Um 1853 ist sie in ihrem unteren Teil bebaut worden, nachdem am 30. November der Gemeinderat beschlossen hatte, sie so zu nennen, wie sie heute heißt.
Schon 1286 kommt der Gewandname »Reinsburg« vor, der von »Rain« gleich Abhang und »Burg« gleich Berg abgeleitet wird, weil hier nie eine Burg gestanden hat. Der Abhang eines Hügels, der sich zu einem Wiesental hinabsenkt, sollte damit bezeichnet werden.
1854 standen hier fünf Häuser mit den Nummern 1, 2, 15, 19 und 21, von denen keines unsre Zeit erlebt hat. Das elegante Etagenhaus aber, das einer Villa gleicht und heute die Nummer acht trägt, wird wohl aus den sechziger Jahren stammen; ein urbaner Bau mit zwei Loggien, von denen die im zweiten Stock durch Säulen geteilt ist, die Bögen tragen; vom Giebel schaut ein Frauenkopf herab.
Vor hundertsechzig Jahren haben in der Reinsburgstraße ein Werkmeister, ein Pfarrer außer Dienst, ein Assessor des königlichen Steuer-Collegs, ein ausübender Arzt, ein Controleur, ein Fräulein und ein Kaufmann gewohnt. Die Hausnummer 21 war der Silberburg vorbehalten, in der die Obere Museums-Gesellschaft Christian Siegle als Gärtner und Hausverwalter beschäftigte.
1860 hatte sie dreizehn und 1870 vierzig Häuser. Jetzt wohnten auch Adlige dort; eine Zigarrenfabrik stand nicht weit vom Haus des Landschaftsmalers Franz Xaver von Riedmüller, der Professoren der Kunst- und Musikschule als Nachbarn begrüßen konnte, und dem wohl auch Tabitha Seßing, eine Pfarrerswitwe, zumindest ihres seltenen Vornamens wegen, aufgefallen ist. Regiments-Quartiermeister Wilhelm von Gemmingen aber brauchte zum Grafen Reischach nur um die Ecke zu gehen.
In den Jahrzehnten bis zum ersten Weltkrieg wurde die Reinsburgstraße ausgebaut. Mir fällt meine Großtante Eugenie ein, die dort eines der komfortabelsten Mietshäuser besaß und mit ihren Mietern immer wieder Streitigkeiten auszufechten hatte, weshalb sie sich ein »Prozeßkleid« machen ließ.
Heute noch sind diese Häuser einer bürgerlichen Zeit bis unterhalb des Westbahnhofes da, und ihre hohen Zimmer

werden immer noch gerne bewohnt; sie lassen sich dem modernen Geschmack anpassen, der vom Jugendstil manches übernimmt, wahrscheinlich weil wir wiederum in einer üppigen Zeit leben.

Der Geheime Kommerzienrat Dr. h. c. Gustav von Siegle hatte die Anhöhe, die sich nach der Reinsburgstraße und der Mörikestraße senkt, im Oktober 1866 gekauft und auf ihr von Architekt Gnauth eine Villa im Stil oberitalienischer Landsitze errichten lassen. Sie hatte breit emporsteigende Treppen, wie sie damals einem erfolgreichen Industriellen zugekommen sind, der die Badische Anilin- und Sodafabrik gegründet und auch in New York eine Fabrik besessen hat. Im großen Saal stand Adolf Hildebrands Marmorstatue der Luna überm Kaminsims, in den der Spruch »Malo esse quam videri« (»Mehr sein als scheinen«) eingemeißelt war. Die Schriftsteller Hackländer und Hallberger, der Kammersänger Pischek und viele andere Honoratioren waren dabei, als 1871 der repräsentable Bau mit einem Schäferspiel von Goethe eingeweiht wurde. Seine Fresken, seine Möbel und seine Wandverkleidungen erschienen den Zeitgenossen bemerkenswert. Für Frau Julie von Siegle wurde nach dem Tode ihres Gatten, der Reichstagsabgeordneter gewesen war und den Lenbach gemalt hatte, um 1910 eine Sommerwohnung gebaut, die später »Teehaus« hieß und 1960 abgebrochen wurde.

In den siebziger Jahren hat Gustav von Siegle ein Kapital von 105000 Mark zur Speisung armer Schulkinder gestiftet und den Verein zum Wohl der arbeitenden Klassen mitbegründet, der von Eduard Pfeiffer, dem jüdischen Wohltäter unserer Stadt, ins Leben gerufen wurde. 1932 ist ein städtisches Altersheim in der Villa Siegle eingerichtet worden, und die Epoche, in der Industrielle den Lebensstil der Adligen übernommen hatten und hinter den Kulissen Politik machten, erreichte jenes kritische Stadium, in dem Hitler den Augenblick abwarten durfte, bis er die Welt verändern konnte.

Die Folgen zeigten sich, und in der oberen Reinsburgstraße (von der Hausnummer 190 ab) wurden nach dem zweiten Weltkrieg Verschleppte oder »displaced persons« (DP) einquartiert. Es waren hauptsächlich Russen und Polen, die als Arbeiter gewaltsam ins Reich gebracht worden waren und im

September 1945 von der UNRRA in 34 großen Mietshäusern Wohnungen erhielten. Unter ihnen waren jüdische Überlebende aus Radom und Kielce, von denen 1946 bei Hausdurchsuchungen ein Mann getötet wurde. 1947 protestierten sie in Umzügen gegen England, das die jüdische Einwanderung in Palästina verhindern wollte. Von ihnen wanderten die meisten aus, und ich sehe noch ihre »Lifts« mit Aufschriften wie »Tel Aviv« und »Haifa« vor den Häusern stehen, in denen vor der Währungsreform für einen Zentimeter Gold, der von einer Uhrkette abgeknipst worden war, ein Pfund Butter und ein halbes Pfund Kaffee erstanden werden konnte.

Mir kommt es vor, als wäre dies gestern gewesen, während es jedem jungen Mann, der heute so alt ist, wie ich damals gewesen bin, als Sage aus einer düsteren und dumpfen Zeit erscheint, die weit dahinten liegt und ihn nichts angeht.

Das erste Verwaltungsgebäude der Allianz Lebensversicherungs AG von 1961 steht heute noch und hat einen großen Saal. Als »Alte Stuttgarter« wurde die Allianz 1854 gegründet; ihr erweiterter Bau stammt von 1911. Nicht weit davon stand die Rhodert'sche Töchterschule und das Altersheim, das »die Hutzeltruhe« genannt wurde und in seine Mauern die Kochschule des Schwäbischen Frauenvereins aufgenommen hatte, die vielen Stuttgarterinnen als Vorschule für die Ehe diente.

Enorm altertümlich erscheint heutzutage der Gänsepeter-Brunnen, der dort steht, wo die Hasenbergstraße abzweigt. Er bringt eine Szene der Vergangenheit unter die Autos, weil auf ihm ein Gänsehirt in grünlich patinierter Bronze sich mit ausgestrecktem Stecken darum bemüht, drei Gänse festzuhalten, die ihm entwischen wollen; eine packt er am Flügel, die zweite hält er mit dem Hackstock fest, und die dritte rüstet sich zum Freiheitsflug. Das ist dramatisiert und naturalistisch genau bis in jede Feder dargestellt, aber eine in sich geschlossene Gruppe bleibt es trotzdem. 1901 hat Theodor Bausch die Szene geschaffen, zu deren Füßen ein bärtiger Flußgott Wasser in die Brunnenschale spritzt.

Der Brunnen hat 36600 Mark gekostet. Er erinnert an die Tage, da viele Gänsehirten ihre Herden zu Martini (also am 11. November) von den Dörfern in die Stadt getrieben haben. Eine Gans kostete dazumal drei Mark. Die Frauen griffen sich

die fettesten von der Straße weg, und manche haushälterische Schwäbin rupfte sie erst, nachdem, sie sie tüchtig gestopft hatte, um ihre Leber an eines der feinen Hotels zu verkaufen; ein rentables Geschäft, weil für eine große Leber so viel gezahlt wurde, wie die Gans gekostet hatte.
Das war, als dort, wo jetzt das Lampengeschäft steht, die Gräfin Adelmann, die Mutter des Direktors unseres Amts für Denkmalspflege, aus und ein ging und Frau Präsident Klumpp winters in Lila mit Pelzbesatz, sommers aber in Weiß spazierenging. Theodor Fischer, dem das Kunstgebäude zu verdanken ist, baute um 1910 ein Einfamilienhaus im Jugendstil für Professor Zeller, den Direktor des Marienhospitals, zwischen Mietshäuser; seiner Ausstattung wegen war es berühmt, und im Krieg ist es ausgebrannt. Die Villa mit den zwei Loggien aber, dieses elegante Haus Numero acht, gehörte Christian Pfeiffer, dem Gründer des Immobiliengeschäfts, und steht hier als Relikt einer ausgelöschten Zeit, in der sich noch einmal Kultur verwirklicht hat.

Leonhardstraße Sie ist noch wie in der Großväterzeit. Die Häuser haben durch Sprossen geteilte Fensterscheiben, und manche sind gewölbt, wie es um 1860 Mode war, als sich der Geschmack wieder einmal barock lockerte und man die Häuserfronten nicht mehr so glatt haben wollte wie zur Zeit des Klassizismus.
Das jüngste Haus ist 1910 gebaut worden und birgt den Verein »Club Voltaire« im Erdgeschoß, in dessen Räumen sich junge Herren mit Zottelhaar an revolutionären Ideologien delektieren. Von dort schreit Beat-Musik heraus, während weiter unten im Vergnügungslokal »Uhu« hinter Rauchglasscheiben gedämpfte Tanzmusik schnalzt und schmachtet. Eine hochtoupierte Dame, langgewachsen und die Augen von Lidschatten dunkel, tritt zwischen zwei massigen Männern im Grauhaar-Alter auf das Trottoir und frägt eine Kollegin: »Wo isch d'Helga?« Im zweiten Stock lüftet eine Rentnerin ihren Spitzenvorhang und schaut nach dem Wetter, während schräges Licht die Fensterscheiben der Weinstube Widmer glänzen läßt. Dort hängt eine frisch lackierte Eisentraube zwischen

blechernem Weinlaub über der Tür und bürgt für einen guten Tropfen; ich bin schon öfters dort gesessen, meistens nach einem rasant avantgardistischen Literatur-Abend bei Wendelin Niedlich, drüben in der Schmalen Straße. Jetzt fährt ein breiter schwarzer Wagen durch die Leonhardstraße; der Herr am Steuer winkt einem Kumpanen zu, der dicke blonde Koteletten trägt, nebenher läuft und breit lacht.
Wenn Sie von hier hinunterschauen, sehen Sie über den Dächern auf der linken Seite eine alte Reklameschrift aus eisernen Buchstaben, die an die königliche Zeit erinnert.
Es riecht nach Feierabend, schon am Nachmittag.»Im Schatten« heißt die Restauration an der Ecke zur Jakobstraße, wo die Jahreszahl 1769 in einen Schlußstein mit Rokokorahmen gemeißelt ist und die Initialen C. F. W. (Carl Friedrich Wölfle) und ein Zeichen der Schlosserzunft die Vergangenheit greifbar machen. 1794 hat hier Kammerrath Philipp Jacob Riderer gewohnt, dem auch das Haus Numero drei gehörte. Und dem »Club Voltaire« schräg gegenüber finden Sie hinterm Haus Pferdeställe und Kutschenremisen. Ein junger Bildhauer hat dort sein Atelier.
»Salon der Dame« heißt ein Friseurladen mit amüsanter Kundschaft, und zur Metallschleiferei und Polierwerkstätte von G. W. Maiwald führt ein Durchgang in einen stillen Hof. In der Gaststätte »Goldener Heinrich« lebt der fröhliche genius loci dieses Bezirks, und gegenüber hat ein Haus kannelierte Balken, die frisch lackiert sind und die Geschosse trennen, wie man das um 1810 gerne gesehen hat. Hier wohnen mehrere Damen, die »Frau« als Berufsbezeichnung führen, und das kann aufreibende Tag- und Nachtarbeit bedeuten.
Oben, wo die Weber- und die Richtstraße, dieses bemerkenswerte Gäßchen mit zipfeligen Giebeln, abzweigen und eine Platane vom Wilhelmsplatz hereinschaut, öffnet sich ein dreieckiger Winkel mit einem Bäumchen, und auf Balkonen wedelt frische Wäsche. Über der Tür der Wirtschaft »Im Käfig«, wo früher ein Schuhmacher gewohnt hat, steht die Steinfigur eines Buben im Peplos-Gewand vor einem Anker, hat ein Hütchen auf und einen prall gefüllten Beutel in der Hand. Ich deute diesen Burschen als eine späte Verkörperung des Gottes Merkur, der einen Hoffnungsanker und Geld bereit-

hält. Das Schild eines Damen-Salons hat griechische Schriftzeichen.
Hier wohnen einige Gasthausbesitzer und -besitzerinnen, die früher Traiteurs genannt wurden, Rentner und Witwen; außerdem der Musiker Blizeni, Artist Edelmann, ein Bauhelfer, ein Maschinist, ein Flaschner, eine Näherin, ein Packer, eine Laborantin und andere ehrbare Leute. Die Weingärtner, die früher in der Leonhardstraße zu Haus waren und, von ihrem Spitz begleitet, eine Hacke auf der Schulter, in ihre Weinberge auf der Diemershalde, im Sonnenberg oder im Stafflenberg bei Sonnenaufgang losgezogen sind, die gibt es hier schon lange nicht mehr. Um 1870, als die Talhänge bebaut wurden, sind sie vermögliche Leute geworden, die ihre Weinberge verkauften und im eigenen Haus privatisierten. Für wenige, denen es trotzdem schlecht ging und die hier blieben, sorgte Marie Josenhans, die Tochter eines Lederhändlers, kaufte für ihre Schützlinge Geschirr und Möbel und vermittelte billige Wohnungen. Die »Leonhardsträppler«, die auch »Leonhardsschlamper« genannt wurden und, in blauen Schürzen und speckigen Schildmützen an den Hauswänden lehnend, auf Arbeit warteten, kamen, wenn sie alt wurden, in das Bürgerhospital, das im Volksmund »Kopperhaus« hieß; man beschäftigte sie dort hauptsächlich mit Holzspalten.
Das war in der Zeit des »Krabbendusel«, eines Weingärtners, der Buhler hieß und die Krähen oder »Krabben« in den Weinbergen erfolgreich dezimierte. Er gehörte zur freiwilligen Feuerwehr und blies den »Feuerlärm« durchs Fenster seines Schlafzimmers in der Wagnerstraße, daß sein Horn schaurig hallte. »Ganshirn«, »Bärenei«, »Großmogel« und »Salonwengerter« waren Spitznamen anderer Bewohner, von denen manche auf dem »Grempelesmarkt« beim Leonhardsplatz Gerümpel und alte Bücher feilboten; heut würde man solch eine Institution nach Pariser Vorbild, »Flohmarkt« heißen, und mir tut's leid, daß ich auf diesem Grempelesmarkt nicht herumstreunen kann. Freilich ist der schon vor 1910 verschwunden, als das alte Kornhaus von 1841 auf dem Leonhardsplatz abgerissen wurde, um Platz zu schaffen für das Gustav-Siegle-Haus.
Hier sind Sie am Rand der »Esslinger Vorstadt«, wie dieser

Stadtteil früher hieß. Nach 1604 wurden die Gemüse- und Krautgärten hinter der Stadtmauer bebaut, die vom äußeren Esslinger Tor, wo heute das Schwabenbräu-Hochhaus steht, an der Weberstraße entlang bis zum Ende der Leonhardstraße führte. Dort, auf dem engen dreieckigen Platz, stand der Nachrichter-Turm, der auch Weißer Turm hieß, weil er aus Steinen der Weißenburg als zweistöckiger Rundturm anno 1451 erbaut worden war, und der im 19. Jahrhundert »Schinders Kleiderkasten« genannt wurde, weil der Scharfrichter, der nebenan sein Wohnhaus hatte, in ihm Felle verendeter Tiere zum Trocknen aufhing.
Noch 1930 hat Hofschwertfeger Lutz als Achtzigjähriger in der Leonhardstraße seine Werkstatt gehabt und Hirschfänger für feine Herrschaften gemacht. So lange hat die alte Zeit noch hier gelebt. Und früher, als die Talhänge Wein- und Obstgärten trugen, haben in der Leonhardstraße neben Taglöhnern und Wäscherinnen der Stadtkorporal Kapfenstein, eine Kammerraths-Witwe, die Gastgeber der Gasthöfe »Zum Wilden Mann« und zum »König von England«, ein Expeditionsrath und ein Arzt gewohnt. Akademiker lebten neben Handwerkern und »Leonhardsschlampern«, die noch bis in unsere Tage ein originelles Schwäbisch sprachen, das an Würze nichts zu wünschen übrig ließ. Wenn sie von einer Menschenansammlung auf dem Schloßplatz sprachen, so sagten sie, das Volk baue Klumpen (»I han guckt, worom dees Volk do Klompa baut«), und die Tatsache, daß einer von der Straßenbahn überfahren worden war, drückten sie so aus: »D'Trampe hot oin g'spult«, weil sie die Räder der Straßenbahn mit Spulen verglichen, auf denen ein Mensch aufgewickelt worden war.

Kanalstraße Sie ist nur noch ein Zipfel. Zusammengepreßt und eingeschrumpft zu einem Höfchen hinterm Schwabenbräu, dessen Terrasse mit massiven Kugellampen über einer stolzen Treppe aufgemauert steht, sind der Kanalstraße noch viereinhalb Häuser verblieben, von denen die »Restauration zur Kiste« dem Schwabenbräu-Hochhaus auf eine Weise trotzt, die Achtung einflößt.

Im Hause Kanalstraße zwei, das sich seit den Großvätertagen nicht verändert hat, steht die Restauration zur Kiste als ehrwürdiges Relikt so lebenskräftig da, wie es sich jeder wünscht, der allen blanken und drum ungemütlichen Gaststätten ausweicht und in der »Kiste« einkehrt, wo eine echte Jugendstil-Glastafel mit Goldbuchstaben das Bier der Leichtschen Brauerei in Vaihingen anpreist und auf einer anderen der Name Wilhelm Bräuningers prangt, der in die Chronik unserer Stadt in derselben Größe eingeschrieben werden wird, wie er hier noch zu lesen ist und wie er schon im Jahre 1900 an derselben Stelle stand; denn so hieß auch der Vater dieses Mannes, der zu den Schwaben unseres Jahrhunderts zählt, die mit ererbter Schläue das Recht auf Behaglichkeit auch in einer rasanten Zeit behaupten.

An der erneuerten Fassade ist das »W. B.« im Giebel ebenso erhalten wie die Abbilder einer Brezel, einer Traube und eines Weinglases über den Fenstern im ersten Stock; dazu das Schild, auf dem ein Lastträger eine vergoldete Kiste schleppt, und die Tür mit dem Eisengitter. Innen sind Tische und Bänke aus poliertem Holz, die Uhr tickt an der Wand zwischen bräunlich gewordenen Photographien bärtiger Weingärtner, und es geht über eine enge und knarrende Treppe in den ersten Stock hinauf, wo kolorierte Stiche aus Alt-Stuttgart an getäfelten Wänden hingen und jeden Sammler solcher Sachen neidvoll schmunzeln lassen.

Bräuningers Weine und Bäcker Nasts Brezeln, Bräuningers Imbisse und Vesper, die man sich hier munden läßt, sollten mit einem Literaturpreis ausgezeichnet werden, weil dieselben bereits viele Dichter und ihre Gesellen zu eigenständigen Hymnen der verschiedensten Art beflügelt haben. Und wenn solch ein Beflügelter Bräuningers Wirtsstube verläßt, dann hat er hier, wenigstens drei Häuser lang, die Illusion, es könnte noch einmal und ihm zuliebe eine Kutsche vorfahren, um ihn in rissigen Lederpolstern, den Kopf vom sanften Nachtwinde gekühlt, nach Haus zu tragen. Statt dessen besinnt er sich auf sein Auto in der nahen Tiefgarage und hofft, es möge ihm gelingen, heimzukommen, ohne in die Kunststofftüte eines Polizeigewaltigen blasen zu müssen. Ich freilich komme niemals in eine solche Verlegenheit, weil ich als Fußgänger vor keinem

Schutzmann Angst zu haben brauche und mit Parkschwierigkeiten nie zu kämpfen habe.
Gegründet wurde die Restauration zur Kiste von Hofkutscher Ringwald, der seinem König ab und an ein Vesper mit einem Glase Wein ins nahe Wilhelmspalais brachte. Auch Ringwald wird wohl einen überm Kinn ausrasierten Backenbart getragen haben, wie alle Hofbediensteten in damaliger Zeit, die hinter der Villa Bosch nach Gablenberg hinunter ihre Gärten und Baumstückle hatten. Ich weiß das von meiner Mutter, die als Kind jeden Tag von Gablenberg durch die Kanalstraße zur Mädchen-Mittelschule in der Eberhardstraße gegangen ist.
Schuhmachermeister Peter Marx' Domizil, der Damen-Salon »Hilde« mit rosafarbenem Glasschild in Palettenform und das Haus Nummer acht, das wie Bräuningers »Kiste« einen Giebel hat, die lassen mit der Fassadenruine des Hauses Nummer zehn die Tage nach dem Krieg wieder lebendig werden, als an der Ecke des Charlottenbaus nur noch eine Mauer übrig war, hinter der ein Schlossermeister seine Werkstatt hatte und manchem Bürogehilfen, der den Schlüssel seines Schreibtisches eingebüßt hatte, wieder zu einem solchen verhalf.
Linker Hand und auf halber Höhe der Straße, zwischen deren Pflastersteinen Gras sproßte, stand das Haus, dessen Fachwerk in der Biedermeierzeit übertüncht worden war und an dem ein Schild mit der Aufschrift »Fußpflege Stroppel« gleißte. Wer hineinging, fand sich in einem Ern, von dem eine Holztreppe in die Höhe führte, und neben der eine eisenbeschlagene Truhe stand, deren gewölbter Deckel von vielen Händen abgegriffen und poliert war. Die Sandsteinfront eines breiten und altersgrauen Hauses, das gegenüber stand und eine schräge Fahnenstange mit abschilferndem Farbanstrich hatte, erschien mir bemerkenswert, weil's aussah, als ob es nach einer Federzeichnung Alfred Kubins gebaut worden sei, während das an der Ecke zur Weberstraße stehende eine geräumige Wirtschaft hatte und mit seinen dreifach geteilten Fensterscheiben mindestens zweihundert Jahre alt war. Auch der Name des Wirts, der Kosmajac hieß, ist mir noch erinnerlich; und dort erzählte mir ein Mann, dessen Haar zentimeterkurz geschoren war, daß er aus der Landesstrafanstalt Lud-

wigsburg entlassen worden sei. Sein Gesicht zerriß zu einer Fratze, als er erzählte, ihn habe einer angezeigt, dem er es jetzt eintränken werde. Ich riet ihm davon ab und sagte: »Wozu auch. Und Sie machen doch nichts anders.«
Der breite klassizistische Giebel eines Hauses der Weberstraße, das ein Ochsenaugen-Fenster hatte, schloß die Kanalstraße harmonisch ab, die mir als stiller Winkel und verlassener Bezirk erschien, die Dächer altersbraun und moosbewachsen. Ein Schreiner, ein Schriftsetzer, ein Arbeiter und ein Redakteur haben damals hier gewohnt.
An der Ecke zur Weberstraße stand noch im achtzehnten Jahrhundert ein Rundturm der Stadtmauer, die hier die Esslinger Vorstadt begrenzte. Zwischen Fachwerkhäusern schauten Gärten her. Die Kanalstraße hieß Esslinger Thorgaß nach dem äußeren Esslinger Tor, durch das in der Nacht zum 23. September 1782 Friedrich Schiller nach Mannheim geflohen ist, als sein Freund Scharffenstein dort auf Torwache war. Und zwischen diesem Tor und der Weberstraße stand ein Zwischenbefestigungsturm, dessen Reste noch bis 1942 im Haus Kanalstraße 11 zu sehen waren. Er ist auf einem Stich von Merian von 1638 zu erkennen.
Kanalstraße heißt sie nach einem schmalen Kanal, der hier an der Stadtmauer entlangführte und sich beim Äußeren Esslinger Tor erweiterte, das auf dem Platz des Schwabenbräu-Hochhauses stand. 1811 ließ König Friedrich, um sogar den Stuttgarter Gäßchen das Bewußtsein einer Residenzstadt zu vermitteln, alle Gassen in Straßen umbenennen, und seitdem heißt die frühere Esslinger Thorgaß Kanalstraße.
Damals wohnten hier der Thorschreiber Klink, der Bronnenknecht Jakob Schleehauf und Ingenieur-Leutnant Sarbath, der zur königlichen Bau- und Gartendirektion gehörte.
Sogar einen berühmten Sohn hat die Kanalstraße in Hofbaumeister Christian Leins hervorgebracht, der neben anderen Bauwerken den Königsbau, die Villa Berg, das Palais Weimar, die alte Liederhalle und die Johanneskirche am Feuersee gebaut hat. Als Sohn eines Werkmeisters, der aus einer Steinhauerfamilie stammte und von seinem Vater in die Gewerbe- und Bauschule geschickt worden war, hat es dieser kleine und zarte Mann zu einem Architekten gebracht, des-

sen Baudenkmäler heute zu den wenigen zählen, die uns aus
früherer Zeit verblieben sind. Wie in einer eleganten Wohnung, wo das Mobiliar in blanker Modernität glänzt, stehen
sie in unseren Tagen als einzelne Antiquitäten da, welche sich
sehen lassen können. August Wetterlin, der Christian Leins'
Leben beschrieben hat, würdigt ihn als »einen Liebling vieler
Götter und Menschen«, wie ihn die Griechen genannt hätten.
Vergessen Sie, bitte, auch Louise Schmidt geborene Ritter
nicht, die Hofschauspielerin, die im zweiten Stock des Leinsschen Hauses Kanalstraße 18 gewohnt hat, desselben grauen
Steinhauses mit der schrägen Fahnenstange, das mir in der
Kanalstraße noch in den fünfziger Jahren aufgefallen ist. Mit
zehn Jahren kam Louise Schmidt in die Theaterschule im
Alten Waisenhaus, dem heutigen Institut für Auslandsbeziehungen, und wurde auch als Achtzigjährige, nachdem sie ins
Fach der komischen Alten übergewechselt war, gefeiert. Karl
Gerok hat sie mit diesen Versen gerühmt: »25 Jahre lang gefallen: / Schön ist's, aber es gelingt nicht allen. / 50 Jahre lang
ein Liebling bleiben: / Höher dacht ich kann es niemand treiben. / Aber 75 Jahr? / Märchenhaft und wunderbar.« Außer
Schauspielerin war sie auch Mutter; und noch als Achtzigjährige ist sie zu Fuß nach Gaisburg gegangen.
Die Wirtschaft an der Ecke zur Weberstraße aber war das
Stammhaus der Familie des Möbelschreiners Wirth, die Aberlin Tretsch, der das Alte Schloß gebaut hat, zu ihren Vorfahren zählen durfte. Und Hofschauspieler Dobritz hat hier gewohnt, der auch als Unterhalter und Schnorrer berühmt gewesen ist. Als der Waldhornwirt Vogelwayd zu ihm sagte, er
wolle Dobritz gegenüber nobel sein und die Hälfte seiner
Schulden streichen, antwortete der Hofschauspieler, dann sei
er auch recht nobel und streiche die andere Hälfte.
Ja, hier wimmelt's von alten Geschichten, obwohl man es der
Kanalstraße heute nicht mehr ansieht. Mich freut's, daß ich
das Haus des Hofbaumeisters Christian Leins noch genau vor
mir sehe und ihm seine Vergangenheit gewissermaßen angerochen habe; es war, obwohl es erst um 1850 erbaut worden
ist, das würdevollste in der Kanalstraße, die damals mit C geschrieben wurde. Und obwohl sie heutzutage nur noch als

Straßenzipfel oder Höfchen gegenwärtig ist, hat sie ihr Flair bewahrt.

In die Tiefgarage führt ein schräger asphaltierter Weg, dessen Erdwand nach der Rosenstraße von Balken und rostigen Eisenträgern gestützt wird. Zwei Büsche erinnern an die Gärten, die hier vor dreihundert Jahren lagen, und von der Rosenstraße schaut ein brüchiger Häusergreis herein. Unter einem Fenster hängt Wäsche. Und Küchenbalkone staffeln sich weiter oben übereinander, und es ist still; ein abseitiger Winkel nicht weit vom Straßenbahnhof unter dem Charlottenplatz, auf dem der Verkehr kocht.

Bolz- und Schloßstraße Gegen Abend, also im schrägen Licht, hat sie einen Hauch von ehemals. Sie ist hundertsechzig Jahre alt und weiß ihre Zugehörigkeit zur »Reichen Vorstadt«, die 1492 von Graf Eberhard im Bart gegründet wurde, immer noch zu wahren. Der Portikus des Königsbaus zeigt an der Ecke seine Säulen. Im Schatten gehe ich an der Hauptpost vorbei, auf deren breitem Trottoir Schaukästen aufgestellt sind. Die Fassade der Hauptpost ist zurückgeschoben, und das Eckhaus an der Friedrichstraße mit dem Etablissement »Zum Zum« ragt vor. Diese gestufte Anordnung belebt die Straße wie der Schwibbogen, der im Raab-Karcher-Haus, dem früheren Eisenbahndirektoriumsgebäude, in die Stephanstraße führt. Und die geschwärzten korinthischen Säulen, die, ein Rest des alten Bahnhofs, das Metropol-Kino zieren, passen zu gelblich getönten Sandsteinfronten. Das wirkt wie Patina und erinnert an früher.

Zwischen den Fenstern des einstigen Hotels Marquardt sind Nischen eingefügt, die Sandsteinfiguren schmücken; sie schauen über Steinbalkone, als dächten sie an die glanzvolle Zeit dieses europäisch berühmten Gasthofs. Dort, wo es heute in ein Kino hineingeht, war der Hoteleingang mit Glastourniquet und Baldachin. Viele adlige Herrschaften haben hier gewohnt. Generalfeldmarschall Helmut Graf von Moltke hat das Hotel in seinen Reiseerinnerungen rühmend erwähnt, und meine Urgroßmutter, die bei meinem Großvater Julius Krumm, dem Besitzer eines Weinwirtschäftles, in Gablenberg wohnte, hat die Küche des Hotels Marquardt mit den Lebern ihrer gestopften Gänse beliefert und manches Goldstück dafür eingeheimst.

Auch Wilhelm Marquardt hat klein angefangen. Er war Pächter des Gasthofs »Zum König von Württemberg«, bei dem der königliche Leibarzt und Staatsrat Dr. Ludwig, ein Junggeselle, zu Mittag aß. Er gab Marquardt Geld, damit er sich ein eigenes Gasthaus kaufen konnte. Der Wohlstand wuchs, Marquardt verlegte sein Etablissement ins Gaugersche Kaffeehaus an der Ecke Bolz- (damals Schloß-) und Königstraße, wo er in den siebziger Jahren zwei weitere Häuser dazukaufte, die 1896 zu dem neuen Prachtbau vereinigt wurden, dessen renovierte Reste heute noch in der Bolzstraße sichtbar sind. Marquardts Töchter kleideten sich wie adlige Damen, weshalb auf sie die Verse gemacht wurden: »I buck mi tief ond voller Ehrfurcht tiefer, – Ond wie i guck, send's d' Töchter vom Hofküfer.« Also gab es damals schon so etwas wie »Prestige«.

Das Trottoir vor der Hauptpost ist nicht umsonst so breit. Hier warteten vor dem Posthof der Biedermeierzeit und bis zum ersten Weltkrieg Postkutschen und Kutscher mit ihren Einspännern; manchmal war auch ein Motortaxameter darunter, und jeder Kutscher trug einen knielangen Schoßrock, zu dem ein Zylinderhut gehörte. Der Posthof war in der Feldjägerkaserne untergebracht, die um 1870 abgerissen und an ihrer Stelle das Hauptpostamt errichtet worden war. Bis 1944 stand es dort und bildete mit dem Königsbau und dem Hotel Royal eine harmonische Häuserzeile. Die Neubauten aber, die jetzt stehen, können sich auch sehen lassen.

Banzhafs Hotel Royal, ein heller Bau mit Fensterbekrönungen und Pflastern an den Ecken, war ein intimer Gasthof; nicht ganz so hochherrschaftlich wie das »Marquardt« und deshalb gemütlicher. In seiner »Zirbelstube« hat mir mein Vater das erste Glas Muskateller spendiert, als Onkel Hans dabeisaß, der im August 1914 beide Beine verloren hatte. Als Pfarrerssohn kannte Onkel Hans das Hotel Royal aus früherer Zeit, denn in ihm tagte der Pfarrerstammtisch, wo auch ländliche Kollegen, nachdem sie auf dem Konsistorium hatten vorsprechen müssen, im Kreis ihrer Amtsbrüder aus der Residenzstadt wohlgelitten waren.

Vom alten Bahnhof, der gegenüberlag, kamen Gäste, die ihren Zug versäumt hatten, doch war dies lang vor meiner Zeit. Ich kenne von ihm nur das Tor des »Eisenbahnhofs«, das ins Metropol-Kino eingebaut ist. Früher hieß dieses Kino »Ufa-Palast«. Ich hörte und sah dort den krächzenden Schmachtfetzen »Sonny Boy« als ersten Tonfilm.
Der alte Bahnhof hatte eine säulengeschmückte Mittelhalle, von deren Decke Gaslampenlüster und eine große Uhr herunterhingen, unter der sich viele Stuttgarter getroffen haben. 1847 ist der alte Bahnhof nach vielerlei Debatten im Gemeinderat zum erstenmal fertiggestellt und in den sechziger Jahren für sieben Millionen Mark neu aufgebaut worden. Daß sich um ihn viele Geschichten rankten, wird nicht wundernehmen. Wilhelm I. war so mutig, sich der ersten Fahrt von Cannstatt nach Untertürkheim anzuvertrauen, denn Cannstatt hatte schon 1845 einen Bahnhof. Der König fuhr mit der Uhr in der Hand, bestieg in Untertürkheim seine Chaise und kutschierte selbst, weil er feststellen wollte, wer schneller sei: das Dampfroß oder seine Pferde. Und entweder konservativ oder gar reaktionär gesinnt muß jener Zugführer gewesen sein, der von drei Revoluzzern des 48er Jahres aufgefordert wurde, sie »im Namen des Volkes« ohne Fahrkarte nach Ulm fahren zu lassen, damit sie dort die Betriebskasse des Eisenbahnzuges in Beschlag nehmen könnten. Die Herren saßen im letzten Wagen, und vor der Abfahrt koppelte ihn der Zugführer aus, damit er auf dem Stuttgarter Bahnhof stehenblieb.
Aber dies ist lange her. Die Volksbeglücker sehen heutzutage anders aus, und manch einer von ihnen geht im hochgeschlossenen Mantel, wie Stalin einen getragen hat, das Haar länger als Dürer, durch die Bolzstraße zum Königsbau hinunter. Ich sah dort einen solchen, der mir ausnehmend gefiel, weil er sich wie ein Dandy auf ein Biedermeierstöckchen stützte und halb wie ein Artist, halb wie ein Sektenprediger auftrat.
Um 1600 führte dort, wo heut das Hotel Marquardt, das Raab-Karcher-Haus und das »Metropol« stehen, die Stadtmauer entlang. Statt der Bolzstraße, des Königsbaus und der Hauptpost lagen Gärten, und dort, wo heute die große Kreuzung zur Theodor-Heuss-Straße als ein Stern aus Straßen weit

ist, stand ein Stadttor neben einstöckigen Häusern. Die Obere oder Reiche Vorstadt, die hier begann, stammte aus der Zeit des Humanismus und war geometrisch gegliedert. Zuvor hieß die Gegend »Turnieracker«, weil hier ein Kampffeld für Turniere hergerichtet worden war. Ein schmaler Weg führte zwischen Gartenmauern zur Fürstenstraße. Die Königstraße hieß damals »der Graben«, durch den ein Bach floß; er umgab den Kern der Stadt mit der Stiftskirche und dem Alten Schloß und wurde dort vorbeigeleitet, wo heute die Eberhardstraße eine Kehre macht.

Vor der Stadtmauer dehnten sich, ungefähr bis zur Liederhalle, zwei Seen aus. So war es bis zum 21. März 1810, als das See- oder Friedrichstor abgebrochen, die Seegasse (später Friedrichstraße) verlängert und die heutige Bolzstraße als neue Seitenstraße gebaut wurde.

An der Ecke zur Friedrichstraße stand das alte Katharinenstift, dessen Geschichte im Aufsatz über die Friedrichstraße erzählt worden ist und dessen ältester Teil dem Finanzrat Süß Oppenheimer gehört hatte; 1930 ist es zu zwei Dritteln abgebrochen und 1943 zerstört worden. Heute aber ist der Himmel hier von Häusern frei.

Ich entsinne mich des Friedrichsbaus, dieses prunkvollen Gebäudes im neubarocken Stil der Jahrhundertwende. Sein Café mit Ätzglasscheiben habe ich des öfteren besucht. Das Postscheckamt ist in den zwanziger Jahren gebaut worden, während die Stuttgarter Bank die klassizistische Bauweise der Zeit um 1910 erkennen läßt, die auch an der Fassade des Staatstheaters sichtbar ist. Das Landesgewerbemuseum aber, das heutzutage oft kritisch betrachtet wird, weil es so protzig sei, hat, seiner grünlichen Kuppeldächer wegen, meine Sympathie. Zwar ist's nicht glatt und kantig, dafür aber üppig und außerdem auf dem Gelände der früheren Gardekaserne erbaut worden. Und wer will ein Gebäude schmähen, das dem Gewerbefleiß der Mitbürger gewidmet ist und einen Kasernenbau verdrängt hat?

Oben weitet sich der Berliner Platz, wo nach dem Kriege alles neu geworden ist. Die Betonfront der Liederhalle wird von Pappeln abgeschirmt, und ihre kubischen Gebäude, die an der Schloßstraße durch farbige Mosaikmuster belebt werden, ver-

schwinden fast in dem weiträumigen Bezirk. Das ist eine harmonische Anlage, beispielhaft für zeitgenössische Architektur, obwohl sie auch schon 13 Jahre alt ist.
Die Schloßstraße öffnet sich hier als weiter Prospekt, der da und dort noch Altes sehen läßt, wie die vor 96 Jahren erbaute Schloß-Realschule, die damals Mädchen-Mittelschule hieß. Gegenüber sind sieben Kastanienbäume so hoch wie die Häuser, von denen eines, das seit 1900 hier steht, ein Portal mit gebündelten Säulen hat, als wär es tausend Jahre alt.
Hinter der Senefelderstraße verwandelt sich die Schloßstraße in die Bismarckstraße, und ich bin dort am Rand des »Vogelsangs«, nachdem ich in der Phantasie an die vierhundert Jahre durchschlendert habe. Beim Zurückwandern komme ich in die »Reiche Vorstadt« zurück, die an der Seidenstraße anfing, wo vor der Stadtmauer Maulbeerbäumchen für die Seidenraupenzucht gepflanzt worden sind, und das »Bollwerk«, eine Befestigung, diesen Stadtteil schützte. Daran erinnert heute noch die Wirtschaft »Zum Bollwerk« in der Leuschnerstraße.
Wie schnell wird alles altertümlich. Das Postscheckamt beim Landesgewerbemuseum trägt die Inschrift: »Deutsche Reichspost 1921-1930« und schaut mit staubigen Fensterscheiben und bröckelndem Verputz altersgeschwärzt und abbruchreif in unsre blanke Gegenwart. Und mir fällt ein, daß die Schloßstraße so genannt wurde, weil sie zum Neuen Schloß führt. 1811 standen hier zwei Häuser, die einem Hofsäckler und einem Hofzinngießer gehörten; 1829 waren es fünf, und in ihnen wohnten ein Hof-Domänen- und ein Regierungs-Rath, ein Postrevisor und ein Herr Dr. von Schab, der Direktor der königlichen Straf-Anstalten-Commission. Zwanzig Jahre später – inzwischen wurden drei Häuser hinzugebaut – hatten sich Fräulein Bröge, eine Hofschauspielerin, mit der Hofsängerin Doris Haus neben dem Kammerherrn von Dillen, dem preußischen Gesandten Freiherrn von Hügel und dem Post-Conducteur Friedrich Most hier einlogiert. Ich wüßte gerne, ob sich alle gut vertragen haben. Oder ist's falsch, wenn ich annehme, an so etwas wie »Klassenkampf« hätten die damals nicht gedacht? Und wenn ich lese, daß um 1900 das Haus Nummer 32 von Hofdienern des königlichen Kronguts be-

wohnt wurde, wo ein Assistenzarzt mit dem Schloßportier Menz, mit einem Kutscher, einem Kammerlakaien, einem Kabinettsaufwärter, einem Hofbedienten, einem Reitknecht und einem Schloßtürsteher zusammenwohnte, dann staune ich über die Hierarchie, die sich in derart differenzierten Berufsbezeichnungen bekundet.

Bopserwaldstraße Droben am Bopser zweigt sie von der Hohenheimer Straße ab, als führe sie in den Wald, und ihr erstes Haus, das niedrig ist, steht wie ein Forsthaus da. An der Kehre erheben sich Bäume, Buchen mit hellem Laub, Tannen, schwarzgrün wie im Schwarzwald. Es atmet sich hier frisch, wie es der lufthungrige Städter braucht. Der Park der Villa Weißenburg, von der Stadt als Stätte der Erholung ausgebaut, ist nahe. Die Straße wird von einer Brücke überspannt, die in diesen Park führt.
Fürwahr ein Geschenk unserer Stadtväter, die hier der Tradition gefolgt sind, weil das Bopser-Anlägle 1822 als erste Anlage der Stadt geschaffen wurde; auf einem kolorierten Stich ist's überliefert.
Eine Trinkhalle hat ein Schieferdach und Säulen zwischen jungen Ahornbäumen. Der Bopser wölbt sich hinter ihr als ein waldiger Hügel, und über einem Mäuerchen sind Weinstöcke zu sehen. Herren in bunten Fräcken, Damen in Krinolinen und Umschlagtüchern wandeln unter ländlichen Schönen, von denen eine einen Korb auf dem Kopf trägt.
Die Quelle ist 1762 entdeckt worden, als man hier nach Porzellanerde grub. Ihr Wasser war ringsum berühmt. Als zwischen 1882 und 1884 die Hohenheimer Straße gebaut wurde, hat man den Brunnen versetzt und später einen gußeisernen Pavillon errichtet, wie er auf einem Foto von 1907 hinter einer jungen Frau mit flachem Strohhut, die ein Mädchen bei sich hat, kunstvoll verschnörkelt zwischen Birkenstämmchen herschaut und an den Musikpavillon auf dem Schloßplatz erinnert, der jetzt wieder geschätzt wird. Unseren jungen Leuten, die den Geschmack bestimmen, gefällt solch ein monarchisches Relikt, weil es sie gefühls- und gedankenweise aus der betonstrotzenden Gegenwart hinausführt.

Eigentlich nicht schlecht. Und der angegraute Spaziergänger hegt Sympathie für den Geschmack unserer jungen Herrschaften, während er die Bopserwaldstraße aufwärts geht und sich erinnert, daß sie 1900 zum ersten Mal im Adreßbuch erwähnt wird. Sie feiert also ihren siebzigsten Geburtstag.
1900 standen hier zwei Villen mit den Nummern 48 und 52. Beide gehörten Privatier Wilhelm Rieckert. Zehn Jahre später waren es schon zwanzig Häuser. Einige Kunstmaler und Kunstmalerinnen (Melanie Setzer, Robert Weise und Richard Herdtle) hatten sich dort neben dem Major Heinz von Hoff einlogiert, der auch noch 1930 im Haus Nummer 22, jetzt freilich als Generalmajor a. D., wohnte. Wilhelm Rieckert richtete 1910 eine Weinwirtschaft ein, die Burschenschaft Ulmia hatte hier ihr Haus, und Schutzmann Wilhelm Frisch betreute Privatiers, adlige Offiziere, Professoren und mehrere Oberlehrerswitwen; auch ein Kaufmann ist darunter, Max Grünzweig mit Namen. Matthias Fröhlichs Weinwirtschaft im letzten Haus oben am Wald war als Ort der Rast und Rekreation bis in die dreißiger Jahre beliebt, denn damals war ein Sonntagsausflug auf die Hügel noch ein belebender Trip zu Fuß. Heute braust man weiter weg.
Da bist du also in Gedanken schon oben am Waldrand, indes du langsam bergan schlenderst, übrigens an einem hellen Sonntagnachmittag. Die Bopserwaldstraße ist dir seit mehreren Jahren vertraut, und du weißt, daß sie auch wochentags still daliegt mit ihren Lindenbäumen auf der linken Seite, wo der Blick über das Tal sich weitet.
In den zwanziger Jahren, einer kargen Zeit, die wir uns kaum noch denken können, hat man zu Anfang Juni hier Lindenblüten gepflückt, um sich aus ihnen einen Tee zu brauen.
Rechts erheben sich Villen und Etagenhäuser mit steilen Treppen in Vorgärten. Wo der Bopserweg abzweigt, hat sich ein kluger Mann ein Gartenhaus, das wie ein Turmstumpf aussieht, zu einer separaten Wohnung ausgebaut, und gegenüber streckt die Villa des Privatiers Oskar Eisele von 1910 ihren hohen und spitzen Turm hinauf, der schloßartig und distinguiert aussieht. Der Wunsch des Bürgers, es dem adligen Schloßbesitzer gleichzutun, wie dies bis 1914 üblich war, dokumentiert sich hier in Sandstein und in Fachwerk, das auch vom Ober-

geschoß des Hauses Nummer dreißig herschaut, wie es der Jugendstil verlangte.
Draußen und drunten liegt die Stadt. Über Gärten, hinter denen weitläufige Besitztümer versteckt sind, sehen Sie hinab, hinaus. Es ist ein weites Panorama, die Hügel hellblau, die neuen Baublöcke in der Talsohle flach gelagert, akzentuiert von Türmen; und das Finanzamt in der Rotebühlkaserne zeigt seine imposante graue Stirn aus Stein. Großräumige Neubauten schieben sich zwischen die Satteldächer, als ob sie sagten: Wir sind jung, und ihr seid alt. Von Degerloch über den Birkenkopf zum Bismarckturm und weit hinaus, dort, wo sich, Murrhardt zu, die Löwensteiner Berge aufzulösen scheinen und Hochhäuser wie urtümliche Totempfähle oder römische Reste aus den Zeiten Caracallas warten (es wiederholt sich alles), schwebt der Blick der Ferne zu.
Auch die Nähe ist des Anschauens würdig. Ein reicher Herr hat sein Besitztum überm Staketenzaun mit Stacheldraht abgesichert und hinter einer Taxushecke Sichtblenden aus Schilfgeflecht aufgestellt; das ist nicht weit von der verfallenen und deshalb durch Balken abgesperrten Treppe, die ich schon oft heraufgestiegen bin.
Ich entsinne mich eines Faschingsabends, der als »Film-Faschiwal« angekündigt war und in einem hinten zwischen Gärten gebauten neuen Haus, vor dem zwei Kiefern wurzeln, vonstatten ging. Wer eingeladen war, mußte in seinem Kostüm einen Filmtitel verwirklichen. Die Außenwand der Villa schmückte ein Filmplakat, und um Mitternacht wurde ein junger Mann im rotgewürfelten Wollhemd prämiert, das malerisch zerrissen war – und den nackten Ellenbogen sehen ließ. »Einer kam durch« hieß der Filmtitel zu diesem Kostüm.
Faschingserinnerungen passen zu dieser eleganten Gegend. Nicht weit von hier war eine zweite Faschingsnacht unterm Motto »Buchtitel« bemerkenswert. Einer brachte ein Einweckglas voll Wasser mit, in dem ein nacktes Zelluloidpüppchen schwamm: »Aquis submersus«. Ein anderer hatte ein quergestreiftes Hemd vorne quadratisch aufgeschnitten; zog er an einer Schnur, dann öffnete es sich über dem Nabel, um den ein schwarzer Kreis gemalt war: »Die Marquise von O«. Ein Dritter trug eine Windrose auf dem Hemd, und west-

wärts hing ein alter Damenstrumpf: »Im Westen nichts Neues.«
Aber das sind vergangene Späße. Im Weiterschlendern siehst du das »Haus Annemarie« mit seinen halbrunden Eckpavillons, in dem die Deutsche Koyo Wälzlager Verkaufsgesellschaft m. b. H. ihr Büro hat, und meinst, die Zeit vor dem ersten Weltkrieg müsse enorm nachgiebig gewesen sein, wenn ihr derart weiche Bauformen wie am Haus Annemarie gefallen haben. Die aggressiven Kanten unserer Bauwerke sprechen da eine andere Sprache, während das breite Walmdach der Nachbarvilla, deren Giebel mit Holzschindeln verschalt ist, von einem Schwarzwälder Haus inspiriert zu sein scheint.
Hier ist die andere Kehre der Bopserwaldstraße, die sich breit hinaufschlingt. Das Zweite Deutsche Fernsehen, Landesstudio Baden-Württemberg, hat eine travertinplattenverkleidete Villa mit maurischen Ornamenten und einem aus Stein gemeißelten Drachen über der Tür zu seinem Sitz erkoren. Weiter oben aber sehen Sie eine Villa im strengen und dezenten Bauhaus-Stil, wie er auch in der Weißenhof-Siedlung zu erkennen ist. Und das Haus Lazi streckt sich als Atelier für Werbefotografie an die vierzig Meter lang. Den kargen Bauformen zum Trotz hat ein Bauherr der zwanziger Jahre, wahrscheinlich der Repräsentation zuliebe, seine Villa mit einem travertinverkleideten Portal schmücken lassen, über dem Voluten ein Balkonfenster zieren.
Drunten liegen die Hügel des Parks der Villa Weißenburg mit dem malachitgrün patinierten Kuppeldach seines Teehaus-Pavillons. Der Fernsehturm reckt sich über den Wald, und immer noch ist das Haus Nummer 94 beinahe unverändert seit dem Jahre 1910, als hier Fröhlichs Weinwirtschaft blühte.
Weiter zurück aber, in unauslotbaren Zeitentiefen und drunten am Bopserbrünnele, führte einstmals die Bopsersteige in das Tal hinab. Sie ist älter als die Stadt, die als Weiler gegründet wurde. In vorgeschichtlicher Zeit zog sich die Steige vom Bopser in die Gegend beim Leonhardsplatz, und dann über den jenseitigen Talhang zum Feuerbacher Weg, der so uralt ist wie die Bopsersteige. Die Bopserwaldstraße aber mag damals ein Pfad im Wald gewesen sein; später führte sie als Wein-

bergweg hinab, und erst vor siebzig Jahren ist sie in bürgerlicher Eleganz erwacht. Herzlichen Glückwunsch zum siebzigsten Geburtstag!

Rosen- und Wagnerstraße Bevor etwas verschwindet oder untergeht, kommt meistens einer, der noch einmal alles aufschreibt, was er von den Menschen, die gestorben oder weggezogen sind, und von den Häusern weiß, die abgerissen wurden. Und weil es nicht mehr lange dauert, bis die Rosen- und die Wagnerstraße und mit ihr alle andern Altstadtgassen eingeebnet sind, damit an ihrer Stelle ein Betongebirge sich auftürmen kann, das den Bedürfnissen unserer Zeit entspricht, beschreibe ich die beiden Altstadtgassen aus dem »Bohnenviertel« so, wie sie heute noch sind. Wieder einmal lasse ich Vergangenes im Gegenwärtigen erscheinen und danke Eugen Dolmetsch und Richard Zanker, die in ihren Büchern diese Gegend verewigt haben, auch wenn sie bald nicht mehr sein wird als ein Hauch der Erinnerung.
Die Rosenstraße gehört zu unsern ältesten; 1431 wird sie zum ersten Mal erwähnt. Und »Bohnenviertel« heißt dieser Bezirk, weil die Weingärtner, die hier wohnten, im vergangenen Jahrhundert sich der Zeit anglichen und auf Gemüsegärtnerei umstellten. Bohnen wurden angepflanzt, die zu Anfang des 16. Jahrhunderts aus Amerika und Holland hierher gebracht worden waren. Als 1823 dem Hause Württemberg ein Kronprinz geboren wurde, stand im Bohnenviertel groß zu lesen: »Erbse, Bohne, Linse: / Hurra, mer hent en Prinze!«
Long, long ago ... sage ich zu mir, denn heutzutage denken wir, zumindest manchmal, englisch.
Unten an der Esslinger Straße ist ein leeres Grundstück mit Gebrauchtwagen belegt. Neben ihm sind einstöckige Behelfsbauten in Bombenlücken des Kriegs aneinandergeklebt, und das Häuschen des »Holz-Haas« sieht wie ein Ausstellungsstück auf einer Messe für Siedlungshäuser aus. Hier gibt es buntes Spielzeug und bemalte Spanholzschachteln, die seit zweihundert Jahren gleichgeblieben sind.
Der langgestreckte Bau des »Griechischen Clubheims« schließt sich an. Weiter vorne, wo die Weberstraße die Rosen-

straße kreuzt, sind griechische Buchstaben an einem Friseurladen zu sehen, dessen Schaufenster eine blau bemalte Säule aus Gußeisen schmückt. Vor dem Kriege stand in der unteren Rosenstraße das ehemals Wimpffsche Anwesen mit seiner Empirefassade. Und wenn ich Stetters Weinstube betrachte, dann frage ich mich, ob diese Gaststätte die frühere »Wirtschaft zur Pferdeeisenbahn« ist, deren Schild mit einem Pferdebahnwagen geziert war.
An der Ecke zur Weberstraße aber steht das alte Haus, wo vor zehn Jahren noch Fahrräder zu kaufen waren. Und wer hier stehen bleibt und ein altes Bild der Rosenstraße mit ihrer heutigen Gestalt vergleicht, der merkt, daß die obere Rosenstraße noch so ist wie 1883, als jenes Bildchen gemalt wurde. Er wünscht sich, daß wenigstens diese Häuser noch eine Zeitlang erhalten bleiben, und denkt an München, dessen Stadtrat einen Wettbewerb ausgeschrieben hat, der renovierte Jugendstilhäuser prämierte. Die hier in der Rosenstraße sind beträchtlich älter.
Dort, wo noch vor drei Jahren Fische und Geflügel auf einer schwarzen Glastafel mit Goldbuchstaben angepriesen wurden, hat sich ein Antiquitätenladen einlogiert, der eine Reisetruhe mit rostigen Beschlägen und viele respektable Schnitzwerkmöbel im Schaufenster hat. Eine gemütliche Weinstube heißt jetzt »Go in-Restaurant« (ich meine, daß sie früher »Zum Hahnen« geheißen hat), und das repräsentable Etagenhaus Nummer 37 hat viele Fenster und Fensterläden wie auf dem alten Bild. Wer dort im vierten Stock wohnt, kann über winkelige Dächer schauen.
Ich bin hier in der Äußeren oder Esslinger Vorstadt, die auch Sankt-Leonhards-Vorstadt hieß. Die Weberstraße war ihre Grenze, denn an ihr ging die Stadtmauer entlang; davor lagen Wiesen, Äcker, Weinberge, Wälder und der Lazarett-Friedhof, aus dem auch heute noch Gebeine herausgeschaufelt werden, wenn oberhalb des Schellenturms gebaut wird.
An der Ecke zur Olga- und zur Blumenstraße gibt es Balkone auf gußeisernen Säulen, die sich zierlich strecken. Hier könnte ein Architekturstudent Beispiele für das finden, was man eine Ecklösung nennt, wenn solche Ecklösungen heutzutage nicht für veraltet angesehen würden. Wir leben ja im Zeitalter der

Ellenbogen-Architektur, und deshalb müssen neue Bauwerke kantige Ellenbogen haben. Distinguiert abgeschrägte und mit Balkonen aufgelockerte Ecken sind nicht mehr beliebt.
Von der Blumenstraße schaut ein Neubau mit langen Geschossen grau in die Rosenstraße, und die alte Fabrik mit der Nummer 43 ist ein roter Schutthügel hinter Erdgeschoßmauern. Ich erinnere mich ihrer, sehe sie dastehen als dunkelrotes, angeschwärztes Backsteingebäude mit hohen, graustaubigen Fensterbögen, die von gemeißelten Profilen umrahmt gewesen sind, düster und verraucht und vom Lauf der Zeit in ein Denkmal der Mühsal und der Nützlichkeit verwandelt, das nahezu mythisch aussah; weshalb die heutigen Fabriken in strahlendem Weiß dastehen, obwohl auch sie der Mühsal dienen.
Und nun also zur Wagnerstraße, die neben dem Stumpf des Schellenturms beginnt, auf dessen steinernem Bauch vor hundert Jahren David Schmid in schwungvoller Schrift für sein Holz-Torf-Coakes- und Kohlen-Lager Reklame gemacht hat. Eine Zeichnung überliefert es. Der Schellenturm als letzter Turmrest unserer Stadtmauer stammt aus dem Jahre 1564 und wurde als Kastkellereiturm benützt. Schellenturm heißt er seit 1811; in ihm waren Sträflinge untergebracht, die öffentliche Arbeiten verrichten mußten und Schellenwerker genannt wurden, weil an ihren Kleidern Schellen hingen.
Am Gasthaus zum »Brett« erinnern Bombensplitterlöcher an den Krieg. Auf einer Tafel steht: »Erbaut im Jahre 1900 von Gottlieb Schwab.« Unter einem gotischen Baldachin schaut ein steinerner junger Mann herab, ein »strabeliger Kerle« in Wams und Bundhosen, der sich vorneigt, als spräche er zu einem Volksauflauf. Oder sollte es ein Schellenwerker sein?
Das ist Richard Zankers Bezirk. Er hat die Leute, die um 1900 in der Wagnerstraße lebten, so dargestellt, daß jeder, der seine Zeilen liest, meint, er sei ihnen selbst begegnet: Dem Schuhmacher und Laternenanzünder Schmid zum Beispiel, der sich in der Dämmerung mit einer langen Stange, an der ein Petroleumlämpchen brannte, auf den Weg machte. Das war dann für die Kinder das Zeichen, daß sie heimzugehen hatten. Und höre ich heute in der Wagnerstraße eine Frau ihrem Buben von oben zurufen: »Jetzt kommschd aber ruff!« dann meine ich, die Menschen hätten sich, zumindest in der Wagnerstraße,

kaum verändert. Ich denke an den Sohn des Metzgers Steimle, der hier gewohnt hat und von seinem Vater nach Amerika verfrachtet wurde, weil er sich an ein bürgerliches Leben nicht gewöhnen konnte, und schaue die Gäste der Wirtschaft Wieland in der unteren Wagnerstraße an, die keinen »angepaßten« Eindruck machen.
Griechisch wird gesprochen. Eine Frau sagt: »In der Schweiz kaaschd net zum Frisör. Do kostet d'Dauerwella fuffzich Mark!« Aus der Weinstube Egle schaut eine Dame im weißen Arbeitsmantel, das Haar tizianrot, heraus; ein Bub klettert über ihr aus dem Giebelfenster aufs Teerpappedach zweier Garagen, hinter denen sich die Blätterschichten von Haselnußbüschen regen. Der Sportplatz der Jakobsschule liegt gegenüber hinter Maschendraht, und nicht weit von der Änderungs-Damen-Schneiderei Zografos hat ein »old fashion shop« ein winziges, mit Krimskrams gefülltes Fenster; aus seiner Türe riecht es moderig. Ein Mädchen mit langfransigem und hellem Haar tritt lächelnd und sich auf den Zehen drehend von innen heraus und trägt eine Laterne, wie sie mein Großvater als Feuerwehrhauptmann besessen hat. Dabei fällt mir der Tänzer Gino Neppach ein, der im Haus des Schuhmachers und Laternenanzünders Schmid aufgewachsen ist und weltberühmt wurde; er soll ephebenhaft schön gewesen sein, weshalb er für alle Mädchen in der Wagnerstraße eine Augenweide war.
In der Wirtschaft »Wieland« klappern Bierflaschen, und Stimmen vermischen sich. Davor sagt einer, dem der Kopf recht schwer hängt: »Schreibst mi uff, weil i do parkt han?« – »Wega mir kaaschd parka wo da willschd.« – »I han denkt, du bischd von dr Kripo.« – »I ben doch blos a kloiner Schurnalischd.« – »Wo wohnschd?« – »Em Aierneschd.« – »Komm mit nei. I verzeel dr soo an Story! Aber muaschd mer a Bier zahle ... Du, i hann mein Kiddl verlora mit hondertfuffzig Mark dren. Mei Weib, die schlägt mi dod ... Wo hosch dein Waage?« – »I fahr doch mit dr Stroßabaa.« – »Dees gibt's doch net.« – »Wenn i dr sag. Ond do hoschs Geld firs Bier. Drenkschd uff mei Wohl.« – »Du bischd a feiner Kerle.«
So kam's, daß ich mich in der Wagnerstraße als ein feiner Kerle fühlte.

Eduard-Pfeiffer-Straße Am Kriegsberg schlingt sie sich empor und hat ein elegantes Fluidum. Sie aufwärts zu durchschlendern wäre stillos, weil man in ihr nicht schwitzt. Eher schaut man dort, von einer Hollywoodschaukel gewiegt, über Terrassengärten in Stuttgarts blaudunstiges Tal hinab.
Wer nachmittags in ihr abwärts geht, ist so gut wie allein. Es bellt ihn allenfalls ein Pudel an, der hinter einer Buchsbaumhecke Langeweile hat, weil sein Herr auf Reisen und die Frau im Mineralbad ist.
Erfreuliche Lebensumstände passen zu dieser Straße, die 1908, am selben Tag, da dem Geheimen Hofrat Dr. Eduard von Pfeiffer der Ehrenbürgerbrief überreicht wurde, nach ihm benannt worden ist.
Im »Jahrbuch des Vermögens und Einkommens der Millionäre in Württemberg mit Hohenzollern« aus dem Jahr 1914 steht er mit zehn Millionen an fünfzehnter Stelle. Er war Mitglied des Aufsichtsrats der Württembergischen Metallwarenfabrik Geislingen und schrieb: »Merkt es euch, ihr Mächtigen und Reichen, die ihr behaglich dahinlebt, ohne euch um das Los derer zu bekümmern, durch die der ganze Komfort, der euch umgibt, geschaffen wurde! Ihr, die ihr ohne Teilnahme seid für die Leiden, denen ihr selbst nicht ausgesetzt seid, laßt euch die Warnungen des Jahres 1848 nicht umsonst gegeben sein!« und handelte danach. Mit eigenem Geld baute er drei große Siedlungen in Ostheim, Heslach (»Südheim«) und Botnang (»Westheim«). 1864 gründete er in Stuttgart den ersten Spar- und Konsumverein, schuf die erste öffentliche Arbeitsvermittlungsstelle, gründete den »Verein für das Wohl der arbeitenden Klassen«, errichtete eine Herberge für Fabrikarbeiterinnen, Volksküchen und das erste Arbeiterheim. Sein Arbeiterbildungsverein half jedem, der weiterkommen wollte; ihm war eine Volksbibliothek angeschlossen. Er schenkte ein Erholungsheim für Kinder an den Verein für Ferienkolonien und verzichtete als Direktor der Württembergischen Vereinsbank auf jegliches Gehalt, damit er unabhängig bleiben konnte. Er ließ die Altstadt sanieren. Er war Jude. 1921 ist er sechsundachtzigjährig gestorben.
Ihn hat viel beschäftigt; und ihn hat die Sorge umgetrieben, die jeden Unternehmer heimsucht, auch wenn er sich »vital« und

sorglos gibt; weshalb ich meine, daß die Villen, die Landsitze und die eleganten Häuser oft etwas vorspiegeln, das nur als Wunschbild existiert.
Ein Mädchen (Minirock aus Wildleder mit Fransen) schlendert neben einem jungen Herrn. Die beiden sind im Apachen-Stil, den man auch Lumpen-Look nennt, teuer gekleidet und gehen mit betonter Lässigkeit. Ob es Kinder von Fabrikanten sind, das ist nicht auszumachen, weil diese Art zu gehen heute auch Arbeiter an sich haben und soziale Unterschiede durch Eleganz verwischt werden. Übrigens gibt's Fabrikantentöchter, die Fürsorgerinnen werden.
Das äußere Bild aber schaut idyllisch aus. Und obwohl sie erst 62 Jahre alt ist, steht in der Eduard-Pfeiffer-Straße ein Haus von 1859, das zwar, im Krieg gelitten hat, dessen ursprüngliche Gestalt aber mit Balkonen und Erkern noch deutlich erkennbar ist: Das Hackländer-Haus an der Ecke zur Schoderstraße.
Es gehörte Friedrich Wilhelm Hackländer, einem Bestseller-Autor des vergangenen Jahrhunderts, der eine achtzigbändige Gesamtausgabe hinterlassen hat. Vom Baumeister des Königsbaus, Christian Leins, ließ er sich 1859 in der Urbanstraße diese Villa bauen, die 1909 dort abgebrochen und ein Jahr später hier heroben unverändert wieder aufgebaut worden ist. Hackländer hat in ihr viele Künstler und Schriftsteller versammelt, denn er bestimmte damals das geistige Leben unserer Stadt. Er gründete die Künstlergesellschaft »Bergwerk«, der auch Wilhelm Raabe angehörte, war Sekretär des Königs Karl und bis 1865 Garten- und Baudirektor, also eine vielseitige Persönlichkeit. Seine Leser rühmten seinen »frischen, lebendigen Stil«, den heutzutage Germanistikstudenten untersuchen, die über Trivialliteratur arbeiten. Hackländer hat liebenswürdig ausgesehen mit seiner kurzen Nase, den rosigen Backen und der hohen Stirn. Auf einer Karikatur des »Bergwerks« schwebt Merkur, unterm Arm eine Flasche und im Mund einen enorm langen Gänsekiel, zu ihm herab, der im Lehnstuhl am Schreibtisch sitzt, auf dem das Standbild einer nackten Göttin steht, der ein Schlapphut über den Kopf gestülpt ist.
Vor dem Hackländer-Haus steigt die Straße sacht an. Es ist

nicht weit von jenem Metzgerladen, in dessen Schaufenster der Besitzer einmal mit dem Auto hineinfahren mußte, um einem anderen auszuweichen; weshalb dann Glasscherben und Würste innen auf dem Boden lagen, ein zufälliges Mißgeschick. Die Blätterwand einer Ligusterhecke durchwächst einen alten Staketenzaun, eine Lärche hängt zartfransig übers Trottoir, und gegenüber führt neben einem Giebelhaus ein gewölbtes Tor zu einer Treppe. Ein einstöckiger Bungalow hat bunte Liegestühle vor dem Rasen, und an der Kehre, welche Linden säumen, öffnet sich der Ausblick auf die Stadt bis hinüber zum Rotenberg, wo Sonne auf waldigen Höhen liegt und eine bloßgelegte Weinbergflanke braunrot leuchtet.
Trutzig, mit Zinnen und Buckelquadern, schaut der Kriegsbergturm hinter der Wiese her und erinnert an Ausflüge unserer Großväter, die hier um 1890 die Fernsicht genossen haben. Der Spaziergänger von heute aber freut sich an der Arbeit der städtischen Gartenmeister, die solche Anlagen pflegen, wie hier sich eine zwischen feine Häuser schiebt, damit nicht nur Villenbesitzer etwas von der Aussicht haben.
Hinter Gittertoren mit vergoldeten Knöpfen dehnen sich weitläufige Besitztümer, von denen manchmal nur die Dächer sichtbar sind. Ein Weinberg senkt sich hinab, und immer wieder wird draußen das Panorama weit. Das neue Katharinenhospital liegt unten, breit und hell, der moderne Komplex der Universität reckt sich empor. Stadtteile mit rotbraunen Dächern sind nach Osten und nach Süden ausgebreitet, und Wälder rühren an den Himmel.
Ein junger Mann schlägt das Gartentor hinter sich zu und schlendert mißmutig zum Auto. Ob der sich über seine Eltern ärgert? Und ich versuche mir seinen Vater vorzustellen, der hart arbeitet, als Maurer angefangen und ein Patent erfunden hat. Fast ohne es zu wollen ist er reich geworden. Seine Frau erzählt vom Freddy auf dem Schauinsland, der ein so wundervolles Mixgetränk bereitet, daß sie es nur empfehlen kann. Nach der Tagesschau gehen beide zu Bett, und wenn Papa im Klo verschwindet, ruft ihm Mama nach: »Ziag net, i komm au no!«
So dokumentiert sich auch noch heute schwäbische Sparsamkeit, vielleicht sogar in der Eduard-Pfeiffer-Straße, wo zwi-

schen Obstbäumen auf dichtem Rasen ein Gartenhaus Spitzenvorhängchen der Jahrhundertwende hat. Kiefern, Birken und Linden schützen die Familienburgen vor der Straße, der Zickzackweg zweigt ab, und von oben schaut das kühne Bauwerk eines japanischen Architekten wie ein steinerner Schiffskiel mit Bugkanzel herab, in dessen breiten Fenstern blaue und weiße Himmelslandschaften sich spiegeln. Ein Hauch von Glück, den Sie »frohen Herzens genießen« sollen.
Weiter unten freilich, wo die Straße in die Azenbergstraße einmündet, stehen Häuser aus monarchischer Zeit, in der die Bürger noch nicht derart intensiv wie heute auf ihr Prestige bedacht gewesen sind. Und Eduard Pfeiffer, der in der Seestraße wohnte, wäre erstaunt, wenn er in unseren Tagen von der Straße, welche seinen Namen trägt, hinunterschaute auf die Stadt. Ob er zugäbe, daß sich in der Zwischenzeit die sozialen Verhältnisse merklich gebessert haben? Ich meine: ja. Obwohl er auf die Frage, ob die Menschen heute glücklicher als damals seien, wahrscheinlich keine Antwort wüßte.

Pfarr- und Brennerstraße Räusche werden jedenfalls von hier mehrere heimgetragen, sogar am Sonntag früh. Armschlenkernd, stolpernd, die Beine gerade noch davor bewahrend, daß sie sich verknäueln, strebt ein Zeitgenosse vorwärts und erzählt, daß er von Freitagabend bis zum Sonntag hier sei. »Schrecklich«, sagt er und hebt beide Arme: »Aber montags hab ich wieder meine Arbeit!« Und mich verwundert's nicht, daß den also die Arbeit vom stumpfen Dreh und Durcheinander seiner Freizeit-Totschlag-Sklaverei erlöst.
So geht's hier zu. Tolle Figuren aber, Popanze, von Sex und Rauschgift aufgeblasen, sie kommen weder in der Pfarr- noch in der Brennerstraße vor; solche gibt es vielleicht anderswo, zum Beispiel auch in modernen Romanen.
Und kurios, daß die Pfarrstraße nicht Pfarrstraße, sondern Brunnenstraße heißen müßte, weil die alte und echte Pfarrstraße vom Parkhaus Züblin mit langen Betongeschossen nicht weit von der Leonhardskirche zugedeckt wird. Im Krieg sind dort die Häuser bis auf eins verschwunden, das noch in den fünfziger Jahren als ruinöses Sandstein-Gebäude das Ma-

teriallager der Firma Degenkolbe enthielt und in der unteren Etage vollgepfropft war mit altem Papier. Buben fuhren auf Handwägen gebündelte Zeitungen in seine düstere Toreinfahrt hinein und bekamen für »rutschiges Papier« das meiste Geld.
Heute verdecken Pappeln die grauen Etagen des Züblinschen Garagefelsens, was mich freut. Eine Anlage streckt sich aus, und Bänke warten auf Rentner und Damen, die sich von anstrengender Nachtarbeit in Bars und Schlafstätten erholen wollen. Auch an Kinder ist gedacht, die hier einen weiträumigen Spielplatz haben.
Der Nachtwächterbrunnen ist hier aufgestellt worden, nachdem er früher vor dem Chor der Leonhardskirche stand. Als er 1900 aufgerichtet wurde, gab's keine Nachtwächter mehr, und die Professoren Fremd und Halmhuber, die ihn entwarfen, haben in der Gestalt des Mannes mit Pelerine, Laterne und Hellebarde, der von seinem Hund begleitet wird, eine Jugend-Erinnerung dargestellt und dafür gesorgt, daß in der Nachtwächterlaterne eine Glühbirne als erste elektrische Beleuchtung in der Altstadt brannte.
Ja, unsere Altstadt... Nach 1604 hat Herzog Friedrich auf den Gemüse- und Krautgärten an der Mauer beim Äußeren Esslinger Tor, wo sich das Schwabenbräu-Hochhaus erhebt, und weiter unten um den Scharfrichterturm beim Wilhelmsplatz den Bau neuer Häuser erlaubt, die dann an die Stadtmauer angelehnt oder auf ihr errichtet wurden. So ist die enge und lange, die gekrümmte Weberstraße zustande gekommen.
Die Pfarrstraße aber, die früher Brunnengasse hieß, die ist bedeutend älter. 1431 wird sie zum ersten Mal erwähnt, doch steht in ihr heute kein Haus mehr, das fünfhundert Jahre alt ist. Nur oben, wo sich die Weberstraße als ein enger Durchschlupf öffnet, hat ein Haus noch Dachziegel aus dem achtzehnten Jahrhundert; es ist das schönste Haus in der Pfarrstraße, weil es persönlich verwinkelt ist.
Das Eckhaus an der Esslinger Straße, auf dem »Henry Degenkolbe & Cie« steht, ist als langgeschossiger Bau mit flachem Dach und einem vorgeschobenen Teil, der sich von der hellblau getünchten Wand der zurückgeschobenen Front als graue Mauer abhebt, Anfang der fünfziger Jahre errichtet

worden. Dann schließen sich wiederaufgebaute Häuser mit verschiedener Firsthöhe an und lassen die Reklameschriften von Möbel-Stahl, Völmle und Rickert sehen. Die Bar »Rote Mühle« erscheint geheimnisvoll, wahrscheinlich ohne es zu sein.
Schmal und hoch schaut das Giebelgesicht des Hauses Nummer 13 her und läßt ein rosa Bettkissen im oberen Fenster sehen, als ob es mir die Zunge herausstrecke.
Das Haus Nummer 15 hat die Jahreszahl 1907. Seine Initialen »E S« ordnen sich dem sandsteinverzierten Mittelteil ein, der von den geschweiften Umrissen der Schaufenster im Erdgeschoß pflanzenhaft aufwächst: ein erhaltenswürdiges Beispiel der Bauweise im Jugendstilgeschmack.
Eine gelbe Kunststoffveranda im Dachstock wirkt so privat, daß ich von ihr gerne zur Leonhardskirche hinübersähe und mich der echten alten Pfarrgasse entsänne, in der ein mittelalterliches Haus mit Erker früher einmal das Pfarrhaus der Leonhardskirche gewesen sein soll; um 1900 aber wohnte dort ein Lumpensammler. Oder es fällt mir die Weinwirtschaft zum »Rädle« ein, die's auch schon lange nicht mehr gibt und in der mancher Stuttgarter Altstadt-Partikülier einst sein Viertele getrunken hat.
Der Weingärtner Rudolph Bühler aber, der »Krabbendusel« genannt wurde, weil er der Krähenplage in seinem Weinberg mit seltenem Dusel oder Glück Herr wurde, der war auch als Hornist der Freiwilligen Feuerwehr berühmt und ließ den »Feuerlärm« einmal sogar im Nachthemd aus seinem Schlafzimmerfenster schallen.
Eine »Suppen- und Beschäftigungsanstalt« für Arme ist im Notjahr 1808 in der Pfarrstraße eingerichtet worden, doch ist das alles schon so lange her, daß davon nur noch Nachrichten in alten Büchern stehen.
Weiter oben aber präsentiert sich ein schiefergedecktes Haus der neunziger Jahre mit grünen Blech-Jalousien als echte Antiquität. Es paßt zu den patinierten Kutschenlampen, den feinen Gläsern und dem Messing-Signalhorn eines längst verstorbenen Streckenwärters der Schwäbischen Eisenbahn, neben dem Herr Kobialka sonngebräunten und frischen Gesichts in seinem Antiquitätenladen sitzt und auf einem ge-

schweiften Biedermeiersofa seinen Nachmittagskaffee genießt.

Ein »Gängle« führte früher neben einer großen »Miste« krumm und eng zwischen Häusern mit abblätterndem Verputz hinüber zur Judengasse, die später Brennerstraße genannt wurde und in der eine Talmudschule eingerichtet war. Aber das ist lange her, denn die Judengasse ist eine der ältesten unserer Stadt. 1350 wird sie erwähnt, als die Grafen Ludwig und Ulrich den Juden Moses, genannt Jäcklin, mit Familie und Gesinde ins Bürgerrecht aufnahmen und die Herrschaft aus der Judenschule zwei Kapaunen als Zins erhielt. Leider ist über diese Zeit nur zu erfahren, daß bereits vor 1350 Juden in unserer Stadt ansässig waren.

Im 19. Jahrhundert wohnten in der Judengasse, die 1894 nach einer dort ansässigen Familie in Brennerstraße umbenannt wurde, Weingärtner und Handwerker, dazu um 1810 ein herzoglicher Haiduk und ein kurfürstlicher Hoflakai namens Gerspacher; auch von Schuhmacher Käzle, vom Musikus Haller, vom Kanzleiboten Schall sind nur noch die Namen in den alten Adreßbüchern zu finden. Richard Zanker erzählt vom Traiteur (Speisewirt) Wolf, der im Haus Nummer zwei wohnte und als Ausrufer und Leichenansager tätig war; er mußte Nachbarn, Bekannten und Verwandten die Todesnachricht mitteilen und ihnen Zeit und Ort der Beerdigung kundtun. Wolf bekam für jede Durchsage drei Kreuzer.

Pferdemetzger von Dirke baute sich dort um die Jahrhundertwende ein neues Haus mit Wirtschaft und Metzgerei. Aus dieser Zeit stehen heute noch die Gaststätte Markgraf, über deren Tür ein Stammbaum mit Wappenschildern, Laub und Äpfeln als steinerner und bemalter Zierat die Fassade schmückt, und der Rottweiler Hof mit den Initialen »E K« und der Jahreszahl 1899. An seiner Ecke sitzt ein bärtiger König auf einem Faß aus Sandstein und hebt den Humpen; Ornamente sind mit Weinblättern und Trauben verziert, zu denen ein Fuchs hinaufschaut, und Fensterstöcke haben Säulen und Giebel, die gemeißelte Muscheln schmücken. Das alles kann sich sehen lassen als Fassade der Zeit um 1900, als der Mittelstand wohlhabend wurde.

Hier sind viele Häuser verschwunden. Zwei Parkplätze und

eine grüne Baracke machen sich in den Baulücken breit. Der Nachtwächter-Night-Club »Crazy Horse« hat ein holzgetäfeltes Erdgeschoß.
Wie weitab liegt die Zeit, als Vater Rossi, ein schwäbisch gewordener Italiener, hier im Haus des Pferdemetzgers von Dirke wohnte und sommers auf Festplätzen und auf dem Cannstatter Volksfest Luftballons verkaufte, im Winter aber mit persönlicher Genehmigung des Königs an der unteren Ecke des Königsbaus, dem Hotel Marquardt gegenüber, Kastanien briet, von denen eine Tüte zehn Pfennige kostete, die in der Manteltasche freundlich wärmte.

Schillerstraße Wer den Hauptbahnhof verläßt und links hinüberschaut, sieht hohe Platanen, Buchen und Kastanien, von denen viele hundertdreiundsechzig Jahre alt sind, denn 1807 wurde der Schloßgarten angelegt, den die Schillerstraße durchquert.
An ihr stehen zwei Häuser: Das Schloßgarten-Hotel, das neu und turmhoch ist, und am anderen Ende das Königin-Katharina-Stift von 1903. Es wird immer noch »Katzenstift« genannt, weil es ein Mädchengymnasium ist. Über die Straße spannt sich als ein flacher Bogen eine Betonbrücke, die unter den Füßen bebt, wenn viele auf ihr gehen. Das Kleine Haus der Staatstheater schaut mit weißen Flanken durch die Zweige, und wer von dieser Brücke zum Bahnhofplatz sieht, der steht vor einer Szenerie der Neuzeit, die speziell im Dunkelwerden, wenn die Reklamelichter bunt aufwachen, phantastisch strahlt.
Tagsüber stampfen hier Dampfhämmer, und Eisenträger schreien. Der Untergrundbahnschacht öffnet seinen erdigen Schlund, die Autos haben einen schmalen Weg, und Straßenbahnen schlängeln sich um ehrwürdige Baumstämme, die stehenbleiben dürfen, obwohl gebaut wird; denn unsere Stadtväter sind um Bäume ebenso besorgt wie um den Verkehr, dem sie das Seine opfern müssen.
Das Portierhäuschen mit Tor und Gitter, das den unteren Teil des Schloßgartens begrenzte, mußte in den fünfziger Jahren fallen; zehn Jahre später ist an seiner Stelle die Brücke gebaut

worden. Früher sah man durch das Tor die Eberhardsgruppe aus weißem Marmor von 1881 zwischen Büschen leuchten. Graf Eberhard im Bart, der nach Justinus Kerners Gedicht »sein Haupt konnt kühnlich legen jedem Untertan in Schoß«, ruht auf dem Denkmal im Schoß eines Hirten, der über den Schlaf des Landesvaters treulich wacht.

Vor dem Krieg schloß sich ans Katharinenstift die Münze an, von der bis vor wenigen Jahren noch Erdgeschoßmauern übrig waren. Dort ist bis zum Jahre 1967 Geld geprägt worden. 1844 ist der Bau als vierte und letzte Münzstätte fertig geworden, nachdem die älteste aus dem 14. Jahrhundert, die zweite von 1450 und die »neue« von 1724 altmodisch geworden waren.

Das Schloßgarten-Hotel, heute ein imposanter Bau, der den Bahnhofplatz großstädtisch macht, war früher nur ein Café-Restaurant. Unter seiner Markise, rechts neben dem Eingang, saß um 1935 an jedem hellen Nachmittag der Generalleutnant von Gerok mit seiner Jugendfreundin, einer Hofschauspielerin. Das frische, fein geäderte Gesicht des alten Herrn, der, wenn er die Speisekarte lesen wollte, sein Monokel an einer schwarzen Schnur aus der oberen Tasche seines Anzugs aus Rohseide holte, es einklemmte und dabei alles andere als martialisch aussah, ist mir so gegenwärtig wie die Dame neben ihm; denn damals gab's gerade noch einige Damen. Diese hier hatte ein Samtband mit ovaler Goldbrosche um den Hals gelegt und kam mir nahezu unwirklich vor.

Dort streckt sich heute vor der Empfangshalle ein langes Dach, das großzügig wirkt und neben dem die sonnengebleichte Markise des versunkenen Cafés im königlichen Marstall kümmerlich erschiene.

Übrigens ist die Schillerstraße jung. Es gibt sie erst seit 1853. Weshalb sie Schillerstraße genannt wurde, ist nicht sicher festzustellen, doch wird ihr Name wohl mit Schillers Flucht zusammenhängen; denn Schiller hat sich hier auf einem Kiesweg, der durch Wiesen führte, in der Nacht zum 23. September 1782 mit seinem Freund, dem Musikus Streicher, aus Stuttgart weggestohlen. Der Schloßgarten war noch nicht angelegt, und Schiller, der sich am Äußeren Esslinger Tor als »Doktor Ritter« ausgab, saß auf einem Leiterwagen zwischen

zwei Koffern und Streichers Spinett. Am Tor hatte er angegeben, er fahre nach Esslingen, und war dann beim Katharinenstift nach Cannstatt abgebogen.
Es kann aber auch sein, daß sie aus anderen Gründen Schillerstraße heißt. Denn dort, wo sich jetzt Schienenstränge strecken, hatte der Stuttgarter Liederkranz 1827 ein fünf Morgen großes Feld erworben, das »Schiller-Feld« genannt wurde. Die Gegend hieß »Außerhalb des Königsthors«, und auf dem Schiller-Feld sollte ein Schillerdenkmal aufgestellt werden. Der Staat kaufte das Feld und baute dort eine Kaserne für das vierte Esslinger Reiterregiment, während der Liederkranz das Geld ins Schillerdenkmal von Thorwaldsen investierte, das heute den früheren Schloßplatz schmückt.
Übrigens ist's noch nicht lange her, seit der nördliche Teil der Schillerstraße, der unterm Kriegsberg sich ausstreckte, vom Bahnhofplatz geschluckt worden ist. Zwischen Zeppelinhotel und Kriegsbergstraße standen bis 1944 Häuser aus den sechziger Jahren des vergangenen Jahrhunderts, die auch zur Schillerstraße zählten. Ein viergeschossiges Lagerhaus, das sich achteckig reckte, ist dort 1946 als Ruine gesprengt worden. Jetzt wächst hier der Erweiterungsneubau des Zeppelinhotels empor, und in der Friedrichstraße staffeln sich Groß- und Langstreckenbauten bis hinunter zum VW-Turm, der diesem industriemächtigen Viertel seinen wirkungsvollsten Akzent gibt.
Von der Linkeschen Gasfabrik, von der Klavierfabrik Lieb, vom Hotel »Roter Hahn«, von den Häusern der Speditionsfirma Paul von Maur ist nichts mehr übrig. Nur das Hotel Brenner erinnert mit seinem Namen an den Besitzer des »Württemberger Hofs«, der Rudolf Brenner hieß. Die Instrumentenmacher Lipp und Deschner gehörten zur Klavierfabrik, von Ottilie Bach erzählt nur das Adreßbuch, daß sie »Topographen-Deserta« anzubieten gehabt und nicht weit vom Kaufmann Hokenjos gewohnt habe. 1928 aber muß nach einem Aufsatz im »Stuttgarter Neuen Tagblatt« das Schicksal der jüngsten Tochter des Hofschauspielers Birnbaum (Schillerstraße 27) und sein tragischer Tod auf der Hofbühne noch allgemein bekannt gewesen sein, weil davon nur eine kurze Notiz erzählt, die nichts Näheres mitteilt.

»Und bald weiß nur noch die Sage davon, und bald ist es völlig vergessen«, steht in den Selbstbetrachtungen Marc Aurels. Wer sich beim Straßenschlendern an Vergangenes erinnert, wird dem Römer recht geben, der als älterer Herr diesen Satz aufgeschrieben hat.
Schließlich gibt's heute niemand mehr, der die Lustgartenmauer noch gesehen hat, die hier um 1590 durch die Schillerstraße führte und beim Katharinenstift zum Äußeren Esslinger Tor hinunterbog. Auch die Königin Katharina, nach der das Katharinenstift benannt ist, wird sich keiner mehr denken können; er kennt sie nur aus Büchern, wo sie als ein hübsches Mädchen auf einer Miniatur zu sehen ist. 1818 hat sie diese höhere Töchterschule gegründet, die ein Jahr später von der Königstraße droben beim Wilhelmsbau in die Friedrichstraße verlegt wurde, weil die höheren Töchter allzu oft zu den Soldaten hinübergeschaut hatten, die in der Legionskaserne exerzierten. Damals waren die Mädchen noch Pensionärinnen und trugen grüne Kleider, weshalb sie »Laubfrösche« genannt wurden. Eduard Mörike hat dort als »Pfleger weiblicher Jugend« von 1851-1866 wöchentlich eine Literaturstunde geben müssen und dafür jährlich 50, zuletzt aber 350 Gulden bekommen. So bequem aber, wie die Leute heute meinen, war seine Arbeit nicht; denn schließlich hat er auch Aufsätze korrigiert und sich für seine »Frauenzimmer-Lektionen« sorgfältig vorbereitet. Und daß er sich im Unterricht einmal in die Gardine geschneuzt und den Gardinenzipfel in die Hosentasche gestopft haben soll, das ist nur mündlich überliefert.

Hospitalstraße Hier steht das Landesgewerbemuseum mit Rustikaquadern, hohen Bogenfenstern und zwei sandsteinernen Fruchtsäulen vor prunkvoll geschmückten Nischen, in denen Tauben nisten, als ein altertümliches Gebäude, das ich nicht missen möchte. Seine grün patinierten Kupferkuppeln erinnern an die Gründerjahre nach dem Siebziger Krieg, als der Wohlstand wucherte.
Seltsam, daß es manchmal gleichgültig ist, ob ein Krieg verloren oder gewonnen wird. Die Folgen können unter Umständen ähnliche sein; denn auch heute feiert die Architektur Tri-

umphe, allerdings in anderen Formen als zwischen 1890 und 1896, als das Landesgewerbemuseum errichtet worden ist. Jetzt ist alles neu und nüchtern und beinahe streng. Zwei kahle Flächen warten als Parkplätze auf zukunftweisende Bauwerke. Das Wirtschaftsministerium schaut her und läßt seine Rückseite sehen. Die »Württemberger Zeitung« hatte früher in diesem Bezirk ihr Haus, und noch weiter zurück stand statt des Landesgewerbemuseums, dessen drei Stockwerke hohe König-Karl-Halle mit 36 Marmorsäulen und einem riesigen Wandgemälde Eindruck machte, die Kaserne der Leibgarde zu Pferd mit Offiziersbau und Kanzlei.

Gegenüber war seit 1848 die Hospitalschule, eine Volksschule, untergebracht, indes im 18. Jahrhundert der Bauhof hier gestanden hat und die Straße damals in ihrem unteren Teil »Bauhofgasse« hieß; oben ging die Engelgasse in sie über.

»Hotel E. Dimitroff – Museum Stube – Bulgarische Spezialitäten« steht an einer hellen Giebelwand und erinnert an karge Nachkriegszeiten, als hier für wenige Rationierungsmarken dick gehäufte Portionen serviert wurden, deren dampfendes Fleisch süßlich schmeckte und im Gaumen brannte; man konnte sich satt essen, was anderswo nicht immer möglich war.

Die Straße gehörte zur »Reichen Vorstadt«, nachdem Herzog Eberhard im Bart nach 1492 Stuttgart über den »Turnieracker«, ein Kampffeld für Turniere, erweitern und geometrisch hatte bebauen lassen, wie es dem humanistischen Geschmack entsprach. Eine zweite Stadtmauer umschloß die »Reiche Vorstadt« bis zur Seidenstraße, wo Maulbeerbäume für die Seidenzucht gepflanzt wurden. Eine Befestigung, die »Bollwerk« hieß, beschützte sie im 17. Jahrhundert.

Zuvor jedoch und abseits der inneren Stadt, jenseits des Grabens, den in der Königstraße Wasser durchfloß, begann Aberlin Jörg um 1470 die Hallenkirche zu bauen, von der heute nur noch der Chor übrig ist. Der Turm stammt aus dem achtzehnten Jahrhundert, und bis 1944 war auch der Kreuzgang des Dominikanerklosters noch erhalten, dessen spitzbogige Maßwerk-Arkaden in grasiger Stille ich als Erinnerungsbild vor mir sehe. Auch heute ist die Ecke bei der Kirche mit ihren Platanen ein Winkel, der nachdenklich stimmt.

In den Jahren der Reformation übergab Herzog Ulrich der Vielgeliebte das Kloster der Stadt. Das alte Sankt Katharina-Spital wurde hierher verlegt, und seitdem heißt die Predigerkirche Hospitalkirche, nach der Anno 1811 die Bauhof- und Engelgasse Hospitalstraße genannt wurden.
Johannes Reuchlins Grabstein, den er 1501 gestiftet hat, stand im Kreuzgang der Hospitalkirche, also bei den Dominikanern. Begraben ist er in der Leonhardskirche, und dorthin wurde nach dem Krieg auch sein Grabstein verbracht, auf dem »Sibi et posteritati«, also »Für sich und die Nachwelt« steht. Diese Inschrift hat ihr klassisches Vorbild in einer Verszeile Ovids.
Reuchlin, der 34 Jahre in Stuttgart lebte, wurde von seinen Zeitgenossen wütend angegriffen, weil er die Juden begünstige. Er schrieb, während seine Sache in einem langwierigen Prozeß vor dem päpstlichen Thron verhandelt wurde, sein Buch »Kunst der Kabala«, ein Werk »der Einsicht und Einsamkeit, in dem er mehr und Wesentlicheres zugunsten der verfolgten Juden und ihrer mißachteten und mißverstandenen Geisteshelden zu sagen wagte als in all seinen früheren Schriften« (Max Brod).
Ein Denkmal von 1871 erinnerte hier an ihn. In drei Sprachen ist die Grabschrift eingemeißelt, die Reuchlin sich zu Lebzeiten aufgesetzt hat. Jetzt steht sie im Lapidarium.
So ist hier immer noch ein Hauch der Vergangenheit spürbar. Der auferstandene Christus mit der Siegesfahne erhebt sich über den Gestalten von Luther und Johannes Brenz, die als Muschelkalkfiguren auf dem Reformationsdenkmal von 1917 gegenwärtig sind. Schräg gegenüber erinnert das Firmenzeichen eines goldenen Schlüssels an das im Krieg zerstörte Haus der Schlosserei Waibel, das hier wieder errichtet wurde.
Im 17. Jahrhundert lagen Gärten hinter allen Häusern. Baumeister Heinrich Schickhardt baute sich an der Ecke zur Kanzleistraße ein Wohnhaus, in dem er 1634 starb. Es hatte einen großen Keller, wo gegen hundert Eimer Wein lagerten. »Wenn die Faß danach wären, gingen noch mehr darein«, schrieb er 1632 im Inventar seines Besitzes. Nach dem Garten zu hatte sein Haus eine steinerne Wendeltreppe mit offener Spindel, die bis 1944 zu sehen war.

Als ältestes Haus stand hier das Stiftungsgebäude, in dem Lehrer wohnten und das 1596 ebenfalls von Schickhardt erbaut worden war. Jetzt hat die Württembergische Hypothekenbank eine weißmarmorne Außenmauer, und außer dem jugoslawischen Restaurant »Mira«, das unter einem schrägen Zipfeldach gemütlich herschaut, sind alle Häuser kubisch elegant, wie beispielsweise die Bank für Gemeinwirtschaft, das Hotel »Astoria«, das Hospiz »Wartburg« und das NSU-Gebäude.

Also hauptsächlich Geschäftshäuser. 1811 wohnten hier beinahe nur Offiziere und hohe Beamte wie Staatsrath von Weckherlin, Geheimer Hofrath von Mohl, Landbaumeister von Groß und Hauptmann von Büttenfeld, von denen nur wenige Hausbesitzer waren. Huf- und Waffenschmied Wörrle, Schreiner Senftleben, ein Steinhauer-Obermeister, Fuhr- und Kaufleute und Weingärtner hatten dort ihre Häuser, und die feinen Herrschaften wohnten bei ihnen zur Miete. Im Lauf der Zeit nahmen die Handwerker in diesem Viertel zu; Melchior Stängle, Mundkoch, ist hier zu Hause neben einem Stadttaglöhner, einer Ballett-Elevin, einer Postbureau-Dieners-Witwe und einem Versicherungsbeamten. Später wohnen im Haus Nummer 36 eine Legations-Raths-Witwe, ein Doctor Med., eine Professors-Witwe und im zweiten Stock »Mörike, Lehrer am Catharinen-Stift«.

Von 1853 bis 1855 hat er hier gewohnt und die Erzählung »Mozart auf der Reise nach Prag« geschrieben, in der das Gedicht »Denk es, o Seele« steht, das zu seinen bewundernswertesten gehört. Es ist ein Mementomori-Gedicht, in dem Erscheinungen der Wirklichkeit als Todeszeichen sichtbar werden.

Neben Mörikes Wohnung stand seit 1857 die Synagoge, die vier Jahre später so errichtet wurde, wie ich sie bis zur Zerstörung 1938 kannte. Nach dem Kriege ist sie auf demselben Platz wieder aufgebaut worden, und hoffentlich bleibt sie für immer dort. Wer in der israelitischen Gemeinde zu Gast war, hat erfahren, daß er freudig aufgenommen wurde, als hätte sich seit damals nichts Vernichtendes ereignet.

Marktstraße Cannstatt Schon heute ist sie ein Museumsstück, aber wie lange noch? Wir wollen doch bequemer, eleganter, komfortabler leben als unsre Eltern und Großeltern, und deshalb schmilzt das Alte, das die Bomben haben stehen lassen, langsam weg. Weil dieses Alte aber in gewissen Winkeln da ist, schauen wir's uns an wie Väterhausrat, der inzwischen kostbar wurde. Und wenn's einmal chic würde, alte Häuser zu bewohnen, dann wollte niemand mehr eine Altstadt »sanieren«; denn sanieren bedeutet heute nur abreißen.
Trotzdem brauchen Sie keine Angst zu haben. Die Marktstraße in Cannstatt soll nicht abgerissen werden; dafür ist sie viel zu quicklebendig.
Sie schlingt und krümmt sich, bietet Ein-, Aus- und Durchblicke in Behäbiges und Wohnliches, das auf jeden Fotografen leistungssteigernd wirkt (so sagt man heutzutage).
Sie ist an die fünfhundert Jahre alt. Noch früher hat es sie auch schon gegeben, denn Cannstatt ist älter als Stuttgart und reicht mit seinen Mauern in römische Zeitentiefen. Wer – wie beispielsweise unser verehrter Thaddäus Troll – dort aufgewachsen ist, der weiß, daß es für feiner gilt, aus Cannstatt als bloß aus Stuttgart zu stammen.
Gleich eingangs, hinterm Wilhelmsplatz, steht das Haus des Seifensieders Wilhelm Bayer und zeigt sein anheimelndes Gesicht. Seine Grundmauern stehen seit 1560, als es auf die Stadtmauer gebaut wurde. Im 19. Jahrhundert ist das ganze Häusle so winklig verändert worden, wie man das im Biedermeier gern gehabt hat. Drei Giebel habe ich an ihm gezählt, und den mittleren ziert ein gebogenes Fenster. Der gußeiserne Dachbalkon dürfte früher schon im Frühling mit Wäsche geschmückt gewesen sein, oder es hat dort, wenn es warm war, ein älterer Herr Kaffee getrunken. Auch die Segmentgiebel über den Dachfenstern sind beachtenswert.
Früher wohnte hier der Wundarzt Schäffer. 1859 ist in dem Parterre-Local des Hauses eine Rasierstube eingerichtet worden, und der ganze Bezirk hieß »Beim Waiblinger Thor«. Gegenüber wohnten Philipp Sommer, ein Weingärtner, und der Schlosser Georg Jakob Herda. Dem Stadtrat und Rosenwirt Merz gehörte das Haus Nummer 15, und weiter vorne,

also ganz am Rande der Stadtmauer, wo sich Wiesen vor dem Waiblinger Tor streckten, hatten Leichensäger Ulrich, Nagelschmiedmeister Baak und Wendenmacher Bühl ihre Häuser, die um 1900 durch respektable Domizile im Jugendstilgeschmack, die Zimmer hoch und elegant stuckiert, errichtet worden sind; denn bereits damals wollte man's vornehmer haben als zuvor.

Die Küblergasse zweigt hier ab. Ihre gemächliche Kehre scheint immer noch nach Weinrebentrestern und Fässern zu duften, die gerade ausgeschwefelt worden sind. Aus der Spreuergasse klingt das Träufeln des Jakobsbrunnens, den die Jahreszahl 1834 und das Cannstatter Wappen schmücken: eine silberne Kanne auf rotem Feld. Und dicht bei der Felgergasse (das sind alles uralte Namen) ist nicht weit vom Restaurant Fröschle und der Metzgerei Köngeter das Schuhhaus Erhard Strohm seit 1869 einlogiert. »Hüte – Schirme« steht in schrägen Lettern mindestens seit 1910 an der Ecke zur Badergasse, wo die Marktstraße wieder enger wird und sich zum Optiker Hoffmann hinunterwindet, der die Tradition des Opticus Hirsch von 1837 weiterführt.

Viele Häuser haben hier noch Fensterläden, und immer wieder ragt ein Obergeschoß vor. Die Häuser sind nicht aufgereiht und ausgerichtet, immer wieder bildet sich ein Plätzchen, wo heimkehrende Zecher sich zum letzten Schwatz versammeln können. Weil jedes Haus dicht am anderen steht, sind schmale Zwischenräume wie Durchschlupfe für Katzen da, auf die zuweilen kleine Fenster hinausschauen. Dort können sich die Nachbarinnen übers Fernsehprogramm unterhalten, ohne aus dem Haus gehen zu müssen. Und wenn zu später Stunde Papas Zigarettenschachtel leer ist, steckt ihm der Erwin, Karle oder Otto von gegenüber g'schwind ein Päckchen zu.

Zwischen Kohl- und Erbsenbrunnengasse sprudelt das Erbsenbrünnele mit dem Erbsenbüble von Fritz von Grävenitz, das auch im Schnee den nackten Travertinbauch hinausstreckt. Schon um 1800 war der Brunnen bei den Cannstatterinnen seines weichen Wassers wegen berühmt, das zum Kochen von Erbsen und Linsen besser als das anderer Brunnen taugte; weshalb es hieß: »Erbsebüble, nemm dei Krügle, mach

koin Moschtkopf na, / Daß dei Mamme Erbseboppele für de Vadder koche ka.«
Das sind anheimelnde Verse, die auch im Haus des Bäckermeisters Hermann Pfuderer von Mund zu Mund gingen, dessen Frau Pauline geborene Fischer hieß und die vor ein paar Jahren ihren neunzigsten Geburtstag feiern konnte. Im Haus Marktstraße 63 führten Pfuderers Eltern die »Restauration zur Neckarbrücke« und schickten ihren Sohn Hermann auf die Realschule. Trotzdem wollte er kein G'studierter werden, lernte das Bäckerhandwerk und kam in seinen Wanderjahren auch einmal als Kohlentrimmer bis nach Chile.
Dort sehnte er sich nach dem Neckar, kehrte zurück und richtete sich im elterlichen Haus eine Bäckerei ein, deren Schillerlocken nicht nur in Cannstatt berühmt waren; denn 1912 hat sie bei ihm sogar der Prinz von Wales gekauft. Auf eine Annonce im »Sonntagsblättle« kam Pauline Fischer aus Unterweissach in sein Geschäft und schaffte dort zwei Jahre in der Küche und 13 Jahre im Laden, bevor sie Pfuderers Frau wurde; denn wer ein richtiger Cannstatter ist, der läßt sich Zeit.
Behäbige Giebel ringsum. Überm Eingang des »Ratsstüble« schaut ein schnauzbärtiger Nachtwächter im Helm herab, hält eine Lampe hoch und reckt den Spieß. Seit 1753 steht das Haus, während der Nachtwächter aus Stein erst siebzig Jahre hier ist, als es schon seit langem keine Nachtwächter mehr gab. Am Haus der Landessparkasse jedoch steht mindestens seit hundertdreißig Jahren ein junger Wengerter aus bemaltem Holz, der Kniehosen und einen grünen Hut trägt. Es wäre möglich, daß der früher unter Gassenbuben einen Spitznamen gehabt hat, den der und jener alte Cannstatter noch weiß.
Im Haus mit dem kunstvollen Fachwerk wohnte früher Kaufmann Gottlieb; vielleicht ist sein Nachfahre Inhaber des »Schuh-Discount«, dessen Schaufensterauslagen geschmackvoll arrangiert sind.
Hier wurden alle Häuser im 16. Jahrhundert neu gebaut. Eines hatte noch ein Spitzbogenportal, und auf dem Platz der Herberge »Zur Krone« baute Vogt Johannes Mayer sein Renaissancehaus und schmückte es mit einem Löwenkopf.

Ein Geschäftshaus derselben Zeit hatte einen Erker und die Jahreszahl 1589. Das Haus Nummer 56, wo früher die Weinstube Cantz gewesen ist, steht erst dreihundert Jahre lang. Die Kronenapotheke aber ist ein Bürgerhaus des 18. Jahrhunderts, also ein Jüngling unter all den ehrwürdigen Fachwerk-Persönlichkeiten, von denen immer noch das Rathaus mit seinem säulengeschmückten Portal am repräsentativsten herschaut, wahrscheinlich weil es das älteste ist. 1491 ist es erbaut worden, 1875 hat man's renoviert. Am ältesten jedoch ist die Apostelglocke auf seinem Glockentürmchen, denn die hätte bereits Rudolf von Habsburg sehen können, weil diese Glocke zwischen 1180 und 1200 gegossen worden ist. Früher hatte das Rathaus unterm Giebel einen hölzernen Pferdekopf, der an die Pferdeopfer in germanischer Urzeit erinnerte, als Pferdeköpfe zur Abwehr von Dämonen in den Giebeln aufgehangen worden sind.
Nicht umsonst sind wir hier in Cannstatt, das in die Vorzeit hinunterreicht. Das Wirtshausschild mit dem aufrecht stehenden Bären, der sich wie ein Wandersmann auf seinen Stab stützt, das ist bloß zweihundert Jahre alt, also viel jünger als die Stadtkirche, die Aberlin Jörg und Schickhardt gebaut haben, und deren gotische Front neben dem Rathaus überraschend dasteht, wenn man, in der Marktstraße schlendernd, um die letzte Kehre vor der Neckarbrücke biegt.
Verweilen Sie aber zuvor noch vor dem »Nonnenklösterle«. Hier können Sie in eine mittelalterliche Hofanlage hineingehen, von der ein Haus auf einem Turmrest der Stadtmauer steht. Sie erkennen es gleich linker Hand an dem klotzigen Unterbau. Noch im 16. Jahrhundert ist das Nonnenklösterle ein Beginenhaus gewesen. Ein Eckquader hat ein Hochwasserzeichen von 1824, als der Neckar hier ein Meter sechzig hoch war. Im zweiten Stock des Klosters, das später Meurerscher Hof hieß, hat ein Raum eine Kreuzrippendecke mit zwei Schlußsteinen; auch ein Sakramentshäuschen ist da. Aber wie lange noch?
Ein schönes, schwarzhaariges Mädchen ist an einem warmen Sommerabend des vergangenen Jahres vor dem Haus gesessen, das auf einem Stadtturmrest steht, und hat mit gleichaltrigen Cannstatterinnen vorsichtig gesprochen, übrigens mit

fremdländischem Tonfall; denn hier im Nonnenklösterle, dessen Hof ein abgewinkelter und überdeckter Gang mit altersgeschwärzten Eichenbalken überspannt, wohnen italienische, griechische und spanische Gäste. Schwäbisches vermischt sich mit Mittelmeerischem wie vor zweitausend Jahren, als die Römer in Cannstatt gewesen sind und uns kultiviert haben. Daran sollten wir heute manchmal denken.

Gablenberger Hauptstraße Sie geht im Fuhrwerkschritt durchs Klingenbachtal aufwärts und scheint die vielen Autos nicht zu mögen, die heute in ihr fahren. Die Straßenbahn gefällt ihr auch nicht recht, obwohl die schon seit 66 Jahren in ihr heimisch ist. Aber zuvor, als Julius Krumm aus Heslach im Hause Nummer 91 mit seiner Frau Elise die Restauration zum »Hasen« und ein Nudelgeschäft hatte, fühlte sie sich wohl.
Das war um 1900. Ein vergoldeter Hase stand so groß wie ein elfjähriger Bub vor den Fenstern im ersten Stock, dort, wo es jetzt in der »Gaststätte Ost« noch immer recht gemütlich ist. Und, um es gleich zu sagen: Julius Krumm war mein Großvater. Ich habe ihn nicht mehr gekannt, aber von ihm gehört und das Gehörte aufgeschrieben. Es steht in meinem Roman »Verlassene Zimmer«.
Vor über siebzig Jahren war Minna, die »Mena« genannt wurde, als Dienstmädchen bei Julius Krumm. Mena war groß und breit. Sie sagte: «I ben vom Gollerhof, ond do got's Rußland zua«, doch wußte niemand, wo dieser Gollerhof lag. Mena holte Wein für die Gäste in der Wirtschaft und trank gern vom Faß, also ganz einfach aus dem Hahnen, was Julius mißfiel, Mena aber lustig machte. Einmal hielt er ihr den Spiegel vors Gesicht und sagte: »Do guck na, wia d'wieder aussiehst, Mena. Ist dees vielleicht schö?« worauf sie arg beleidigt war und kündigte.
Winters wurde für die Tochter des Ehepaars Krumm ein Bergschlitten, also ein kleiner aus Brettern, den Julius mit einem eisernen Geländer abgesichert hatte, weil er gelernter Feinmechaniker war, von der Bühne geholt. Saß sein Töchterle darin, so wurde ihr ein dichter weißer Schleier um den Kopf

gewickelt, damit ja keine Winterluft an ihr Gesicht kam, und Mena zog sie durch das Dorf hinter sich her. Von oben, wo die Gablenberger Hauptstraße steil und still zum Wald emporsteigt (dieser Teil hieß früher »der Viehtrieb«), fuhren Buben herunter, und durch die krumme Straße, die sich gemächlich an den Häusern vorbeiwindet, stapften Gäule vor den Schlitten feiner Herrschaften aus der Stadt.

Nicht weit von Julius Krumm, und zwar im Rathaus von 1870, wohnte Lehrer Obermeyer, der sich in der Natur auskannte und ein Pilzbüchlein geschrieben hat. Dort war auch das Arrestlokal, dessen Insassen manchmal heimlich befreit wurden, weil es zwar einen Riegel, aber kein Schloß hatte. Doktor Max Obermeyer, ein Sohn des Lehrers, übte dort bis in die sechziger Jahre seine Arztpraxis aus. Und auch die Polizeiwache ist schon seit langem hier.

Vor dem Rathaus stand früher ein Brunnen. Bis 1896 hat man dort Wasser geholt. Das war noch in der Zeit, als jeden Abend vor dem Lichtanzünden die Zylinder der Petroleumlampen geputzt wurden. Später kamen die Gaslampen, deren Glühstrümpfe öfter erneuert werden mußten als heutzutage die Glühbirnen. Das einstöckige Haus des Kutschers Röser hat heut die Aufschrift »Farben Lacke Pinsel« und sieht zierlich aus.

Nachdem er die Restauration zum »Hasen« verkauft hatte, zog Julius Krumm ins breitgiebige Nebenhaus, das er vom Mesner Krämer kaufte und dessen Fenster er mit Butzenscheiben schmückte; sein Nudelgeschäft führte er im Erdgeschoß mit elektrischen Maschinen weiter. Um die Ecke, in einem jener alten Häuser der Teichstraße, die mich anheimeln, war ein Stall, wo meine Mutter eine Zeitlang kuhwarme Milch trinken mußte, weil das gesund sein sollte; geschmeckt hat es ihr freilich nicht.

Als dann am 16. November 1902 die neue Petrus-Kirche aus rotem Maulbronner Sandstein fertig geworden war, kam das Königspaar mit Herzogin Wera zur Einweihung. Die Herzogin hat ein silbernes Kruzifix gestiftet, und König und Königin übernahmen Patenstellen für zwei Kinder, die an diesem Tage getauft wurden. Die königlichen Kutscher tranken währenddem bei Julius Krumm neuen Wein und mußten auf den

frischen Zwiebelkuchen, den Elise gebacken hatte, schweren Herzens verzichten. Sie sagten: »Weil man es doch nachher riecht.«
Zu jener Zeit wohnten fast nur Weingärtner in Gablenbergs Hauptstraße, die heute eine Ladenstraße ist. Hinter ihren Häusern hatten sie Obstgärten bis zum Klingenbach hinunter, und gegenüber, auf dem Talhang, ihre »Wengert«. In jedem Herbst legte meine Großmutter Pflaumen und Zwetschgen auf Brennesselblätter, damit die Früchte ihren hellblauen Hauch behielten; sie fuhr sie dann in einem Leiterwägelchen zum Wochenmarkt nach Stuttgart, dessen Magistrat Gablenberg und Heslach jahrhundertelang als Stiefkind behandelt hatten. Von 1500 bis 1750 war es den Gablenbergern verboten, neue Häuser zu bauen, und kein Einwohner durfte mehr als vier Stücke Vieh haben. Dafür sorgte ein gestrenger Gemeinderechner und später ein Bürgerhauptmann, von denen noch 1744 einer namens Gottfried R. Glaser in den Stuttgarter Akten erwähnt wird. All dies weiß ich aus einer Arbeit der Lehrerin Julie Langenstein.
1825 war Gablenberg ein Weiler mit 118 Häusern, von denen so gut wie alle an der Hauptstraße standen. Der Weiler gehörte zu Berg, dort war er »eingepfarrt«, und hatte nur eine später umgebaute Kapelle, die 1418 von der Salve-Regina-Bruderschaft der Stiftskirche errichtet worden war.
An der Ecke zur Schlößlestraße steht das Schlößle, wo bis 1953 eine Wirtschaft war. Hier ist der Kern von Gablenberg. 1418 hat der Edelmann Franz Hackh und später Erhard Stickel im Schlößle gewohnt, an den ein Wappen von 1602 erinnert. Das ist nicht weit vom »Träuble«, dieser ehrwürdigen Wirtschaft, deren herzhafte Besitzerin in den Erinnerungen vieler Künstler lebendig ist, die dort einkehrten. Das »Träuble« hat noch eine zweiläufige Treppe, wie sie zu einem Biedermeierhaus gehört.
Nicht weit davon erfreut mich die Jugendstilfassade des »Jägerstüble« mit Reliefs« auf denen ein Jäger nach einem Wildschwein zielt, Josua und Kaleb ihre große Traube tragen, ein Hase die Löffel reckt und ein Rehbock herunterschaut. Und dort, wo's in die Libanonstraße hineingeht, steht noch ein alter Geißhirtlesbaum. Das Aussteuerhaus A. Wegst ist mit dem

Standbild eines Ritters geschmückt, der seine Hellebarde hält, und unter ihm die Inschrift: »Erbaut im Jahre 1906 von Hermann Gräter, Flaschnermeister« eingemeißelt.
Die Pflasteräckerstraße zweigt bei der neuen Schule ab. Ihr Name deutet auf eine römische Straße. Denn Gablenberg, dessen Name entweder auf einen gabelförmigen Berg hinweist (1275 wird der Flurname »Gabenlemberc« erwähnt) oder von einem sich gabelnden Bach abgeleitet werden kann, weil der Klingenbach drei Quellbäche hat, ist eine alte, vielleicht sogar vorgeschichtliche Siedlung, die als Straßendorf angelegt war. Daß eine Römerstraße von Degerloch über die »Stelle« und die Gablenberger Hauptstraße entlang bis zum Kastell in Cannstatt führte, ist wahrscheinlich, weil 1881 auf der Höhe des Sonnenbergs römische Skulpturfragmente, ein Relief der Jagdgöttin Diana, der Torso des Gottes Merkur sowie zehn Kupfermünzen der Kaiser Trajan und Severus Alexander neben Gefäßscherben, einem grünen Glas, eisernen Nägeln, Feuersteinen, Teilen von Ketten, Kohlen- und Ascheresten gefunden worden sind. Es heißt, dort sei ein römischer Steinbruch gewesen. Pfarrer Lempp, dessen Namenszug unterm Konfirmationsspruch meiner Mutter steht, hat darüber berichtet.
Mir, der von Müllern, Weingärtnern, Wirten und Bauern abstammt, erscheint es bemerkenswert, daß hier in Gablenberg noch vieles beim Alten ist. Um jedes Haus, das abgerissen werden soll, wie das gegenüber der Kirche, das schon leersteht, tut es mir leid. Wenn ich hier schlendere, denke ich an den Glaser Müller und den Taglöhner Karl Rühle, die bei meinen Großeltern gewohnt haben, und weiß, daß sich Rühle sonntags auf seinem Gartenbalkon als Friseur betätigte, um seinen kargen Lohn wenigstens ein bißchen aufzubessern. Von Rühles Frau hat mein Großvater immer als von »Nußbaums Nanele« gesprochen, denn die war eine geborene Nußbaum. Rühles Tochter Emilie wohnt wie damals in Gablenberg und erinnert sich mit meiner Mutter gerne an die alte Zeit. Die »Butter-Bertsche«, Frau Friederike Bertsch, die nicht weit vom Kutscher Röser ihr Butter- und Milchgeschäft gehabt hat, ist hundert Jahre alt geworden, nachdem sie im Krieg bei jedem Bombenangriff zu Hause geblieben war. Und

Frau Irene Broß geborene Obermeyer ist immer noch in ihrer elterlichen Wohnung im Rathaus daheim.
Nun ja, werden die Jungen sagen, das sei halt alles bloß Vergangenheit, die mir verklärt erscheine. Sei's drum. Ich meine freilich, daß die Leute von heute, die es komfortabler als die vorgestrigen haben, auch nicht glücklicher sind. Denken Sie bloß an den Leistungszwang, der uns heute so abnutzt.

Feuerbacher Weg Bei der Helfferichstraße zweigt er ab und führt zwischen Häusern, die an die fünfzig Jahre lang hier stehen, steil hinauf. Unterm Asphaltgewand sieht ihm niemand sein Alter an; denn er hat unser Tal bereits damals durchquert, als von Stuttgart noch kein Haus gestanden ist und statt der Stiftskirche, des Schillerplatzes und des Königsbaus sich Seen und sumpfige Wiesen streckten.
Als Rest einer Heerstraße ist er eintausendfünfhundert Jahre alt. Vom Neuffen und von Nellingen auf den Fildern führte er über den Bopser zur Weißenburg, die Heusteig abwärts zu der versunkenen Siedlung Immenhofen, von der heute nur noch ein Straßenname übrig ist; dann dort vorbei, wo heut der Wilhelmsplatz quadratisch breit und von Baggern angefressen sich behauptet, nach der Stiftskirche, die Friedrichstraße abwärts, die früher Seegasse hieß, und über die verschwundene »Stäffelesfurch« zur Panoramastraße als ein am Rande mit Staffeln bepflasterter Weg, von dem die Kurve der Birkenwaldstraße bei der Haltestelle Im Kaisemer, die Straße Im Himmelsberg und dann das kurze ebene Stück bis zur Helfferichstraße heute noch dieselbe Form wie damals haben, als auf ihm alemannische Fuhrwerke knarrten. Über Feuerbach sind sie zum Asperg gefahren, der schon in Urzeiten eine Fliehburg und später einen Fürstensitz auf seinem Hochplateau getragen hat.
Ein frühgeschichtlicher Überlandweg also, der lange Strecken durch unbesiedeltes Gelände und als Grenzweg an der Markung des Ortes Tunzhofen vorbeigeführt hat. Nur im Namen des Tunzhoferplatzes ist diese Siedlung noch lebendig. Der Gewandname Im Kaisemer aber weist auf Kaisheim

hin, von dem auch die Historiker nicht viel mehr als seinen Namen kennen.

»Tief ist der Brunnen der Vergangenheit. Sollte man ihn nicht unergründlich nennen?« heißt es bei Thomas Mann, und ich meine, aus diesem Brunnen sei vielerlei heraufzuholen, das auch über die Gegenwart Auskunft gibt. Vielleicht ist's nur dies: Daß alles einsinkt und verschwindet, danach eine Zeitlang in der Erinnerung lebendig ist, bevor es völlig vergessen wird. Oder werden Sie und ich nicht auch bald vergessen sein? Wer noch eine Weile an uns denkt, dem sind wir dankbar. Deshalb die Beschäftigung mit der Vergangenheit, deshalb das Schlendern durch die Geschichte der Stuttgarter Straßen und hier des Feuerbacher Weges, der die Parlerstraße überquert und neben der Straße Im Tazzelwurm zu einer Treppe neben Mauerquadern einschrumpft, die ausgedehnte Gärten stützen. Nebenan, hinter der Mauer, deren Deckplatten verschoben und zerfallen sind, wo Löcher an platzende Fliegerbomben erinnern, dehnt sich ein verwilderter Park, dessen Villa, ein bemerkenswertes Stück Architektur der zwanziger Jahre, verschwunden ist, nachdem sie ein Vierteljahrhundert lang als Ruine stand, in der allerlei kuriose Zeitgenossen genächtigt haben. Als »Villa Wolf« kennt sie jeder. Ihr Park wird von verschlungenen Wegen durchzogen, die zu einer Art Liebesgrotte und an einem verschlammten Schwimmbassin entlangführen. Büsche und Bäume sind hochgewachsen, und wer hier geht, sieht und hört nichts von der Stadt. Im Sommer, wenn die Wege zu laubigen Schächten werden, würde sich jeder, der sich hierher verirrt, nicht wundern, wenn ihm ein Ritter begegnete; denn fünfhundert Jahre war hier Ödland ausgebreitet, das »Die Frauenberger Egerten« hieß und zur Burg Frauenberg oberhalb Feuerbach gehörte, die zwischen 1050 und 1070 erbaut worden ist.

Das Stück bis zur Helfferichstraße war die Flur »König«, zu der ein Wald gehörte, der »Falkenflug« hieß und nicht weit vom »Falkenrain« lag. Hier haben sie also dem Vergnügen der Falkenjagd gefrönt, diese adeligen Herren, von denen heute nur noch die Namen in pergamentenen Urkunden stehen; wenn aber im Weinberg gearbeitet wird, kommen Mauerreste ans Licht, weil von ihrer Burg nicht mehr übrig ist als heute

von der Villa Wolf, die als Baugrube mit gelb gekachelten Grundmauern im verwilderten Park liegt. Die Gärtner- und die Chauffeurwohnung ist noch erhalten. Ein blaues Mosaik sieht römisch aus, aber das ist ein Fußbodenrest der zwanziger Jahre, von denen manche meinen, daß sie »golden« gewesen seien.
Früher sind die Spaziergänger vor der Ruine zuweilen Theodor Heuss begegnet, der sich hier, nachdem er der »Staatsschauspielerei« Valet gesagt hatte, ein Haus baute, in dem heute das Theodor-Heuss-Archiv untergebracht ist.
Nicht weit davon die Villa Porsche, in der einst der Kulturbund Stuttgart glanzvoll gegründet wurde, während er später sein Scherflein fürs kulturelle Leben unserer Stadt beitrug. Auf der Anlage vor der Villa Wolf stand bis in unsere Zeit ein hölzerner Pavillon, der den Großvätern neben einem Brunnen als Rastplatz diente; dann wurde er hauptsächlich von Liebespaaren bevorzugt.
Wo der Höhenweg abzweigt, schmiegt sich das ehemals Rosersche Haus so an den Hang, als wäre es ihm angewachsen; schade, daß es nicht renoviert wird.
Zwischen Wiesen, die mit Luftlandeblechen belegt sind, und auf denen viele Autos Platz finden, wenn in den Killesberg-Hallen eine Ausstellung oder ein Vertriebenen-Treffen Besucher aus dem ganzen Land herbeiführt, steigt der Weg abwärts. Nach dem Krieg breiteten sich Weizen- und Haferfelder auf dieser Höhe aus, und vor zwei Jahren lockte hier ein Schäfer seine Herde in den Pferch oder sprach, auf seine Schippe gestützt, mit den Spaziergängern; er und seine Schafe neben den Autos waren ein friedlicher Akzent.
Die Fernsicht weitet sich bis zum Asperg und bis zu den Löwensteiner Bergen. Und wenn ein Falke auf einem der Leitungsmasten neben der Schlehenhecke und den zwei Birnbäumen sitzt, die hier von früher her den Weg begleiten, kann ich mir einbilden, der Falke sei mit denen verwandt, die vor neunhundert Jahren ein Herr von Frauenberg auf seinem Lederhandschuh aufpflocken ließ.
Gemächlich zieht der Weg an Schrebergärten vorbei und kreuzt die Kräherwaldstraße. Auf dem Parkplatz beim Wald ist zuweilen am Wochenende eine Art Markt zwischen Autos

im Gange, an dem Mädchen des »Gunstgewerbes« tätigen Anteil nehmen. Der Weg aber geht seinen Gang im Fuhrwerksschritt weiter, am »Jakobsbrunnen« vorbei, dieser ehrwürdigen Wirtschaft aus der Zeit der Jahrhundertwende. Weiter unten hat er eine steinerne »Gruhbank« neben sich, auf der die Feuerbacher einstmals ihre Käzen abstellten, nachdem sie den steilen »Stich« überwunden hatten.
Und hier ist also nun das Gewand »Schloß«. Dort, wo ein Bergkegel über Feuerbach wacht, stand die Burg. Der Weg zu ihr ist heut noch da und führt zwischen Gärten und einem Weinberg zu einem Gartenhaus hinter Taxushecken, diesem beneidenswerten Refugium. Die Gegend ist noch nicht bebaut, obwohl schon rotweiße Stangen in verwilderten Gärten stecken und der Bebauungsplan festliegt. Ob es dem Amt für Denkmalpflege gelingen wird, ihn ein bißchen einzuschränken und die Reste der Burg freizulegen, die vor vierhundert Jahren zerfallen ist?
Nach Feuerbach windet sich der steile Weg und endet am Mühlwasen beim Haus des Bäckermeisters Wörner, das immer noch den Handwerkerstolz des alten Feuerbach mit seiner neunhundertjährigen Geschichte repräsentiert. Im elften Jahrhundert unterstand es den Grafen von Calw, später den Pfalzgrafen von Thühringen, die 1308 ihre Grafschaft Asperg mit dem Glemsgau an Württemberg verkauften. Ob der Ort schon 1160 ein unabhängiger Besitz der Herren von Frauenberg war, ist ungewiß wie die Herkunft seines Namens, der um 708 als vicus Biburgus und später als Biberbach auftaucht. Erst 1585 wird er »Feuerbach« genannt. Sein Wappen in Rot und Silber hat im oberen Feld einen Biber, neben einem schrägen Baumstamm, und im unteren ein schwarzes Zahnrad.
Wer sich erinnert, daß ein Reihengräberfeld der Jungsteinzeit hier freigelegt wurde, und an die Heerstraße denkt, die vom Neuffen zum Asperg führte, sieht seine Gegenwart als Rauch verwehen, auch wenn sie noch so vital brodelt oder gärt.

Kronprinz-, Lange und Calwer Straße Ist's möglich, daß einmal in einer Art Fata Morgana alles Moderne ins Vergangene, Versunkene zurückverwandelt wird und die alten

Häuser wiederum auftauchen, die Hegel und Hölderlin gesehen haben? Sie werden lachen, aber mir ist dieser Wunsch nicht nur als Traumbild, sondern wirklich erfüllt worden.
Da stehen sie wieder vor mir, die Häuser in der Kronprinz, der Lange und der Calwer Straße, wie sie im vergangenen Jahrhundert waren. Ich kann sie anfassen, sehe ihre braunen Dächer, auf denen sich da und dort Moos eingenistet hat, und freue mich an ihren Firsten, ihren Fenstern, ihrer behäbigen Gestalt mit vorstehenden Geschossen, Haustüren und Kellertoren; denn in den Keller ist man damals meistens von außen hineingegangen. Ihr Verputz ist zuweilen abgeblättert, und sie haben jenen unverwechselbaren Altersbelag oder ehrwürdigen Schmutz wie auf alten Bildern; einmal sind sie grünlich, dann wieder gelblich wie alte Klaviertasten oder weiß getüncht. Sie sehen wohnlich, friedlich, ja geradezu idyllisch aus, und dem Betrachter fallen Wörter ein, die für neue Bauwerke nicht zu brauchen sind.
Es ist das Stadtmodell des Bankbeamten Karl Weingand, das mich in die Vergangenheit hinübergelockt hat. In dreizehnjähriger Arbeit hat Weingand seine Heimatstadt in ihrer alten Gestalt wieder auferstehen lassen, und Sie können im zweiten Stock des Wilhelmspalais nachprüfen, ob ich Ihnen etwas vorgeschwindelt habe.
Einen Teil davon, und zwar denselben, der unsern heutigen Gang ums Viereck darstellt, habe ich im Stadtarchiv vor mir gehabt und dabei alte Adreßbücher studiert, die von allen damaligen Hausbesitzern und -bewohnern freilich nur die Namen mitteilen. Ihre Wünsche, ihre Empfindungen, ihre Gespräche, ihre Eigenarten, ihre Leidenschaften und ihren Klatsch, die müssen wir uns heute meistens dazudenken.
Wir sind in der »Oberen Vorstadt«, die später, »Reiche Vorstadt« hieß, und um 1500 auf einem Turnieracker hinter der Königstraße, die »Großer Graben« genannt wurde, im Geschmack der damals neuen und humanistisch gesinnten Zeit schachbrettförmig angelegt worden ist. Hier wohnten hauptsächlich Beamte, die »Kanzleiverwandte« hießen, dazu Professoren, Geistliche und Kaufleute; bis weit hinein ins 19. Jahrhundert war es so.
Dabei fällt auf, daß jene feineren Herrschaften, wie beispiels-

weise Hofrath Werthes oder Landtierarzt Walz, der Doctor der Medizin und Professor Lebret, die Hofrath- und Oberamtsmannswitwe Storr, der königlich westphälische Gesandte Girard, ja sogar Friedrich August von Gültlingen im 19. Jahrhundert bei Kaufleuten, Hofbecken, Uhr- und Schuhmachern, Hof-Factoren, Sattlern und so weiter zur Miete wohnten, vielleicht, daß die ihr Geld besser zusammenhalten konnten oder mehr verdienten. Professor Osiander ist als Ausnahme zu verzeichnen, denn ihm gehörte ein langes und elegantes Haus Ecke Lange- und Kronprinzstraße; er hat hauptsächlich Leute seiner Gesellschaftsschicht bei sich wohnen lassen, also Obristhofmeister von Phull Rippur, dazu Pfarrer Mohr, einen Conscriptions-Secretär, der auch Osiander hieß und vielleicht sein Vater war, die Obersteuereinnehmers-Witwe Duttenhofer und Klaviermeister Kocher.

In der Kronprinzstraße (benannt nach Kronprinz Wilhelm, dem späteren König Wilhelm I.), wo heute die Tanzbar »Forelle« als einstöckiger Behelfsbau vor einem Parkplatz nächtliche Freuden verheißt, stand ein herrschaftliches Stallgebäude, in dem Burkhard, der Bereuter Seiner Königlichen Hoheit dem Kronprinzen, und der Leibkutscher Carl Gottlieb Schöck wohnten. In der königlichen Landvogtei Rothenberg, die 1806 in der Calwer Straße gebaut worden war, hatte Geheimer Rath Graf von Zeppelin als Landvogt am Rothenberg seinen Amtssitz. Daneben erhob sich ein eleganter Barockbau in dem die Zivil-Gefängnisse und die Polizeiwache untergebracht waren. Stadtknecht Marx war dort Hausmeister.

Hinter diesen Häusern streckten sich Gärten aus, und Abort-Kabinette, Remisen und Stallungen hatten kleine Fenster. Unsere Vorfahren mußten sich noch nicht vom Straßenlärm abwenden, wie wir das tun, wenn wir uns ein Haus bauen; denn damals wollte man am Straßenleben Anteil nehmen, weil es gemächlicher und ruhiger als heute war.

Ein Mann, der später berühmt geworden ist und heute noch hohe Achtung genießt, wohnte im Hause seiner Eltern, Lange Straße 7: Hegel nämlich. Eine Gedenktafel war dort angebracht. Die großen Werke des Philosophen, der eine dreifache Erscheinungsform des Geistes im Wirklichen erkannte, das sich in dialektischer Entwicklung (Thesis, Antithesis und Syn-

thesis) entfaltet, sind dort allerdings nicht entstanden, denn schließlich lebte er in der Lange Straße als Kind, Halbwüchsiger und Schüler des Gymnasium illustre, das gleich um die Ecke lag. Einen langen Schulweg hat er also nicht gehabt. »Er muß verträglich gewesen seyn, denn er hatte immer viele Cameraden«, notierte seine Schwester Christiane Hegel, die das Tagebuch des Gymnasiasten herausgegeben hat.
Darin berichtet der Fünfzehnjährige hauptsächlich von seiner Lektüre, gedenkt der von ihm verehrten Lehrer, beschreibt seine gewissenhafte Zeiteinteilung (»Sonntags arbeite ich, und zum Theil widme ich ihn guten Freunden«) und erzählt von einem »schröcklichen, unter aller Menschen-Vernunft dummem Abentheuer«, das Anfang Juli 1785 die Gemüter erregt hat. Denn damals haben viele Leute behauptet, sie hätten das sogenannte »muthige Heer« gesehen, und feurige Wägen mit Menschen seien durch die Straßen gerast. Hegel ging der Sache nach und erfuhr: »O Schande! Schande! daß es Gutschen waren. Herr von Türkheim gab nemlich ein Concert, das sehr zahlreich war; es dauerte bis um zwei; um nun die Gäste nicht in der Finsterniß heimtappen zu lassen, ließ er alle mit Gutschen und Faklen heimführen. Und das war dieß Muthige Heer. Ha! Ha! Ha! O tempora! O mores! Geschehen Anno 1785 O! O!«
Im Haus Lange Straße 7 hat sich Hegel aufs Abitur vorbereitet, das er am 26. September 1788 als Primus bestand; denn er war ein Musterschüler, der jedes Jahr seinen Preis bekam. Physik war seine Lieblingswissenschaft, seine Lieblingslektüre griechische Tragödien.
In der Calwer Straße, droben bei der Poststraße, steht noch das Stadtpalais des Barons Friedrich August von Gültlingen, der es 1747 mit seinem Wappen geschmückt hat: drei schwarzen Adlern mit goldenen Kleestengeln auf den ausgebreiteten Flügeln. Die Jahreszahl 1747 ist heute noch über der Tür des Hauses eingemeißelt, das Herr von Gültlingen zwischen 1805 und 1810 an den Handelsmann Heinrich Schnabel verkauft hat, bei dem er dann zur Miete wohnte. Neben ihm hatte Hofkonditor Jakob Breitling, der Großvater des Ministerpräsidenten Wilhelm von Breitling (1835-1914), sein schmales Domizil, das heute noch zu sehen ist. Die Schwestern von Frau

Breitling sind mit Hölderlins Freund, dem Kaufmann Landauer, und mit dem Bildhauer Scheffauer verheiratet worden; weshalb es nicht abwegig sein kann, wenn ich mir vorstelle, daß alle diese Leute, vielleicht sogar auch Hölderlin, der 1800 und 1801 fast ein Jahr lang in Stuttgart war, in das Breitlingsche Häuschen gekommen sind, das heute den Namen »Gussmann« in blauer Reklameschrift zeigt.
Schnabels Sohn verkaufte 1879 das von Gültlingensche Haus. Seitdem ist es ein Gasthaus, in dem 1914 Johannes Sugg als Restaurateur tätig war. Die Aktiengesellschaft Paulanerbräu erwarb es 1924 und ließ es nach dem Krieg vorbildlich renovieren. Seine bayerische Küche ist preisenswert und preiswürdig. Nicht umsonst bekam der dort wirkende Koch auf der Intergastra eine Goldmedaille.
Da wären wir also wieder in unserer Zeit. Jetzt werden nur noch wenige Schulbuben durch die Calwer Straße zum Karlsgymnasium laufen, wie das Pfarrer Edward Klöß seinerzeit tat, als er mit Wolf Graf von Kalckreuth, dem Übersetzer Verlaines, in dieselbe Klasse ging. Und daß um die Jahrhundertwende zumindest in Stuttgart strenge Sitten herrschten, das bezeugt Edward Klöß, wenn er von einem Besuch dreier Mädchen im Karlsgymnasium berichtet, deren Begleiterin, ein gewisses Fräulein Hagmeyer, sich beim Rektor beschwerte, weil ihre Schützlinge von den Schülern »belästigt« worden seien. Die hatten sich (und Wolf von Kalckreuth war auch dabei) die erschröckliche Frechheit erlaubt, die Damen im Gang anzuschauen, weshalb Klöß und ein anderer Bürgerlicher zwei Stunden Rektoratsarrest absitzen mußten, während Graf Kalckreuth frei ausging.
Kurios, denken wir heute, weil sich jetzt eher die Adligen vor den Bürgerlichen in acht nehmen müssen. Und jedem, der hier »Ums Viereck« geht, wird bewußt, wie zerstoben, versunken und weggewischt die Vergangenheit heute ist. Ob man's bedauern soll? Lieber nicht, meinen die meisten und staunen in der Kronprinzstraße unter der roten Reklame-Schrift »junge mode« die Auslagen des weißen Hochhauses an, zu dem Treppen, kantig wie Ellenbogen, emporführen. Vor ihnen scheint sich das von Gültlingensche Haus beiseitezudrücken, dessen Dächer von der Calwer Straße herüberschauen.

Der Straßenprospekt gewinnt allmählich nahezu metropolhaften Charakter. Firnhabers Langstreckenbau läßt großzügige Terrassen glänzen, und ein Kino preist Filme mit den Titeln »Gruppensex und Partnertausch« und »Stellungen« an. Ein Parkplatz hat Baracken an seinem Rand, ein altes Hinterhaus fristet sein brüchiges Dasein neben einem Fabrikkamin, und beide warten auf ihr letztes Stündlein, weil es hier bald ganz und gar schick werden muß. Büro-Hochburgen schauen herüber. In der Lange Straße wird »Leder-Leiner« bald großzügig dastehen, und auch das Haus Nummer 11b, wo Augenarzt Dr. Troschütz, das Modeatelier Friedl Kemmler und der Modellsalon Ingrid Schluckwerder heimisch sind, kann nicht mehr lange sein rundbogiges Tor von 1890 sehen lassen.
Auch der obere Teil der Calwer Straße wird auf der rechten Seite ums Numgucken verschwunden sein. Gegenüber ist das Diät-Reformhaus noch so wie auf unserm Modell, und während ich auf dem Trottoir in mein Notizbuch kritzele, beobachtet mich ein zahnloser Frauenkopf mit glänzendem Scheitel in einer Fensterecke, wo der Vorhang gelüftet wird.
So war's schon 1811. Firnhabers burgähnliches Besitztum hat 1898 zwei Häuser geschluckt und den Schmuck seiner neugotischen Fassade aufgerichtet, während Alfred Berger seine Futterstoffe, Tuche und Schneiderartikel noch im 1861 gebauten Haus verkauft. Und dann Oscar Zahns Haus, dessen Laden vielfältige Brotsorten, Spirituosen und Gewürze in Regalen aus dem Jahre 1895 hat. Jeder Liebhaber des Vergangenen fühlt sich dort unter Plakaten der Jahrhundertwende, die die Decke zieren, im inneren Bezirk einer Fata Morgana, obwohl's dort recht habhaft zugeht.
Das Haus gehörte 1811 dem Rathsverwandten und Conditor Christian Friedrich Ludwig. Die Fenster und der Eingang rechts neben dem Laden sind immer noch an derselben Stelle wie damals; nur die Türen sind neu, und statt des einen Dachfensters von früher hat es deren drei. Frisch verputzt worden ist's auch, weshalb ich: eigentlich schade... denke, weil's noch vor kurzem grünliche Patina gehabt hat; denn wer ein eingefleischter Vergangenheits-Liebhaber (oder -Fan) ist, der möchte ehrwürdigen Schmutz nicht missen.

Senefelderstraße Früher stand hier das Zuchthaus, das »Pönitentiarhaus« genannt wurde und in der Form eines griechischen Kreuzes errichtet werden sollte, dessen Arme nach den Himmelsrichtungen wiesen. Es lag weit draußen vor der Stadt, in den »Spitaläckern«, wie man um 1850 sagte.
Im Juni 1926 wurde sein Zellenbau abgebrochen und ein städtischer Mietsblock gebaut, der die Hausnummern 45-47 hat. Mit einem Erker und vier Dachaufbauten dehnt sich der breite Bau und zeigt, wie in den zwanziger Jahren eine lange Front gegliedert wurde. Im Hof sind Rasenflächen neben Wäschetrockenplätzen, und in der Mitte steht ein Rest des quergestellten Sandsteinbaus von 1850, der den Plan der alten Anlage erkennen läßt. Es wird wohl ein Verwaltungsbau gewesen sein, der jetzt bewohnt ist. Kinder spielen im Hof, Autos stehen herum, und daß hier einmal die Guillotine stand, weiß niemand mehr.
Beim Pönitentiarhaus fing die Militärstraße an und führte um die Stadt herum, bis hinunter zur Schillerstraße und zum Königstor, das die Königstraße zwischen Hindenburgbau und Schloßgartenhotel (damals Königlicher Marstall) abschloß.
Daß um 1860 Mörike in der Militärstraße als Mieter des Weingärtners Wilhelm Bofinger zusammen mit den Canzlisten von Gemmingen und Schäfer, dem Colporteur Bäbenroth, dem Goldarbeiter Hager und Lieutenant Runkel wohnte, versöhnt mit dem Zuchthaus-Neubau, der 1850 zum ersten Mal bezogen wurde. Männliche Insassen des Zuchthauses Gotteszell wurden, von vielen Polizisten begleitet, hier eingeliefert. Die Anstaltsordnung war so streng geregelt, daß den Gefangenen jede Zerstreuung und Ablenkung unmöglich gemacht wurde; es herrschte unbedingtes Schweigegebot. Die Insassen wurden in einer Rahmenfabrik und in einer Fabrik künstlicher Schiefertafeln beschäftigt. Jeder verdiente im Tag 20 Kreuzer, von denen er sechs Kreuzer für sich verwenden durfte.
Weil sich aber im Lauf der Zeit der Wohlstand mehrte und die »Gründerzeit« der siebziger Jahre die Stadt auch über die Spitaläcker hinauswachsen ließ, wurde das Zuchthaus immer mehr umbaut. Die Bürger, die sich brav vorkamen, wurden von der düsteren Nachbarschaft des Zuchthauses beunruhigt oder »verunsichert«, wie man heute sagt, weshalb die Zucht-

häusler schließlich nach auswärts abgeschoben wurden. Man richtete Lehr- und Versuchswerkstätten der Kunstgewerbeschule in den alten Räumen ein und brachte im ersten Weltkrieg französische Kriegsgefangene darin unter.
1860 wird die Senefelderstraße zum ersten Mal im Adreßbuch erwähnt. Sie hat fünf Häuser, in denen Handwerker, Gärtner und Weingärtner wohnen. Zehn Jahre später sind es schon neunundzwanzig. Jetzt hat sich auch Oberlieutenant Friedrich von Entreß bei einem früheren Kleiderhändler einlogiert, der als Privatier in dieser damals noch stillen und von Gärten aufgelockerten Gegend wohnt, die Wilhelm Raabe in seinem Roman »Die Akten des Vogelsangs« dargestellt hat; denn Raabe wohnte von 1862 bis 1870 sozusagen um die Ecke (in der Hermannstraße) und ging seinem Kollegen Mörike aus dem Weg. Er nahm am gesellschaftlichen Leben unserer Stadt teil, war mit Wilhelm Jensen und Hackländer befreundet, die – wie man heute sagen würde – als Bestseller-Autoren berühmt gewesen sind, und gehörte der literarischen Gesellschaft »Bergwerk« an, während Mörike von alledem nichts wissen wollte, wahrscheinlich weil er siebenundzwanzig Jahre älter war.
Später gehörte die Senefelderstraße zum Wohnbezirk der »besseren Leute«, die an hohen Festtagen im Zylinder spazierengingen. Fünf- bis sechsstöckige Etagenhäuser wuchsen in ihr auf, von denen heute noch viele stehen. Anno 1913 war sie so lang und gerade geworden, wie wir sie kennen. Von der Reinsburgstraße streckt sie sich bis in die Gegend um den Hölderlinplatz und wird nach oben zu immer feiner. Um die Jahrhundertwende gehörten hier fünf Häuser einer adligen Witwe, und 1933 zählt eine Freifrau deren zehn zu ihrem Besitz.
Wer die Bauweise der zweiten Hälfte des 19. Jahrhunderts kennenlernen will, der findet hier vielfältige Beispiele. 1850 begnügte man sich mit zweistöckigen Häusern im Biedermeierstil, zu denen das des Schuh-Hätinger gehört, wo im ersten Stock Tulpen hinter den Scheiben leuchten. Nummer zehn, wo der Maßschneider Kapazannides seine Werkstatt hat, ist dreißig Jahre jünger und hat sich seitdem nicht verändert. Unterm Holzbalkon auf dünnen Säulen hat die Tür das

alte verschnörkelte Gitter, und im Treppenhaus ist's an Sonntagen so dezent still, als besuchte man einen Herrn Commerzienrath oder einen Harmoniumfabrikanten von 1875, die längst zum Pragfriedhof umgezogen sind. Gegenüber ist sogar die Nummer 5 aus gewölbtem Messingblech noch dieselbe. Blech-Jalousien gehören zu den Häusern der achtziger Jahre, als man mit Erkern noch sparsam war. Diese beleben die Straßenwände erst weiter oben, wo um 1900 gebaut wurde und gotischer Zierat sich mit Jugendstilformen mischt, die in Hofgittern pflanzenhaft ranken; so hinterm Haus Nummer 105 von 1902, wo neben der Tür eine Maske aus Sandstein herausschaut.
Jetzt sind die Rustikaquadern im Erdgeschoß und glasierte Backsteinwände mit sandsteinumrahmten Fenstern nicht mehr modern, denn nun liebt man weiche Formen, und die Erker wölben sich, zierlich verziert. Das ist der urbane Stil von 1910, zu dem große Hüte auf üppigen Damenfrisuren und fließend lange Toiletten gehören, solche mit Durchbruchstickereien. Im Großmutter-Look, der Maxi-Mode von heute, ist die Eleganz von Anno dazumal wieder auferstanden, obwohl die Bauwerke unserer Zeit nicht urban, dafür aber weltstädtisch sind. Der BASF-Bau mit seinen weißen Flanken, in denen grünliche Fensterbänder glänzen, ist dafür ein Beispiel; denn heute will man zeigen, wer man ist und was man hat. Ein Bau soll Macht ausstrahlen und einschüchtern.
Da ist's gut, die kleinen Geschäfte der Senefelderstraße gewissermaßen zur Erholung anzuschauen, weil ihnen der Leistungsdruck des Amerikanismus noch nicht anzumerken ist. So beim Leder-Schwegler, wo die Leute liebenswürdig sind und sogar dafür sorgen, daß die in den Nähten geplatzte lederne Aktentasche eines älteren Herrn repariert wird. Ja, dieser Wunsch wird ihm bei Schwegler in der Senefelderstraße erfüllt, und er braucht sich nicht zu schämen, wenn er sich keine neue aus Kunststoff kaufen will.
Obwohl die Zeit sich ändert, bleibt alles beim alten. Altmodisches wird neu kreiert, und in der »Boutique Ladies Basar«, droben im Haus 105, liegen Lammfelldecken unter einem rostigen Bügeleisen, wie meine Großmutter eines geschwungen

hat, damit die Holzkohlen in ihm glühend blieben; eine Majolika-Katze reckt den langen Hals, ein Richtschwert aus dem 18. Jahrhundert und eine Pistole mit Feuerstein-Zündung verraten romantische Sehnsüchte, und alles sieht, zumindest in der Phantasie der Kundinnen, wieder einmal wie früher aus.
Alois Senefelder aber, nach dem die Straße heißt, war ein fortschrittlicher Mann, der »Die Zukunft in den Griff bekam«, wie man heute sagt. 1771 wurde er in Prag geboren, wo sein Vater, ein Schauspieler aus Königshofen, gerade gastierte; er starb, als sein Sohn zwanzig Jahre jung war, weshalb Alois das Studium der Rechtswissenschaft aufgeben mußte und versuchte, seine Familie und sich als dramatischer Dichter zu ernähren. Auch als Schauspieler hat er gewirkt und Ritterschauspiele geschrieben wie »Mathilde von Altenstein oder die Bärenhöhle« und »Wilhelm von Lautern oder der Schatz im Birkenbusche«. Sie sind aufgeführt und gedruckt worden. Als er beim Druck eines seiner Theaterstücke zusah, dachte er sich ein billiges Druckverfahren für Musiknoten aus, die er mit fetthaltiger Tinte auf eine Schieferplatte schrieb, und die Platte mit Säure ätzte. Er nannte das Verfahren Polyautographie, gründete von nun an nur noch Fabriken und gab die Dichterei auf.
Dies als Erinnerung an eine Vergangenheit, deren Kenntnis heutzutage oft für überflüssig gehalten wird, obwohl wir von ihren Errungenschaften leben; denn ohne Früheres gäbe es das Heute nicht: eine Binsenwahrheit, die wir wieder entdecken sollten.

Hasenbergsteige In Bronze gegossen und mit einem breiten Marmorbecken steht der Gänsepeter-Brunnen in der Reinsburgstraße, wo die Hasenbergsteige abzweigt. Auf ihm ist ein Hirtenbub dargestellt, der eine davonfliegende Gans einfangen will, als handele es sich um ein dramatisches Ereignis, das gewaltige Folgen hat. 1901 ist der Brunnen aufgestellt worden. Er erinnert an die ausgehende Gründerzeit bevor der Jugendstil modern wurde, diese Spezialität einer verfeinerten Epoche, die heute vergröbert in der sogenannten Pop-Art weiterlebt.

Die ersten Häuser der Hasenbergsteige stammen aus den neunziger Jahren. Sie haben breite Sandsteinfronten und Balkone. Nummer drei sieht wie ein florentinisches Palais aus. Und wer weiß, daß nicht nur Christian Wagner, der Dichter und Bauer aus Warmbronn, sondern auch Kasimir Edschmid Stuttgart mit Florenz verglichen hat, dem erscheint es angemessen, daß bei uns noch Häuser stehen, die an Florenz erinnern.
Hier war Henry Dunant, der Gründer des Roten Kreuzes, von 1877 an zu Gast. Linden stehen am Rand des Trottoirs, und Gärten dehnen sich zu beiden Seiten. Staketenzäune werden von Hecken durchwachsen, und weiter oben sehen Sie über die Hohenzollernstraße zu den Degerlocher Höhen; gegenüber ragt ein runder Fabrikkamin empor. Hinter einem hohen Eisentor führt ein Weg unter Buchen und Tannen zu einer Backsteinvilla. Über einem Rasenrondell steht ein Putto, und nach dem Garten zu, der sich weit dehnt, hat eine Terrasse hohe Fenster. Ein russischer Windhund liegt vor der Tür.
Ein Brunnen aus Gußeisen mit wasserspeiendem Drachenkopf und Ornamenten, von Georg Kuhn gegossen, hat einen angeketteten Becher und einen Hebel an der Seite, wie es die Älteren von früher kennen, die, wenn sie als Buben barfuß herumgerannt sind, sich vor dem Nachhausegehen an solch einem Brunnen das Gesicht gekühlt und die Füße gewaschen haben.
Verschlungene Gitter erinnern an den Zeitgeschmack um 1910, als der Hasenberg »Prominentenhügel« genannt wurde, weil sich auf ihm Regierungsräte, Fabrikanten und Privatiers angesiedelt hatten. Auch Hofbuchhändler Gustav Weise und Freiherr Hermann von Mittnacht, königlicher Kammerherr und Major z. D., hatten hier ihre eleganten Domizile.
In den ersten zehn Jahren des Jahrhunderts sind dort achtzehn Villen gebaut worden, von denen noch die meisten stehen. Manche haben Holzbalkone und Fachwerk im Dachgeschoß, und dem Wasserwerk gegenüber, wo ein Specht klopft, ist eine Aussichtsplatte angelegt. Das Tal liegt unten, als wäre es mit Häusern bepflastert, und Hügel dehnen sich vom Rotenberg über den Bismarckturm bis Botnang.
Dort oben wohnt auch der Bildhauer Otto Herbert Hajek.

Das Eingangstor zu seinem Haus hat er selber gemacht. Metallplatten, von denen einige geritzt und gerippt sind, oder aus denen Röhrenstümpfe ragen, verbinden sich mit Stäben, die, vielfach verschlungen, einen rudimentären Reiz vermitteln und kunstvoll geschichtet sind. Dahinter steht ein »Platzmal«, wie es Hajek, in ähnlicher Form, für den Kleinen Schloßplatz schuf.
Eine Garage wird gebaut, und nahebei steht das älteste Haus, ein Gartenhäuschen, das 1737 »Alexanderhäusle« hieß, als Württemberg unter Herzog Karl Alexander katholisch werden sollte. Es muß damals eine schwierige Zeit gewesen sein, denn es wird überliefert, daß sich evangelische Stuttgarter im Gartenhaus trafen, um über die sich verändernde Zeit zu sprechen, die ihnen unheimlich erschien.
Am 18. Juli 1796 kamen die ersten Franzosen aus dem Hasenbergwald hervor. Sie besetzten das Gartenhäusle und benützten es als Ausguck vor der Schlacht bei Cannstatt mit den Österreichern.
Der Hasenbergturm ist fast hundert Jahre später errichtet worden und diente niemals kriegerischen Zwecken. Als Aussichtsturm, von dem man bis zur Alb hinübersehen konnte, ist er errichtet und 1943 gesprengt worden, weil man befürchtete, er könne anfliegenden Bombern zur Orientierung dienen. Seitdem steht von ihm nur noch ein runder Stumpf aus Keupersandstein.
Das Gartenhäusle aber, das an der Straße wartet, und unter dessen verschlossenen Läden Weinreben ranken, gehörte früher zum »Kirchengütle«, das Obertribunalpräsident Pfizer, der Bruder des Dichters Karl Pfizer, im neunzehnten Jahrhundert erworben hat. In ihm war Arthur Rubinstein zu Gast, der die Tochter des Obertribunalpräsidenten heiraten wollte. Der Vater war mit Rubinstein als Schwiegersohn nicht einverstanden, weshalb der Meister nach Rußland zurückkehrte und Marie Pfizer unvermählt blieb. Später war die Sängerin Sigrid Onégin hier oft zu Besuch.
Das »Hasenbergbrünnele« hat das Grundstück mit Wasser versorgt; und als im Juli 44 eine schwere Bombe vor dem Haus Osianderstraße 26, die hier zum Westbahnhof abzweigt, die Straße aufwühlte und kein Wasser mehr in die Häuser kam,

hat die kleine Quelle die Straße mit Wasser versorgt: Eine Nachricht aus einer weitabliegenden Vergangenheit, von der die Jungen nichts mehr wissen wollen. Hoffentlich brauchen sie nie zu erfahren, welcher Schatz eine Quelle im Krieg sein kann.
Die Villen sehen erfreulich aus. »Schön ist's schon«, sagt eine Dame, die ihre Garagentüre abschließt, »aber au viel G'schäft.« Der Blaue Weg zweigt ab, der Friedrich-Wertz-Weg heißt und über den Wildpark nach Weil der Stadt führt. Eine Anlage hat verschlungene Pfade, und das Haus Hohenberg, wo vor dem Krieg der Kunsthistoriker Doktor Hermann Wurz als Privatgelehrter wohnte, steht mit hohem Turm und engem spitzbogigem Steintor da. Eine bronzene Tür schließt das Besitztum wie eine Burg ab.
Dort war eine wertvolle Bibliothek mit Inkunabeln und eine Sammlung von gotischen Tafelbildern und Renaissanceplastiken untergebracht, die Doktor Wurz zusammengetragen hatte, bevor er im Konzentrationslager ermordet wurde. Ein merkwürdiges Gebäude mit weiträumiger Halle und verwinkelten Treppen, die zu einem Arbeitskabinett im Turm führten, von dem man ins Heslacher und Stuttgarter Tal sah.
Das Haus ist erneuert und erweitert worden. Es steht nicht weit, vom Hasenbergturm, wo früher das »Jägerhaus« als Ausflugsziel beliebt war. Das Jägerhaus hat den Krieg nicht überstanden; 1852 wurde es von der Stadt als Fachwerkhaus gebaut und 1879, als die Gäubahn eröffnet und der Hasenbergturm gebaut worden war, erweitert. Wie ein Schweizerhaus schaute es mit seiner weinlaubumrankten Terrasse her, und neben ihm stand das »Belvedere« aus der Biedermeierzeit. Baron von Putlitz, der Intendant des königlichen Hoftheaters, und seine Schauspieler kehrten oft dort ein, und Putlitz probte mit ihnen im stillen Gasthaus oder im Wald.
Auch das Luftkurhaus Buchenhof, das im Krieg zerstört wurde, gehörte zu den Ausflugszielen auf dem Hasenberg. Christian Wagner war mit dem Wirt befreundet und schrieb ihm ins Stammbuch: »Oben der heilige Wald und unten das schwäbische Firenze: / Göttlich schwelgest du so in Wein und herrlichem Ausblick.« Zwar holpern die Verse ein bißchen, aber als Dokument der Erinnerung sind sie lebendig.

Die Gaststätte »Waldhaus«, die heute noch steht, ist in der Villa von Professor Riegler, des Kunstsammlers und Mäzens, nach seinem Tode eingerichtet worden. Auch ein Denkmal von Wilhelm Hauff, der »Lichtenstein« und »Zwerg Nase« geschrieben hat, steht dort oben.
Eine Burg ist nie auf dem Hasenberg gestanden, obwohl es im 19. Jahrhundert hieß, er habe ein Raubritternest auf seinem Gipfel getragen, und die Stuttgarter hätten ihn gehaßt; sein Name bedeute: »Haß dem Berg«. Statt dessen war dort ein Hasengehege der Herzöge angelegt, und Karl Eugen wollte auf ihm ein Lustschloß bauen, das dann als Schloß Solitude über Gerlingen errichtet wurde. Und wer weiter zurückgeht und erfahren will, wie alt die Hasenbergsteige ist, der findet in den Arbeiten der Professoren Gößler und Dölker zahlreiche Hinweise. Ob sie ein vorgeschichtlicher Weg ist wie die Bopsersteige und der Feuerbacher Weg, das können auch die Experten nicht sicher sagen. Wenn Gößler meint, die Römerstraße habe von Böblingen über Vaihingen nach Feuerbach und Cannstatt geführt, dann darf angenommen werden, daß die Hasenbergsteige ein alter Weg ist, der auch von den Römern benützt wurde. Dölker teilt mit, sie sei älter als die äußere Stadtmauer und als Urweg anzusehen, der parallel zum Herdweg ins Tal geführt habe.

Neue Weinsteige Sie ist unsere Prachtstraße, unser befahrbares Aussichtsplateau. Der Wald berührt sie, und wenn es Frühling wird, leuchten neben ihr lilafarbene Blumenpolster auf Weinbergmauern.
In weiten Kehren nähert sich der Fahrende der Stadt, als sänke er langsam und sanft hinab ins Tal. Ihn überraschen Stuttgarts Gärten, und es kommt ihm vor, als wüchsen hier Bäume, Büsche, Gräser üppiger als anderswo. Vielleicht ist die rötliche Keupererde daran schuld, die das Grün frisch erscheinen läßt, oder es spielt die weiche Luft herein, diese dunstige, die zum Glück noch nicht Smog genannt zu werden braucht. An einem Tag mit klarer Sicht, wenn Wind von Westen bläst, könnte man hier sogar schlendern.
Trotzdem ist's besser, die Neue Weinsteige herabzufahren.

Ihrem Namen macht sie Ehre, weil immer noch Weinberge neben ihr die Hänge schmücken, besonders dort, wo an der Kehre eine turmbewehrte Villa der neunziger Jahre wie ein Schlößlein wacht. Als Aus- und Einfallstraße mutet sie großzügig an und zeigt das Land »Unter der Steig«, das hier beginnt und früher von der Alten Weinsteige begrenzt wurde. Hier kamen Frachtfuhrwerke aus dem Lande »Ob der Steig« ins Unterland, und bis zum Kriege stand auf der Alten Weinsteige ein Obelisk mit zwei Eisenplatten, die den Namenszug König Friedrichs I. und das württembergische Wappen zeigten. Hier war die Grenze von Ober- und Unterland.
Ohne der Alten Weinsteige zu gedenken, kann über die Neue nicht berichtet werden. 1350 wird die Alte Weinsteige zum ersten Mal erwähnt; sie war die Hauptverbindung von Stuttgart nach den Filderorten und hat sechshundert Jahre lang ihre Dienste getan. Die Weinfuhren wurden über sie weitergeleitet, und manchmal mußten 16 Pferde vorgespannt werden, um den steilen Weg zu überwinden.
In den zwanziger Jahren des vergangenen Jahrhunderts aber war es an der Zeit, die alte Steige zu entlasten. Oberbaurat Gottlieb Christian Eberhard von Etzel baute die neue Straße von 1823-1831. Zwei Jahre nach seinem Tod (1842) wurde für ihn dort ein Denkmal aus Schilfsandstein enthüllt, das heute noch als imposanter Block unter alten Bäumen steht. Die Widmung: »Dem Trefflichen geweiht von seinen Fachgenossen und Verehrern« ist in sie eingemeißelt. Im Hoppenlaufriedhof steht sein Grabstein, der einem Turmstumpf gleicht. Zunächst hieß die Neue Weinsteige Wilhelmstraße. An ihr ist das Wilhelmstor errichtet worden, das nur ein Wachhäuschen gewesen ist; und viele Leute meinten, es werde von nun an weit draußen stehen vor der Stadt. Doch bald entwickelte sich die neue Straße zu einem »vielbenützten Spaziergang«, wie Friedrich Ludwig Bührlen in seiner Stuttgarter Stadtbeschreibung von 1835 mitteilt. Er preist den »Wechsel der Ansichten, zuerst auf die reiche Vegetation des Stuttgarter Grundes und dann auf die sich immer mehr auftuende Ferne«. Ein anderer Autor würdigt die »sanft ansteigende und viel bequemere Communication«, die sie mit den oberen Landesteilen herstellt. Und wer gemeint hatte, die Neue Weinsteige werde sich

ohne Häuser nach Degerloch dehnen, der wurde schon ein Jahr, nachdem sie fertiggestellt war, eines anderen belehrt. Der Bierkeller und Biergarten zur »Weissenburg« ist damals gebaut worden, dessentwegen König Wilhelm I. ein Machtwort hatte sprechen müssen, damit die Bauarbeiten für die Brauerei den Bau der Neuen Weinsteige nicht behinderten.
Im Saal der Bierwirtschaft »Weissenburg« versammelten sich 1834 Naturforscher und Ärzte aus ganz Deutschland. Die Brüder Felger eröffneten zehn Jahre später die Restauration und Milchkuranstalt »Felgersburg«, die 1890 von dem geheimen Hofrat Ernst von Sieglin umgebaut und »Villa Weißenburg« genannt wurde: ein imposantes Gebäude, von dem heute nur noch das Teehaus, ein Rundtempel mit Säulen, übrig ist, der die klassizistische Form des Jugendstils von 1914 deutlich macht. Der Park der Villa wird von der Stadt als Erholungsbezirk betreut.
Die alte Weissenburg aber, die auf dem »Weißenburrle«, einem Vorsprung des Bopsers, stand, war aus weißem Sandstein gebaut. Nach ihr nannte sich ein Adelsgeschlecht, das mit dem Grafen von Württemberg verwandt gewesen und bis ins 14. Jahrhundert nachweisbar ist. Die Burg trotzte als einzige der Belagerung durch Rudolf von Habsburg (1286) und wurde sechsundzwanzig Jahre später von den Esslingern zerstört. Im 18. Jahrhundert stand sie als Ruine da, und Steine von ihr waren noch in Ernst von Sieglins Villa eingemauert. Schon 1451 war sie als Steinbruch benützt und der Nachrichterturm beim Wilhelmsplatz aus ihr gebaut worden, der im 19. Jahrhundert »Schinders Kleiderkasten« hieß, weil der Nachrichter an ihm Pferdehäute zum Trocknen aufhing.
So redeten unsere Urgroßväter, die zur »Felgersburg« an der Neuen Weinsteige gingen, wo »Damen unter dem Schutz ihrer Gatten und Väter, Strickzeug oder Näherei in der Hand, im Wirtsgarten saßen, Luft genießend und etwas Bier nippend«, wie damals in der Zeitung zu lesen stand.
Auch davon hat Karl Schmid 1956 im »Amtsblatt« erzählt. Er erinnert sich noch an die Wirtschaft »Zur schönen Aussicht«, die seit 1876 an der Neuen Weinsteige stand und 1929 abgebrochen wurde. Neben Last- und Reisewagen und Botenfuhrwerken, deren Besitzer im Gasthof »Zur Sonne« an der

Hauptstätter Straße logierten, fuhr auch ein Eilwagen in fünf Stunden nach Tübingen. Mit der Schaffhausener Diligence ging es langsamer, doch war's dafür um 8 Kreuzer billiger. Der Bote Kaufmann, ein respektabler Mann (früher hießen Fernlastunternehmer »Boten«), hatte auf der Neuen Weinsteige Fuhrwerke mit zwölf Pferden fahren, die Fracht nach Tuttlingen und nach der Schweiz brachten.
Seit 1900 führt auf ihr die Straßenbahn nach Degerloch, das 1908 eingemeindet wurde. Anfang der dreißiger Jahre wurde das Straßenbahngleis in die Mitte gelegt und die Fahrbahn auf 12 Meter verbreitert. Der Umbau kostete eine Million Reichsmark und wurde als Notstandsarbeit zur Beschäftigung Erwerbsloser durchgeführt; der freiwillige Arbeitsdienst war auch daran beteiligt. Am 21. März 1934, als in der Zeitung »die Frühjahrsoffensive in der Arbeitsschlacht« angekündigt wurde, war der Umbau fertig, und die neuen Machthaber feierten die Eröffnung der verbreiterten Straße als Erfolg ihres eigenen Strebens, obwohl der Umbau schon vor drei Jahren begonnen worden war.
Wie's halt so geht ... Hundert Jahre lang genügte die Neue Weinsteige den Anforderungen der neuen Zeit, während die Alte sechshundert Jahre als Fernstraße benutzt wurde. Das technische Zeitalter nutzt alles rascher ab, wie zur Zeit Hadrians, als im Imperium Romanum Straßenbau und Verkehr wie in unserer Zeit anschwollen. Merkwürdig, daß auch vor achtzehnhundert Jahren der Luxus blühte und weite Reisen selbstverständlich waren. Auch das, was in unseren Tagen »zeitadäquates Bewußtsein« genannt wird, hatte sich damals herausgebildet, denn es gab, wie jeder weiß, auch so etwas wie eine Aggressions-, eine Sex- und eine Pornowelle, die ungefähr fünfhundert Jahre lang gedauert hat.
1968 ist von Paul Stohrer ein Terrassen-Appartementhaus mit 25 Wohnungen in der Neuen Weinsteige fertig geworden, das schräg emporwächst und sich nach oben verjüngt; es zeigt den großzügigen Stil unserer Zeit und vermittelt einen Hauch von »großer Welt«.
Trotzdem sei noch einmal der Alten Weinsteige gedacht, die, nachdem Etzels Idee verwirklicht worden war, in den Frieden eines Weinbergwegs zurückgesunken wäre, hätten sich nicht

dort, die Stille nutzend, vermögliche Bürger angesiedelt. Seit 1884 fährt auf ihr die Zahnradbahn nach Degerloch und überwindet auf einer Steige von 11,5 Prozent zweihundert Meter Höhe in 15 Minuten. Auch dies sind eindrucksvolle Ziffern. Und wer noch weiter zurückgehen will und auf der Alten Weinsteige an so etwas Unzeitgemäßes wie Dichtung denkt, dem sei verraten, daß Friedrich Schiller, als er vom Rotebildthor (beim heutigen Rotebühlplatz), wo seine Eltern wohnten, die Alte Weinsteige hinaufging, dabei die Elegie »Der Spaziergang« entweder aufgeschrieben oder in Gedanken konzipiert haben soll. Vor wenigen Jahren noch hat dort der inzwischen verstorbene Maler Otto Speidel gewohnt, der seinen Freimut unter Hitler mit Haft bezahlen mußte. Seine Bilder bezeugen seine aufrechte Gesinnung.

Vom Weißenhof zum Schloß Rosenstein Straßen, in denen es sich schlendern läßt, gibt's nur noch wenige; weshalb es zur Abwechslung reizvoll ist, ein paar Wege zu begehen, die kaum jemand kennt.
Vom Weißenhof ist heut nur noch der Name übrig, weil dieser Gutshof mit seinem breiten Walmdach aus dem Jahre 1779 im Krieg zerstört worden ist. Vielleicht aber weiß der und jener noch etwas vom Bäckermeister Georg Philipp Weiß, der in der Torstraße gewohnt und diesen Hof gegründet hat.
Weiß war ein Menschenfreund. Als 1817 eine Mißernte die Lebensmittel teuer werden ließ, schenkte er das Getreide, das er auf dem Weißenhof geerntet hatte, den Armen der Stadt. Auf einem festlich geschmückten Leiterwagen ließ er es zum Alten Schloßplatz fahren. Alle Glocken läuteten, der Stadtrat, die Geistlichkeit und zweitausend Schulkinder empfingen den Wagen dort, wo heute Thorwaldsens Schillerdenkmal steht; denn der Schillerplatz hieß damals Alter Schloßplatz.
Der Erntewagen wird wohl den Eckartshaldenweg hinabgefahren sein. Wenn Sie den beim Hotel »Weißenhofbäck« etwa dreißig Meter abwärts gehen, führt links eine Steintreppe in einen steilen Weg, der eine Zeitlang »Mördergängle« hieß, obwohl dort, zum Glück, nie etwas passiert ist; und schließlich nannten ihn nur Kinder so, weil sie Angst vor ihm hatten.

Er führt zwischen Gärten hinab, die sorgfältig gepflegt sind. Im Baumlaub glänzen Äpfel und Geißhirtle, Zwetschgen rollen Ihnen vor die Füße, und wer eine davon aufhebt, schmeckt die Sonne des Jahres 1971; oder er holt sich Brombeeren vom Zaun, bloß so als Mundraub im Vorübergehen. Hier ist ein stiller warmer Winkel, in dem der Weg sich krümmt.
Unten dehnt sich rechter Hand ein braches Feld. Vor fünf Jahren war dort noch eine städtische Gärtnerei. Jetzt wartet das Gelände bis hinüber zur Sankt-Georgs-Kirche auf Betonmischmaschinen und Baukräne, damit auf ihm stolze Architektur hochwachse; es schlummert und ist verwildert.
Zur Linken stehen Häuser der zwanziger Jahre, alle schmuck mit Giebeln und spitzen Balkongittern bis zur Gaucherstraße. Das mit blauem Glas verkleidete Gebäude von Schiedmayer Söhne hat die Villa Gaucher verdrängt, die ein Beispiel der urbanen Bauweise von 1890 war und einen Garten mit Sandsteinfiguren hatte.
Die Heilbronner Straße zieht vorbei. Überqueren Sie die recht vorsichtig. Sie kommen zur Presselstraße, wo Jakob Trefz Söhne eine Tankstelle mit Reifendienst errichtet haben. Dann schlendern Sie in der Presselstraße weiter, lassen die Bauunternehmung von Wolfer und Goebel rechts liegen, gehen dem Eisen-Fuchs entgegen und wundern sich über die stille Straße, in die Quitten und Geißhirtle von der Böschung hängen.
Beim Eisen-Fuchs halten Sie sich auf der rechten Seite und kommen zu zwei Brücken überm Güterbahnhof. »Härterei Wandel« steht an einem Mietshaus der Jahrhundertwende, das gotische Sandsteinornamente im Jugendstilgeschmack hat, und wo unten die Gaststätte »Nordpol« noch bis vor kurzem eine abseitige Einkehr war. Schade, daß sie geschlossen wurde. Die Gegend hier mit den Geleisen, wo Emil Pfleiderer Altpapier sammelt, weshalb oft Buben Handwagen vorbeiziehen, die mit Zeitungen und Zeitschriften vollbepackt sind. Die Gäubahn fährt vorbei, oder der Züricher Schnellzug läßt den Boden zittern. Zwischen Geleisen und Weg liegt ein Gärtchen, in dem Kirsch- und Zwetschgenbäume ihre Äste auf einen Rasen wie vor dem Neuen Schloß niederhängen; in der Mitte und an den Rändern wachsen Blumen, und das Gartenhaus ist frisch gestrichen.

Draußen fächern sich die Gleise auseinander; eine Mauer gepreßten Altmetalls wartet auf den Abtransport, Waggons werden verschoben, und der Pfiff eines Bahnwärters zieht sich hin; denn laut ist es hier selten.
Hinter der Brücke wachsen neue Häuser auf, und Sie erinnern sich der alten, die noch vor einem Jahr hier dunkel und vor schmalen Gärtchen standen. Jetzt wird alles neu, und wer später hier wohnt, wird sich wundern, wie ruhig es nicht weit von der belebten Nordbahnhofstraße ist. Der Aussichtsturm von 1891, droben beim Burgholzhof, schaut über Weingärten herab, die in den letzten Jahren für Drahtanbau neu angepflanzt worden sind, damit ihr Ertrag wachse, ihr Wein süffiger werde und die Bewirtschaftung bequemer sei. Und heuer wird uns ein Jahrhundertwein den Gaumen netzen.
In der Nordbahnhofstraße lohnt es sich, beim Fußgängerüberweg zu verweilen und die Eisenbahnbrücke anzuschauen, unter deren steinernen Bögen neben der Rosensteinstraße drei Häuser wie hineingeschoben stehen. Im Krieg habe ich ab und zu an sie gedacht und mir vorgestellt, sie würden von den Brückenbögen vor Bomben geschützt.
Und nun neben dem Bahndamm durch die schattige Rosensteinstraße unter hohen Platanen. Nur auf der rechten Seite ist sie bebaut, dort, wo Etagen-Häuser der zwanziger Jahre frisch verputzt sind. In die Brücke hat Möbel-Layer sein Büro und eine Wohnung hineingebaut, und Sie überlegen, wie's hier einem Schlafenden zumut sein mag, wenn über seiner Zimmerdecke ein Zug rauscht; vielleicht träumt der in jeder Nacht von fernen Ländern.
Und wieder Brückenbögen, diesmal in der Ehmannstraße. Hinter denen führt ein Trampelweg in den Rosensteinpark, wo der König mit seinem Gefolge früher oft geritten ist.
Der Park wurde 1823 im englischen Stil angelegt. Auf weiten Rasenflächen gruppieren sich neben Blutbuchen, Eschen und Platanen, die sich frei entfalten durften und deshalb breit gefächert stehen, amerikanische Nußbäume; sie heißen nux niger (schwarze Nuß) und lassen im Oktober ihre dickschaligen, stark duftenden Früchte ins Gras fallen. Hinterm Schloß Rosenstein aber steht ein Mammutbaum aus Amerika, der dreitausend Jahre alt werden kann. Vielleicht darf jemand, der

noch jung ist, diese Zeitspanne abwarten, weil unsere Medizin bekanntlich immer größere Fortschritte macht.
Und dann Schloß Rosenstein mit seinem runden See, über dem ein Springbrunnen plätschert. Es ist als königliches Landhaus zwischen 1824 und 1829 von Giovanni Salucci auf dem Kahlenstein gebaut worden und hatte 74 Zimmer; der Festsaal war mit Freskomalereien geschmückt. Außen zeigt es sich noch heute so wie früher als ein einstöckiger Bau mit einem Portikus über der Auffahrt und zwei Säulenvorbauten an den Ecken.
Ein Landhaus, das sich als Schloß präsentiert. In ihm ist König Wilhelm 1. 1864 als Dreiundachtzigjähriger gestorben, nachdem er sich dorthin zu einer »Luftkur« zurückgezogen hatte. »Es schmerzt sehr, von einem so schönen und guten Lande scheiden zu müssen«, waren seine letzten Worte.

Unter der Mauer Wo sie anfängt, steht der Stiftsstraßenbrunnen mit einer knienden Frauengestalt in Bronze, die zwei Weintrauben hochhält. Das ist eine Erinnerung an alte Zeiten, als hier Weingärtner wohnten, denn diese Frau fleht den Segen des Himmels auf die Früchte des Landes herab. Und wen es verwundert, daß in unserer Zeit eine solche symbolische Figur entstehen konnte (Alfred Lörcher hat sie 1954 geschaffen), sollte daran denken, daß hier, wo alle Häuser neu sind, Stuttgart am ältesten ist.
Hier war die Keimzelle unserer Stadt, dieser kleinen Siedlung um die Stiftskirche. Der Name »Unter der Mauer« weist auf die innere Stadtmauer hin, die als ovale Befestigung im 13. Jahrhundert errichtet wurde und am »Kleinen« und »Großen Graben«, dem heute die Eberhardstraße und die Königstraße folgen, als Wehrgang entlangführte.
Die Befestigung hatte einen Zwinger (der Straßenname »Im Zwinger« erinnert noch daran) mit einer niederen Mauer und davor einen zwanzig Meter breiten, mit Wasser gefüllten Graben, vor dem der Stadtwall als Böschung schräg in die Höhe stieg. Er war dort, wo sich heute die Straßen von der Königstraße zum Rathaus senken.
Immer noch haben wir Vergangenheit unter den Füßen, auch

wenn wir meinen, daß uns die nichts mehr angehe; denn wer denkt schon Unter der Mauer an die Vergangenheit, wenn er hier einen Lastwagen hereinfahren und vor der Zufahrt der Firmen Rehn oder Tritschler entladen muß, von denen Tritschler mit einem winzigen Schild auf sein »Hausfrauenparadies« aufmerksam macht. Die Rückseite der »Kaufhalle« schaut herüber, es riecht nach Fisch von der Fischhalle »Nordsee«, ein Duft, der sich mit kräftigem Eduscho-Kaffeegeruch mischt, weil an der Schulstraßenecke dieser Kaffee verkauft wird. Und am Rand des Parkplatzes ist das Café Nagel eine stille Klause im Kern der Stadt.
Die Muschelkalkmauern des Hauses beim Brunnen sind heute die ältesten, obwohl sie nur sechzig Jahre jung sind. Es ist noch gar nicht lange her, seit hier die Städtische Sparkasse heimisch war. Jetzt läßt Robert Mayer in dem großzügigen Bau komfortable Küchen- und Badeeinrichtungen sehen.
Früher aber ... ach, du liebe Zeit. Sie sind eingeladen, in der Straße »Unter der Mauer« durch sieben Jahrhunderte zu schlendern und daran zu denken, daß hier noch um 1870 das Wasser am Brunnen geholt werden mußte, drüben in der Stiftsgasse, wo neben Hans Rehns Geschäftshaus (»Alles fürs Büro«), das 1954 eröffnet wurde, der Gasthof »Alte Post-Stiftsstube« stand.
Sie ist 1702 gebaut worden, und in ihr hat der Thurn-und-Taxissche Posthalter von Cannstatt eine Posthalterei errichtet. Zuvor mußten alle Stuttgarter Briefe in Cannstatt aufgegeben werden, und vielleicht schauen auch aus diesem Grunde die Cannstatter immer noch auf alle Stuttgarter herab. Die »Brief-Distribution,« ist 1705 in ein Postamt verwandelt worden, das aber schon fünf Jahre später wieder aufgehoben wurde, weil jetzt die württembergische Landespost den Briefversand regelte.
»Unter der Mauer«: Dieser Straßenname weist zurück auf das Jahr 1440, als die Stadtmauer für 30 Kreuzer jährlich mit Häusern bebaut werden durfte. Am Sankt-Gallus-Tag mußte der Zins entrichtet werden. Und bis zum Ende des vergangenen Jahrhunderts ist der »Galluszins« für Häuser in der Altstadt bezahlt worden.
Früher wand sich hier die Grabenstraße durch ein verwinkel-

tes und verschachteltes Viertel. Der »Lorcher Klosterhof« oder die »Lorcher Kelter« stand hier, ein Pfleghof des Benediktinerklosters Lorch, das in einem schmalen und krummen Haus den Ertrag seiner Wiesen, Felder, Keltern, Keller und Kornspeicher verwaltet hat. Schon 1334 wird der Klosterhof auf einem Pergament erwähnt. Und viele ältere Stuttgarter erinnern sich des Gasthofs »Zum goldenen Rößle«, das von 1639 bis 1944 im Stiftsherrenhaus des Beutelsbacher Stifts untergebracht war. »Propst und Chorherren des Gestifts zu Stutgarten« haben schon an Lichtmeß 1321 eine Urkunde unterschrieben, die ihre Rechte und Pflichten bezeugt.
Hier finden Sie in die Vergangenheit zurück, wenn Sie über Stuttgarts Geschichte informiert sind. Zum Mäntlerschen Haus war's nicht weit, wo Buchdrucker Heinrich Mäntler wohnte, dessen Vater mit Schiller befreundet war; und Schiller hat 1780 eine Zeitlang Beiträge für Mäntlers »Nachrichten zum Nutzen und Vergnügen« verfaßt, um sein Salär ein bißchen aufzubessern.
Um 1800 wohnte Major, Kriegsrat und Generalkassier von Duvernoy in dieser Straße, und Johann Gottfried Meyderlen war als einer der letzten, die noch einen Zopf getragen haben, stadtbekannt. Er betrieb ein Spezerei-, Papier- und Farbwarengeschäft, war Inhaber einer Speditionsfirma und lieferte den besten Käse. Um fünf Uhr in der Frühe holten sich bei ihm die Weingärtner ihr Vesper, bevor sie an die Arbeit gingen. Und bis nachts zehn Uhr war sein Laden geöffnet, ein tiefes Gewölbe, in dem Kerzen brannten. Die Buben verspotteten ihn mit einem Verslein, das von Mund zu Mund ging.
Lächelt heute jeder über die alten Geschichten? Falls Sie diesen Artikel weiterlesen sollten, erfahren Sie noch andere.
Nach dem Krieg standen neben den Trümmern des »Goldenen Rößle« bis 1955 die Reste des Alten Steinhauses, das 1286 bei der Belagerung durch Rudolf von Habsburg beschädigt und vier Jahre später wieder aufgebaut worden war. Graf Ulrich der Vielgeliebte verkaufte 1453 »unser steinhus zu stutgarten, das man nempt das alt steinhus« an seinen Schreiber. Und nun gehörte es bis tief ins 16. Jahrhundert hinein Hofbeamten bürgerlicher Herkunft. Zweihundert Jahre früher aber war es als Adelssitz erbaut worden, und es kann sein, daß hier,

bevor das Alte Schloß gebaut wurde, die Herzöge von Wirtenberg zu Hause waren.
Eine steinerne Wendeltreppe und ein Rittersaal bezeugten seine adlige Vergangenheit, während jetzt von ihm nur noch das Portal, ein gotisches Fenster und ein paar Buckelquader, die seit der Stauferzeit in seinem Gemäuer steckten, im Lapidarium zu sehen sind.
Im Lauf der Jahrhunderte ist das wehrhafte Wohnhaus oft umgebaut worden. Ursprünglich hatte es einen Treppengiebel, der 1935 bei der Erneuerung des Hauses wieder sichtbar gemacht wurde. Gotische Fenster und eine Ladeluke im Giebel waren in seine Fassade aus anderthalb Meter dicken Steinmauern gebrochen. Wer es anschaute, dem wurde die Ritterzeit als strenge Epoche gegenwärtig, und er dachte an ähnliche Häuser, die beispielsweise in Regensburg nur deshalb erhalten geblieben sind, weil die Stadt nach ihrer Blüte im frühen Mittelalter abseits der großen Verkehrswege verarmt ist. Stuttgart aber wurde um 1500 reich, und Reichtum räumt Altes weg, wie wir es – übrigens nach einem verlorenen Krieg – heute erfahren.
Um 1830 wohnten im Alten Steinhaus zwei Weingärtner, der Mehlhändler Gottlieb Eipper, die Cameralamtsdienerswitwe Friederike Finger, Zimmermann Tobias Emmendörfer, ein Schuhmacher- und ein Drehermeister, ein Maurer, die ledige Näherin Charlotte Haufler, Gärtner Oßwald, ein Goldarbeiter-Gehülfe, Johanna Vogt, ledige Taglöhnerin, und Charlotte Hafner, Jungfer: An die fünfzehn Personen also, Ehefrauen und Kinder nicht mitgerechnet.
Von ihnen sind nur noch Namen im Adreßbuch zu lesen. Wie es sich aber ineinandermischte, das Leben in der Vergangenheit dort im Alten Steinhaus, das wird aus einem Brief lebendig, den Luise Hoersch aus Freudenstadt am 25. April 1939 an den Oberbürgermeister schrieb. Sie hat 1874-1886 im Alten Steinhaus als Kind gewohnt und erzählt, daß die steinerne Wendeltreppe zum ersten Stock führte, wo zwei Fräulein wohnten, die Schwestern waren, und ein junges Mädchen, wohl die Tochter der einen, bei sich hatten. Nie war herauszubringen, zu wem das Mädchen gehörte, aber getuschelt wurde allerlei. Bei ihnen wohnte ein alter Knecht, der Gott-

fried. Er war Lumpensammler. Im Adreßbuch von 1877 sind die Fräulein als Geschwister Herb vermerkt, die im Parterre eine Lumpen- und Papierhandlung hatten. In die Lumpenhandlung kam man durch den Weg Unter der Mauer.
Von dieser Wohnung führte eine kurze Treppe auf eine »Bühne« im Zwischenstock, wo Gottfried seine Schlafkammer hatte. Eines der beiden Fräulein war im königlichen Hoftheater als Garderobefrau tätig, und vor Weihnachten nähten beide Puppenkleider für ein Spielwarengeschäft. Eine Zeitlang wohnte eine Balletteuse des Hoftheaters bei ihnen, die immer lustig war, im grünseidenen Mieder mit »ganz kurzem weißem Gazeröckchen« herumhüpfte und droben in der Wohnung sang. Den Kindern war's streng verboten, mit diesen leichtsinnigen Herrschaften zusammenzusein, aber weil's bei ihnen immer so »interessant« zuging, schlichen sie sich heimlich hinauf und büßten ihre Neugier später mit Schlägen.
Im zweiten Stock wohnte Bortenmacher Johann Martin Creuzberger, der seine Borten und Schnüre noch von Hand verfertigte. Er lief in dem großen Haus-Öhrn immer hin und her und ließ ein Rädchen schnurren. Die Kinder sahen ihm dabei zu. Dann noch ein Schuhmachermeister und eine dritte Familie, die ein großes helles Zimmer mit Kochofen hatte, wahrscheinlich in einem Teil des ehemaligen Rittersaales, der in einzelne Zimmer mit Spitzbogenfenstern aufgeteilt war. Für diesen Stock gab's nur eine Küche, die ein Lattenverschlag umgab; vom Treppenhaus konnte man hineinsehen, und das Wasser mußte man am Brunnen in der Stiftsstraße holen.
Oben aber war als Hausbesitzer der Maschinenmeister des »Schwäbischen Merkur« Johann Gottlieb Schwab daheim, der im Flur den Willkommenspruch anbringen ließ: »Grüß Gott in Stuttgarts ältestem Haus / Geh ehrbar ein, geh ehrbar aus. / Dem Nächsten hilf mit Herz und Hand, / Treu Deinem Gott und Vaterland.« Und droben im dritten Stock hatte außer einem Schneidermeister eine alte Frau mit ihrer Tochter, der »blinden Sofie« ihr Domizil. Diese besaß eine große Bibel mit Blindenschrift, aus der sie den Kindern vorlas. Und vor Weihnachten pflegten die Herrschaften, von denen bezeugt wird, daß sie nie Streit miteinander hatten, Gänse einzukau-

fen, die im Souterrain mit Welschkorn gestopft wurden. Am Christfest hatte jede Familie eine fette Gans auf dem Tisch, deren Leber an ein Delikateß-Geschäft verkauft wurde; der Erlös deckte oft den Kaufpreis der Gans; und eine hatte einmal ein goldenes Zehn-Mark-Stück im Magen.
1813 beantragte der Kupferdrucker Carl Ebner, dem das Alte Steinhaus gehörte, beim königlichen Oberhofbau-Departement, ein Tor im rückwärtigen Teil errichten und die Decke über der Stubenkammer im ersten Stock erhöhen zu dürfen. Landbaumeister Groß berichtete in einem vierseitigen Schreiben an den König. Das Gesuch wurde mit der Auflage, »das Dachwasser durch eine perpendikuläre Röhre am Haus herabzuleiten«, genehmigt. Am 31. März 1813 jedoch meldete Feuerschaupräses Ritter der hochlöblichen Ober-Policey-Direction, daß Ebner seine Befugnis überschritten und ein »ganz neues Stockwerk« aufgesetzt habe, womit der amtliche Schriftwechsel auf sechs Aktenstücke angeschwollen war.
Aber das ist nichts, verglichen mit den Schlagzeilen, die das Alte Steinhaus zwischen 1950 und 1953 machte: »Enttäuschung für die Heimatfreunde« – »Das Alte Steinhaus wird abgebrochen« – »Es steht schlecht um das Alte Steinhaus« – »Das Alte Steinhaus ist nicht mehr zu halten« – »Das Alte Steinhaus ist jetzt ein Steinhaufen«.
All dies ist längst vergessen. Neu und blank steht die Straße Unter der Mauer. Vom Alten Steinhaus wissen nur noch wenige Liebhaber, die erfahren haben, daß in unserer Zeit alles, was noch von früher da ist, unerbittlich versinkt. Aber so muß es sein. Und wer überlegt, was sich seit 950 verändert hat, als der Stutenhof angelegt wurde, nach dem unsere Stadt heißt, der entschließt sich zu schweigen.

Olgastraße In ihrem Geburtsjahr, also vor hundertzwanzig Jahren, waren die Stadtmauern beinahe alle weggeräumt. Die Stadttore standen noch, auch von den Türmen der Stadtbefestigung waren da und dort noch ein paar erhalten, unter ihnen der Schellenturm, der als Mauerstumpf in unsre Zeit hereinragt. Wer von der Olgastraße an der Englischen

Kirche vorbei und zur Wagnerstraße schaut, der sieht, was nach vierhundert Jahren von ihm übrig ist.
Als die Olgastraße gebaut wurde, reichten die Weinberge beinahe bis zu ihr herab. Das Siechenhaus vor der Stadtmauer war verschwunden, und als um 1851 hier mit Bauen angefangen wurde, kamen Knochen des Sankt-Leonhard-Friedhofs an das Tageslicht. Buben aus dem Bohnenviertel nahmen sie mit nach Hause; und so geschah es noch um 1900, wenn in dieser Gegend Buben in einer Baugrube wühlten.
Pflastergelderheber Christian Hamm hatte 1870 sein Torhäuschen in der Olgastraße, die nach Königin Olga, der Gemahlin König Karls, benannt ist. Wer sich umschaut in den Chroniken der vergangenen Tage, liest von »erhöhter Bautätigkeit«, und daß der Häuserwert sich zwischen 1851 und 1862 um 51 Prozent erhöht hatte. Also muß damals schon eine Art sanften Wirtschaftswunders angefangen haben. Es heißt, die Bauhandwerker hätten hohe Löhne bekommen: Fünf Gulden oder acht Mark fünfzig täglich, was dem Kaufwert von ungefähr fünfzig Deutschen Mark entsprechen mag; doch stimmen solche Berechnungen selten.
Die Bauhandwerker, die mit der Olgastraße angefangen haben, hätten sich als fortschrittliche Männer fühlen können, weil ihre Straße eine der ersten war, die außerhalb der Stadttore angelegt worden ist; denn, wie zu allen Zeiten, so redete man auch um 1850 gern vom »Fortschritt« und meinte, er führe in eine helle Zukunft. Gemerkt aber, daß sie in einer hellen Gegenwart ohne Umwelt- und Luftverschmutzung leben durften, das haben unsere Vorfahren nicht. Und die, die später kommen, werden uns beneiden.
Schon um 1860 also ging es vorwärts. Der Gemeinderat registrierte einen Aufschwung des Verkehrs, weil zu den dreißig Droschken, die durch Stuttgart fuhren, zwölf Einspänner dazukamen. Und von jeder Rechnung, die von der Stadtverwaltung bezahlt wurde, mußte jeder Gemeinderat bis zum ersten Weltkrieg Kenntnis nehmen und diese Kenntnisnahme durch seine Unterschrift bestätigen.
1857 wird die Rosenstraße bis zur Olgastraße weitergeführt, wo sich feine Herrschaften ansiedeln. Rittmeister a. D. Max Baron von Gaisberg-Schöckingen ist einer der ersten, die dort

ein Etagenhaus bauen; er wohnt mit Fabrikant Ottenheimer, mit einem Assistenten der Eisenbahndirektion und mit einem Steinhauer-Werkmeister zusammen.
Werkmeister war schon damals, des Einkommens wegen, ein angesehener Beruf. In der Olgastraße bauten sich mehrere Werkmeister neue Häuser, um fürs Alter gesichert zu sein, denn staatliche Renten gab's noch keine. Bauführer Christian Schneeweiß, die Werkmeister Fahrion, Eitelbuß und Ortlieb, die Zimmerwerkmeisterswitwe Friederike Eckert legen hier ihr Geld an, zusammen mit Kaufleuten, Bäckern und Weingärtnern, aber auch mit Obersteuerrath Wintterlin oder Oberregierungsrath August von Zoller. Im Haus Nummer 17 bei Kaufmann Horkheimer wohnen Freifrau von Hügel geborene von Fahnenberg, eine königlich russische Oberstleutnantswitwe und der Justizassessor Carl Freiherr von Hügel neben einem Bäcker, einem Sekretär beim Oberkriegsgericht und Dr. Henry Hugo Pierson, Professor an der Universität Edinburgh.
Sie muß also intakt gewesen sein, die damalige Gesellschaft. Oder haben diese Herrschaften in heftigem Klassenkampf gelebt? Ich kann mir's nicht vorstellen, obwohl schon 1837 ein avantgardistischer Franzose namens Laverdant gefordert hat, die Kunst habe »Ausdruck der Gesellschaft« zu sein und müsse »mit brutalem Pinsel« alle Schmutzigkeiten offenbaren, die auf dem Grunde unserer Gesellschaft anzutreffen seien.
Wahrscheinlich waren solche Forderungen damals bei uns noch nicht allgemein bekannt. Inzwischen sind wir fortschrittlicher geworden, obwohl auch heute noch ein Professor, ein adliger Major, ein Revisor und ein Buchhalter als Mietleute eines Bäckermeisters beisammenwohnen können, wie dies um 1870 im Hause Olgastraße 22 vorkam. Und Hopfenhändler Josenhans gehörte das Haus Olgastraße 3, in dem jetzt das Landgericht ist.
Es sind noch manche von den alten Häusern da, besonders neben der Charlottenstraße. Aber auch weiter oben, zwischen Katharinenplatz und Wilhelmstraße, wo im Krieg beinahe alle zerstört worden sind, steht ab und an noch eins vom alten Typ und hat eine Steinfassade, einen schmiedeeisernen Balkon im

ersten Stock und Läden an den Fenstern, die von steinernen Giebeln bekrönt werden; denn um 1860 sollte jedes Etagenhaus an eine Villa erinnern.
Hier, in einer unserer längsten Straßen, schlendern Sie – wenn Sie das auf sich nehmen wollen – durch den Architekturgeschmack von hundertzwanzig Jahren. Am Anfang, wo die Moserstraße abbiegt, steht eine Villa im französischen Stil mit hohen Fenstern und schiefergedecktem Mansard-Dach. Palaisartige Häuser schließen sich an, lauter Überbleibsel des späten Biedermeier, als die Fotografie verfeinert wurde und Zurückhaltung und Vornehmheit und Eleganz und Kutschen mit Gummirädern beliebt waren. Steinerne Damen in griechischen Gewändern, die eine Fackel oder eine Schale halten, stehen in Nischen, wie drüben in der Moserstraße.
1910 ist der Deutsche Versicherungsverein und ein Postamt in dem langen Bau heimisch, der um die Jahrhundertwende sein hohes schmiedeeisernes Tor, ein württembergisches Wappen zwischen zwei lagernden Jünglingen und das Relief eines Damenprofils erhielt, das vielleicht ein Porträt Königin Olgas ist. Gegenüber hat das Restaurant »Advokat« einen Unterstock mit massiver Holzverschalung, damit jeder merkt, wie modern dieses Lokal ist.
1914 ist das Königliche Kriegsministerium hier fertiggeworden. Auch den zweiten Weltkrieg hat es überstanden. Es zeigt sich in barocken Formen mit zwei Festons aus steinernen Brustpanzern, Raupenhelmen und Fahnen über der breiten Tür. Anno 45 ist dort die amerikanische Militärregierung eingezogen.
Muskulöse Sandsteinmänner stützen das Dach eines Wandelgangs zum Nebenhaus, wo nach dem Kriege der Länderrat tagte; jetzt steht »Kreiswehrersatzamt Stuttgart – Bereichsfernmeldeführer Stuttgart« neben der Tür.
Auch das Amtsgericht ist hier. Rechtsanwälte haben Büros in alten Häusern, denn hier ist das Juristenviertel. Daran hat sich seit 1879 nichts geändert. Damals zog das hohe Gericht in das neue Justizgebäude in der Urbanstraße ein. Es war ein sehenswerter Prunkbau mit mächtigen Säulen außen und innen, bemalten Gewölben, Mosaikböden, Glaslüstern und einer Dampfheizung, die zierlich bemalte zylindrische Öfen wärm-

te und aus einem komplizierten Röhrennetz unterm Dach gespeist wurde. Im Krieg ist diese Pracht versunken und 1953 im Justiz-Hochhaus zweckentsprechend wiederauferstanden.
Einfach, wie es sich in den fünfziger Jahren ziemte, sind denn auch die neuen Häuser zwischen Katharinenplatz und Wilhelmstraße. Das Pestalozziheim ist 1950 auf dem Platz des zerstörten Fürsorgeheims für Jungen fertiggeworden, wo hundert Lehrlinge wohnen können und überm Eingang das Wort Pestalozzis steht: »Erst die Gemeinschaft macht den Menschen wahrhaft zum Menschen.«
Das Druckerei- und Verlagshaus Hugo Matthaes ist ein viergeschossiger Neubau in Stahlbeton-Skelettbauweise von 1953. In der Biedermeierzeit, also um 1840, stand hier eine Actien-Brauerei außerhalb der alten Stadttore. Als erste Stuttgarter Großgaststätte hatte sie einen Musikpavillon und terrassenförmig ansteigende Gärten. Aber damals rentierte sich ein solches Unternehmen bei uns nicht, wahrscheinlich weil die Stuttgarter lieber in einem Weinbeizle als in einem derart imposanten Betrieb einkehrten, weshalb Möbelfabrikant Schöttle 1859 das Anwesen kaufte.
Große Etagenhäuser aus der Gründerzeit um 1890 stehen weiter oben, wo noch um 1860 Weingärtner und Kutscher zu Hause waren. Und wer die imposante Betonfront des Cabarets Maxim betrachtet, die so richtig hineinpaßt in unsere Gegenwart, der merkt, daß sich die Zeiten gleichen, auch wenn der Geschmack immer wieder anders wird.

Paulinenstraße Zu drei Vierteln ist sie eine Betonbrücke, die auf runden Pfeilern steht; unter ihr stauen sich Autos im Halbdunkel. Schneidig, glatt und schnell eilt sie zur Hauptstätter Straße, während ihre Häuser von der Brücke wie halbiert erscheinen. Das wirkt kühn oder rasant, und die Brücke wird zur Rennstrecke für Autobesitzer, die hier möglichst schnell zum Finanzamt hinauf oder vom Finanzamt wegkommen wollen.
Häuser werden neben ihr gerade noch geduldet. Es sind, im unteren Teil, Miethäuser der Jahrhundertwende, von denen eines drunten bei der Gerberstraße die Jahreszahl 1903 zwi-

schen Jugendstilornamenten eingemeißelt hat. Das ist ein interessantes Haus, weil in ihm sogar noch die Türen aus der Großväterzeit stammen und vom ersten Stock die Fotografie eines Inders herunterlächelt. Die Internationale Meditations-Gesellschaft hat hier ihre Räumlichkeiten und sorgt dafür, daß die gehetzten Seelen unsrer Zeit wieder zu sich selber kommen.
Dies schlägt gewissermaßen eine Brücke zur Vergangenheit, weil hier in den alten Tagen, damals um 1890, der Dekorationsmaler Karl Meyer, der auch »Hexen-Meyer« genannt wurde, überreizten Personen durch Hypnose und »kraftvolles Kopf-Zurechtsetzen«, wie Eugen Dolmetsch schreibt, wieder auf die Beine half. Viele labile Zeitgenossen liefen ihm zu, der eine Art groben Psychiaters gewesen zu sein scheint; von der Seelenkunde unserer Tage wußte er allerdings nichts.
Ein Heil- und Bäderzentrum also muß die Paulinenstraße damals gewesen sein. Unterm »Paulinenbuckel«, den die Autobrücke heute im Hui überwindet, floß der Furtbach bei der Tübinger Straße von Heslach herunter. Hier war die »kleine oder obere Wette«, also eine Art Stauwehr, und an ihr vergnügten sich im Sommer, nicht weit von der Frechschen Mühle, Buben und Mädchen aus dem Bohnenviertel; auch wird überliefert, daß unter ihnen »äbbes Häßlicher« dabeigewesen seien.
Ein Gängle führte zum Leimengrubenweg nach dem Silberbuckel, wo seit 1777 die Werkstätte der Blüherschen Glockengießerei stand; sie wurde 1803 von Glockengießer Heinrich Kurtz aus Reutlingen erworben, mit dem Hermann Kurz, der Dichter, verwandt war, der nach 1848 das t aus seinem Namen tilgte, weil er meinte, jetzt sei so vieles überflüssig geworden, und es käme auf diesen Buchstaben nicht mehr an. Kurz war ein begeisterter »Achtundvierziger«.
Auch die Stuttgarter Hafnermeister holten dort ihren Lehm, wie der Glockengießer, dessen Geschäft bis in unsere Tage lebendig geblieben ist.
Kommerzienrat Gottlob Friedrich Schulz jedoch, dem eine Buntpapierfabrik gehörte, hatte in den unteren Räumen seines Besitztums die »Neckar-Badeanstalt« mit 24 Kabinen und ein russisches Dampfbad eingerichtet, das als »Carls-Bad«

oder Schulzsches Bad bekannt war; weshalb behauptet wurde, hier sei vor 120 Jahren die »Bäderstadt Stuttgart« zu finden gewesen, die freilich den Cannstatter Mineralquellen kaum Konkurrenz hatte machen können, obwohl auch Dr. med. Franz Joseph König dort eine Kalt- und Warmwasserbadeanstalt eingerichtet hatte.

Beim Carls-Bad aber hat Hermann Kurz 1838 »seine alte Wohnung wieder bezogen«, wie er damals an Mörike – übrigens mit Bleistift – schrieb. Mörike hat ihn dort besucht und sich mit ihm derart zerstritten, daß sich die beiden Poeten in ihren Briefen neun Monate lang mit »Sie« anredeten, nachdem sie sich zuvor geduzt und Hermann Kurz Mörikes Gedichte für den Druck vorbereitet hatte. Mörike schrieb darüber an seinen Freund Hartlaub in Wermuthausen, Kurz lebe in »fliegenden Hitzen, wo man statt edlen Weins bunte Liköre trinkt«.

Ursprünglich war hier ein vornehmes Viertel. Villen standen zwischen Gärten und Weinbergen bis zur Sophienstraße, und Medizinalräte, Präsidenten, Generäle genossen in der Paulinenstraße ihre Zurückgezogenheit. Kaufmann Köllreuther aus Sankt Gallen baute sich hier ein komfortables Heim, weil er sich nichts Schöneres denken konnte, als am Paulinenbuckel zu wohnen. Die russische Fürstin Marie von Gagarin wohnte bei ihm 1865 als Mieterin. Die Dichterin Isolde Kurz, die Tochter von Hermann Kurz, dessen Roman »Schillers Heimatjahre« früher auf vielen schwäbischen Konfirmationstischen lag, ist hier im selben Haus wie Oberbürgermeister Lautenschlager geboren worden. Auch General von Reinhardt, der 1914 als erster württembergischer General in Flandern fiel, hat in der Paulinenstraße gewohnt. Und wer noch ältere militärische Erinnerungen auffrischen will, der sei darauf hingewiesen, daß 1871 in der unteren Paulinenstraße ein Siegestor für die Sieger im Frankreichfeldzug aufgestellt war, das bald wieder abgerissen wurde, vielleicht, weil derart Martialisches nicht in diese vornehme Wohngegend paßte, von der ein Dienstmädchen sagte: »I komm von der Paulinenstraß. Dort isch älles waschecht.«

Die Familie des Professors für Zoologie, Chemie und Botanik Karl Friedrich Kielmeyer (1765-1844), den Goethe in Tübin-

gen besucht hat, und der in einem Gutachten für König Friedrich I. »die Möglichkeit eines Menschenfluges« vorausschauend erkannte, hatte hier ihren Wohnsitz. Das evangelische Töchterinstitut wurde auf den Grundmauern des Folterturms errichtet, der damals noch stand. Man hatte 1836, als die Paulinenstraße zum ersten Mal bebaut und nach Königin Pauline, der zweiten Gemahlin König Wilhelms I. benannt wurde, die groben Verhör-Praktiken des Mittelalters hinter sich, obwohl in dieser Zeit auf der Feuerbacher Heide die letzte öffentliche Hinrichtung stattgefunden hat.
1866 wurde das Firmenschild des »Cafés zur Reinsburg« am Eckhaus der Marienstraße ausgehängt, in dem später Laura Stahl ihre in Kairo gesammelten Konditor-Erfahrungen als feine Bäckereien den Stuttgarter Zungen und Gaumen zugänglich machte. Zuvor fanden sich hier Wilhelm Raabe, der in der Hermannstraße wohnte, Franz Dingelstedt, Ferdinand Freiligrath, Staatsrat Karl von Schönhardt und viele andere am Stammtisch zusammen. Schönhardt wohnte dem Café Reinsburg gegenüber. Ihm hat Raabe bis in sein hohes Alter alljährlich einen Neujahrsbrief geschickt, nachdem er sich 1871 nach Braunschweig zurückgezogen hatte, weil ihm die Schwaben zu preußenfeindlich gesinnt und vom neu errichteten Deutschen Reich nicht so begeistert waren wie er.
Im 19. Jahrhundert muß hier also eine Art geistigen Zentrums gewesen sein. Es wird berichtet, daß die Frau eines gewissen Professors Hoffmann eine äußerst gebietende Erscheinung und so fein gewesen sei, daß sie, obwohl schwäbischer Herkunft, nur das reinste Schriftdeutsch geredet habe. Auch der Posthalter der Thurn-und-Taxisschen Post war hier zu Haus und wurde nach jeder seiner Reisen ins Fränkische von seinen Familienmitgliedern so herzlich begrüßt, als hätte er eine gefahrenreiche Expedition hinter sich gebracht.
An der Ecke zur Tübinger Straße schaut die Porträtbüste des Königs Karl mit der Jahreszahl 1889, seinem Todesjahr, von einem der wenigen Häuser herab, die von früher noch übrig sind und sich die Luft der Vergangenheit um die reich geschmückte Fassade haben wehen lassen. König Karl war als freundlicher und schlichter Mann in Stuttgart beliebt, und als der österreichische Kaiser Franz Joseph zu Besuch kam,

wurde er, von König Karl begleitet, durch die flaggengeschmückte Königstraße gefahren. Auch die Stuttgarter Stadtfarben waren zu sehen, die sich von denen des Habsburgerreiches nicht unterschieden; weshalb Franz Joseph König Karl fragte: »Was sind das für Farben?« und gerne etwas über ihre heraldische Bedeutung erfahren hätte. König Karl aber sagte nur: »Schwarz und Gelb.«
Die Privat-Feuer-Versicherungs-Gesellschaft, der Doktor Oskar von Wächter als Präsident vorsaß, hatte weiter oben ihre ausgedehnten Räumlichkeiten. An sie erinnert ein langer Jugendstilbau nicht weit vom imposanten Haus der Vita Lebensversicherungs AG. an der Ecke zum Rotebühlplatz. Es wurde 1965 errichtet und hat drei Tiefgaragengeschosse, ein Ladengeschoß und fünf Obergeschosse. Das grünliche Glas, in das der Bau wie in eine Klarsichtpackung gehüllt ist, reflektiert und absorbiert den Lärm, der an dieser Ecke besonders kräftig brodelt.
Zwei Häuser aus den siebziger Jahren stehen gegenüber und haben, ihrer »Rückständigkeit« wegen, etwas Liebenswertes an sich. Wenn sie frisch verputzt und ihre Läden und Fenster neu gestrichen würden, schauten sie schmuck und erfreulich her wie alte Möbel in einem neuen Haus. Sie erzählen von einem gemächlichen Leben, das als Hintergrund unserer vitalen Epoche seine Berechtigung hat. Aber wahrscheinlich wird Altes erst dann erhalten und erneuert, wenn es uns wieder einmal schlechtgeht. Gegenüber steht das Finanzamt in der grauen Rotebühlkaserne.

Richard-Wagner-Straße Am 11. November 1925 war schulfrei, und viele Schüler der Stuttgarter Schulen bildeten in der Richard-Wagner-Straße, die damals Heinestraße hieß, ein fröstelndes Spalier, weil Reichspräsident Hindenburg die Landeshauptstadt besuchte. Ich stand als Bub unter den andern vor dem Trottoir und sehe noch die Straße, wie sie linker Hand gerade hinläuft und rechts drüben eine Biegung macht.
Es war ein kalter grauer Tag. Neben mir fragte einer, ob ich sehen könne, was an der Spitze einer Fahne, die neben mir ein junger Mann in grauer Windjacke hielt, zu sehen sei. Ich be-

merkte ein verbogenes Kreuz aus Metall. Der andre sagte, das seien Nationalsozialisten, ich aber wußte damals noch nicht, was das war.

Vorne, wo die Straße anfing, wurde dann gewunken. Es sah aus, als rege sich ein tausendarmiger Wurm, und ein schwarzes Auto kam heran. Als es nahe war und langsam vorbeifuhr, saß darin ein Mann mit breitem Schädel und weißem Stehhaar, der geradeaus schaute und überm Schoß seinen Zylinderhut automatisch auf und ab bewegte.

Das Auto bog zur Seite, und ich erinnere mich nicht, damals gewußt zu haben, daß es zur Villa Reitzenstein fuhr. Heute weiß ich aus einem alten Zeitungsblatt, daß Hindenburg damals dorthin gefahren ist und von der württembergischen Landesregierung mit Staatspräsident Bazille an der Spitze empfangen wurde.

Dies war der erste Staatsempfang, der in der Villa Reitzenstein stattfand, nachdem das weitläufige Besitztum, das 61 Zimmer hat und 1913 2,8 Millionen Mark gekostet hatte, von seiner Besitzerin, Helene Freifrau von Reitzenstein, in der Inflation für 5,5 Millionen Reichsmark an den württembergischen Staat verkauft worden war, die damals einen Wert von vierhunderttausend Goldmark hatten.

Im Morgenblatt der Süddeutschen Zeitung vom 22. April 1912 wird das schloßartige Besitztum als Palais und Prunkbau im Louis-Seize-Stil beschrieben. Es ist von 1911 bis 1913 aus Maulbronner Sandstein gebaut worden.

In den sechziger Jahren erinnerte sich Hugo Schlösser, der im Auftrag von Frau von Reitzenstein auch einmal nach Paris und an die Loire fahren durfte, um französische Schlösser für seinen Plan zu studieren, an das Jahr 1912. Als das Gebäude im Rohbau fertig war, stand ein alter Steinmetzmeister, der wußte, daß es für eine einzelne Dame gebaut wurde, vor seiner Arbeit und sagte kopfschüttelnd: »Ond dees älles om oi Bett rom.«

Die Villa hat einen ovalen Mittelbau, und die ganze Anlage ist, wie man 1912 sagte, »ein weithin sichtbarer point de vue«. Schon damals hatte sie einen Raum, der zum Waschen der Autos diente, sowie eine kleine Reparaturwerkstätte. Pavillons, Taxushecken, Wasserfälle und Springbrunnen belebten

den Park, und heute steht der Bau als Relikt einer späten bürgerlichen Zeit in unserer rauhen Epoche.
Die Dame, die all dies erbauen ließ, war die Tochter von Eduard Hallberger, der als Gründer der Deutschen Verlags-Anstalt bekannt ist. Sie heiratete den Flügeladjutanten des Königs Karl, Rittmeister Freiherr von Reitzenstein, und bewohnte die Villa von 1913 bis 1922 als Witwe. Zweitausendfünfhundert Zentner Kohlen waren damals nötig, um das Haus zu heizen.
1933, als die Heinestraße in Richard-Wagner-Straße umbenannt wurde, zog der damalige Reichsstatthalter Murr hier ein. Er hielt 1938 ein Gelage mit seinen Kumpanen in der Villa ab, und ein SS-Mann erschoß einen Polizeibeamten, der herbeigerufen worden war, um für Ordnung zu sorgen. 1945 wollte Murr die Villa sprengen lassen.
Bald danach kamen die französische, die amerikanische Militärregierung, der Länderrat und schließlich die Landesregierung hierher. Im Keller ist seit 1929 der württembergische Erdbebendienst zu Hause, weil die ruhige Lage eine zuverlässige Registrierung durch den Seismographen garantiert.
Ein nobles Stadtviertel also. Die Richard-Wagner-Straße wurde 1910 gebaut und hatte vor dem ersten Weltkrieg fünfzehn Häuser. 1930 waren's einundzwanzig, und heute sind es einundfünfzig.
Früher waren hier Weingärten und Gärten, die »Im Stafflenberg« und Steinbrüche, die »Im Schellenkönig« lagen; ihre roten Felsen schauten in das Tal. Grundstücke mit kleinen Land- und Garten-Häusern, darunter das des Pelzhändlers Gierth, das ein Türmchen hatte und deshalb »Schlößchen« hieß, sind früher hier gestanden. Gierth ließ den Dichter Heinrich Schäff-Zerweck eine Zeitlang darin wohnen, bevor Baronin Reitzenstein alles aufkaufte.
Reste jener fernen Tage sind dort, wo die Nummer 34 neben eine Gartentür gemalt ist, noch zu sehen. Dahinter steht ein kleines Gartenhaus neben aufeinandergelegten alten Fenstern und Steinplatten unter einer schwarzen Kunststoffplane. Und auch die Villen, die zwischen 1892 und 1913 hier gebaut wurden, sind noch da. Das Haus Nummer 1 von 1911 hat über der Tür ein Relief mit Putten, die Blumengewinde tragen; Ober-

finanzrat Ferdinand von Goppelt hat es bauen lassen. Das Haus mit der Nummer 4, in dem jetzt der »Hundesalon Teddy – Waschen, Trimmen, Scheren« untergebracht ist, gehörte 1909 den Erben von Emilia von Doertenbach-Meurer; es ist mit einem Sandsteinrelief, das Schwäne zeigt, geschmückt und verstärkt das »urbane Ambiente« (wie man heute sagt) der Richard-Wagner-Straße, wo vor dem ersten Weltkrieg Kaufleute, zwei Apotheker und ein Rechtsanwalt mit einer Kommerzienratswitwe sowie drei Fräulein Hausburg ihre kultivierten Heime hatten. Chauffeur Ernst, der Koch Karl Teuffel, der Portier Franz und der Herrschaftsdiener Jakob Gerni waren der Oberhofmeisterswitwe Helene Freifrau von Reitzenstein zu Diensten, und Julius Baum, der später als Direktor des Ulmer Stadtmuseums auch im Ausland bekannt wurde, wohnte hier als Privatdozent im Hause von Fabrikdirektor Friedrich Kempter.
Heute haben alle Villen geräumige Garagen. Das Haus Nummer 8 stammt aus den dreißiger Jahren und hat zwei Steinvasen neben der Tür. Die Villa von Patentanwalt Quarder ist 1905 für den Architekten Ernst Förstner gebaut worden, der damals mit dem Polizeiwachtmeister Gottlob Walz zusammenwohnte, wie, Professor Hummel (ebenfalls ein Architekt) mit dem Schutzmann Heinrich Schöck; vielleicht, daß beide Polizeibeamten bei den Herrschaften als Diener beschäftigt waren, sozusagen außerdienstlich oder nebenbei.
Beim Eingang der Villa Quarder steht eine steinerne Mädchenfigur als Karyatide, und das Anwesen Nummer 18 hat ein antikisierendes Relief; es zeigt eine heitere Szene, irgendwie bacchantisch, mit einem Dudelsackbläser und einem schönen Mann, der halbnackt auf einem Diwan ruht und zu dessen Füßen eine Frau kauert.
Die Pförtnerhäuschen und Garagen der Villa Reitzenstein haben schiefergedeckte Mansardendächer, und den Park umschließt ein hohes Gitter aus ehernen Lanzen. Eine Privatstraße führt neben dem Schild »Gen. David A. Burchinal« zu einem langgestreckten Haus auf der Höhe. Daneben schauen weiß- und braungefleckte Pferde über den Zaun, warten auf ein Zuckerstück und lassen sich von den Passanten streicheln. Am Ende der Straße, wo die Payerstraße von der Stadt her-

aufführt, ist das Institut für Geophysik der Universität Stuttgart in einer Villa heimisch, die den herrschaftlichen Glanz einer versunkenen Zeit in einem Wandbrunnen mit geflügeltem Frauenkopf, zwei gemeißelten Löwen, die Wappenschilder halten, und einem Putten-Refief gleichsam konzentriert überliefert.

Büchsenstraße Ein Hirsch von zwölf Enden spaziert heute nicht mehr durch die Büchsenstraße zum Rotebühlplatz, wie dies im März des Jahres 1712 geschehen ist. Damals stand das Büchsentor dort, wo jetzt die Liederhalle nach Osten zu aufhört. Die Straße hieß Stockgasse, weil sie vom Stockgebäude beim Großen Graben, der heutigen Königstraße, zum Herdweg führte, diesem uralten Pfad, den es schon gab, als noch nichts aufgeschrieben wurde.
Im 16. Jahrhundert wird sie »besetzter«, also gepflasterter Weg genannt. Als einzige Gasse führte sie durch die Turnieracker-Vorstadt zum Büchsen- oder Schützenhaus, das 1515 erbaut worden war. Auch die Stahl- und Armbrustschützengesellschaft des Mittelalters hatte hier ein bescheidenes Domizil, denn im Lauf der Zeit werden ja die Häuser immer größer. Eine Schießstätte wurde am mittleren See vor der Stadtmauer errichtet und hieß 1549 Büchsenhaus. Ein Schießplatz gehörte dazu und war von einer Schießmauer begrenzt, an der die Scheiben standen.
Die Gasse, die erst 1811 Büchsenstraße genannt wurde, führte durch die Obere oder Reiche Vorstadt, die 1492 Vorstadt Unserer lieben Frauen hieß, weil die Hospitalkirche als dritte der alten Stuttgarter Kirchen von 1471 bis 1493 für das Dominikanerkloster gebaut wurde. Hundert Jahre früher stand hier eine Liebfrauenkapelle, und im 16. Jahrhundert wurde das St. Katharinenhospital, das seit 1360 bestand, in das Kloster verlegt.
Herzog Ludwig ließ gegen Ende des Jahrhunderts hier das Pfleghaus als Krankenhaus für Hofbedienstete errichten, das bis 1899 in der Büchsenstraße stand. Es hatte breite und hohe Zimmer mit Doppelfenstern, eine Badstube im Hof und dahinter einen kleinen Garten; auch eine Totenkammer und ein

vergittertes Zimmer für Tobsüchtige waren darin. Der Hofmedicus und Leib-Chirurg des Herzogs führte die Oberaufsicht, dem ein Ökonomieverwalter unterstand. Das war eine angesehene und selbständige Stellung.
Der bekannteste unter den Pfleghausverwaltern war Jakob Lauser, der 1800 als armer Schneidergeselle hierherkam und zum Militär ausgehoben wurde. Der große und kräftige Kerl, auf den man sich verlassen konnte, fiel König Friedrich I. auf, der ihn als niederen Bediensteten in seinen Marstall nahm. Lauser wurde Haiduck und später Läufer des Königs; das war beschwerlich, und als Lauser älter wurde, ließ ihn der König wissen, daß er ihm einen Stock geben wolle, an dem er sich sein Leben lang halten könne.
So wurde er Ökonomieverwalter des Pfleghofs mit freier Wohnung daselbst, außerdem Hofgartenverwalter und Verwalter des Hofnaturalienmagazins, das früher Zehntkasten geheißen hatte. Dort mußte der Zehnte von allen Früchten des Landes und vom Holzertrag, der im »Holzgarten« gestapelt wurde, abgeliefert werden. Im Lauf der Zeit hatte es sich eingebürgert, daß von diesen Schätzen lieber zuviel als zuwenig abgegeben wurde. Und wer sich mit Lauser gut stellen wollte, gab ihm ein habhaftes Trinkgeld. Er wurde schnell wohlhabend, sein Verwalterposten zahlte sich aus, und als er 1848 starb, hinterließ er seiner zahlreichen Familie 270000 Gulden oder eine halbe Million Mark in königlicher Währung.
Durchs Büchsentor, das 1855/56 abgerissen wurde und eines der respektabelsten zwanzig Stuttgarter Stadttore war, zog am 12. Oktober 1748 Herzog Karl Eugen mit seiner Gemahlin, der Herzogin Friederike Sophie Wilhelmine von Brandenburg-Ansbach ein. An der Spitalkirche war eine Ehrenpforte mit Standbildern diverser Gottheiten und Tugenden errichtet, und darüber prangte die Inschrift: »Karl, tapferer Heldensohn, zeuch ein mit Friederiken, / Es wird zu Eurem Wohl und Heil sich alles schicken«, ein Spruch, der sich bewahrheitet zu haben scheint, weil Karl Eugen ein Leben lang Glück gehabt hat. Ob er freilich ein »tapferer Heldensohn« gewesen ist ...
An der Ecke zur Hospitalstraße wohnte Karl Eugens Hofschreiner, der sich »Hofebenist« nannte. Einer seiner Söhne,

der Bildhauer Konrad Heinrich Schweickle, wuchs dort auf und lernte bei Johann Heinrich Dannecker, der auch in der Büchsenstraße geboren worden war. Schweickle besuchte die Hohe Karlsschule als Stadtzögling und wurde mit seinem Standbild »Amor als Sieger«, das er 1804 in Rom meißelte, berühmt. Die Zeitgenossen hielten ihn für so bedeutend wie Thorwaldsen und Canova, und König Friedrich kaufte sein Werk für das Neue Schloß. Als Professor der Bildhauerkunst in Neapel ließ er sich in die Carbonari-Verschwörung hineinziehen und verlor nach der Revolution von 1830 sein Amt. Krank kam er nach Stuttgart zurück und starb hier als ein gebrochener Mann. Friedrich Hetsch hat sein Porträt gemalt; wenn es in der Gemäldegalerie ausgestellt wird, können Sie dort dem unglücklichen Schwaben ins Gesicht schauen.
Bürger, deren Leben weniger spektakulär verlief und die auch in der Büchsenstraße wohnten, waren der Gürtler Peter Dahlmann, der Hofzahnarzt Karl Matthias Reinwald, der Geheime Legationsrat Friedrich Bressand, die Geigenbaumeister Dr. Gärtner und Wilhelm Kauß, der Metzger Konrad Fahrion und Stadtwerkmeister Johann Bernhard Stähle.
Von ihren Häusern und von den Häusern der Reichen und Schicksalsbegünstigten steht heute kein Stein mehr auf dem andern. Als 1854 der Stuttgarter Liederkranz ein großes Grundstück im alten Stadtgraben erwarb und neun Jahre später die Liederhalle von Baumeister Leins errichten ließ, wurden die Steine des abgebrochenen Büchsentors in sie eingemauert. Im einen Weltkrieg wurde die Liederhalle als Reservelazarett benützt; im zweiten haben Bomben das alte Haus weggefegt wie das Schwimmbad, das auch in der Büchsenstraße stand und »die Schwimmbüx« genannt wurde. Sie stammte aus dem Jahr 1890, hatte eine Zwiebelkuppel und viel Schmuckwerk im maurischen Stil, das dem Schwimmbad mit seinen zwei Pavillons am Eingang ein kurios fremdartiges und luxuriöses Ansehen gab.
Heute ist hier an keinem Haus mehr schmückendes Beiwerk zu finden. Der Geschmack hat sich gewandelt, und vielleicht sind auch die Menschen anders geworden, obwohl sie immer noch gerne ins Schwimmbad gehen und Konzerte anhören, heute in der neuen Liederhalle.

Das Haus des Christlichen Vereins junger Männer wird »Haus des jungen Mannes« genannt; es hat einen Musiksaal, Gruppenzimmer und einen Vortragssaal. Ein Wohnheim gehört dazu, junge Leute unter 18 Jahren haben im vierten Stock ihr Zuhause; das Hospiz Herzog Christoph schließt sich an, und in der Tiefgarage unterm Innenhof finden 50 Wagen Platz.
Als hier noch der Siebener zur Liederhalle und zur Doggenburg hinauffuhr ... Aber davon wollen wir jetzt nichts mehr wissen.
Neu und blank präsentiert sich heute die Büchsenstraße. Vom Schützenhaus der Stahl- und Armbrustschützengesellschaft, vom Büchsentor ist nichts mehr übrig. Und wenn Sie von der Königstraße am Stockgebäude vorbeigehen, dessen Fenster wie um 1850 durch Sandsteinprofile und Gebälkstücke hervorgehoben werden, dann fällt Ihnen das mächtige Gebäude der Victoria-Versicherung auf, das 1967 gebaut wurde. Es ein Stahlbeton-Skelettbau mit einer sogenannten Curtainwall-Fassade, einer Glasfassade aus Isolierglas, das die Wärme absorbiert. Schwarz reckt sich der spiegelnde Klotz mit längsgeriffelten Flanken in die Höhe und läßt seine Wolkenkratzerphysiognomie bewundern. Im Erdgeschoß hat Sport-Breitmeyer sein neues Geschäft eingerichtet, das seit 1882 im Besitz dieser Familie ist und schon vor 90 Jahren in der Büchsenstraße heimisch war; doch erst seit kurzer Zeit hat die First National City Bank hier ihre komfortablen Räume.
Auf der andern Seite und jenseits der Theodor-Heuss-Straße hat sich nach dem Krieg das Bürofachgeschäft Abele dort ausgedehnt, wo früher das Café Wenz und die Konditorei Kipp heimisch gewesen sind. Seit 1902, als Hofbuchbindermeister Karl Abele das Geschäft gründete, ist die Familie in der Büchsenstraße zu Hause. Gallion bietet Gardinen, Tapeten und Linoleum an, wie vor hundertzehn Jahren, als Wilhelm Gallion hier sein »Cigarren- und Tapetengeschäft« eröffnete. Verglichen mit den machtvollen Bauten in der unteren Büchsenstraße, ist dieser Teil hier zurückhaltend, weil Gallions Geschäft und das Restaurant »Mira« in den fünfziger Jahren mit Fassaden gebaut worden sind, die sich der früheren Gestalt der Büchsenstraße annähern. Auch das Hotel Appenzeller ist

wieder erstanden und schaut im neuen Gewand auf seine achtzigjährige Tradition zurück; damals war es noch eine Gastwirtschaft, die von den Schwestern Marie, Jakobine, Pauline und Caroline Appenzeller betrieben wurde.
Die Anselmbank an der Ecke zur Heustraße hat eine Jugendstilfassade aus Muschelkalk; sie gibt ihr ein solides Ansehen. Weiter droben aber ist das Motor-Pressehaus mit chromgerahmten Fensterbändern gewissermaßen ein repräsentationsbewußter Jüngling. Viele, die seine Flanken bewundern, wissen nichts von jenem Hirsch, der vor zweihundertsechzig Jahren hier vorbeispazierte. Vielleicht kommt's später wieder einmal vor, nur müßte Stuttgart dann, eingeschrumpft und von Wildnis überwuchert, als vergessene Trümmerstätte im Tal schlafen. Doch darum brauchen wir uns heute nicht zu kümmern.

Schulstraße Hier ist die Stadt fast so alt, wie in ihrem ältesten Kern, drüben um die Stiftskirche, obwohl in der Schulstraße nur neue Häuser stehen. Schlendern Sie hier aber zurück durch die Zeit, dann kommen Sie in das 12. Jahrhundert. Auch damals verbreiterte sich diese Gasse Westen zu. Schmal führte sie zur Stadtmauer, die an der Königstraße entlanglief. Wenn die Schulstraße heute beim Kaufhaus Hertie steil ist, so ist daran der Wall schuld, der vor der Stadtmauer aufgehäuft war, als die Königstraße noch der Große Graben hieß und der Nesenbach in ihm floß.
Ein schmaler, dreieckiger Platz war im oberen Teil der Schulstraße in einer Siedlung von Kaufleuten ausgespart, und auf ihm wurde bis ins 15. Jahrhundert Markt gehalten. Erst dann ist unser heutiger Marktplatz entstanden, und man hat (nach 1443) dort viele Häuser abgerissen, um für ihn Platz zu schaffen.
Bis zur Zerstörung 1944 war auf der Nordseite der Schulstraße, die 1425 als »Schulgaß« erwähnt wird, die sogenannte »Bohlenstube« erhalten. Als einziges Haus um den alten Dreiecksmarkt war es nicht aus Fachwerk errichtet. Sein Unterstock bestand aus Eichenstämmen, die dicht nebeneinander eingerammt waren und, dick wie Pfeiler, eine massive

Bohlenwand bildeten. Südwärts hatte es eine Laube, von der man auf das »Bürgerhöfle«, den ältesten Marktplatz, schauen konnte. Im ersten Stock war ein großer Raum, der »d'Bürgerstub« hieß, und eine Urkunde von 1447 nennt das Holzhaus »Bürgerhaus an der Stadtmauer«. 1400 wird vom »bürgerhöflin neben dem alten koufhus« berichtet, und es darf angenommen werden, damit sei die »Bohlenstube« gemeint. So steht's in Decker-Hauffs »Geschichte Stuttgarts«, und wer dort das Wort »koufhus« liest, denkt heut an Hertie. Der neue Supermarkt steht ein paar Schritte vom Platz der uralten »Bohlenstube« entfernt, weshalb behauptet werden kann, das Leben ändere sich nie; nur die Umstände werden manchmal anders.

Schulstraße heißt sie nach der ältesten Stuttgarter Schule von 1425, die im Haus Nummer 14 »im Schulhöfle« untergebracht war; bis 1944 ist dort eine gotische Balkendecke zu sehen gewesen. Dabei handelte es sich um eine lateinische Schule, denn eine mit Deutschunterricht ist bei uns vor der Reformation nicht nachzuweisen. Und was die Volksbildung betrifft, so war's mit ihr damals nicht sonderlich bestellt; denken Sie nur an Graf Eberhard im Bart, der 1492 den Richtern verbot, das Stadtsiegel zu benützen, weil die meisten von ihnen weder lesen noch schreiben könnten; doch sollten wir darüber nicht die Nase rümpfen, weil heute manche meinen, das Fernsehen bereite ein neues analphabetisches Zeitalter vor.

Vorerst aber lesen wir noch in den Chroniken und Adreßbüchern, die uns überliefert sind. Sie erzählen, daß die lateinische Schule schon 1387 vom Schulmeister Pfaff Burkhard Spieß geleitet wurde. Von 1530 bis 1536 war sie im Haus Nummer 17, der späteren Stadtvogtei an der Ecke zur Schmalen Straße, aber nie im Haus Nummer 11, wo fast achtzig Jahre lang die Wein- und Speisewirtschaft »Zur Schule« heimisch war, die Carl Dierlamm und später Gustav Lieb umtrieben. Mein Vater hat dort seinen Stammtisch gehabt und an einem Faschingsdienstag der zwanziger Jahre ein Telegramm bekommen: »der schulmeister gehört heute in die schule«; woraufhin er sich einen Vatermörder aus Zeichenpapier schnitt, ihn an seinem Hemdkragen befestigte, eine rote Pappnase aufsetzte, sich in den schwarzen Havellock seines Schwiegervaters

hüllte, einen Zylinderhut aufsetzte und später seinen Freunden in der »Schule« mit Fistelstimme die Leviten las, ohne daß ihn einer von ihnen erkannt hätte. Und er pflegte zu sagen, schließlich müsse er sich als Zeichenlehrer auch maskieren, wenn er von seinen Schülern verlange, sie sollten Faschingskostüme malen.
Heute steht am Platz der lateinischen Schule das elegante Geschäft Gerson-Pelze, wo für 5300,- DM ein Pearl-Nerz namens »Emba« erworben werden kann und hinter Glastüren eine elegante Dame an einem Schreibtisch mit dunkelroten Stühlen ihre Kundinnen berät.
Bis 1944 war die Schulstraße eine mittelalterliche Gasse, deren Fachwerk unter Verputz verborgen war. Es gibt eine alte Photographie, auf der sie im sommerlichen Mittagslicht zu sehen ist, das einen schmalen Streifen Helligkeit auf die Giebelhäuser legt, die behäbig beieinanderstehen und sich seit 1476 kaum verändert haben, als das Kloster- oder Schultürlein hier in die Stadtmauer gebrochen wurde, damit die Leute zum Gottesdienst in die Hospitalkirche gehen konnten. Die hieß damals Liebfrauenkirche und stand auf den Turnieräckern außerhalb der Mauern. 1535 ist in der Schulstraße ein Torturm errichtet worden, in dem ein Turmbläser wohnte und unten die zum Tode Verurteilten in einer Zelle eingesperrt wurden. Vor zweihundertsiebenundfünfzig Jahren ist der Turm abgerissen worden.
Die Geistliche Herberge im Haus Nummer 2 war bei evangelischen Landpfarrern deshalb beliebt, weil sie dort das volle Eichmaß Wein erhielten, während sie sich in allen anderen Wirtshäusern mit einem geringeren Quantum zum selben Preis begnügen mußten. Dort ist Schiller 1793 nach seiner Flucht aus der Hohen Karlsschule eingekehrt und hat, indem er ihm kräftig zuprostete, seinen Freund Petersen betrunken machen wollen. Statt dessen aber stieg ihm der Wein zu Kopf, weshalb er sich auf den Tisch legte und sich dort herumwälzte. Von Hoven, der auch mit von der Partie war, hat dieses Geschehnis in seinen Erinnerungen herzhaft dargestellt.
Droben, wo die Schmale Straße abzweigt, stand ein Kaffeehaus mit zwei Dachterrassen, über denen sommers Zeltdächer ausgespannt wurden. Noch um 1860 ließ es sich dort luftig sit-

zen. Dreißig Jahre zuvor war das Café von Floriano Cordella und Georg Naber, zwei Schokoladefabrikanten, gegründet worden; als Spezialität boten sie zum ersten Mal Schokolade in Gläsern an. Als der Kronprinz 1864 den Thron bestieg, nannte Adolf Kober das Etablissement »Zum König Karl«, das damals, wie alle anderen Stuttgarter Kaffeehäuser, fast nur von Männern besucht wurde, weil die Stuttgarter Frauen häuslich und schüchtern waren. »Sprechen läßt sich nichts mit ihnen als über das Wetter, und einige werden auch da noch rot«, schrieb ein zeitgenössischer Schriftsteller.

Nach den Luftangriffen von 1944 war die Schulstraße von Trümmern versperrt. Bäckermeister Gottlob Zeltwanger, der seit 1924 im Haus Nummer 1 ein kleines Café betrieb, wo hauptsächlich Hausfrauen nach ihren Einkäufen Rast machten, war einer der ersten, der hier 1948 sein Haus wieder aufbaute und das Café bis 1956 weiterführte; dort ist jetzt »Die Gabe«. 1830 war hier die Conditorei und Specereihandlung des Stadtraths Reuling, und in den alten Häusern wohnten acht ledige Jungfern als Näherinnen, Wascherinnen und Kleidermacherinnen; dazu Buchhändler Pflaum, ein Knopfmacher und Bierschenk namens Rexler, die Ehefrau des Geheimen Kabinetts-Aufwärters Stier, der Geschäftsführer der Cottaschen Buchhandlung, Wundarzt Friedrich Röhm, Weingärtners- und Metzgerswitwen, eine Soldaten-Witwe und die Regierungsraths- und Oberamtmannswitwe von Griesinger, während heute dort außer ein paar Hausmeisterfamilien kaum jemand ansässig ist.

Am 1. Juli 1955 ist die Schulstraße als Ladenstraße mit Betongalerien fertig geworden, und seitdem darf kein Auto in ihr fahren. Der schmale Gang Unter der Mauer, der in sie einmündete, wurde erweitert; dort sitzt beim Eduscho-Kaffee-Geschäft ein Beinamputierter auf dem Betonpflaster und bietet Postkarten an. Frauen lassen dann und wann eine Münze in seine Hand fallen, Männer aber gehen gleichgültig an ihm vorbei. Ein langhaariger und bärtiger Künstler im grünen Anorak hat selbstgedrehten Schmuck aufs Pflaster gelegt. Auf einem Foto in einer Vitrine von down-town zeigt eine verwunderte Dame ihre tolle Frisur, B-international will Schallplatten an Weib und Mann bringen, oben auf der Galerie ist

das Club-Center und Hifi-Studio, Montanus (»Internationale Presse, Schallplatten«) läßt Popmusik psychedelisch ins Kommen und Gehen krähen, ein Juweliergeschäft glänzt mit Ketten und Sternzeichen aus Gold, und der Laden von Nanz strotzt von Orangen, Artischocken und Zucchini. Im Nordsee-Fischgeschäft stapeln sich Heringsbrote und altgoldene Bücklinge, Röcke und Blusen hängen bunt am Gassenrand und werden von Frauen durchwühlt. Vor, dem Eingang zu Hertie sitzen zwei Oberschüler; der eine spielt Gitarre und der andere singt amerikanisch, während drüben bei Fritz Wild Fleischstücke blutig leuchten und Würste sich ringeln.
Auf der Galerie aber ist's still; selten, daß dort jemand geht. Der Rathausturm reckt sich über die Dächer, und das »Tiffany«, ein patinagrünliches Café, hat verschnörkelte Laternen neben seiner Tür. Innen ist's behaglich mit altmodisch imitierten Tischlampen und zebragestreiften Bänken dicht hinter den Fenstern. Dort sitzen junge Leute, als ob sie der Ruhe bedürftig wären, indes ihre Mütter und Väter kaufen und laufen, raffen und wühlen müssen, weil der Konsumzwang es so will.

Geschwister-Scholl-Straße Die Alleenstraße: sie gab's einmal. Vom Bahnhof führte sie zur Friedrichstraße, überquerte den Friedrichsplatz und drängte sich an der Technischen Hochschule vorbei hinüber zur Seestraße beim Stadtgarten. Heute ist von ihr nur noch das kurze Stück übriggeblieben, das Geschwister-Scholl-Straße heißt und sich vom Hochhaus der Volkswagenhandlung Hahn, das sich wie ein Mahnmal emporreckt, zu den beiden Universitäts-Kolossen erstreckt, von denen der rechter Hand seine Glaswand spiegeln läßt, indes der andere sein Treppenhaus als leere Leiter zeigt, weil darin jeder mit dem Aufzug fährt. Bäume passen nicht herein, und deshalb fehlen sie. Eine Backsteinmauer mit der Aufschrift »Gebrauchtwagen und Zubehör« weist auf eine Ansammlung von Volkswagen und anderen Autos hin, die sich hier aneinanderdrängen, als würde ein blecherner See gestaut. Das Siemens-Hochhaus schaut mit bläulichen Fensterscheiben her.
Der Name Geschwister-Scholl-Straße erinnert an die Grau-

samkeit eines Regimes, das heute von der Jugend hauptsächlich als Grusel-Hintergrund des Wohlstands goutiert wird, der alle Freiheiten erlaubt.
Die Geschwister Hans und Sofie Scholl haben im sogenannten »Dritten Reich« an der Münchener Universität Flugblätter unter dem Titel »Die weiße Rose« verteilt, in denen die nationalsozialistische Führungsschicht rücksichtslos angegriffen wurde. Die Gruppe handelte im Bewußtsein eines christlichen Ideals, das von vielen, die heute so jung sind, wie die Geschwister Scholl damals waren, belächelt und verhöhnt wird.
Am 15. Februar 1943 wurden alle Mitglieder der Gruppe hingerichtet. Und wir dürfen froh sein, daß heutzutage kein Flugblattverteiler das Risiko einer Hinrichtung einkalkulieren muß.
So ändert sich die Zeitstimmung. Nach dem Krieg war hier eine Trümmerwüste, in der sich die Ratten vermehrten. Ein von leeren Fassaden starrendes Gebiet dehnte sich aus, wo nachts Polizeibeamte mit Hunden patrouillierten. In seinen Lebenserinnerungen erzählt Max Kohlhaas von Gesindel, das sich hier herumgetrieben habe; es waren Heimatlose, die hier lebten, und eine Flüchtlingsfamilie hauste in den Kellerresten eines jener Etagen-Häuser, die früher als »gutbürgerlich« bezeichnet worden sind.
Nichts hält, nichts bleibt, am beständigsten ist der Wechsel: Derlei banale Weisheiten fallen jedem ein, der die Veränderungen registriert, die am Straßenrand sichtbar werden und schließlich nur noch auf ein paar Buchseiten oder vergilbten Zeitungsblättern weiterleben. Doch der erweitert seine Lebenskenntnis, der sich im Vergangenen auskennt. Und wer sich an Leopold Rankes Wort erinnert, die Beschäftigung mit Geschichte mache zwar weise, aber nicht klug für den Augenblick, der weiß, daß es nichts gibt, das sich bewährt. Die Zeitspanne ist kurz bemessen, für die etwas gilt, seien's Gedanken oder Häuser.
Was hier unter platzenden Bomben oder Spitzhacken versunken ist: Es gilt gleich viel oder gleich wenig, wie alles, was heute hier steht.
1845 gab es keine Alleenstraße, dafür aber eine Allee, die von

den Anlagen bei der Schillerstraße zum Alleenplatz führte, der auch heute noch Stadtgarten heißt. Die Alleenstraße wurde vier Jahre später gebaut und lag damals noch vor dem Friedrichstor, das am Ende der Friedrichstraße stand. Als der alte Bahnhof errichtet wurde, der als Palast-Lichtspiele in unsere Zeit hereinragt, sind die Felder und Gärten außerhalb des Friedrichstors von Straßen durchkreuzt und mit eleganten Villen und Mietshäusern bebaut worden. So entstand auch die Alleenstraße, und die Gartenhausbesitzer Ober Finanzrath Feder, Geheimrath von Kapf und Legationsrath von Goes fühlten sich von einer groben Zeit belästigt, die ihre Ruhe störte. Auch vom Garten des Hofrathes und Professors am Gymnasium Doctor Georg von Reinbeck, der sich hier außerhalb der Stadt angesiedelt hatte, wurde ein Stück abgeschnitten. Hier hat Nikolaus Lenau unter einer Platane Geige gespielt und geschrieben. Max Kohlhaas, der als Schiffsarzt die halbe Welt kennenlernte und das zaristische Rußland besuchte, hat als Kind in den siebziger Jahren des vergangenen Jahrhunderts von seinem Elternhaus in der Alleenstraße oft in den Reinbeckschen Garten hinübergesehen und als Achtzigjähriger das Leben in den herrschaftlichen Häusern so beschrieben, daß der Leser meint, er habe auch dazugehört; denn dies war damals ein Feine-Leute-Viertel. Die Offiziere des Reiterregiments ritten hier vorbei, und nach dem Frankreichfeldzug von 1870 kam einer von den Feldjägern, dieser Leibtruppe des Königs, mit einer Bärenmütze ins Haus und stellte als Tischgast der Familie Kohlhaas seinen schweren Säbel in die Ecke. In der benachbarten Kronenstraße waren die Diplomaten zu Haus, unter ihnen der russische Gesandte, dessen Villa mit einem Doppeladler und bei offiziellen Anlässen mit einer schwarzgelbweißen Fahne geschmückt war.

Die Häuser gehörten meistens Bürgersleuten, und Oberst a. D. von Kinneritz, Hofrath Linck, der Kanzleivorsteher der königlichen Hofdomänenkammer Kreisforstrath Graf von Mandelslohe, Gräfin Marpalü, der kaiserlich-russische Collegienrath von Adelung und Professor von Mauch scheuten sich nicht, bei einem Hofmaler, zwei Partikuliers, wie damals die Gastwirte hießen, einer Witwe und einem Werkmeister zur

Miete zu wohnen. Bediente, die in feinen Häusern schafften, nannten sich »adelige Kammerdiener« und Dr. phil. Franz Kottenkamp gab als Beruf »Litterat« an.
So war's um 1850. Dreißig Jahre später ist die Gegend noch feiner geworden Fabrikant Heinrich Lahnstein beherbergt in seinem Hause den k. und k. Kämmerer und Major a. D. Friedrich Freiherr von Gemmingen-Hornberg, General-Lieutenant und Exzellenz Friedrich Graf von Schöler und Freifrau Lydia von König. Bei der königlich-russischen Geheimraths-Witwe Alexandrine von Adelung ist neben einem russischen Hofrath, einem adeligen Kammerherrn und zwei Freifräulein auch der Schloßportier Adolf Hengstler zu Haus, und Taets von Amerongen hat einen Herrn Albert Schwarz bei sich aufgenommen, der einer Bank, einem Rohbaumwolle- und einem Versicherungsgeschäft vorstand. Im Hinterhaus wohnten Kaufmann Juxberg und der Bürodiener Berner.
Um 1910 wohnte mein Vater als Student der Kunstakademie beim Schlappschuhflaschner in der Alleenstraße, dort, wo sie zum Alleenplatz führte, der 1864 hatte bebaut werden sollen, was heftige Proteste in der Presse hervorrief. Sechs Jahre später wurde dort der Stadtgarten angelegt, der auf den »Seewiesen« lag, wie zu Anfang des Jahrhunderts diese Gegend geheißen hat. Eine Wirtschaft wurde gebaut, ein Springbrunnen ließ seine baumhohe Wassersäule aufsteigen, und 1913 wurden neue Restaurationssäle mit einem Weinhaus am See und einem Musikpavillon errichtet, die der Krieg verschwinden ließ.
Auch heute noch mildert der Ausblick zum Stadtgarten die Starrheit der Hochhaus-Architektur, die hier aufgetürmt wurde. Neben den beiden Universitätskolossen schaut der Bau der Technischen Hochschule von 1864 liebenswürdig her, obwohl er von seinem Erbauer, dem Hofbaudirektor Josef Egle als monumentales Bauwerk im Sinn des Klassizismus gedacht war.
Wie hoch wir wohl noch hinauswollen? Das VW-Hochhaus am Eingang der Geschwister-Scholl-Straße, wie die Alleenstraße 1946 benannt wurde, bringt einen weltstädtischen Akzent in diesen Bezirk, wo die Reklametexte »Jetzt ist der Käfer Weltmeister« – »Über 15 Millionen gebaut und verkauft« –

»Die Weltmeister-Serie in Extra-Ausstattung« einen Stolz erkennen lassen, der mit den Bauten harmoniert.

Hirschstraße Bis 1944 war sie eine mittelalterliche Gasse, in der schon 1900 (für den Rathaus-Neubau) und 1937 (für einen Parkplatz hinterm Rathaus) alte Häuser abgerissen worden sind. Und nach dem Kriege ist hier alles bis auf den hinteren Rathaustrakt, den die Bomben haben stehen lassen, neu geworden.
Darüber war man bis vor kurzem noch recht froh. Jetzt aber meldet sich der Wunsch, mit dem Abreißen solle es nicht so rigoros weitergehen wie bisher; wahrscheinlich, weil manche merken, daß Vergangenes interessanter ist, als man bis dato meinte.
Die Vergangenheit ist überschaubar und zeigt, was später kommt, während die Gegenwart nur so ist, wie wir uns einbilden, daß sie sei. Doch wie das Gegenwärtige wirklich gewesen ist, wissen erst die Späteren, weil sie die Folgen unserer Gegenwart zu spüren kriegen.
Der Name Hirschstraße stammt aus dem Jahre 1740. Damals hieß sie Hirschgasse, zuvor aber Stadtgasse und von 1811 bis 1832, zu Ehren des damaligen Kronprinzen, Wilhelmstraße. Dann wurde sie so genannt, wie sie heute heißt.
Wie viele Straßen in allen Städten verdankt sie ihren Namen einem Wirtshaus. Hier stand der Gasthof »Zum Güldnen Hirsch«, ein breitgiebeliges Fachwerkhaus, das 1413 zum ersten Mal erwähnt wird. Im 16. Jahrhundert gehörte es dem Bürgermeister und herzoglichen Rat Sebastian Welling, bei dem, als Herzog Ulrich Hochzeit feierte, der Bayernherzog Wilhelm 1511 zu Gast gewesen ist. Und Welling, dem Martin Schaffner aus Ulm 1535 als sein letztes Werk ein Epitaph malte, das in den dreißiger Jahren des vergangenen Jahrhunderts aus dem Kreuzgang der Hospitalkirche gestohlen wurde und später im Kunsthandel auftauchte, weshalb es jetzt in der Hamburger Kunsthalle hängt; dieser Bürgermeister Welling also gehörte zum Geschlecht der Wellinge von Vöhingen bei Schwieberdingen, das lange Zeit unserer Stadt Bürgermeister, Richter und Ratsherren gestellt hat.

Da haben wir uns also wieder mal weitab in die Vergangenheit verloren, was bei einer derart alten Straße nicht verwunderlich sein dürfte. Im Mittelalter ist der Nesenbach in ihr geflossen, der später vor der Stadtmauer durch den Großen Graben, die heutige Königstraße, zum Lusthaus geführt wurde.
Erschreckend berühmt aber ist die Hirschstraße durch den großen Brand in der Nacht zum 3. August 1761 geworden. Zwanzig Trommler weckten durch ihr »Umschlagen« auch die hartnäckigsten Schläfer, die Feuerglocken grillten, wie's in Mörikes erster Niederschrift des Gedichtes »Der Feuerreiter« heißt, die Alarmbläser ließen ihre Trompeten schallen, und das Feuerkommando mit dem Obervogt, dem Stadtvogt, den drei Bürgermeistern, den Vertretern des Magistrats, des Baugewerbes, der Polizei und der Garnison mobilisierten ihre Löschmannschaft, der jeder Bürger Beistand leisten mußte. Aus den umliegenden Ortschaften riefen Feuerreiter Helfer herbei, die aus Esslingen, aus den Filderorten, ja sogar aus Reutlingen kamen, wo es geheißen hatte, ganz Stuttgart stehe in Flammen. 41 Häuser wurden eingeäschert, 123 Familien verloren ihre Heimstatt, und vielen verbrannte auch ihr Hab und Gut. Der Schaden wurde auf 212 237 Gulden geschätzt.
Schuld daran war Metzgermeister Friedrich Reuß, der im Rausch seine Frau verprügelt hatte, die vor ihm geflüchtet war. Reuß stolperte, um sie zu suchen, durchs Haus und kam unters Dach, wo er das Heu anzündete. Man nahm ihn fest; im Gefängnis schnitt er sich die Halsschlagader durch.
Weil es geglückt war, das Feuer einzudämmen, bevor die Marktplatz-Häuser von ihm ergriffen wurden, stellte man nach dem Brand an der Ecke zur Schulstraße eine Figur des heiligen Florian aus dem Jahr 1520 auf, die jetzt im Lapidarium zu finden ist. An den ersten Hirschgassenbrand vom 20. März 1725, der zwei Häuser vernichtet hatte, erinnert ein Steinbild, auf dem ein Ehepaar zu sehen ist, das aus dem Haus springt; darauf steht: »Eh ich will verbrinnen / Lieber will ich springen. Den 20. Martius 1725.« Ein Schneidergeselle, den der Tod im Bett überrascht hatte, war damals »ganz gebraten und mit Federn überzogen« gefunden worden.
Beim Wiederaufbau nach 1761 wurde versucht, das abge-

brannte Viertel zu modernisieren; es sollte im Stil der Turnieräcker-Vorstadt vor dem Großen Graben errichtet werden, die um 1500 schachbrettförmig angelegt worden war, was heute noch im Grundriß der Stadt nördlich der Königstraße zu sehen ist.
Aberlin Tretsch, der Baumeister Herzog Christophs, hat in der Hirschstraße gewohnt. 1566 erwarb er ein Haus »oben in der Stadt in einer Zwerchgassen bei dem Mittelpronnten«, und es darf angenommen werden, damit sei der Brunnen auf der Südseite der Hirschstraße gemeint, wo um 1890 Tapezier Julius Großmann, Mehlhändler Ferdinand Kuch, der Seckler Haas und Metzgermeister Gwinner wohnten. Großmanns Haus wurde 1900 mit anderen, die zwischen der Metzgerstraße und dem Marktplatz standen, abgerissen, um Platz fürs neue Rathaus zu schaffen, das im Krieg von Bomben vernichtet wurde. Auf einer alten Photographie ist die Hirschstraße noch so zu sehen, wie sie eine lange Zeit überdauert hat, also eng und krumm, mit Winkeln und Ecken, die heimkehrenden Viertelesschlotzern vielfache Gelegenheiten zum Verweilen und Weiterschwätzen geboten haben.
Die Häuser auf der Südseite zeigt eine spätere Aufnahme. Eines davon hat 1851 der Schirmfabrikant Bockstedt an Metzgermeister Gwinner verkauft, Louis Ebstein hatte im Haus Nummer 6 sein Kleiderwarengeschäft eingerichtet, und weiter vorne, wo Geranienstöcke auf den Fenstersimsen blühten, hatte Wilhelm Pfizer seine Samenhandlung, die in aller Welt bekannt geworden ist.
Eines der schönsten Altstadthäuser stand hinterm Rathaus. 1818 hatte es Hofbaumeister Thouret erbaut, und fünf Jahrzehnte lang gehörte es dem Bäckermeister Lieb, von dem es 1872 der Strohhutfabrikant Friedrich Kolb kaufte. 1937 wurde es abgerissen, um für einen Parkplatz Raum zu schaffen, denn schon damals vermehrten sich die Autos. Und Thourets zweistöckiges Haus mit breitem Giebel präsentierte sich in elegantem Empirestil.
In der Hirschstraße wohnte auch der Bildhauer Ludwig von Hofer, der die Rossebändiger in den Anlagen und den Merkur auf der Wassersäule an der Alten Kanzlei geschaffen hat. Und Seckler Thomas Breitmeyer, Kutschereibesitzer Merkle,

Schuhmacher Karl Bauer hatten in der Hirschstraße ihre Domizile.
1865 erwarb Schirmmacher Ernst Hugendubel das langgestreckte Haus Nummer 25 und baute dort sein Geschäft zu einer allseits bekannten Fabrik aus; und 1967 ist auf demselben Grundstück der Neubau des Hauses Ernst Hugendubel fertig geworden, weil's 1944 durch Bomben zerstört worden war. Der Großvater des heutigen Inhabers hat 1833 die Firma gegründet, ein weitgereister Mann, der sich in Paris als Elfenbeinschnitzer, Schirmmacher und sculpteur en Cannes betätigt hatte. Sein Sohn hat um 1900 in der Hirschstraße den Stockschirm erfunden und dafür gesorgt, daß die 30jährige Tradition des Hauses bis in unsere Zeit lebendig blieb; denn jeder kennt die Bulldoggmarke des Hauses Hugendubel, und immer noch hält auf einem Straßenbahnplakat ein fröhlicher Schaffner einen Schirm empor: »Vergiß nicht deinen Hugendubel!«
Das Konditorei-Lädle des Bäckermeisters Schrempf, dessen Quittenwürste und Bärendreck berühmt waren, erinnerte hier ans »Kleine Kaffeehaus«, das von 1759 bis 1791 im Haus Nummer 9 untergebracht war. Damals war's eine Attraktion, weil es in Deutschland erst seit 1694 Kaffeehäuser gab.
1788 hatte ein öffentliches Schlachthaus in der Hirschstraße 54 Fleischbänke, wo große Tiere geschlachtet wurden, während das Kleinvieh noch bis 1830 meistens auf der Straße vor den Häusern der Metzger getötet wurde.
Von früher aber steht hier nur der südliche Teil des Rathauses aus dem Jahr 1905. Alles andere ist neu, während das Alte nur noch in Photographien und Kupferstichen angeschaut werden kann. Der Neubau der Winterthur-Versicherungen hat eine Fassade aus Kleinziegelfelder Marmor, die durch Streifen grünen Schweizer Granits gegliedert ist. Die Buchhandlung Lindemann ist hier in zeitgemäßen Räumen zu Hause, und das Kaufhaus Merkur zeigt seine gestanzte Blechhaut am Ende der Hirschstraße; denn jetzt ist alles praktikabel, wie Fertigteile aus Maschinen. Früher kam noch etwas Persönliches hinzu, das in schiefen und krummen Mauern, in Giebeln und eingesunkenen Dachfirsten lebendig war; danach sehnen wir uns heute wieder, doch ist's vorbei.

Dorotheenstraße Vom Schillerplatz gehen Sie durch die Dorotheenstraße zum Charlottenplatz. Das Alte Schloß schaut her und zeigt seine südliche Front mit zwei runden Ecktürmen, von denen der beim Schillerplatz heuer seinen vierhundertsten Geburtstag feiert, während der andere von 1687 stammt. – Die beiden wurden damals vom Nesenbachwasser umspült, denn bis ins achtzehnte Jahrhundert war das Schloß eine Wasserburg. Die Maßwerkfenster der Schloßkapelle schauen über Kastanienbäume, und das lange, mit Muschelkalkplatten verkleidete Geschäftshaus in der Dorotheenstraße steht dort, wo bis 1944 der Gasthof zum »König von England« als imposantes Fachwerkhaus mit Walmdach und langen Fensterreihen sich ausdehnte. Jean Paul und Thorwaldsen sind hier abgestiegen, Wilhelm Hauff hat seine Novelle »Die Bettlerin vom Pont des Arts« dort spielen lassen, und Frédéric Chopin, 1831, als er noch Szopen hieß, in diesem damals elegantesten Stuttgarter Gasthof übernachtet. Er kam von Wien und erfuhr im »König von England«, daß Warschau gefallen war, wo seine Braut und seine Familie wohnten. Der Wirt Louis Schwaderer erzählte, die ganze Nacht habe Chopin auf dem Flügel wild phantasiert.
Im ersten Stock war ein Speise- und Festsaal mit Gipsreliefs, Pilastern und Spiegeln im klassizistischen Stil, und dem Schriftsteller und Kritiker Ludwig Börne, der 1821 mehrere Monate hier wohnte, hat der reichhaltige Mittagstisch des Herrn Schwaderer, seiner schlanken Linie wegen, Sorgen bereitet. »Die Spannung zwischen meinen Knopflöchern wird täglich größer. Die gerösteten Spätzle allein hätten das nicht getan, aber der Träubleskuchen und die hundert anderen Herrlichkeiten ... Was Shakespeare unter den Dichtern ist, das ist der hiesige Wirtstisch im ›König von England‹ unter den Wirtstischen. Es ist schon viel wienerische Sinnlichkeit hier, man sieht Dickbäuche und glänzende, mit Butter beschmierte Gesichter. Auch viel südliche Lebhaftigkeit«, schrieb er an seine Freundin Jeanette Wohl.
1867 kaufte die Stadt das weitläufige Haus und richtete in ihm den Kreisgerichtshof ein. Seit 1879 waren dort städtische Kanzleien. Nach dem Krieg ist hier ein Geschäftshaus gebaut worden.

Dann unter den Arkaden der Markthalle, die heuer sechzig Jahre alt wird und abgerissen werden soll. Eigentlich schade, denke ich, wahrscheinlich weil sie, wie ich, den Krieg überstand. Sie ist auch schon die zweite, denn 1863 ließ König Wilhelm I. hier eine Gemüsehalle aus Eisen und Glas errichten und schenkte sie der Stadt. Bei der Eröffnung wurde eine Blumen- und Früchteausstellung gezeigt, danach aber gab's dieselben Lebensmittel wie heute, obwohl nach dem Krieg auch griechische Oliven und jugoslawischer Schafskäse und Schweizer Gewürze und vieles andere aus Nachbarländern einzog, um uns den Gaumen zu letzen.
Auf dem Platz der Markthalle stand seit 1609 Heinrich Schickhardts »Neuer Bau«, der auch Neuer Marstall genannt wurde, weil im Erdgeschoß der herzogliche Marstall untergebracht war. Im ersten Stock hatte er einen Festsaal mit Dekkengemälden, die Szenen der württembergischen Geschichte zeigten. Oben wurden Rüstungen und Münzen aufbewahrt, und 1711 wohnte Freifräulein von Grävenitz hier, die Geliebte des Herzogs Karl Eugen, der im Neuen Bau zehn Jahre lang eine französische Schauspielertruppe auftreten ließ, bis 1757 in einer Aufführung von Regnards Komödie »Le Joueur« Feuer ausbrach, das den Neuen Bau vernichtete. Zwanzig Jahre blieb er als Ruine stehen, dann wurde er abgerissen.
Man hat sich's also damals lange überlegt. Nun, Schickhardts Neuer Bau war das bedeutsamste Werk dieses Architekten; und der Platz, der nach dem Abbruch frei geworden war, hieß Bärenplatz, entweder weil im 16. Jahrhundert im trockengelegten Graben um das Alte Schloß Herzog Ludwig ein paar Bären als Attraktion für seine Gäste unterhielt, oder weil hier (bis 1944) der Gasthof zum Bären stand, der später »Grünes Haus« genannt wurde.
Vom Bärenplatz, wo auch die Münze stand, wird ein buntes Bild aus der Zeit um 1820 im Stadtarchiv aufbewahrt; es sieht aus, als hätte es Grandma Moses gemalt. Auf ihm präsentiert sich der Bärenplatz von Spaziergängern, Hunden und vorüberrollenden Kaleschen belebt; Soldaten stehen stramm, ein Jäger geht, die Flinte schräg überm Rucksack, vorbei, und jedermann trägt einen individuellen Hut; auch ein Ochse wird zum Schlachter gezogen.

Der Münze, die hier von 1736-1844 zu Hause war, stand um 1810 Christian Heigelin als General-Münz-Wardein vor, während Johann Ludwig Wagner als Münz-Graveur die praktische Arbeit machte. Neunzehn Jahre später wohnen beim Traiteur Daniel Friz im Grünen Haus der pensionierte Stallmeister Dobel, Hofschauspieler Mercy, die Forstmeisters-Witwe Gräfin von Normann-Ehrenfels, ein Präzeptor an der Realanstalt namens Kieser, die Sekretärs-Witwe Friederike Liedlinger, Architekt Mäntler und Herr Hauter, der Buchhalter bei der Staatshauptkasse ist. Auch der königliche Berg-Rath, bei dem Herr Schmelzle als Aufwärter tätig ist, hat hier sein Büro, und der Assessor des Bergrats ist zugleich Münzwardein.

Hinter dem Münz- oder Bergratsgebäude war bis 1846 der letzte Turm der Innenstadtmauer bei einem Gärtchen mit Holunderbaum zu besichtigen, denn alles, was einmal war, wird überliefert, falls die Zeitspanne, die uns von ihm trennt, nicht allzu weit ist. Bis 1944 stand das Innenministerium hier neben dem Justizministerium, beides Häuser in klassizistischem Stil. 1957 wurde an ihrer Stelle das Innenministerium dreißig Meter hoch neu errichtet. Im alten Haus wohnte 1851 in der Bel-Etage der Freiherr, königliche Staatsrath und Chef des Departements des Innern von Linden, dem später Staatsminister und Exzellenz Dr. J. von Pischek folgte.

Der Frühjahrspferdemarkt wurde von 1836 bis 1881 in der Dorotheenstraße abgehalten, die 1810 noch namenlos war. Damals gebot König Friedrich, daß »in der neuen Straße hinter dem Waisenhaus« gebaut werden solle, und ein Jahr später nannte er sie nach seiner Mutter, der Herzogin Dorothea. Im sogenannten »Dritten Reich« hieß sie von 1938 an Wilhelm-Murr-Straße, weil der damalige Reichsstatthalter durch eine Straße mit eigenem Namen fahren wollte. Das war damals, als der Charlottenplatz Danziger Freiheit hieß und die Geheime Staatspolizei im Hotel Silber untergebracht war.

Im Gestapo-Keller werden heute Kartoffeln aufbewahrt, und das Hotel Silber von 1898, das den Krieg überstand, wurde 1953 erneuert und umgebaut. Das Polizeipräsidium hat nach hinten zu, wo früher Gerber im Nesenbach ihre Felle wuschen, ein modernes Untersuchungsgefängnis, nachdem die

verwanzten Bretterböden herausgerissen worden sind. Seine Zellen haben nichts Muffiges mehr, und es gibt einen Duschraum, eine Desinfektionskammer und ein Ankleidezimmer; die Kleiderhaken sind nachgiebig, damit sich keiner an ihnen aufhängen kann. Am 19. Juni 1933 wurde Staatspräsident Eugen Bolz in das Polizeipräsidium vorgeladen und verhört. Als man ihn später zum Auto führte, das ihn in »Schutzhaft« brachte, empfing ihn in der Dorotheenstraße eine gaffende und johlende Menge. Als Mitglied des Widerstandes starb er unterm Fallbeil am 23. Januar 1945 im Gefängnis Berlin-Plötzensee.
Die Finsternis von damals hat sich verflüchtigt. Heute werden die Polizeibeamten wieder einmal mit freundlichen Augen betrachtet, weil sie die Bürger schützen. In Zeiten ohne Bedrohung erscheinen sie – kurioserweise – manchen sogenannten »Idealisten« als überflüssig, und dieselben ärgern sich über die »Bullen«; doch wenn ein solcher »Bulle« einen »Idealisten« vor Unheil bewahrt, dann wird derselbe – zumindest vorübergehend – ein bißchen nachdenklich. So wandelt sich die Sympathie, und der Chronist meint, ein bißchen merkwürdig sei das alles zweifellos. Und ob er einen Sinn entdeckt hinterm Wechsel der Zeitstimmung, hinter Zerfall und neuem Leben?

Kanzleistraße Im dritten Stock des Hauses Kanzleistraße 8 wohnte zwischen April 1864 und Februar 1870 ein Professor, Ehrendoktor der Universität Tübingen und pensionierter Pfarrer, der inzwischen gewisser Verse, Erzählungen, Novellen, Märchen und eines Romanes wegen weltberühmt geworden ist. Derselbe hatte Muße, den Grundriß seiner Vierzimmer-Wohnung mit dem »Abtritt« neben der Treppe so genau aufzuzeichnen, daß sich heute jedermann sowohl die Einrichtung und die Farbe der Tapeten als auch den Ausblick aus den Fenstern bis ins einzelne vorstellen kann. Der Mann hieß Mörike.
Er sah vom »blauen Zimmer« auf die Amtswohnung der geistlichen Herren Kapf, Teichmann und Ege, sah ins Studierzimmer des Prälaten, wo abends eine grün beschirmte Lampe brannte, und auf den Eingang jenes Kanzleihauses, nach dem

die Kanzleistraße seit 1811 heißt. Zuvor war sie Canzleygasse oder auch Heuwaggasse, nach der »Heuwage«, genannt worden, die später der Realschule weichen mußte.
Das Kanzleihaus war zu Mörikes Zeit dem Ständehof angeschlossen. Mörike sah durch die Fenster des Saals der Landstände mit seinen rot gepolsterten Sitzreihen und konnte, wenn er sich aus dem Fenster neigte, bis zur Ecke der Königstraße mit dem Bazar gucken, der damals noch einen Säulengang hatte, wie er von Thouret in den dreißiger Jahren erbaut worden war; der Bazar stand dort, wo sich heute das Modegeschäft Lorenz installiert hat.
In unserer Zeit ist dieser frühere Teil der Kanzleistraße ein von Sichtbetonbauten umstellter Platz geworden. Wer dort steht, sieht eine Fußgängerbrücke, dahinter das hohe Gewerkschaftshaus und zwei Kuppeln des Landesgewerbemuseums.
Mörike aber konnte von seinem Schlafzimmer »die ganze Länge der Calwer Straße bis zum Alten Postplatz« hinaufschauen und sah »im Hintergrund Weinberge mit Hoffmanns Schweizerhäuschen«. Wenn er durch die Kanzleistraße ging, kam er zum Oberen Museum, dem 1853 errichteten Gesellschaftshaus der Museumsgesellschaft, einem klassizistisch eleganten Bau, in dessen Räumen er seine Erzählung »Das Stuttgarter Hutzelmännlein« vorgelesen hatte, und begegnete ab und an den Hofmedici Klein und Jacobi, dem Leibmedicus Jäger, Oberhofprediger Grüneisen und Jäger Pischek, von denen der und jener der Museumsgesellschaft angehört haben mochte, die 1784 gegründet worden war, sich auch »Stuttgarter Lesegesellschaft« und »Gesellschaft Musäum« genannt hatte, und Männer der gebildeten Stände, wie man damals sagte, zu ihren Mitgliedern zählte.
Weiter oben stand das »Hofmarschallenhaus« des Freiherrn Benjamin Bouwinghausen von Wallmerode, das Herzog Ludwig 1578 erbaut und 1604 Bouwinghausen geschenkt hatte. Der Freiherr wurde als Gesandter von »beinahe allen christlichen Königen und Fürsten des Erdkreises« geachtet, besuchte die niederländischen Generalstaaten, Kaiser Rudolf II. in Prag, die Könige von Frankreich und England, von denen ihm Jakob I. 1596 den Hosenbandorden verlieh. In Paris ent-

warf er 1611 eine lateinische Inschrift, die er für sein Haus Kanzleistraße 24 in eine Marmortafel graben ließ und die mit dem Satz beginnt: »Nach einem strengen Frieden ist gut leben, aber sterben ist besser.« Sie hat Rollwerkornamente und ist im Lapidarium zu besichtigen; auf ihr heißt es: »Im Jahr 1594 unter Kaiser Rudolf II. zum Staatsdienst durch den erlauchten Herzog Friedrich I. von Wirtemberg berufen, nach glücklicher Ausführung von Gesandtschaften zu fast allen christlichen Königen und Fürsten des Erdkreises, im Jahr 1604 mit diesem Bauplatz, Garten, Quellwasser und Haus in freigebiger Weise zum Zeichen der Dankbarkeit und Hochachtung beschenkt, hat Benjamin Bouwinghausen von Wallmerode, nach vollständigem Neubau dieses Gebäudes und nach Ausstattung des anderen mit vielen Zutaten zur Freude des trefflichsten Fürsten Johann Friedrich, zum Schmuck von Hof und Stadt, zu Nutz und Gebrauch für sich und die Seinen, seine Herren, Freunde und Nachkommen, dies alles hier mit nicht geringen, Unkosten erweitern, ausschmücken und errichten lassen.«
1932, als das Hofmarschallenhaus mit anderen Häusern abgerissen wurde, ist die Tafel entdeckt worden. Eine Photographie zeigt das dreistöckige Gebäude mit seiner Zehn-Fenster-Front. Um 1800 gehörte es dem herzoglichen Rat und Landschafts-Consulenten Johann Wolfgang Hauff, dem Großvater des Dichters Wilhelm Hauff, der es in seiner Novelle »Jud Süß« beschrieben hat. Gräfin Camilla von Mühlenfels, die spätere Kaiserin von Österreich, hat dort gewohnt. Nach ihr zog Wilhelm Hackländer ein, der seit 1840 am »Morgenblatt der gebildeten Stände« mitarbeitete und ein Bestseller-Autor des 19. Jahrhunderts gewesen ist. Dem Hofmarschallenhaus gegenüber stand das des Architekten Heinrich Schickhardt, von dessen Werken heute noch der Prinzenbau am Schillerplatz erhalten ist.
Ein hohes Giebelhaus mit breiter Toreinfahrt erhob sich neben dem Hofmarschallenhaus und gehörte im vergangenen Jahrhundert Oberkirchenrat Eberhard Ludwig Hölder, Weinhändler Flach und Glaser Zarges; neben ihm zeigte, ebenfalls bis 1932, das zierliche Domizil des Regierungssekretärs Johann Heinrich Kinzelbach seine mit Empiregirlanden geschmückte Fassade.

All diese freundlichen Behausungen sind längst verschwunden. Heute führt ein unterirdischer Gang, dessen Sichtbetonwände mit Inschriften wie »SDS lebt« oder »Ruf mich an« bemalt sind, zur Kanzleistraße, in der das Landesgewerbeamt von 1896 steht, ein Prunk- und Prachtbau mit Kuppeldächern. Noch in den sechziger Jahren war er mit sogenannten »Riesendamen« aus Sandstein geschmückt, umfangreichen Symbolfiguren allesamt, die Bergbau, Landwirtschaft, Schiffahrt, Gewerbe, Kunstgewerbe, Physik, Chemie, Elektrohandwerk, Maschinenbau, Handel, Ingenieurwissenschaften und Baukunst versinnbildlichten. Als griechische Göttinnen verkleidet, standen sie oben am Dachgesims und illustrierten die Fortschrittsgläubigkeit des neunzehnten Jahrhunderts, die heute immer noch hoch im Kurs steht. Zwanzig Porträts von tatkräftigen Männern der Wirtschaft waren ebenfalls am Landesgewerbemuseum zu bewundern, und ein paar ihrer Büsten haben unsere Tage erlebt.
Auch die Baugewerkschule von 1870 ist noch da und wirkt recht ehrwürdig neben den modernen Bauten der Universität; denn hier beim Stadtgarten beginnt die Region des Studentenfleißes, das Hochschulgelände, in dem Parken nur mit Parkausweis erlaubt ist. Bis 1889 war hier ein Rest der »Seewiesen« als Erinnerung an die Seen zu sehen, die die Stadt zum Schutz gegen Eindringlinge umgaben. Der Stadtgarten legt heute noch davon Zeugnis ab.
In ihm gestaltet die akademische Jugend ihre diskutierfreudige Freizeit, während dort, wo heute die Kanzleistraße beginnt, der Deutsche Gewerkschaftsbund sein Macht ausstrahlendes Gebäude errichtet hat. Die Büchergilde Gutenberg gehört dazu, diese Achtung gebietende Buchgemeinschaft mit hohem Kulturniveau, die auch die Werke Mörikes in ihrem Angebot haben dürfte; denn schließlich hat Mörike im »Stuttgarter Hutzelmännlein« die Arbeitswelt eines Schuhmachers und in »Mozart auf der Reise nach Prag« die Freizeitgestaltung eines Musikers beschrieben. Mörike ist also immer noch aktuell, obwohl sich die Zeit, in der er den Grundriß seiner Wohnung im dritten Stock des Hauses Kanzleistraße 8 zeichnete, längst aufgelöst hat.

Lenzhalde Ihre Eleganz, und wie sie sich am Hang emporwindet, das erscheint bemerkenswert; auch ist sie jung, noch nicht mal siebzig Jahre alt. Die Lebensluft der Jahrhundertwende ist in ihr noch gegenwärtig, denn so etwas wie »Lebensluft« hängt ja nicht vom Benzingasbrodem ab, der hier kaum ruchbar wird. An den Villen unserer Großväter, die hier stehen, haben sich nur da und dort ein paar Fenster verändert, sonst sind sie gleich geblieben. Und der Wohnbezirk, der sich hier dehnt, wird öfters als »urban« bezeichnet.
Hinter der Gäubahn-Brücke, über die Züge nach Herrenberg, Rottweil und Zürich fahren, zweigt die Lenzhalde vom Herdweg ab, einem alten Pfad, auf dem vor langer Zeit Viehherden von der Feuerbacher Heide in die Talsohle getrieben wurden; inzwischen ist er das geworden, was man heutzutage eine Elite-Gegend nennt, während der Name »Lenzhalde« erst um 1906 erfunden wurde, weil hier die Gärten früher als an anderen Talhängen blühen.
Platanen stehen neben den Böschungen mit den Gäubahn-Gleisen, und unter hohen Bäumen weitet sich der Blick über das Tal. Der geschwungene Giebel einer Villa in barockem Stil schaut her, an der sich ein Balkon vorwölbt. Das Haus ist so, wie sich seit langem jeder, der eng wohnt, seine Behausung wünscht. Regierungsdirektor Ludwig von Schmidt hat diese Villa seinerzeit errichten lassen, und heute fügt das Schild »dipl.-ing. hero maier / freier architekt DAI / öffentl. best. und vereid. sachverständiger« dem respektablen Domizil einen modernen Effekt bei, während die verschlungenen Eisenranken an Doktor Brammers Tür von früher da sind. Der holzverschalte Giebel seines Hauses, die Markise überm Balkon nach dem Garten und die altersbraunen Ziegel auf dem neuen Dach lassen sein Haus zu einer Arztwohnung des Biedermeier werden, die Stifter beschrieben haben könnte; und es heißt, daß der Besitzer alte Möbel habe und in seiner Wohnung die Kultur der späten Goethezeit lebendig sei.
Wer sich ein Leben lang um die Materie bemühen muß, der sucht etwas, das über die Vergänglichkeit hinausweist und in jener Poesie und Kunst lebendig ist, die ideale Vorstellungen aufgenommen hat und ausstrahlt. Und das sogenannte »Ur-

bane« darf als Ausdruck eines Lebensstils verstanden werden, der Grobes verfeinert.
Die Hauptmannsreute zweigt hier ab, und die Linden der Anlage um E. Kiemlens Standbild einer Winzerin, die, ihr Kind auf der Schulter und einen Spitz neben sich, nach Hause geht, umstehen einen runden Platz. 1929 wurde die Bronzeplastik vom Verein Azenberg Feuerbacher Heide e. V. »unserem Stuttgart zur 700-Jahrfeier gewidmet«. Bänke warten hier auf Eltern, die ihre Kinder spielen lassen; und es sieht immer rührend aus, wenn Kinder unter einem Denkmal spielen; als hätten sich die Aggressionsgelüste unserer Zeit verflüchtigt (eine Illusion).
Die Mauern der Gärten erinnern an Befestigungen, die Häuser aber sehen friedlich aus, denn trutzig schaut hier kein Haus her; eher repräsentativ und bürgerstolz, und der Betrachter spürt die solide Finanzgrundlage, die hier jedes Haus aufwachsen ließ. Der eine stellt's befriedigt fest, der andre kann ein Neidgefühl nicht unterdrücken, und dem dritten schwellen Klassenkampfgefühle die revolutionäre Brust; solch einer säße gerne selbst in einem komfortablen Haus, auch wenn er sich dann zum Kapitalisten wandeln müßte.
Das italienische Generalkonsulat hat, wie andre Villen aus der Jugendstilepoche, eine Laterne überm Eingang; ein Relief zeigt Orpheus, der die Leier schlägt und mit seiner Musik Löwen und Hirsche bezaubert. Daß Säulen neben den Eingängen stehen, gehört ebenso zum urbanen Wohnstil wie die beiden Putten am Haus Nummer 61, das ein Türmchen hat. Ein anderes läßt an Landsitze am Comer See oder am Lago Maggiore denken, und die Mühsal des Erwerbs, ohne die solche Wohnstätten nicht errichtet werden konnten, ist vergessen.
Ein langgestrecktes Besitztum verbirgt sich am Hang hinter seiner Mauer. Wenn Sie über die hinunterschauen, staunen Sie über eine Tür mit barockem Schnitzwerk und Korbgitter, die die Fenster schirmen. Am Eingang fehlt auch die Laterne nicht, und der gewölbte Türstock aus Sandstein mit dem Schlußstein in der Mitte ist so, wie sich's für eine Traumvilla geziemt, die vor nicht allzu langer Zeit errichtet wurde, als ob sich hier ein Revenant des achtzehnten Jahrhunderts ein Lustschlößchen hätte erstellen lassen. Es zeigt sich traditionsge-

bundener Geschmack, der sonderbarerweise nicht urban wirkt, obwohl wahrscheinlich zum »Urbanen« auch der Versuch gehört, Neues genauso hinzustellen, als wäre es alt; nur hat das kaum noch etwas mit der Tradition, dafür aber mit Freude am Großen und mit dem Gefühl zu tun, man dürfe zeigen, was man hat und kann.

Ein schmaler Weg, der hier emporführt und Nußklinge heißt, erinnert an die Tage, als hier nur Gärten und Weinberge lagen und in den neunziger Jahren des vergangenen Jahrhunderts drei Häuser als erste gebaut wurden, die Buchhändler David Gundert, dem Obertelegraphisten außer Dienst Gottlob Schahl und Rosine Wohlhaf, einer Weingärtnerswitwe, gehörten. Von 1902 an wuchs eine Villa nach der anderen empor, und 1912 hatte die Lenzhalde einundzwanzig Häuser; sie gehörten Fabrikanten, Rechtsanwälten, Architekten. Die feinen Leute waren unter sich, und nur die Oberförsterswitwe Marie Wörz erschien als Außenseiterin neben dem Geheimen Intendanzrat Stephany, Obersteuerrat Dr. Eichmann, Regierungsdirektor Ludwig von Schmidt, Ministerialrat Julius von Jehle, Professor Wilhelm Kintzinger und Fabrikant Leuthi.

Eines der ersten Häuser, die zwischen 1900 und 1914 hier gebaut wurden, steht unverändert nicht weit von der Nußklinge. Architekt Gabriel hat darin gewohnt, als der urbane Geschmack jung war; weshalb es heute wie verblichen und so aussieht, als ob sich's zurückzöge, weil es Spitzhacken und Räumfahrzeuge näherrücken fühlt.

Die Jugendstilvilla mit den dorischen Säulen, die von einem griechischen Tempel stammen könnten, setzt einen deutlichen Akzent an die letzte Kehre der Lenzhalde auf ihrem Weg nach oben und wirkt imposant. Das Evangelische Siedlungswerk in Deutschland e. V., die gemeinnützige Siedlungsgesellschaft des Hilfswerks der evangelischen Kirchen in Deutschland, hat hier weitläufige Büros, und wer die Arbeit dieser Institution kennt, der weiß, daß im »Eva Bodelschwingh Haus« soziale Mißstände unserer Zeit durch tatkräftige Hilfe gemildert und beseitigt werden; auch ist in der Lenzhalde- und Kräherwald-Klinik vielen Mitbürgern geholfen worden.

Die Straße endigt auf der Feuerbacher Heide beim Lenzhalde-Café, wo die Gäste, wie vor alters, im Freien sitzen und auf

den Platz hinausschauen, den eine Endstation-Schleife der Straßenbahn durchzieht. Auf der anderen Seite, dort, bei der Tankstelle, hat Kaufmann Adolf Hettich 1876 eine Züchterei von Doggen eingerichtet; später war dort eine Gastwirtschaft, die »Zur Doggenburg« hieß. Fabrikant Widmann legte einen kleinen Tiergarten an.
Auf der Feuerbacher Heide war der Richtplatz. An der schönen Giftmischerin, »der Ruthardtin«, wurde hier in den vierziger Jahren des neunzehnten Jahrhunderts die letzte Enthauptung vollstreckt. Und wer manches aus der Vergangenheit weiß, meint, daß sich zu allen Zeiten Aggressives mit Friedlichem mische. Der Erwerbssinn läßt prächtige Häuser emporwachsen, und begüterte Bürger, die Glück haben, weil sie ihrer Zeit das geben, was sie verlangt, verschaffen sich ein trautes Heim, wie's der Geschmack ihrer Epoche ihnen vorschreibt. Haar- und Bartmoden, Kopfputz und Kleider ändern sich, der Mensch aber bleibt der alte; von der Haut an ist er immer gleich, wie die Zeit, während die Zeiten sich verändern und wieder in den Urgrund zurücksinken.

Wolfram-, Tunzhofer- und Mönchhaldenstraße Der Name Wolframstraße (sie wurde 1875 benannt) erinnert an das Gewand Wolframshalde, das 1351 in einer Urkunde als »Weg ze Stutgarten an Wolframshalden« erwähnt wird. Damals muß ein Mann namens Wolfram hier Landbesitz gehabt haben. Drüben, am anderen Talhang, weist die Werfmershalde auf denselben Namen hin; beide lagen an einer Galgensteige und gehörten zur Markung Tunzhofen.
Um 1200 war der Hügel um die Wolframshalde mit dichtem Wald bewachsen, der sich bis nach Feuerbach dehnte. Daß Wölfe hier lebten, bezeugt eine Sage, die von einem Pfarrer Wolfram erzählt, der an einem heißen Sommertag beim Kahlenstein (dem heutigen Rosenstein) mit seiner Nichte Sibylla spazierenging, müde wurde und sich in den Schatten setzte. Wolfram schlief ein, und als er aufwachte, war das Kind verschwunden.
Er suchte es, fand es weder zu Hause in Altenburg bei Cannstatt noch auf den angrenzenden Fluren. Seine Schwester

suchte es auf dem Kahlenstein und kam zu einem Bach, wo sie einen Wolf trinken sah. Dem ging sie nach, verirrte sich im Wald und betete laut, als die Dämmerung einbrach. Da rief in der Nähe ihr Kind: »Mutter, wo bist du?«, und sie fand Sibylla, mit der sie die Nacht im Walde verbrachte. Als es Tag wurde, sah sie, daß sie in einem Wolfsnest neben drei schlafenden Jungen lag, und das Kind erzählte ihr, einer der Wölfe habe sie vom Kahlenstein bis hierher getragen, denn diese Tiere seien nicht »bös«.
Da floh die Mutter, die aus Bernhausen stammte, mit ihrem Kind zurück nach Altenburg zu ihrem Bruder Wolfram, dem Pfarrer. Und weil sie eine vermögliche Frau war, bestimmte sie, daß dort, wo sie ihr Kind wiedergefunden hatte, ein Kloster errichtet werde. Das Kloster wurde »Frankenhausen in der Wolfhalde« genannt, aber bald von den Esslingern zerstört; danach wieder aufgebaut und 1354 ganz eingeäschert. 1698 fand man in der französischen Kirche im Bebenhäuser Hof noch mehrere Steine mit Inschriften, die auf die Kapelle in der Wolfshalde hinwiesen. Ein Stein hatte ein Relief, auf dem ein Kind zu sehen war, das zwischen drei schlafenden Jungen und einem alten Wolf lag.
Soweit die Sage, die durch Tatsachen oder, wie man heute sagt, durch Fakten nahezu erhärtet wird. Sicher aber und durch Urkunden bezeugt ist, daß Herzog Friedrich 1597 in der Wolframshalde auf einer Anhöhe gegen die Prag einen Steinsockel mit eisernem Galgen errichten ließ, der 35 Fuß hoch und rot angestrichen war; darüber hatte er einen kleineren, sogenannten Schnappgalgen, und beide wurden aus 36 Zentner und 18 Pfund Eisen errichtet, die der Alchimist Georg Honauer aus Olmütz in Gold hatte verwandeln sollen. Honauer entfloh, wurde ergriffen und am 2. April in einem Gewand aus Goldschaum hier aufgehängt. Seinen Kollegen, den Goldmachern Peter Montanus aus Italien, Hans Heinrich Nüscheler aus Zürich und Heinrich Mühlenfels aus Waffelheim im Elsaß, erging es 1600, 1601 und 1606 ebenso; weshalb behauptet werden kann, daß sich auch in diesem Bezirk Rührendes und Idyllisches mit Grausigem gemischt hat, wie es seitdem überall passiert ist und weiterhin passieren wird.
Wie ein eiserner Fächer breiten sich die Gleisanlagen des Gü-

terbahnhofs vor der Wolframstraße aus, und von früher, als unsere Großväter jung waren, stehen an der Ecke zur Heilbronner Straße noch ein paar Häuser. Von denen ist das Miethaus mit dem Café Dietz und einer Dachhaube überm Erkertürmchen heute noch bemerkenswert, weil es unterm altersgrünlichen Verputz so anders herschaut als die neuen Bauten. Alte Häuser haben etwas Rührendes, auch wenn sie, wie dieses, neunundsiebzig Jahre jung sind, denn 79 Jahre ist kein Alter für ein Haus.
Ein Mann, der Tunzo hieß, hat vor mehr als siebenhundert Jahren den Ort Tunzhofen gegründet, von dem schon lange kein Stein mehr auf dem andern steht. Zum ersten Mal wird 1265 ein »Weg in Tunczhofen« erwähnt und schon hundertdreizehn Jahre später ist der Ort nicht mehr bewohnt. Wahrscheinlich wurde er 1378 im Städtekrieg zerstört, und seine letzten Bewohner wanderten nach Stuttgart ab.
Von der Wolframstraße zweigt die Tunzhoferstraße, die 1886 benannt und fünf Jahre später bebaut wurde, an der Stelle ab, wo der verschwundene Ort einstmals lag. Und hier steht das Bürgerhospital, das 1894 als Armenbeschäftigungsanstalt gegründet wurde und zu Beginn des ersten Weltkrieges dreihundert Pfleglinge beherbergte. Jeder von ihnen ist im Adreßbuch von 1914 vermerkt; Angehörige aller Berufsklassen vom Fabrikarbeiter und Taglöhner über den Kutscher, Hilfsdiener bis zum Provisionsreisenden waren unter ihnen zu finden. Als Hospitalverwalter stand Jakob Müller dem Institut vor, Dr. phil. und Dr. med. Dora Jörgensen betreute als Assistenzärztin mit drei Medizinalpraktikanten die Pfleglinge, und Lehrerin Emma Hepp, Portier Gottlieb Maus, Hausmeister Knorr, Maschinist Beck und Schuhmacher Rudolf waren dort angestellt. Heute ist das Bürgerhospital unter der Leitung des Landtagsabgeordneten Professor Dr. Schröder zu einer weitläufigen Klinik ausgebaut worden, wo jedermann Hilfe gewährt wird; auch seine gerontologische Abteilung ist berühmt, und die Stadt Stuttgart hat den Garten des Hospitals zu einem beachtenswerten Erholungszentrum für Rekonvaleszenten erweitert.
Und nun die Mönchhaldenstraße aufwärts, die auch nach einem Gewandnamen heißt. In einer Nachricht aus dem Jahre

1334 ist zu lesen, daß »ein weg haiss Munchhalde an der von Lorche wingarten ze nehste«, also an einem Weingarten vorbeiführte, der den Mönchen des Klosters Lorch gehörte. Ein späterer Chronist vermutet, daß es »die ältesten Weingartenhalden allhie seyen«, womit er recht haben dürfte; denn hier ist die beste Weinlage, was jeder bezeugen kann, der vom Mönchhaldenwein trinken durfte, den die Stadt Stuttgart heute noch hier erntet und auserwählten Gästen spendiert. 1383 und 1391 werden auch die Klöster Bebenhausen und Blaubeuren als Besitzer von Weingärten in der Mönchhalde genannt.
Heute steigt die Mönchhaldenstraße an Backstein-Remisen der neunziger Jahre des vergangenen Jahrhunderts aufwärts. Sie haben verwitterte Tore und werden als »ABC-Garagen« benützt. Gegenüber liegen Gärten. Weiter oben führt die Straße über die Gäubahnbrücke und wendet sich nach rechts. Neben der Gäubahn führt sie entlang, und wer hier wohnt, hat es ruhig, weil selten ein Zug vorbeifährt. Gärten breiten sich aus, die Gleisanlagen werden durch Ahornbäume verdeckt, und Kinder spielen zwischen abgestellten Autos.
1904 wurde die Mönchhaldenstraße benannt, nachdem an ihr 1894 das erste Haus gebaut worden war; die anderen wurden nach 1906 errichtet, acht davon im Jahr 1911 von Georg Schöttles Erben. Und wer hier, abseits vom Benzingasbrodem, sein friedliches Domizil hat, der kann, falls es ihn danach gelüstet, auf siebenhundert Jahre zurückschauen, in denen an diesem Talhang ein Kloster gebaut und eingeäschert wurde, ein Dorf verschwand, ein eiserner Galgen für erfolglose Goldmacher errichtet wurde, und Mönche unterhalb des Birkenwaldes Wein anbauten. Geblieben ist von alledem nur der Wein, denn der bleibt bis ans Ende aller Tage.

Pfizerstraße Hier werden Erinnerungen an schwäbische Grübler, Poeten, Rebellen und an eine Sage um einen Mörder wach.
Die Straße heißt nach dem schwerleibigen Paul Pfizer, der 1831 in seinem Buch »Briefwechsel zweier Deutscher« verlangt hat, daß Österreich von Deutschland getrennt und der

preußische König von allen deutschen Fürsten als Souverän anerkannt werde. Er ahnte also, wohin alles trieb, hatte den Zeitgeist im Kopf, war aber mit seinen Forderungen zu früh dran und wurde aus dem Staatsdienst entlassen. Später wählten ihn seine Gesinnungsgenossen in die Abgeordnetenkammer, wo er sich mit dem König zerstritt, von dem er neue konstitutionelle Rechte und Freiheiten forderte. Dann war er in der Paulskirche mit dabei und konnte dort, einer Nervenerkrankung wegen, den Diskussionen nicht folgen. Trotzdem wurde er Kultusminister und mußte bald den Dienst quittieren. 1848 zum Ehrenbürger von Stuttgart ernannt, lebte er in Tübingen als Junggeselle ohne Pension bis zu seinem Tod 1864.
Der Gründer der 1822 eingerichteten Franckh'schen Verlagshandlung (Pfizerstraße 5-7), Buchhändler Johann Friedrich Franckh aber verfügte wie sein Bruder und Compagnon Gottlob, über eine stabile Natur. Die beiden ließen fünf, allerdings kurzlebige, Zeitschriften erscheinen und erweiterten ihr Geschäft, um eine eigene Druckerei. Friedrich druckte Wilhelm Waiblingers Roman »Phaethon«, der, obwohl Waiblinger in sein Tagebuch schrieb: »Ich zweifle nicht, er werde einige Sensation machen« ein Mißerfolg wurde. Dafür brachte Wilhelm Hauff mit seinen Bestsellern »Mitteilungen aus den Memoiren des Satans«, »Der Mann im Mond«, »Lichtenstein« und mit seinen Märchenalmanachen Geld ins Haus. Später wurde der vom Konsistorium auf ein Jahr beurlaubte Vikar Eduard Mörike für fünfzig Gulden monatlich als Mitarbeiter bei der Franckh'schen »Damenzeitung« engagiert. Das war im Oktober 1828.
Mörike hatte bald den »ganzen Franckh'schen Handel« satt und schrieb an seinen Freund Ludwig Bauer: »Die erste Wurst aber, so ich von dem Gelde aß, schmeckte mir schon nicht recht, und eh vierzehn Tage vergingen, hatt ich das Grimmen, als läge mir Gift im Leibe ... Das, was ungefähr von Poesie in mir steckt, kann ich nicht so tagelöhnermäßig zu Kauf bringen.« Weshalb er schließlich Johannes Mährlen wissen ließ: »Vi vi vicariat. Vivat Vicariat« und in seinen Brief das Porträt eines grimmig dreinschauenden Zeitgenossen zeichnete, neben das er schrieb: »Der Mann hat soeben Essig getrunken.«

Denn grausen tat's Mörike vor dem Pfarramt immer noch, obwohl er Ludwig Bauer versichert hatte, er »würde von dem Erzählungsschreiben bald Bauchweh bekommen, ärger als je vom Predigtmachen.« Jetzt aber meinte er, daß er alle jene Pläne, die sein ganzes Herz erfüllen, auf keinem Fleck der Welt (»wie nun eben die Welt ist!«) sicherer und lustiger verfolgen könne, als in der Dachstube eines württembergischen Pfarrhauses; womit er recht gehabt hat.

Obwohl die Brüder Franckh später in drei Jahren drei Millionen billiger Bändchen mit Romanen Walter Scotts unter die Leute brachten, konnten sie sich vor der Konkurrenz nicht behaupten; auch plante Gottlob 1831 einen Militärputsch mit dem Oberleutnant von Koseritz, der als illegitimer Sohn König Wilhelm I. galt. Die Sache mißglückte, und Gottlob wurde im Tübinger Schloßgefängnis eingesperrt, aus dem er flüchtete. Wieder eingefangen, kam er auf die Festung Hohenasperg während von Koseritz, der zum Tode verurteilt worden war, nach Amerika entweichen durfte.

Die Haft auf dem Hohenasperg muß damals idyllisch gewesen sein, weil Gottlob von dort aus sein liquidiertes Verlagsgeschäft als »Verlag der Klassiker« wiedererwecken konnte. Und als er nach sechs Jahren entlassen werden sollte, weil ihm der König den Rest seiner Strafe durch eine Amnestie geschenkt hatte, wollte er nicht mehr vom Hohenasperg weg. Seine Freunde luden ihn in ein Asperger Wirtshaus ein, und als er bei Nacht vors Gefängnis kam, war's geschlossen. Ob er wollte oder nicht, er mußte in die Stuttgarter Freiheit zurückkehren. So steht's in der Jubiläumsschrift der 150 Jahre jung gebliebenen Franckh'schen Verlagshandlung, die Helmut M. Braem geschrieben hat. Seit vierundsechzig Jahren ist dieses Unternehmen in der Pfizerstraße zu Hause, die früher »Im Sünder« hieß.

Die »Sünderstaffel« erinnert heute noch daran. Seit langem hat der Gewandname die Phantasie angeregt und eine Sage erweckt, die von den Stuttgarter Adligen Hans Bernhard Rugger, und Rudolf Werner von Weißenburg erzählt. Danach soll Rugger den Weißenburger Anno 1339 nach einem Streit im Wirtshaus zur »Ilge« (Lilie) erstochen und, als das Adelsgericht in Wien das Urteil gesprochen hatte, gebeten haben, ihn im Weinberg seiner Familie oberhalb der Pfizerstraße zu enthaupten; dies sei auf einer Mauer geschehen. Was mag daran wahr sein?

1304 wird die Sünderstaffel als »gestäffelte Furch« oder Staffelfurch (daher der Name Stafflenbergstraße) erwähnt. Sie führte die Pfizerstraße hinauf zum Bubenbad. Und heute noch stehen in einem Garten und am Ende der Sünderstaffel zwei gemeißelte Steine. Der eine hat die Inschrift »Gott sey mir Sünder Gnedig« und auf der linken Seite: »Anno Domini 1552 Johann Ruger«; auf dem anderen steht in lateinischer Sprache: »Was die Gottlosen gerne wollen, das ist verloren« und: »Joans Broll 1564«; dazu ein Totenkopf und: »Noli Amplius Peccare« (Sündige hinfort nicht mehr).

Die Steine sind also über zweihundert Jahre jünger als jenes sagenhafte Geschehnis vom adligen Mörder, der dort gerichtet worden sei. Immerhin sind die Wörter »Sünder« und »sündigen« auf ihnen vermerkt, und die Namen Rugger und Ruger ähneln einander. Eine Zeitlang wurde behauptet, die Steine seien hier neben dem Weg zum Hochgericht gestanden, doch war in dieser Gegend nie eine Richtstätte; die stand auf dem Schellberg und wurde von dort auf eine Anhöhe neben der Esslinger Steige gegen die Gänsheide hin verlegt; und 1597 wird in der Wolframshalde ein Galgen erwähnt.

Das Gewand »Im Sünder« aber kommt schon 1466 als »die halden herfür bis an den Sünder« in einer Urkunde vor, während die Steine über hundert Jahre jünger sind. Weshalb angenommen wird, daß die Bezeichnung auf einen Mann namens Sünder zurückgeht, der hier Weinberge hatte, denn seit 1350 ist dieser Name bei uns nachweisbar.

Wie aber, wenn beides stimmte: das, was die Historiker behaupten, und jenes andere, das die Sage erzählt? Oder kann hier nicht nur ein Mann namens Sünder Weinberge gehabt haben, sondern auch Bernhard Rugger 1339 enthauptet worden sein? Ich meine: Wenn er's so wünschte?

1847 wurde das erste Haus hier gebaut, und zwischen 1860 und 1863 kamen vier neue dazu. Später hatten sie sich um drei weitere vermehrt, und um 1910 wurden die alten abgerissen und neue gebaut. Das Haus der Pianofortefabrikanten Friedrich und Wilhelm Hundt kauften Hofrat Walther Keller und

Konsul Euchar Nehmann und richteten dort ihre Franckh'sche Verlagshandlung ein, neben der 1920 die »Stuttgarter Setzmaschinen-Druckerei« arbeitete. Julius Hans Forkel hatte hier seinen »Volksverlag für Politik und Verkehr« als Tochterverlag von Franckh, und die Kunstmaler Wilhelm Planek und Paul Kapell waren in zwei Ateliers tätig. Im Haus Nummer elf wohnte Hofrat Hermann Widensohler, denn allmählich war die Pfizerstraße recht elegant geworden. Zuvor hatten hier die Kellermeisterswitwe Ruckh, Taglöhner Christian Eisele, die Wäscherinnen und Büglerinnen Marie, Katharina und Rosine Jäger, Drahtweber Konrad Astfalk, Pflästerer Windnagel und Sattler Kurfeß gewohnt. Heute gleichen sich die Unterschiede zwischen Hofräten und Taglöhnern allmählich aus, und das ist gut so, auch wenn manche meinen, das Leben werde dadurch langweiliger.

Sophienstraße Droben, wo sie sich nach rechts hinüberkrümmt und das strenge Gebäude des Radio-Musikhauses Barth auf sie herniederblickt, ist die Sophienstraße blanke, kantige und helle Gegenwart. Die Rotebühlplatz-Garagen mit ihrer Schnellwaschanlage haben sich hier angesiedelt, und die Fassade eines eleganten Bürohauses läßt ein Mäandermuster unter seinen Fensterbändern sehen. Das neue Hotel Royal glänzt mit Messing-Fensterrahmen, und der Chronist erinnert sich ans alte, das dem Metropol-Kino gegenüberstand und, wie man früher sagte, eine distinguierte Atmosphäre hatte. Im neuen ist die Große Welt des Kapitals von heute heimisch, und seine Gäste schätzen es als stille Bleibe mitten in der Stadt.
Weiter unten, und schon an der Ecke zur Marienstraße, fällt Oberpaurs neues Kleidergeschäft auf. Seine Schaufensterpuppen sind so mager und so schön, wie lebendige Damen sich selten zu präsentieren pflegen; doch so gehört's zum letzten Schrei der Mode. Die Kunststoff-Fräulein recken kantige Kinnladen, spreizen magere Arme und Beine und zeigen ein Wunschbild der Frau, die, immer im Trab, agil, spontan und progressiv gesinnt, gewissermaßen freiheitstrunken vorwärts eilt, um unsrer Gegenwart gerecht zu werden oder sie gar zu

erobern. Ja, sie haben etwas Kühnes an sich, diese Damen im Schaufenster, von denen jede aussieht, als ob sie eine ideale Chefsekretärin, Gattin und Geliebte zugleich wäre.
Überbleibsel alter Zeiten werden gegenüber angeboten. Urgroßvaters Tabakspfeife mit bemaltem Porzellankopf, Petroleumlampen, Truhen und vielfältiges bric à brac, wie man um neunzehnhundert sagte, weisen rückwärts in entschwundene Zeitspannen, und auch der Straßenschlenderer verweilt.
Dabei gedenkt er der Geschichte der Sophienstraße, die 1817 zu entstehen anfing und in der »Tübinger Vorstadt«, wie man damals sagte, langsam von unten heraufrückte, dort, wo sich die Hauptstätter Straße streckt. Sie sollte schnurgerade werden und war im Jahre 1832 bis zur Marienstraße wie mit dem Lineal gezogen fertig. Doch dann begannen schwierige Verhandlungen mit Grundstücksbesitzern, die zuviel Geld verlangten, weshalb sich unsre Straße bis zum Alten Postplatz krümmen mußte, wie damals der Rotebühlplatz hieß.
Dieser Abschnitt wurde »Wurstgasse« genannt, doch war daran kein Metzger, dafür aber König Wilhelm I. schuld, der auf die Bemerkung des Stadtschultheißen Gutbrod: »'s ischt scho a scheene Stroß worde« antwortete: »Ja, gerade wie eine Leberwurst«; denn alle feinen Leute hatten, wie es sich damals geziemte, eine Abneigung gegen gekrümmte Straßen.
Das war in der sogenannten Biedermeierzeit, und auch heute noch wollen wir es übersichtlich und gerade wie Wilhelm I. haben, obwohl wir doch schon lange Demokraten sind. Elegante Epochen gleichen sich, zumindest was den Geschmack betrifft, nur war Anno 1843, als die Sophienstraße eingeweiht wurde, die Zeitstimmung gemächlicher, und man hatte etwas übrig fürs Persönliche. Nach Prinzessin Sophie, die später Königin der Niederlande wurde, ist die Straße benannt worden, die von der äußeren Hauptstätter Straße vor dem Hauptstätter Tor abzweigte; das tut sie heute noch, nur ist das Hauptstätter Tor längst verschwunden. Die Gegend dort hieß früher »das Lindle«. Zum Furtbachgütlesweg war es nicht weit, und herzogliche Gärten mit alten Bäumen dehnten sich bis zur Rotebühlstraße hinauf, was man sich heut nur noch mühsam vorstellen kann. Und daß im sogenannten »Dritten Reich« die Straße Ernst-Weinstein-Straße hieß, das kommt

uns komisch vor, denn wer weiß heute noch, wer dieser Weinstein war.
Die Bezirksdirektion der Allgemeinen Rentenanstalt ist in einem gewölbten Eckbau der zwanziger Jahre heimisch. Ringsum ist alles neu geworden, nachdem der Krieg hier viel zerstampft hat. Die Kapelle der Methodisten, eine im 18. Jahrhundert von der anglikanischen Kirche abgezweigten Religionsgemeinschaft, deren Stuttgarter Gemeinde von Wesleyanern gegründet wurde, ist 1874 von Architekt Frey gebaut worden und bis heute erhalten geblieben. Sie wird als Auferstehungskirche bezeichnet und steht als gedrungener Bau mit kurzem Turm wie eine uralte Kirche da. Neben ihr ging's früher über eine steile Treppe und durch einen verwilderten Garten mit morschem Gartenhaus zu einer Vergolderwerkstatt. Das ist jetzt alles zugeschüttet, weil hier ein mächtiges Haus emporwächst.
Ein Rest der Stadtmauer mit zwei Schießscharten hat alle Nackenschläge und Veränderungen seit dem 16. Jahrhundert überstanden und wird erhalten bleiben. Im Querschnitt ist an ihm der Ansatz des Wehrgangs zu sehen. Und wer weiter ins Vergangene zurückschauen will, der sieht sich alte Stiche an, auf denen die Stadtmauer noch zu sehen ist, wie sie damals war und in dieser Gegend parallel zur Torstraße auf das Schauspielhaus in der Kleinen Königstraße zuführte, wo das Tübinger- oder Seeltor stand. Und vom Stück hinterm Seeltor ist noch dieser Teil übrig, der neben der Methodistenkirche rechts oben zu sehen ist. Daß er erhalten bleiben muß, ist dem Landesamt für Denkmalspflege zu verdanken.
An der Ecke zur Tübinger Straße hat ein Geschäftshaus sorgfältig gemeißeltes Maßwerk, Sandsteinsäulchen neben den Fenstern und sphinxhafte Frauenköpfe, wie sie um 1900 beliebt gewesen sind. Und wer in der Sophienstraße nach Resten des 19. Jahrhunderts sucht, der findet nicht weit vom Platz mit Gebrauchtwagen ein Haus, das seit fast hundert Jahren unverändert steht.
Dahinter wird ein alter Garten von Autos umstellt; sogar ein Baum wird noch in ihm geduldet, wie der kleine weiter unten am Trottoir, wo der Himmel, einer Baulücke wegen, weit wird und drüben vor betagten Häuslein Wäsche auf einer Terrasse

flattert. Die Gaststätte Schlechter, die »durchgehend warme Küche« hat und einstöckig ist, steht neben der Einfahrt zur Untergrund-Garage. Sie gehört zu jenen wenigen Wirtshäusern, die heute noch eine persönliche Note haben, weil sie nicht modern aufgemöbelt sind. Die »Kleine Gaststätte zum Rößle« drunten in Berg, nicht weit vom Mineralbad Leuze, gehört zum selben Genre, das Studenten und Kollegen von der Feder schätzen. »Schlampazius«, ein Künstlerlokal, das ein Reporter umtreibt, ist ähnlich orientiert, nur kommt bei ihm eine gewisse intellektuelle Note noch dazu.
Doch abschweifen sollen wir nicht. Besinnen wir uns wieder auf unsre Sophienstraße, die 1833 zweiunddreißig Häuser hatte, während es jetzt, der Baulücke zum Trotz, zweiundfünfzig sind. In biedermeierlichen Zeiten besaß hier der Ober-Finanzrath und Komthur der Königlich Württembergischen Krone von Nicolai als einziger Edelmann ein Haus wie Steinhauer Conrad Kurfiß, die Polizey-Soldaten-Witwe Schuster, Gipsermeister Jacob Friedrich Schleehauf, Rotgerbermeister Johann Christian Murschel oder die Ehefrau des Oberamtmanns Sattler, während Obrist-Lieutenant a. D. und Kommandeur des Königlichen Militär-Verdienstordens in Blau Freiherr Gremp von Freudenstein ebenso zur Miete wohnte wie Hauptmann von Rath, Regierungs-Raths-Witwe von Werner, die Hauptleute von Massenbach und von Bagnato oder Herr Dieterlen, der Kanzlist beim Kriegsministerium war; indes in unserer demokratischen Zeit Arbeiter- und Beamtensiedlungen, Villengegenden und Bezirke, in denen fast nur Gastarbeiter wohnen, voneinander getrennt sind. Wohnt einmal ein Rechtsanwalt unter Arbeitern, dann haben das die Arbeiter nicht so besonders gerne während sich der Rechtsanwalt als ein Mann fühlt, der seiner Zeit weit voraus ist und meint, er sei so »progressiv« gesinnt, wie man das heute gerne ist.

Johannesstraße Wer sie ungestört anschauen will, der sollte sie an einem Sonntagvormittag hinuntergehen.
Dann ist's hier still. Lindenbäume verzweigen sich vor Häusern der Jahrhundertwende wie in Paris und Wien, und sie ist

wieder da, diese Erinnerung ans Ringstraßen- und Boulevard-Michel-Gefühl mit ihrem Hauch von ehemals und dem Ausblick hinunter zur Johanneskirche, deren Turm gotisch anmutet und dunstig verschwimmt. Im Krieg ist seine Spitze abgebrochen, denn Bomben haben für architektonische Feinheiten kein Gefühl; weshalb er aussieht als wäre er nicht ganz fertiggeworden wie der Stiftskirchenturm.
Erker lassen an gotische Häuser denken, nur sind Erker aus den Jahren, als unser letzter König mit seinen beiden Spitzern aus dem Wilhelmspalais kam, meistens gebaucht und haben keine Kanten. Blumenornamente schmücken ihre Sandsteinhaut, und ein Türstock ist mit Fischen und Greifen verziert. Aber auch kantige Erker kommen vor und lassen an das Straßenbild des Mittelalters denken, hauptsächlich droben, wo sich die Johannesstraße krümmt und keine Bäume hat. Hohe Hausnummern reihen sich dort aneinander, und die Genossenschaftliche Zentralbank mit Muschelkalksäulen neben dem Portal tritt imposant ins Bild. Sie schließt den langen und geraden Teil der Straße als Quaderbau ab, dessen Fenster seiner Sprossen wegen, freundlich blinzeln.
Was an diesem Gebäude massig und solide wirkt (denn jede Bank will Sicherheit ausstrahlen), das ist auf der andern Straßenseite am Eingang zweier Etagenhäuser ins Bürgerlich-Traute umgebildet; denn deren Säulen sind ziviler. Darüber lassen sich zwei nackte Buben aus Stein sehen, von denen einer in ein Horn bläst, indes der andere die Laute schlägt.
Die Lerchenstraße führt herein, und jeder denkt bei einem solchen Namen an Obstgärten, die sich früher hier ausdehnten, als die Gegend noch unbebaut war.
Und dann also diese pariserische oder wienerische Weite mit dem Effekt der Lindenbäume, die sich in der Benzingasluft unserer Tage gerade noch behaupten können. Der Sandsteingiebel des Etagenhauses Nummer 72 von 1903 hat gotische Zierate; unter ihm ist ein Damenkopf zwischen Blättergewinden als Relief zu sehen, weil der Hausbesitzer das Porträt seiner Eheliebsten dort oben für nachfolgende Geschlechter sichtbar machen wollte. Wer ihr Bild heut betrachtet, kann sie sich vorstellen, wie sie, perlenkolliergeschmückt, mit schlankem Hals in einer knöchellangen Seidenrobe durch das

Opernfoyer rauschte. Das Haus Nummer 71 schaut wie ein Palais herüber und ist zwölf Jahre älter. Sein Mittelbalkon ziert ein Wappen, und es ist so distinguiert, wie man es Anno 1891 gerne hatte. Keiner wollte damals ein Haus bauen, das aggressiv dreinschaute, und meistens ließ er seine Fensterkreuze grün anstreichen; alles, was sich dahinter abspielte, sollte privat bleiben und ging niemand etwas an, auch wenn es nicht immer so friedlich war, wie es den Anschein hatte; denn die meisten liebten Anno dazumal den stillen und den schönen Schein wie heut den aggressiven. Die Veränderung äußert sich im Geschmack, von dem wir gelernt haben, daß man über ihn nicht streiten kann, indes zu allen Zeiten alle Leute über Geschmacksfragen streiten. Kurios, das Ganze, aber so geht's zu; und kurz und schmerzhaft ist das Leben sowieso.

Wo die Forststraße abzweigt, steht ein behäbiges Eckhaus der siebziger Jahre. Sein Balkon sieht biedermeierähnlich aus, und Segmentgiebel und Gebälkstücke schmücken seine Fenster. Die Bel-Etage ist hervorgehoben, ohne daß sie auffällt, und wenn hier eine Kutsche hielte, paßte sie besser ins Bild als abgestellte Autos. Die sind vor weißen Langstreckenbauten am Platz, von denen sich hier einer mit großflächiger Front dehnt, deren Balkone wie Körbe oder Vogelkäfige zu schweben scheinen.

Das Königin-Olga-Stift ist heute ein modernes Gymnasium für Mädchen. Am 27. Oktober wird es hundert Jahre alt, freilich nur seiner Geschichte wegen. 1873 hat Königin Olga seinen Grundstein gelegt, weil das Königin-Katharina-Stift überfüllt gewesen ist und für die Mädchen Luft geschaffen werden mußte. Die kamen dann ins königliche Olgastift, wie der Bau seinerzeit geheißen hat, der im Krieg zerbombt und 1953 großzügig wieder aufgebaut wurde. Sein Verwaltungsbau steht auf Betonstützen und, wenn es in der Pause regnet, können sich die Mädchen unter ihm auslüften. Sein Schulgarten ist als Dachgarten angelegt.

Die neue Bauweise kann hier auch am Haus des Verbands der Kriegsbeschädigten studiert werden, das 1953 eingeweiht worden ist. Ursprünglich hatte es eine maisgelbe Front mit rotem Terrazzogesims und weiten Betonbändern. Es ist ein Stahlbeton-Skelettbau, und seine Außenwände sind die Be-

tongußhaut für das Gerüst. Der Saal, wo Schreibmaschinen stehen, hat eine Decke aus schallschluckenden »Akustikplatten«. Perfekt das Ganze und, im Geschmack unserer Zeit, auch schön; jedenfalls ein praktisches Bürohaus.
Auch das Frauenaltersheim weist auf Königin Olga, die es dazumal ins Leben rief, nur war es früher kleiner. Jetzt hat es an die hundert Zimmer für alleinstehende Frauen, einen Speisesaal, eine Tee- und eine Großküche, dazu eine Krankenabteilung, einen Garten hinterm Haus und im sechsten Geschoß eine Terrasse.
1874 baute Weingärtner Karl Knorpp das Haus Nummer 25, das, wie sein Nachbar aus dem Jahre 1886, einen wuchtigen Balkon über Sandsteinvoluten hat und den Bürgerstolz nach dem (gewonnenen) Siebzigerkrieg verdeutlicht. Dort wohnte Oberfinanzrath Otto von Schmidt zur Miete, der sich mit Kaufmann Leipold, Privatier Truchses, der Instrumentenmacherswitwe Jakobine Matthäs und Schreiner Dörrmann zu vertragen hatte. Augenarzt Doktor Königshöfer bewohnte nebenan ein nicht minder elegantes Domizil, doch wurde damals auch bescheidener gebaut, wie die Fassade des Hauses Nummer 20 zeigt, das Feinbäcker Friedrich Weiß 1872 hat errichten lassen. Buchhändler Hugendubel, Architekt Jacquet und Schuhmacher Gössele hatten sich dort mit Schultheiß a.D. Philipp Sommer einlogiert. Und eine Türe weiter wohnte Ingenieur Woldemar von Alexandrowitsch mit seiner verwitweten Mutter, während im Haus Nummer elf Kammacher Peter Gatternicht, Diener Ludwig Ungebührle und Marie Merz, eine Taglöhnersfrau, zu Hause waren.
Die Württembergische Feuerversicherung hieß 1894, als sie auch schon in der Johannesstraße 1 A und B ansässig war, Privatfeuer-Versicherung, und die E. Schweizerbart'sche Verlagsbuchhandlung (Nägele und Obermiller) siedelte sich hier in den Jahren 1903 und 1904 an. Zuvor war sie in der Kanzleistraße zu Hause, wo sie auch eine Buchhandlung und eine Buchdruckerei hatte, bei der Mörike 1853 sein »Stuttgarter Hutzelmännlein« herausgegeben hat.
Nicht weit davon steht die Johanneskirche, nach der die Straße heißt, die 1870 gebaut und zunächst Untere Hermannstraße genannt wurde. Das war, als sie vierzig Nummern

hatte, während es inzwischen hundertundzwei geworden sind. Die Bevölkerung vergrößert sich, das Papier der Adreßbücher, aus denen ich mein Wissen über vergangene Tage heraushole, wird nach 1848 holzhaltig und gelb, während die Häuser in zweitausend Jahre alter Art errichtet werden.
So auch die Johanneskirche auf der Halbinsel im Feuersee, für den die Firmen Waldbaur und Klett im vergangenen Jahr eine Scheinwerferanlage gestiftet haben, damit auf ihm auch nachts Schlittschuh gefahren werden kann. 1701 ist dieser See als Wasser-Reservoir zum Feuerlöschen angelegt worden und dreieckig gewesen. 1866 hat er die Form erhalten, die er heute hat.
Von 1865 bis 1874 wurde die Johanneskirche erbaut. Jetzt ruht sie auf ihrer Halbinsel, als gehöre sie zu einem Bild der romantischen Zeit. Vier Jahrhunderte lang genügten den Stuttgartern die beiden gotischen Kirchen Aberlin Jörgs; erst vor hundert Jahren kam die Johanneskirche als dritte hinzu. Wie viele Kirchen aber werden in den kommenden vierhundert Jahren gebaut werden?

Breite Straße Eine Straße, die zwei Treppen und eine Galerie hat, ist etwas Besonderes. Sie haben sich etwas einfallen lassen, unsre zeitgenössischen Baumeister, und wer vor dem Kriege hier gegangen ist, der wundert sich über das weltstädtische Ambiente, das heute auch in diesem Bezirk spürbar wird.
Cooks Reisebüro öffnet den Ausblick in ferne Länder, die, wenn man den Farbfotografien glauben darf, enorm bunt sind und unter Palmenwedeln von gebräunten Badenixen sozusagen strotzen. »Ginimod« heißt das Modegeschäft bei der Treppe, wo von 1762 bis in die Zeit der Bombenangriffe das »Calwer Haus« stand. Es hieß nach der Calwer Zeughandelskompanie, die 1650 gegründet war. Kaufmann Koch, der für sein neues Haus ein Steuer- und Handelsprivileg erhalten hatte, das vierzig Jahre gelten sollte, hatte die Baukosten von 60000 Gulden von der Handelsgesellschaft ausgeliehen und konnte die Zinslasten nicht tragen; weshalb sein Haus wieder an die Gesellschaft zurückging.

Von ihm übernahm es Christoph Martin Doertenbach, der Vorsteher der Calwer Zeughandelskompanie, und seine Familie besaß es bis in unsre Zeit; die Doertenbachs richteten ein Tee- und Kaffeegeschäft sowie ein Bankhaus darin ein. Überm Tor war ein Wappen eingemeißelt, und der Keller hatte Fässer, in denen 72000 Liter Wein gelagert werden konnten.
Das war, als die Königstraße der Große Graben hieß, obwohl von diesem Graben und von der Stadtmauer seit dem 16. Jahrhundert nichts mehr zu sehen war, während im Mittelalter hier ein Wall die Stadt umschlossen hatte und an der Breiten Straße das Obere Tor stand, »ein Turm, darob mit Gefängnissen und Wächterwohnungen«, wie es in einer alten Chronik heißt. Auf ihm wurden die Köpfe der Führer des »Armen Konrad« aufgesteckt, nachdem die Rebellen in Stuttgart abgeurteilt worden waren.
Später erhielt der Turm ein »Diebsglöcklein«, das zum ersten Mal geläutet wurde, als ein Bäcker seine Strafe antreten mußte, weshalb es die Stuttgarter Wengerter »Mehlglöckle« nannten.
Wer beim Oberen Tor auf einer Brücke über den Großen Graben ging, kam in die Gegend außerhalb der Stadtmauern, wo ein paar Häuser an der Straße lagen, die zum Tor führte. Das war eine »wild« erwachsene Siedlung, die um 1500 in den schachbrettartigen Plan der »Reichen Vorstadt« aufgenommen wurde, deren Grundriß heute noch im Wohnbezirk westlich der Königstraße erkennbar ist. Die Wohnstätten jenseits des Großen Grabens aber waren, wie die vor dem Esslinger Tor oder vor dem Tunzhofer Tor, das auch Siechen-Tor hieß, in den kriegerischen Zeiten des 13. und 14. Jahrhunderts gefährdet und haben, wie Decker-Hauff bemerkt, bei den Belagerungen am stärksten gelitten.
In einem Keller des Hauses Breite Straße 7 war vor dem Krieg ein Stück der ältesten Stadtmauer zu sehen. Um 1360 hat hier Graf Ulrich IV. das alte Spital erbaut. Seine Gemahlin Katharina hat die Anstalt mit Gülten, Zinsen und Zehnten ausgestattet, und seitdem ist der Name Katharinenhospital in unserer Stadt bekannt, obwohl das neue Katharinenhospital beim Hegelplatz an Königin Katharina erinnert; denn früher war die Sorge um alte und kranke Leute der privaten Hilfsbereit-

schaft überlassen. Im 16. Jahrhundert wurde das Spital in das Dominikanerkloster bei der Hospitalkirche verlegt, nachdem die Mönche vertrieben worden waren und die Reformation ihre Macht gefestigt hatte.
Später waren im alten Spital die Stadtschreiberei, das Magazin der damals noch kleinen Stuttgarter Feuerwehr und im Zwischenstock die Polizei und die Arrestzellen untergebracht, von denen eine etwas komfortabler ausgestattet und für Bürger reserviert war, die »sitzen« mußten. Oben hatten die Gefangenenwärter und die Kommissare der einzelnen Bezirke ihre Büros; der Polizeidirektor amtierte im alten Spital, und der erste Feuertelegraph wurde hier aufgestellt. Nachdem es innen und außen erneuert und umgebaut worden war, ist eine Schule darin eingerichtet worden, und 1896 zog das Bezirksnotariat ein.
Die beiden Häuser des Axel Freiherr von Varnbühler standen am Eingang zur Schmalen Straße, und neben ihnen wirkte Wilhelmine Welz als »Merinkentante« in der Konditorei ihres Mannes; sie fand regen Zulauf. Der Kaufmannswitwe Konstanze Böhm gehörten die Häuser Nummer 4 und 2 B, und Alfred Böhm hatte hier seine erste Kolonialwarenhandlung, die inzwischen weltberühmt geworden ist. Remigius Engeser sorgte als Friseur für einen respektablen Haar- und Bartschnitt, und Wilhelm Terstiege hatte sein Schuhmachergeschäft im Haus der Merinkentante; denn damals wohnten nur Bürger und keine Adligen in der Breiten Straße, die noch 1811 Obere Gasse hieß. Auch der neue Salamanderbau, dessen »Fundgrube« zu preiswerten Gelegenheitskäufen ermuntert, steht auf historischem Boden. Statt seiner wölbte sich früher die Fassade des »Kleinen Bazars« mit einem von Säulen gestützten Balkon, auf dem Prinz Murat 1805 die Parade von 16 Dragonerregimentern abnahm. Das Haus galt als eines der elegantesten in der Königstraße. Traiteur Silber hatte dort ein Kaffeehaus installiert, das bis in die vierziger Jahre betrieben wurde und lange Zeit das einzige Stuttgarter Café war.
Die »Museumsgesellschaft« hatte im Café ein paar Zimmer gemietet. Ihr wurde 1807 befohlen, »daß in diesem bloß literarischen Institut keine politischen Gespräche und Neuigkeitskrämerei stattfinden« dürfe, und daß solche sofort der Polizei

anzuzeigen seien. Sollte dies versäumt werden, so hätten die Schuldigen eine Strafe von 50 Gulden und im Wiederholungsfalle eine angemessene scharfe körperliche Züchtigung zu erwarten. Im Erdgeschoß wurden Läden eingebaut, und das Haus verwandelte sich in den Kleinen Bazar, dessen Fassade 1885 verändert wurde. Der Balkon verschwand, und in seiner neuen Gestalt stand es bis 1944, als die Bomben fielen.
Heute überrascht auch die Breite Straße mit einer nahezu mondänen Atmosphäre. Nur das Haus Hugendubel ist als einziges aus dem vergangenen Jahrhundert übriggeblieben, und Hortens keramische Strickstrumpffassade schiebt sich ins Blickfeld; ihr Eingang haucht warmen Menschenbrodem aus. Auf der Galerie führt eine Metalltür sowohl zum Britischen Generalkonsulat als auch zu Zahnarzt Helmut Behringer, und Walter Weitmanns Schnellgaststätte »Holzkiste« ermuntert zu erholsamen Arbeitspausen. Drüben schauen Giebelhäuser herein und träumen von der königlichen Zeit, als dieser Teil der Altstadt saniert und im vertrauten Stil der Vergangenheit wiederaufgebaut wurde. Der jüdische Fabrikant Eduard Pfeiffer hat dies möglich gemacht und ist bald danach mit dem Ehrenbürgerbrief geehrt worden.
»Pelz-Pant« und »Nähmaschinen-Heid« gehören zur Steinstraße, die die Breite Straße begrenzt, und das Bestattungsunternehmen Walter Haas hat im dritten Stock seine Räumlichkeiten, wo Frau Haas ihre Kunden heiter und herzlich berät.
Eine weite Wanderung also, die der schlendernde Beobachter hier hinter sich bringt, falls er dabei ans Mittelalter mit seinen Belagerungen und Bauernaufständen zurückdenkt, die den Rädelsführern die Köpfe kosteten. Die Zeit nach dem Dreißigjährigen Krieg erscheint als Epoche des Überflusses, in der große Handelsgesellschaften gegründet wurden. Später »verbaut« sich einer am Calwer Haus, weil es zwar seinen Wünschen, aber nicht dem Inhalt seines Geldbeutels entspricht. Literarische Gesellschaften werden von den Behörden mißtrauisch geduldet, napoleonische Soldaten defilieren auf der Königstraße, und immer wieder meinen die meisten, das Leben lasse sich verbessern. Vielleicht genießen wir heute die beste »Lebensqualität« aller Zeiten, obwohl es möglich ist, daß

das Leben immer dasselbe bleibt, gleichgültig, ob sich Umstände und Moden ändern.

Gymnasiumstraße Ein Sandsteinhaus wird im Krieg beschädigt und hernach mit Backsteinen geflickt; jetzt steht es wie aus grauer Vorzeit da und ist kaum siebzig Jahre alt. Sein Torgitter hat Ranken, Blätter und Kirschen aus Schmiedeeisen, ein Jugendstilzierat, der als Kunstwerk erscheint, weil heut in der Gymnasiumstraße alle Häuser kantig, blank und sauber sind, ohne Verzierung.
Junge Leute aber stört das Alte nicht. Es gefällt ihnen sogar besser als die blitzende und kunststoffglatte Neuheit, die hier den Schlendernden auf Schritt und Tritt begleitet, weshalb er vor dem Gitter des Hauses 21 A, das auf den Räumbagger warten muß, weil niemand da ist, der es restauriert, oben unter den Fenstern »Forum 3, »Workshop« und »Teestube« liest und Plakate studiert, die ein Referat über den »Prager Frühling – Ein Impuls für die Menschheit«, Walter Krämers »Folk Blues und Selbstgemachtes« sowie eine »offene Diskussion mit demokratischer Themenwahl für alle Teilnehmer« ankündigen.
Dieses Haus mit dem Jugendstiltor ist das einzige, das hier noch alt ist. Weiter oben, an der Ecke der Firnhaberstraße, überrascht ein renoviertes einstöckiges Domizil mit einer Türe aus dem achtzehnten Jahrhundert und läßt ahnen, wie damals viele Häuser hier gewesen sind; »typo Stuttgart – Bernhard Pfennig BDG Graphik Design« ist hier zu Hause und ermuntert den Chronisten zur Erinnerung an längst Versunkenes.
Vielleicht haben Sie Lust, zurückzuschauen, und sind nicht verwundert, wenn Sie hören, daß hier 1445 Herzog Ulrich der Vielgeliebte einen Turnieracker vor der Stadtmauer anlegen ließ, die damals an der Königstraße entlangführte. Zehn Jahre später aber ist die Stadt hier nach einem Plan erweitert worden, weil der träumerische Herzog es so wollte. Ein Viertel mit geraden Straßen, das weit und großzügig sein sollte, wie es der Geschmack der neuen Zeit verlangte, die später Renaissance genannt wird, wurde hier angelegt, und 1464 bestä-

tigt Herzog Ulrich dem Stuttgarter Chorherrenstift, daß es viele Äcker eingebüßt hat. »Als umb gemeins nutzen willen die vorstetten zuo Stuotgarten gegen dem See hinus gemacht sind« steht in der Urkunde, und mit der »vorstetten« ist die Turnieracker-, die Reiche- oder Liebfrauenvorstadt gemeint, in der das Dominikanerkloster mit der Liebfrauenkirche lag, die heute Hospitalkirche heißt.
Die Mönche dort müssen leichtsinnig gelebt haben. Sie waren im »Zuschneiden modehafter Habite« sehr geschickt, weshalb »Bürgersdirnen zu unziemlichen Zeiten« dort angetroffen wurden, um sich »jucken« im Kloster schneidern zu lassen; denn diese Klosterbrüder waren so freimütig gesinnt, daß sie Frauen und besonders »adeligen weibspersonen« jederzeit das Recht einräumten, sie zu besuchen, was viele Bürgersleute neidisch machte. Die waren froh, als dann in der Reformation das Kloster aufgehoben und zum Bürgerspital gemacht wurde, denn jetzt blies auch bei uns ein scharfer protestantischer oder evangelischer Wind.
Herzog Eberhard hatte Mühe, die Staatsfinanzen wieder in Ordnung zu bringen, die der großzügige Ulrich zerrüttet hatte. Auch die Stadtmauer um das neue Viertel wollte er ausbauen, das an Seen grenzte und lange Zeit nur mit Gräben, Zäunen und Dornenhecken befestigt war. Im achtzehnten Jahrhundert war die Befestigung altmodisch geworden, und die Neureichen einer üppigen Zeit, die der unseren glich, bauten dort prächtige Häuser, auch in der Gymnasiumstraße, wo 1686 unter Herzog Eberhard Ludwig das Gymnasium illustre gegründet wurde, das später Eberhard-Ludwigs-Gymnasium hieß; nach ihm wurde 1756 die Straße benannt. Es hatte sieben Säulen, womit vielleicht die sieben Säulen der Weisheit oder die sieben freien Künste gemeint waren, die damals ebensowenig frei gewesen sind wie heute. Das Gymnasium illustre hatte einen Festsaal mit Orgel; in ihm wurde das »Landexamen« abgehalten. Hegel ist dort zur Schule gegangen.
Vom Gymnasium illustre steht noch das Renaissanceportal in einem Hof der Holzgartenstraße, wohin das Eberhard-Ludwigs-Gymnasium später verlegt und im Krieg zerstört wurde. Das Haus des Aberlin Tretsch, der das Alte Schloß gebaut hat, stand in der Gymnasiumstraße. Auf seinen Grundmauern ist

im 19. Jahrhundert das Wohnhaus des Stadtdekans aufgeführt worden. Karl Gerok hat dort als Vikar in seinem Elternhaus gewohnt. Wo heute der Mittnachtbau von 1928 steht und an Ministerpräsident Hermann von Mittnacht erinnert, wohnte Gräfin Franziska von Hohenheim in einem Palais, das von Hofmaler Guibal mit prächtigen Deckengemälden geschmückt wurde, weil Herzog Karl Eugen seinem »guten Engel« ein repräsentatives Domizil schenken wollte; denn Mätressen wohnen immer elegant.

Ein Schriftsteller freilich ist meistens ein armer Schlucker, obwohl es Wilhelm Raabe in Stuttgart gut ergangen ist. Nach seiner Heirat zog er 1862 von Wolfenbüttel in unsere Stadt und wohnte zwei Jahre lang im dritten Stock des Hauses Gymnasiumstraße 13. Als er einzog, vermißte er darin die Möbel, die er bei einem hiesigen Schreiner bestellt hatte, denn damals war ein Schwabe gegenüber »Reingeschmeckten« recht mißtrauisch, weil schon vor hundertelf Jahren die deutsche Lebensluft politisch explosiv war, sozusagen. Man war damals bei uns »großdeutsch« gesinnt und wollte wieder unter den Habsburgern und nicht unter preußischer Vorherrschaft leben, die der »kleindeutsche« Wilhelm Raabe so ersehnte. Trotzdem verstand er sich mit andern Schriftstellerkollegen wie Hackländer und Jensen. Unten im Haus war die Metzgerei und der Weinschank des Partikuliers Gottlob Kempter, was Raabe zupaß kam, weil er sich so aus nächster Hand versorgen konnte. »Von Fliegen, Fleischgeruch und der Wirtschaft unten im Haus haben wir nicht zu leiden ... Der Salon ist 30 Fuß lang und 16 breit. In den Bodenkammern sitzen Wanzen ... Verwohnt ist unsere Wohnung gar nicht so sehr; nur wenige Türen sind etwas abgegriffen«, schrieb er an seine Mutter und erzählte ihr, daß Berta, seine Frau, sich über das Leben auf den Dächern, das hierorts herrsche, amüsiere: »Es ist aber auch wirklich merkwürdig, was die Leute alles auf Balkonen, Brüstungen, platten Dächern, ja sogar Schornsteinen treiben.« Was mag sich damals dort abgespielt haben?

1864 erhielt Raabe dreihundert Thaler als Ehrengabe der Deutschen Schillerstiftung und bedankte sich dafür, indem er schrieb, damit werde der Nation ein »testimonium paupertatis« ausgestellt.

Das Hohenheimische Palais, das später »Herzoglich Erbprinzisches Haus« hieß, weil die Kronprinzen Friedrich und Wilhelm darin wohnten, wurde erweitert und von 1816 bis 1918 als königliches Staatsministerium benützt. Ein anonymer Spaßvogel hat 1915 ein Gedicht verfaßt, in dem er schrieb, der schmalen Kriegskost zum Trotz lebe man im Schwabenlande getrost, weil im Ministerium Leute säßen, die Pistorius (gleich Bäcker), Weizsäcker, Fleischhauer, Habermaas und Mosthaf hießen.

Bis zu den Bombenangriffen Anno 1944 gab es hier hinter den Häusern noch ein paar Gärten, die sich seit dem 17. Jahrhundert kaum verändert hatten. Die Anlage oben beim Hotel »Herzog Christoph« erinnert heute noch daran und läßt an den Garten des Dominikanerklosters denken, das dann als Bürgerhospital verwendet wurde. Anna Sperlingin, eine Magd, die dort beschäftigt war, ist 1663 der Hexerei beschuldigt und mit dem Schwert hingerichtet worden; ihr Leib wurde verbrannt.

Dies jedenfalls haben wir hinter uns, obwohl auch heute, wie zu allen Zeiten, in manchen Häusern, ob alt oder neu, Intoleranz lebendig ist; aber schade ist es trotzdem, wenn alte Häuser nur deshalb beseitigt werden, weil sie unserem Gewinnstreben im Wege stehen; schließlich könnten sie doch auch renoviert werden. In der Gymnasiumstraße war dies freilich nicht zu machen.

Unsere Spezialitäten
1973-1975

Das Alte Schloß Seiner Risse wegen hat es Schlagzeilen gemacht, und im Mauerwerk an der Dorotheenstraße klaffen Fugen zwischen Sandsteinquadern. Kein Wunder, wenn's so alt ist, sagen manche und weichen ihm aus, obwohl es wahrscheinlich noch gute Weile hat, bis der kantige Massenbau mit seinen drei runden Ecktürmen am Zusammenbrechen ist. Gipsbandagen sind an der schadhaften Stelle über die Risse geklebt worden, um feststellen zu können, ob besagte Risse allmählich breiter werden. Und es beruhigt, wenn man sieht, daß diese Risse seit drei Wochen unverändert sind; weshalb wir hoffen dürfen, unser Altes Schloß, das Anno 31 zum erstenmal brannte, und dessen Kriegsverletzungen in fünfundzwanzigjähriger Steinmetzarbeit wiederhergestellt worden sind, werde, wenigstens so lang wir leben, stehen bleiben.
An den Rissen ist der Boden schuld, der sich gesenkt hat. Das Alte Schloß war früher eine Wasserburg, und die Wassergräben, die's umschlossen, haben das Erdreich aufquellen lassen. Inzwischen ist's trocken geworden und hat sich gesenkt. Daher die Risse; obwohl dieselben erst nach dem Bau der Tiefgarage unterm Schillerplatz aufgetaucht sind. Doch dies nur nebenbei.
1311 haben die Esslinger die erste Burg zerstört; von ihr ist nichts mehr da. Die Mauer nach dem Karlsplatz stammt von der zweiten Burg, die ein Wehrgang ohne Türme umschloß. Mit steilem Dach und engen Fenstern stand sie als ein abweisendes Bauwerk hinter ihren Wassergräben; und diesen strengen, in sich verkrochenen Schneckenhauscharakter hat das Alte Schloß auch heute noch.
Vor vierhundert Jahren wurde aus der gräflichen Wasserburg ein Schloß aus Keupersandsteinquadern ohne Fachwerk. Der Mauer vor dem Karlsplatz wurden drei Erker angebaut, von denen heute nur noch einer steht. Der Terrassenanbau kam auch dazu, und in ihm war das fürstliche Archiv zu Hause. Später haben dort die württembergischen Stände getagt.
Immer noch umgaben tiefe Gräben mit Wehrmauern das Schloß, und drei schmale Brücken führten in enge Tore, von

denen zwei (beim Schillerplatz und nach der Planie) unverändert sind und jetzt auch Autos in den Innenhof hereinlassen, der mit seinen dreistöckigen Laubengalerien, seinen kannelierten Säulen und korinthischen Kapitellen eine zierliche Inwendigkeit ausstrahlt, was hinter den dicken, abweisenden Mauern, die Felswänden gleichen, überrascht. In der Ecke, nicht weit von der Tür zur Hofkapelle, deren prächtig verzierte Umrahmung auffällt, ist Graf Eberhard im Bart als Bronzestandbild zu sehen, ein imposantes Denkmal aus den Tagen unserer Urgroßväter, die sich in das Mittelalter zurückträumten.
Hoch zu Roß hebt Graf Eberhard sein Schwert, und wenn's im Schloßhof dämmerig wird, dann sieht er fast lebendig aus. Das Denkmal stand zuerst im Ehrenhof des Neuen Schlosses und wurde 1865 hierher transportiert. Weil der Torbogen zu niedrig war, dachte man daran, das Gewölbe abzutragen, bis Hofkonditor Schätzlein auf die Idee kam, daß es bequemer sei, das Pflaster aufzureißen.
Vom Glockenturm schlägt die Uhr mit hohem Ton. Über ihrem Zifferblatt stoßen zwei goldene Hirsche mit den Hörnern aufeinander, was Nikodemus Frischlin zu den Versen inspirierte: »Wann dies Werk die Stund tät schlagen / Zween Hirsch mit ihrem Gehörn gestreckt / Zusammenlaufen wie die Böck.«
Das ist habhafte Spätzlespoesie, wie sie auch später noch des öfteren produziert wurde. In der Dürnitz, die heute aus den Trümmern wiederauferstanden ist und zum Landesmuseum gehört, ist das Armbrustschießen Herzog Christophs Anno 1556 so gefeiert worden, daß der Ruhm der Stuttgarter Braten bis hinüber ins Bayerische dampfte und der Augsburger Pritschenmeister das glanzvolle Schützenfest in einem überlangen Gedicht feierte. Darin heißt es: »In der Kuchel thät man sieden und braten / Von Wildbrett, Kopaunen, Hüner und Hennen / Gut Vögel und Rebhühner thu ich nennen, / Fisch und Krebs kocht man darneben, / Gut schweiners Wildbrett thät man geben / In schwarzen Pfeffer, das war gut. / Man briet viel Gäns hätt man in Hut.«
So geht's noch lange weiter. Der Poet bekam hundert Taler für sein Produkt, und an 103 Tischen aßen und tranken achthun-

dert Personen. 47 Jahre später stand in der Dürnitz eine Festtafel für König Jakob den Ersten von England, weil er Herzog Friedrich den Hosenbandorden verliehen hatte. Unter einem Baldachin stand eine Tafel und ein Thronsessel für den König, und die Bedienten trugen alle Speisen auf, obwohl der König gar nicht da war. Eine Art magischen Gastmahles also. Und zu allen Zeiten wurden Bürgersleute zum Essen ins Schloß geladen, und manche von ihnen kannten die Verse von Hans Sachs: »Wir wöllen in die Dürnitz 'nein / Und mit dem Adel fröhlich sein.« Ansonsten aber wurde die Dürnitz für Waffenübungen und Fußturniere benützt, während die Reitturniere im Hof stattfanden, wo Edeldamen von den Laubengalerien den Siegern seidene Tüchlein und Handschuhe zuwarfen, wie's damals üblich war und in vielerlei Poesien überliefert ist.

Über die Reitertreppe, die auf Kreuzgewölben ruht, konnten die Herrschaften zu Pferd ins obere Stockwerk des Dürnitzbaus kommen. Auf gerippten Ziegelstufen wollten Buben noch in den zwanziger Jahren Spuren von Hufeisen entdeckt haben, was ihnen dann eine Art Vergangenheitsschauer in die Seele hauchte. Ich gehörte auch zu ihnen, weil ich im Hof des Alten Schlosses mit den Kindern einer befreundeten Familie spielte, mich nachts die Wendeltreppen aufwärts schlich und von der oberen Altane in den Hof sah, den Mondlicht hell machte, wenn die Glühbirne in der Laterne über der Einfahrt ausgebrannt war.

1687 ist der Turm bei der Markthalle errichtet worden, und nach dem Schloßplatz zu ragten bis ins vergangene Jahrhundert zwei Kamine wie die Zinken einer turmhohen Gabel auf. Die zwei anderen Türme sind hundert Jahre älter als der Markthallenturm, und das ganze Schloß steckt mindestens sieben Meter tief im Boden; so ist's seit 1777, als der Graben angeschüttet wurde. Auf der Seite zur Markthalle und beim Schillerplatz hatte er Wasser vom Nesenbach, und es gab Fische und Wasservögel. Dem Neuen Schloß zu und auf der Karlsplatz-Seite war er schon im 16. Jahrhundert trockengelegt. Dort wurden Bären gehalten, und im Hirschgraben wandelten Damhirsche um einen Teich. Ein Teil wurde als Schießgraben benutzt. Und damit es an gar nichts fehle, war auch

noch eine unterirdische Mühle im Graben gebaut worden, die der Nesenbach trieb.
Als fünfseitiges Türmchen erscheint an der Dorotheenstraße der Chor der Schloßkirche, die nach 1945 als die einzige alte Kirche in Stuttgart unverletzt stand. Dort waren Samstag abends Orgelkonzerte, und die Besucher, an Trümmer gewöhnt, konnten sich hier die Ahnung einer unzerstörbaren Welt bewahren, die nur noch in der Phantasie existiert.
Die Türumrahmungen der Renaissance erscheinen dort besonders reich, und die Anlage der Schloßkirche ist nach Georg Dehio »der früheste kirchliche Bau auf deutschem Boden, der mit Überlegung den besonderen Bedürfnissen des protestantischen Gottesdienstes gerecht zu werden versucht.« Karl Gerok, der Dichter der »Palmblätter«, hat hier für die Hofgesellschaft ab und an gepredigt, und in der Gruft stehen weiße Marmorsärge, von denen einer hinter einem vergitterten Fenster an der Dorotheenstraße schimmert.
Harnische, Kürasse, Helme, Schwerter und Spieße waren seit 1559 im Harnischhaus untergebracht, das später abgebrochen wurde. Unterm Dach des Dürnitzbaus war eine Funkstation der Landespolizei eingerichtet, und ich erinnere mich an einen Polizeibeamten, der mir dort seine Medaillen zeigte, auf die er, wohl mit Recht, stolz war. Offiziers- und Beamtenfamilien wohnten noch in den zwanziger Jahren im Alten Schloß, und ein pensionierter Oberst der Polizei spielte meisterhaft Geige. Auch die Familie des Grafen Stauffenberg war hier zu Hause. Daß König Wilhelm I. als Einundachtzigjähriger das Alte Schloß wie die Burg Wirtenberg abbrechen und statt seiner ein Bauwerk wie den Königsbau errichten lassen wollte, mutet uns heute seltsam an. Und nur seine Sparsamkeit bewahrte den schwäbischen König, der für den Abbruch zweihunderttausend Gulden hätte bezahlen müssen, vor diesem Schwabenstreich.

Das Neue Schloß Über seinem Hauptbau mit dem Kuppeldach sah man früher eine Herzogs- und von 1806 an eine Königskrone, weil Friedrich I. von Napoleon zum König gemacht worden war.

Bis 1944 war die Krone auf dem Schloßdach noch zu sehen; dann haben Brandbomben nur noch die Fassaden stehenlassen. Ein mit Gebüsch überwucherter Schuttberg füllte den Ehrenhof zwischen den Flügelbauten, Tarnnetze raschelten als schwarze Fahnen vor den Fassaden, die das Feuer überstanden hatten, und wo sich jetzt im Mittelsaal bei festlichen Gelegenheiten geputzte Herrschaften drängen, nistete noch 1951 ein Falkenpaar; seine Jungen krächzten, wenn die Eltern Beute brachten, und auf dem Balkon über der Einfahrt wuchs eine Birke.
Jetzt ist von außen alles wieder so wie früher, nur die Krone fehlt; die hat man eingespart, und vielleicht schämte sich der Restaurator jenes Symbols der Monarchie, weil wir jetzt wieder einmal Demokraten sind und meinen, verglichen mit unserer freiheitlichen Gegenwart sei unsere Vergangenheit nichts anderes als despotisch. Trotzdem freuen wir uns, daß sowohl das Neue als auch das Alte Schloß unsere Stadt wie Antiquitäten zieren.
Das Alte ist ein Wehrbau, eine Fliehburg, die sich mit dicken Mauern, breiten Türmen und engen Toren abschirmt, während das Neue Schloß sich öffnet. Elegante Flügelbauten umgrenzen einen Ehrenhof, und der Platz bis zum Königsbau war früher dem Schloß zugeordnet; auf ihm konnten der Herzog und die Könige bis in die sechziger Jahre des vergangenen Jahrhunderts Paraden abhalten, weil der Schloßplatz ein sandiger Exerzier-Platz war und der Prachtentfaltung, der Repräsentation und (wie wir heute sagen) dem Prestigebedürfnis der Monarchen diente.
Dies änderte sich nach dem Revolutionsjahr 1848, das eine Ahnung von Verfall und Ende brachte. Von nun an wollte auch der König als Privatmann gelten; weshalb der Exerzierplatz mit zwei Brunnen, Kastanienalleen und Blumenbeeten geschmückt wurde, damit die Bürger sich darin ergehen konnten.
Wie aber hat der Bau sich allmählich entfaltet, nachdem die Pläne Leopoldo Rettis, eines Italieners und fürstlich Ansbachischen Baudirektors, angenommen worden waren und Herzog Karl Eugen 1746 den Grundstein gelegt hatte? Lucas von Hildebrandt aus Wien hatte sich um das Projekt bemüht

und weit ausgreifende Pläne vorgelegt, von denen einer auch das Alte Schloß mit einem neuen Flügelbau verschmolzen hätte, wäre er ausgeführt worden. Der Staatssäckel jedoch verbot, sogar im 18. Jahrhundert, als (wie heut) der Wohlstand herrschte, allzu phantastische Anlagen, obwohl auch Retti dem Schloß einen Vorhof bis zur Königstraße zwischen einstöckigen Galerien mit offenen Arkaden hinzufügen wollte, womit das Schloß eindeutig an Versailles erinnert hätte; denn alle Herrscher des Barock wollten es dem Sonnenkönig in Paris nachmachen oder zumindest mit ihm konkurrieren.
Barrieren mit mächtigen Eisengittern sollten Ehrenhof und Vorhof abschließen. Am Ende des rechten Flügels dachte sich Retti ein pompöses Opernhaus und am linken ein Kanzleigebäude mit Hauptwache. Doch konnte er, der 1751 starb, nur den Flügel nach dem Garten fertigstellen, der später Rosengarten genannt wurde.
Nach ihm kam Louis Philippe de la Guêpière aus Paris hierher; er mußte mit Hofbaumeister Nikolaus Thouret zusammenarbeiten, und beide stellten den Flügel nach der Planie fertig. Der Hauptbau aber war erst 1760 unter Dach, und der Theatersee-Trakt brannte aus. Herzog Karl Eugen ärgerte sich über die Stuttgarter, verlegte die Residenz nach Ludwigsburg und kümmerte sich nur noch widerwillig um sein Neues Schloß, das erst im Jahre 1806 unter König Friedrich vollendet wurde.
Eine langwierige Baugeschichte also. Immerhin dauerte es 60 Jahre, bis die 365 Zimmer, Säle und Vestibüle im Geschmack des Rokoko und des Klassizismus mit Möbeln und Deckengemälden ausgestattet waren.
Wer die Eingangshalle betrat, sah auf dem ersten Treppenpodest zwei nackte Jünglinge aus weißem Marmor schimmern. Und weil man im 18. Jahrhundert allegorische Bilder liebte, schwebte über dem Treppenhaus die Wirtembergia als lächelnde junge Dame inmitten einer idealen Landschaft, die belebt wurde von den anmutigen Figuren der schönen Künste und der Jahreszeiten.
»Wie reizend alles! Lachend, und ein sanfter Geist / Des Ernstes doch ergossen um die ganze Form« hat Mörike später sein Schönheitsideal beschrieben, das auch fürs Innere des Neuen

Schlosses hätte gelten können. Und wer der Gäste gedenkt, die hier tafelten oder die Spiegelgalerie durchschritten, wird auch an jenen wackeren Feldwebel denken, der um 1911 zwei Buben vor dem Ertrinken gerettet hatte und deshalb ins Schloß eingeladen und bewirtet worden war. Dabei hielt er einen der servierenden Lakaien am Frackschoß fest und rief ihm zu: »Herr Ober, mir bitte au no ebbes von dem köstliche Kaviar-Gmüs!«

Bei Hofbällen gingen König und Königin unter den geladenen Gästen einher und sprachen ohne Rücksicht auf Rangunterschiede mit diesem und jenem. Der Ton war herzhaft, und als ein junger Leutnant von einem Kammerherrn zurechtgewiesen wurde, rief er ihm zu: »Nur net so dick tun! Adlig bin i au, und dumm gnug zum Kammerherr wär i au no!«

Den Großen Marmorsaal schmückte ein Deckengemälde, das Philipp Hetsch in einundzwanzig Tagen für den Besuch des Großfürsten Paul von Rußland Anno 1782 gemalt hatte. Und weil Herzog Karl Eugen seinem Gast beweisen wollte, daß er ein vermöglicher Herrscher sei, reihte sich damals vierzehn Tage lang eine pracht- und prunkentfaltende Feierlichkeit an die andere. Der Herzog führte seinem russischen Neffen eine Truppenschau vor, die in einem Gemälde festgehalten wurde, auf dem der Großfürst inmitten seiner Leibgarde auf einem weißen Pferd zu sehen ist, während hinter ihm das Neue Schloß sich so ausstreckt, wie es heute wieder zu sehen ist. Auf der Solitude aber wurde 1782 eine Italienische Nacht gefeiert, und Schiller benützte die allgemeine Jubelstimmung, um nach Mannheim zu entwischen.

Das ist nicht die einzige Schiller-Erinnerung, die im Neuen Schloß lebendig wird. Wie Sie wissen, ist der sogenannte Weiße Saal mit jonischen Säulen im Pavillonbau gegenüber dem Alten Schloß der größte; er wird auch heute zu repräsentativen Veranstaltungen, beispielsweise für die Verleihung des Schillerpreises, benutzt, wahrscheinlich weil dort dem jungen Absolventen der Karls-Akademie Friedrich Schiller 1779 drei Preise von Herzog Karl Eugen verliehen wurden und Goethe dabei zugegen war. Derselbe kam als Begleiter Karl Augusts von seiner zweiten Schweizerreise zurück, die vier Monate gedauert hatte. Kurz vorher war er zum Geheimen Rath er-

nannt worden und hatte mit »Die Leiden des jungen Werthers« einen Bestseller geschrieben.
Einundachtzig Jahre später hat Hofmaler Josef Anton von Gegenbauer die Decke mit einem ovalen Gemälde geschmückt. Ein nackter Jüngling, von Frauen umschwebt, stand wie ein römischer Rennwagenfahrer auf einer Quadriga und zügelte vier Schimmel über Wolken; womit der Sonnengott gemeint war, der von Grazien und Genien begleitet wurde.
Ein blauer Marmorsaal war mit hellblauem Anhydrit verkleidet, der bei Sulz gebrochen worden war. Zwei Statuen (Amor und Psyche) aus carrarischem Marmor, die Bildhauer Schweikle gemacht hatte, standen in Nischen über Kaminen. Ein runder Tisch, den vergoldete Greifen trugen, gehörte auch dazu, denn so liebte man's um 1800. Es war der neue klassizistische Geschmack, der zu Napoleons Zeiten beliebt war. Und der Kaiser selbst hat im Neuen Schloß gewohnt. Der große Salon der französischen Kaiser-Zimmer war so möbliert, wie es der schöne Heros haben mußte, und der Kronleuchter mit dem Bildnis der Diana, den Silberschmied Hirschvogel gemacht hatte, breitete sich an der Decke aus.
Vom Sommersaal, der im üppigen Dekor von 1864 mit liegenden Marmorfiguren überm Kamin und einer lebensgroßen Mädchenstatue auf einem Sockel prangte und im Sommer angenehm kühl war, hatte man einen erfreulichen Blick in den Rosengarten, diesen Privatgarten des Königs, in dem ein rundes Becken mit Goldfischen schimmerte und ein Springbrunnen sein Wasser als Halbkugel glänzen ließ. So war's noch nach dem Krieg, obwohl den Marmorplastiken, die hier seit 1869 standen, Arme und Hände abgeschlagen worden waren.
Sie sind heute noch dort aufgestellt, wo der Rosengarten mit den Anlagen verbunden wurde und seinen persönlichen Reiz verloren hat. Aber so, wie er jetzt ist, entspricht er den Bedürfnissen unserer Zeit.
Vom absoluten Herrscher des 18. Jahrhunderts hatte sich der Regent zum Privatmann verändert, der 1900 ins Wilhelmspalais umzog und nur noch zu offiziellen Gelegenheiten ins Neue Schloß kam. Doch heute steht wie früher der zierliche Bau mit Säulen, gemeißelten Fensterumrahmungen, Pilastern und Plastiken am Dachgebälk, und seine sorgfältig gegliederte

Fassade schafft mit Licht und Schatten eine bewegte Außenfläche. Seine Fenster sind hoch und breit, während am Alten Schloß die Mauern als ungegliederte Masse wirken; denn das Neue Schloß will eine Dekoration des Ruhmes und der Prachtentfaltung sein, während das Alte streng und verschlossen wirkt und seine Schönheit inwendig verbirgt.

Das Kunstgebäude Ein Mann mit einem hohen spitzen Hut geht zwischen beschnittenen Hecken, die Mauern aus Blättern gleichen, durch den Fürstlichen Lustgarten, der sich einstmals von der Alten Kanzlei bis zum Bahnhof dehnte.
So ist's zu sehen auf einem Kupferstich, der vor dreihundert Jahren gemacht wurde, als statt des Kunstgebäudes das Neue Lusthaus stand, der Schloßplatz mit Bäumen bewachsen war, an der Alten Kanzlei die Wassersäule aufstieg, um die Brunnen des Lustgartens zu speisen, und sich vor einer der beiden Freitreppen des Lusthauses ein sogenannter Rennplan dehnte, auf dem Wettkämpfe und Turniere abgehalten wurden; denn ohne vom Lusthaus zu erzählen, darf über unser Kunstgebäude nichts geschrieben werden, weil in seiner Gestalt das Lusthaus weiterlebt.
Die zierlichen Bäume eines Pommeranzengartens, zwischen denen ein hoher, aus vielen Steinfiguren aufgebauter Brunnen seine Wasserbögen springen ließ, standen ungefähr dort, wo jetzt der Langstreckenbau der Girokasse anfängt, und vor einem Sommerhaus, das »Ölberg« genannt wurde, weil in ihm das Leiden Christi abgebildet war, verschränkten sich die Gebüschanlagen eines »Irrgartens« derart raffiniert, daß Liebespaare schwierig aufzustöbern waren. In einer Lustgrotte wurden sie bereits im Vorhof beim Vorübergehen an Löwenfiguren aus verborgenen Röhren mit Wasser besprizt. In einem Gewölbe gab's künstlichen Schnee, Nebel und Regen, dem ohne durchnäßt zu werden gelang es niemand, aus der Lustgrotte herauszukommen.
Für derlei Scherze hatten dann spätere Zeiten nichts mehr übrig. Das Lustbaus aber, das früher am Platz des Kunstgebäudes stand, war schon im Jahre 1593, als es fertiggestellt war, ein Ort verfeinerter Kultur, die sich in der Harmonie die-

ses Bauwerks darstellte, das ein gewölbter Arkadengang mit Galerie umgab, auf die an den Längsseiten eine Freitreppe emporführte. Die Ecken des mit Lisenen verzierten Giebelbaus wurden von runden Türmchen bewacht, die wie Kinder der massigen Ecktürme des Alten Schlosses aussahen und nicht mehr wehrhaft wirkten, dafür aber zierlich wie eine Vorahnung barocker Gartenpavillons.
Theodor Fischer, der das Kunstgebäude 1912 an der Stelle des abgebrannten Hoftheaters baute, das aus dem Neuen Lusthaus hervorgegangen war, hat sich vom Arkadengang des Lusthauses anregen lassen und aus ihm die Arkadenhalle entwickelt, die eine Verbindung zum Flügelbau des Neuen Schlosses schafft, wie sie vollkommener nicht denkbar ist. Darüber erhebt sich der Kuppelaufbau, der die Form des Tambours so weiterbildet, daß ein Pavillon dort oben zu schweben scheint, den ein vergoldeter Hirsch schmückt.
Seinetwegen wurde das Café-Restaurant, das dem Kunstgebäude angefügt und nach dem Kriege noch erhalten war, »Wirtschaft zum Goldenen Hirsch« genannt. Es hatte einen Garten mit Springbrunnen und Nischen, in denen Tische und Bänke standen und wo es sich an Sommernachmittagen angenehm saß. Und in dem Saal, der noch erhalten war, wurden an Sonntag-Vormittagen französische Filme gezeigt, beispielsweise »L'Aigle à deux têtes« von Cocteau. Das Publikum war mühsam elegant, wie es sich für Leute ziemte, die gerade noch einmal davongekommen waren.
Der vergoldete Hirsch jedoch regte einen Poeten, der seit langem in Paris lebte, zu der Frage an: »Warum hat Stuttgart ein Denkmal des Gehörnten?«
Die Treppen an den Längsseiten des Neuen Lusthauses, von denen eine in den unteren Anlagen steht hat Theodor Fischer in der Treppe des Gustav-Siegle-Hauses wiederaufleben lassen. Dort sind ihr zwei Säulen vorgelagert, und der Rundbogen des Eingangs in der Mitte erinnert an die Arkadenbögen des Kunstgebäudes. Wie K. F. Reinking nachgewiesen hat, ist das Motiv des hohen Rundbogens für Fischer charakteristisch; es wird wohl auf die romanische Kirche in Wimpfen im Tal zurückgehen.
Bemängelt wurde zuweilen, daß sich die Kuppel des Kunst-

gebäudes über das Neue Schloß erhebe, obwohl gerade sie es ist, die barocke Formelemente enthält und die Gestalt des Schloß-Mittelbaus, ja sogar Form und Farbe der Kastanienbäume des Schloßplatzes wiederholt. Und die Arkadenbögen mit ihren Medaillons erinnern an Florenz.
Im Krieg wurde das Kunstgebäude teilweise zerstört. Paul Bonatz, ein Schüler Theodor Fischers, hat es wiederaufgebaut und seine Anmut gepriesen: »Ich habe alle Kolonnaden Italiens gesehen, in Florenz war keine, die neben aller Gefälligkeit diesen Tiefengehalt gehabt hätte, diese Musikalität, dieses Gesetz, diese Grazie; wobei daran erinnert werden darf, daß ein so vollendeter Bau hier in Stuttgart das Ende einer Epoche bezeichnet, in der sich Lebensart und politische Situation noch einmal zu jener Harmonie zusammenfanden, die nur in der späten monarchischen Zeit möglich war.«
Ist's erlaubt, das heute zu sagen? Unsere Zeit wird in Beton-Langstreckenbauten sozusagen künstlerisch lebendig, und das ist ein anderer Stil.
Das Neue Lusthaus, das früher hier stand, war zwar breiter und höher, hatte aber eine ähnliche Zierlichkeit. Und was seinen tonnengewölbten Saal betrifft, der 57 Meter lang, 20 Meter breit und 14 Meter hoch war, so enthielt auch er Plastiken und Bilder, die sich, falls sie noch erhalten wären, neben denen sehen lassen könnten, die heutzutage im Kunstgebäude aufgestellt und aufgehängt werden.
Schon 1609 wurde das Neue Lusthaus zu Theatervorstellungen benutzt. 150 Jahre später ließ es Herzog Karl Eugen zu einer Oper mit 1200 Sitzplätzen ausbauen. Nun galt es für eines der prächtigsten Opernhäuser seiner Zeit, und den Aufführungen des Kapellmeisters Jommelli wurde in Berlin, Wien, Paris und Mailand nachgeeifert, denn die Stuttgarter Oper galt als die erste in Europa.
Im 19. Jahrhundert aber wurde das Lusthaus durch Um- und Anbauten in ein Hoftheater verwandelt und schließlich abgerissen Der Architekt, der sich diesem Zerstörungswerke widmen mußte, hat sein Gewissen dadurch entlastet, daß er in 268 Zeichnungen jeden Winkel, jede Treppe und jeden Saal für die Nachkommen sichtbar machte. Um gerade noch fertigzuwerden, bevor die Spitzhacken alles versinken ließen, zeichnete

der Mann oft nachts und in beißender Kälte, auf einer Leiter sitzend, und sein Dienstmädchen hielt ihm an langer Stange die Laterne.
Der Brand vom 20. Januar 1902 aber verwandelte auch die allerletzten Säulen und Treppen des Lusthauses in Trümmer. Und, wie bereits erwähnt: Eine der Freitreppen hat als Ruine in den unteren Anlagen die Zeiten überdauert.
Im August 1914 aber sammelten sich vor dem Kunstgebäude mehrere Leute an, und auch ein Leutnant, der sich bei seiner Truppe gemeldet hatte, stellte sich unter sie, als der König herauskam. Der Leutnant machte Front, wie damals eine besonders stramme Ehrenbezeigung samt Meldung genannt wurde, und der König gab ihm die Hand und sagte: »Fahren Sie mit Gott.«

Der Königsbau Unterm Dach wohnten vor dem ersten Weltkrieg Hofbedienstete und weiter unten der Hausmeister, von dem mein Vater sagte, der habe sich ganz besonders fein gebärdet und einen »Krattel« gehabt. Zuvor war er Lakai im Schloß gewesen und hatte seine Lebensart der von Herrschaften angeglichen, was nichts Schlechtes ist.
Der Sohn dieses Hausmeisters war Bahnmeister der Königlich-Württembergischen Eisenbahnen. Er trug einen Zwicker, hatte einen schwarzen Stock mit Silberkrücke, und wenn sich mein Vater in der Bahnhofswirtschaft eine Schinkenwurst bestellte, ließ er sich ein warmes Käsebrot bringen.
Eine andere Verwandte war Hofdame gewesen und pflegte immer wieder von der Krönung des Zaren anno 1894 in Moskau zu erzählen, die prunkvoll gewesen ist.
Aber auch unser Königsbau hat Feste gesehen, falls man annehmen will, der Bau, der einem griechischen Tempel ähnelt, habe so etwas wie ein Gedächtnis. Erzählte er von vergangenen Tagen, dann fielen ihm zunächst die Zerstörungen des Krieges ein, als von den Säulen mehrere eingestürzt waren und wie steinerne Trommeln den Gang vor den Läden versperrten. 1959 aber, als er wieder aufgebaut war, standen sein Säulengang und die beiden korinthischen Portiken samt dem jonischen Portikus nach der Bolzstraße wieder wie früher da,

als im ersten Stock Säle für Gesellschaften und Konzerte sich ausdehnten. Bälle wurden im Redoutensaal abgehalten, und unten waren, wie heute, Verkaufsläden und ein Café.
Von den Läden ist mir das Juweliergeschäft des Gustav Louis Menner aus Erzählungen meiner Mutter bekannt. Mein Großvater soll dort öfters gestanden sein und im Schaufenster den silbernen Pokal bewundert haben, den der König für das sechzehnte württembergische Landesschießen Anno 1897 als ersten Preis gestiftet hatte und den mein Großvater herausschoß; aber das steht in meinem Roman »Verlassene Zimmer« und darf hier nur am Rande erwähnt werden. An ein Café mit Mahagonivertäfelung und Ätzglasscheiben, das einen »Damen-Salon« gehabt hat, erinnere ich mich, und die Kunsthandlung Valentien war schon in meinen Jugendtagen hier zu Hause.
Weiter rückwärts, also vor 1854, stand statt des Königsbaus der Konzert- und Redoutensaal, ein Haus mit breitem Staffelgiebel und Säulenvorbau. In ihm wurde der hundertste Geburtstag des Herzogs Karl Eugen von den noch lebenden Zöglingen seiner Akademie gefeiert, und eine Statue des Herzogs mit der Inschrift »Pater atque Princeps« (Vater und Fürst) war dort aufgestellt. Später verlor sich diese pietätvolle Feierlichkeit, weil von den Herren, die beim »Karlherzich« in die Schule gegangen waren, keiner mehr lebte.
Den Redoutensaal, der ein Tonnengewölbe gehabt hat und dessen Wände von dorischen Säulen flankiert waren, hatte Baumeister Thouret 1813 in aller Eile in das »Futterhaus« einbauen müssen, nachdem er es neun Jahre zuvor auf allerhöchsten Befehl zu einem Schauspielhaus gemacht hatte. Und, wie's halt so geht, wenn etwas anders wird als man es sich vorgestellt hat: Das Schauspielhaus war viel zu klein und mußte, obwohl es 1808 erweitert worden war, zwei Jahre später geschlossen werden. Erst der Konzert- und Redoutensaal rentierte sich einigermaßen.
Zuvor war das Futterhaus ein Reithaus für die Zöglinge der Karlsakademie gewesen, die im Schloßgraben geritten waren. Ursprünglich war es als Kelter errichtet worden, doch ist das lange her, über 400 Jahre. Und heute steht, wie gesagt, kein Stein mehr von ihm, obwohl es möglich ist, daß 1855, als der

Königsbau errichtet wurde, ein paar Steine des Futterhauses auch für diesen respektablen Bau verwendet worden sind, der sich damals den Spott gebildeter Zeitgenossen gefallen lassen mußte, die sagten, da stelle man einen griechischen Tempel hin, und setze Läden und Geschäftsleute hinein. Und in unseren Tagen bekommt er, droben bei der Kunsthandlung Valentien, von der Treppe zum Kleinen Schloßplatz gewissermaßen einen Rippenstoß; denn diese Treppe sieht neben dem Königsbau grob aus.
Erbaut hat ihn Christian Leins, der Sohn eines Steinmetzen aus der Kanalstraße, der nicht weit von der Wirtschaft zur »Kiste« aufgewachsen ist und Baudirektor wurde. Von ihm stammen auch die Villa Berg und die Johanneskirche, denn er baute sowohl klassizistisch als auch neugotisch, weil der Wandel des Zeitgeschmacks es so wollte. Und Christian Leins, der viele berühmte Architekten seiner Zeit zu seinen Lehrmeistern zählen durfte und die Gunst des Königs erwarb, war zwar ein kleiner und zarter Mann, verfügte aber über die geradezu sprichwörtliche Zähigkeit und Strebsamkeit unserer Urgroßväter. Heute heißt man so etwas eine dynamische Persönlichkeit, und die steht hoch im Kurs.
Sein Biograph nannte Christian Leins »einen Liebling vieler Götter und Menschen«. Seine Mutter war eine Weingärtnerstochter aus der Weberstraße, die Barbara hieß und Bäbele genannt wurde.
Da steht er nun, der Königsbau, und ist allmählich zu einer Art Denkmal des Schwabenfleißes geworden. Er kann sich immer noch sehen lassen. Seine dorische Säulenfront wird durch zwei giebelgekrönte Portiken mit korinthischen Säulen unterbrochen, die höher sind als die des Gangs vor den Geschäften. Dadurch wird die Front gegliedert, anders als am Haus der Kunst in München, dessen Säulengalerie auch hundert Meter länger sein könnte; aber das ist ja ein Bauwerk aus dem sogenannten »Dritten Reich«.
Als klassizistisches Gegenstück zum Neuen Schloß kann sich der Königsbau sehen lassen. Seine Formen sind kubisch gefestigt und nicht fließend aufgelockert wie die des Neuen Schlosses, das sich großzügig öffnet. Dazwischen dehnen sich die Rasenparterres der Anlagen mit der Jubiläumssäule und

den beiden Brunnen. Obwohl die verschiedensten Zeiten ihren sich wandelnden Geschmack am Schloßplatz in Bauwerken darstellen, zeigt er sich als Einheit und festlicher Saal.
Die Geschäfte in der Passage des Königsbaus erschienen mir vor dem Krieg als besonders elegant. In einem Ordensgeschäft lagen Sterne aus Email und Gold auf blauem Samt, und schräg gegenüber habe ich einen Anzug in die chemische Reinigung gegeben, der gar nicht hätte gereinigt werden brauchen. Und weil der Geschäftsinhaber, ein älterer Herr, kurios schmunzelte, als ich ihn brachte, meine ich, mein Anzug sei damals von ihm in den Schrank gehängt und mir nach acht Tagen für 5 Mark 50 so übergeben worden, wie ich ihn hergebracht hatte. Vor ein paar Jahren aber sagte nebenan eine Verkäuferin zu einem gestandenen Mann, der eine teure Tasche gekauft hatte: »Die Dame, die diese Tasche bekommt, wird Ihnen die Füße küssen.«
Es ist auch noch nicht lange her, da sangen zuweilen Frauen und Männer der Heilsarmee in einem der Portiki. Ihre Melodien hallten von den Sandsteinmauern wider. Ein weißhaariger Soldat sprach laut und markig, und wieder klangen Stimmen und Gitarrenklänge. Das ist jetzt seltener geworden. Sollte es möglich sein, daß so etwas wie Heilsarmee und Uniformen irgendwie ins Vergangene abgerutscht sind?
Statt dessen bieten interessante junge Frauen in wallenden und schlappenden Hosengewändern selbstgebastelten Silberschmuck an, und Pflastermaler präsentieren sich vergammelt. Es weht ein aufreizendes Lüftchen, das teils nach »Künstlervolk«, teils nach Sex duftet und, alles in allem, einen gewissen Revolutionsdunst verbreitet, zuweilen durch die Königsbau-Passage und belebt die konsumierenden »Spätbürger«, wie soziologisch geschulte Zeitgenossen zu sagen pflegen. Und diese »Spätbürger« schauen dann die Jungen wie seltsame Tiere an und gehen in den Parfümladen vorne an der Ecke, um sich mit Düften einzudecken, wahrscheinlich weil sie meinen, jene Künstler röchen schlecht. Abenteuerliche Figuren, die an Wegelagerer eines romantischen Theaterstücks erinnern, lungern an den Säulen oder sitzen, gitarreklimpernd, auf den Treppenstufen an der Straße. Sie sind meistens Lehrlinge bei Bosch

oder Oberschüler, denn so wollen es Miß Zeitgeist und Mister Trend.

Der Kleine Schloßplatz Wenn Sie vom Bahnhof kommen und am Königsbau vorbeigehen, sehen Sie nichts vom Kleinen Schloßplatz, bis derselbe »schlagartig«, wie man heute sagt, als Monument auf Beton-Stelzen vor Ihnen auftaucht. Ein rotes »Platzmal«, das der mit Bundeskanzler Brandt befreundete Bildhauer Otto Herbert Hajek geschaffen hat und das an Verkehrszeichen erinnert, weist auf die Besonderheit des Ortes hin.
Nicht weit von Hajeks eckiger Plastik erinnert ein gemeißelter Fensterbogen an das Kronprinzenpalais, das noch bis in unsere Tage an der Königstraße und neben Weises Hofbuchhandlung in der inzwischen arg geschrumpften Fürstenstraße stand.
Eine Rolltreppe gibt dem Königsbau einen scharfen Rippenstoß, als sage sie zu ihm: »Gang weg ond laß mi na!«, doch läßt sich dieser Königsbau zum Glück nicht aus der Ruhe bringen. Und seltsam: Der alte Bau des Steinmetz-Sohnes Christian Leins aus der Kanalstraße, dieser Tempel mit hohen und dikken Säulen, erscheint neben den niedren Bauten des Kleinen Schloßplatzes geradezu bescheiden oder still. Sein Material (gewachsener Sandstein) wirkt weicher oder konzilianter als die gewissermaßen kompromißlosen Betonflanken, die vor der Hauptpost mit Gesträuch bewachsen sind. Und Sie sehen wieder einmal, wie Zeitgeist sich im Lauf von hundertzwanzig Jahren rigoros gewandelt hat, was man ihm schließlich auch nicht übelnehmen sollte.
Auf der Rolltreppe schweben Sie nach oben, wo reinere Lüfte wehen und ein zweites Hajek-Platzmal Sie erwartet. Es steht starr da, als ob ein Totempfahl mit Geßlerhut-Effekt von jedem, der vorbeigeht, eine Ehren- und Ehrfurchtsbezeigung heische; doch niemand kümmert sich darum, und manchmal lagern unter ihm einige »Typen«, die bärtig, jung und liebenswürdig sind und ihre Namen in das Denkmal kratzen.
Mir gefällt's, und Ihnen wird's bald auch gefallen, denn hier sind Sie in einem Areal von Höfen, die sich ineinanderfügen

und von niederen Ladenbauten begrenzt werden. Linker Hand haben Sie das Mövenpick-Restaurant, wo Sie in Ledersitzen lungern und Tonbandmusik über sich hinunterträufeln lassen können, während auf der rechten Seite der Klotz der Hauptpost lastet und vom Königsbau ein Stückchen Portikus zu sehen ist.
Sie gehen dort vorbei, merken, daß hier nirgends Benzingas ausströmt, mustern Kunstledermäntel und jene zuweilen altväterisch anmutenden Sachen, die hier für junge Leute angeboten werden; wobei sich auch Sadistisches hineinmischt, wenn beispielsweise eine geöffnete Hand aus Ton als Aschenbecher daliegt; doch warum sollen sich gewisse Grausamkeitsgelüste nicht auch in kunstgewerblichen Waren zeigen?
Jetzt bestimmen junge Leute den Geschmack, übrigens wie zu allen Zeiten. Und der Geschmack unserer Zeit zeigt sich hier, wo man um Hüften und Knie engbehost, über den Knöcheln aber recht weitschlappend schlendert, als wären sowohl alle weiblichen als auch männlichen Herrschaften Hamburger Zimmerleute. Denn früher, in den alten Tagen (zwanzig Jahre ist's mindestens her) sah man noch ab und an solch einen Hamburger Zimmermann, und er hatte schwarze Samthosen samt Jacke an, ein Bündel aus lustig bedrucktem Leinenstoff umgehängt, das Felleisen genannt wurde und zu dem ein dikker korkzieherhaft gedrechselter Stock aus schwarz lackiertem Holz gehörte. Und, wer weiß, vielleicht kostümiert sich auch heutzutage mal einer auf diese Weise, auch wenn er Lehrling beim Bosch ist.
Hier werden an Holztischen Bierkrüge gehoben und Brezeln verzehrt, wenn Peer-Uli Faerber wieder einmal einen »Schwäbischen Sonntag« arrangiert; dabei sollen sogar unter Schwaben manchmal die Wogen der Leidenschaften und der Freuden überschwappen.
Doch davon merken Sie an einem Durchschnitts-Nachmittag so gut wie nichts. Jugend sitzt unterm orangefarbenen Zeltdach des Mövenpick-Cafés oder im schattendunkeln Beton-Unterschlupf neben der zweiten Rolltreppe, wo es manchmal nach Lasterhöhle mit Haschisch-Effekt und Urinduft riecht. Drüben beim Kartenhäusle klatscht zuweilen eine Wassersäule, und Mädchen kühlen sich die Füße. Zumeist sind's sol-

che, die den sogenannten Lumpen-Look bevorzugen, während andere mit Plateau-Sohlen und sowohl schenkel- als auch rückenfreiem Fleisch nur vorbeischlendern und sich ein bißchen fürchten. Ein junger Papa mit wild umwuchertem Struwwelpeter-Haupt führt seine vierjährige Tochter über die Umfassungsmauer des Brunnenbeckens, während Mama entweder als Verkäuferin oder als Sekretärin die lebensnotwendigen »Eier«, »Kohlen« oder »Kröten« herbeischafft, die im spätbürgerlichen Sprachgebrauch schlicht D-Mark heißen.
Papa und Tochter werden von den anderen beachtet; auch ich gedenke ihrer auf diesem Blatt. Die beiden produzieren sich dort, wo einstmals Hofdamen in Reifröcken munter waren, obwohl sich deren Dasein nicht im Wegelagerer-Stil abgespielt hat. Dasselbe war, von außen betrachtet anders, innen aber ebenso gemischt aus Heiterkeit und Angst, gleichgültig ob eine Dame Kronprinzessin Olga und ein Herr Kronprinz Karl hieß, die bald danach zu Königin und König avancierten. Jedenfalls zogen beide 1854 ins Kronprinzenpalais ein, das als dreigeschossiger Bau mit klassizistischer Fassade vier Jahre zuvor fertig geworden war. Es sah elegant und vornehm aus, was inzwischen längst aus der Mode gekommen ist, denn jetzt hat man's brutal; wobei zu bemerken wäre, daß »Brutalismus« ein Stilbegriff der modernen Architektur ist, der von ihr keineswegs abwertend in Anspruch genommen wird.
Als dann Wilhelm II., der letzte württembergische König, als Kronprinz dort Wohnung nahm, als Herzog Albrecht (bis 1918) durch die säulengeschmückten Tore des Kronprinzenpalais ging, fuhr oder ritt, als mein Vater als Olga-Grenadier im Schilderhäuschen dort Wache schob und vor einer Freundin das Gewehr zum Präsentiergriff herunterriß, worauf sich alle nach dem Metzgerstöchterlein umdrehten, das errötend weiterhastete: damals also war man (wahrscheinlich frühbürgerlich) elegant. Später, in republikanischen und diktatorischen Zeitläufen, waren die Staatlichen Kunstsammlungen im Kronprinzenpalais untergebracht, bis der Bau 1944 ausbrannte und noch als monddurchschienene Fassade in unsere Wirtschaftswunderzeit hereinsah. 1846 bis 1850 hat Gaab, ein enorm fleißiger Architekt, der auch viele schwäbische Bahnhöfe baute, ihn errichtet. Das war zu der Zeit, als statt der

Hauptpost die einstöckige Feldjägerkaserne stand, die sich seit langem schon niemand mehr denken kann.
Das ist auch überflüssig, denn heute haben wir den Kleinen Schloßplatz als einen Bezirk, in dem der Zeitgeschmack sowohl am lebenden Objekt als auch in der Kunst besichtigt werden kann. Und was sie liebt, diese Jugend von heute, die zu meiner Zeit marschieren und sterben mußte, was gar nicht beneidenswert war, das zeigt sich in großen farbigen Bildern des »Forum seven«, die »Posters« genannt werden. Darauf sind wilde Pferde, Zugvögel vor der Abendsonne oder Aristide Bruant, ein Kabarettsänger, der um 1910 in Paris berühmt gewesen ist, auf einem Plakat Toulouse-Lautrecs zu besichtigen; dazu Popsänger mit entblößter, aber keineswegs haariger Brust und eine stars-and-stripes-Flagge in Form eines Schweins mit der Unterschrift »united pigs«; denn auch politische Aggressivität gehört ins Bild. Und lässig bewegen sich junge Leute, lässig scheint modern zu sein, ein lässiger und lethargischer junger Mann ist »in«. Dort schlendert er, vielleicht ist er Discjockey in Heslach.

Die Alte Kanzlei   Hier haben Sie schon öfters gut gegessen, denn die Gaststätte »Alte Kanzlei« hat einen beachtenswerten Ruf. Eine Zeitlang trafen sich in ihrem Turmzimmer die Mitglieder des »Stammtisches, der Dreizehn«, einer ehrwürdigen Runde von Männern des geistigen Lebens, die inzwischen in die »Kiste« abgewandert sind; doch dies nur nebenbei.
Trotzdem ist die Alte Kanzlei nicht der älteste Bau, in dem Hofbeamte Akten angefertigt und gesammelt haben, damit das Ländle regiert werden konnte; denn erst 1543 ist der östliche Teil beim Alten Schloß unter Herzog Ulrich erbaut worden.
Wenn Sie genau hinschauen, sehen Sie einen Treppengiebel auf dem Dach zwischen den beiden Türmchen; und dieser Giebel ist die Grenze des ersten Kanzleibaus, der hier aufgeführt worden ist. Dreiundzwanzig Jahre später ist er nach dem Prinzenbau zu erweitert und zu dem ansehnlichen Bauwerk gemacht worden, das den Schillerplatz mit dem Alten Schloß,

dem Prinzenbau, dem Stiftsfruchtkasten und der Stiftskirche zu unserem architektonischen Schmuckkästchen macht.
Die Alte Kanzlei aber ist die dritte aller herzoglichen Kanzleien. Die erste wurde 1397 »ze Stutgarten in dem steinhus« eingerichtet, womit ein im Krieg zerstörtes Haus in der schmalen Gasse zwischen Stiftsfruchtkasten und Stiftskirche gemeint war. In diesem engen Winkel ist die Keimzelle unserer Stadt, und ums Jahr 950 hat dort der Alemannenherzog Liutolf das alte Stuthaus gebaut.
1469 wird die zweite gräfliche Kanzlei gebaut und vierundsiebzig Jahre später wieder abgerissen, um Platz zu schaffen für den ältesten Teil unserer heutigen Alten Kanzlei, die im 16. Jahrhundert so neu gewesen ist wie für uns heute das Rathaus. Mit seinem Dach, das einmal kürzer, dann wieder tiefer herabreicht, steht der Bau da, als wäre er gewachsen.
1946, als er ausgebrannt und in ihm nur noch eine Wendeltreppe mit brüchigen Stufen begehbar war, bin ich an einem heißen Tag hinaufgestiegen. Unten lag der Schillerplatz mit seinem Schutthügel, auf dem ein alter Mann Tabakpflanzen begoß. Alle Gebäude erschienen wie Gerippe, unwirklich im scharfen Licht.
Übrigens ist die Hofapotheke um 1600 nicht in der Alten Kanzlei gewesen. Erst 1865 wurde sie dort untergebracht; und vorher war sie in der Schloßkapelle im Alten Schloß.
Zu meiner Zeit – also Ende der zwanziger Jahre – wohnten Beamte in der Alten Kanzlei, und ich erinnere mich, mit Freunden von der oberen Altane des Alten Schlosses einem Buben zugewinkt zu haben, der drüben im Dachstock sitzen und eine lateinische Strafarbeit schreiben mußte. Damals erzählte mir der Sohn eines Obersten der Polizei von einem unterirdischen Gang, der vom Alten Schloß zur Alten Kanzlei führen sollte.
Ich lachte ihn aus, weil ich auch anderswo immer wieder von solchen Gängen gehört, aber nie etwas gesehen hatte; weshalb wir fast aneinandergeraten wären. Und bis heute habe ich nicht daran geglaubt.
Jetzt aber lese ich in Gustav Wais' Buch »Alt Stuttgarts Bauten im Bild«, daß Graf Eberhard der Jüngere 1484 »ain haimlichen gang usz dem slosz durch... die kuchin (die Hofküche)

in die cancly und furter durch die cancly uff die stattmuren (Stadtmauer) und bis in die Kirchen (Stiftskirche) hat machen lassen, was mich beschämt; denn dieser »haimliche gang« ist der unterirdische Gang, von dem mir der Bub damals erzählt hat.

Die Stadmauer ging im 16. Jahrhundert an der Alten Kanzlei entlang, dann zum Prinzenbau und zu den alten Häusern hinterm Stiftsfruchtkasten, die der Krieg weggefegt hat; denn damals war unsere Stadt eine kleine Siedlung, deren Kern von Wassergräben umflossen wurde. Und noch 1710 grenzte die östliche Front der Alten Kanzlei mit dem Türmchen, auf dem der vergoldete Merkur schwebt, an den Schloßgraben, den ein überdachter Gang überquerte und vom Alten Schloß zur Alten Kanzlei führte.

Ihr ältester Teil ist aus Steinen der Heslacher Marienkirche errichtet, die 1542 abgerissen wurde. Die Rentkammer und die Landschreiberei mit Registratur und Bücherei, Vorratsgewölbe der Küchenmeisterei sowie die Leinwandkammer waren in der Alten Kanzlei untergebracht. Und es sieht so aus, als hätten die Beamten von Anno dazumal nicht nur bedrucktes und beschriebenes Papier, sondern auch habhafte Genüsse in der Nähe haben wollen, damit sie seelisch und leiblich nicht austrockneten.

Auf dem ältesten Bild der Alten Kanzlei, einem Kupferstich aus der Zeit um 1710, hat der imposante Bau drei Portale, von denen das mittlere und das linke noch erhalten sind. Das mittlere führt zur Wendeltreppe; es ist mit gemeißelten Pilastern, dem württembergischen Wappen und dem Wahlspruch Herzog Ulrichs »Verbum Domini Manet In Eternum« (Gottes Wort bleibt in Ewigkeit) geschmückt. Der Kanzleibogen aber, dieser Durchgang zum Schloßplatz, der an der Stelle des Tunzhofer Tores steht, ist erst 1715 errichtet worden.

Wenn Sie dort gehen, sollten Sie den Brunnen an der Ecke zur Planie beachten. Ihn schmücken Vasen und ein Obelisk. 1778 hat ihn Hofbaumeister Reinhard Ferdinand Fischer gebaut der das Schloß Hohenheim, Teile der Schloßanlage der Solitude und des Bärenschlößle gebaut hat. Und an der nordöstlichen Ecke der Alten Kanzlei, wo der Wasserturm von 1598 steht, der »Dorische Säule« genannt wird und die Wasser-

werke im früheren Lustgarten speisen mußte, können Sie am »Kosakenbrünnele« immer noch Ihre Pferde tränken, wie dies 1814 Kosaken getan haben, die im Feldzug gegen Napoleon auf dem Schillerplatz lagerten.
Früher war im ersten Stock das Kultusministerium, und eine hohe Klasse des Bundesverdienstkreuzes ist dort Hermann Kasack überreicht worden. Es war erfreulich, daß diese Auszeichnung ein Dichter bekam, von denen es auch bei uns weniger als Kaufleute gibt. Auf der Spitze des Wasserturms überm Kosakenbrünnele aber glänzt die vergoldete Statue Merkurs, der als Gott des Handels geflügelte Füße hat. Ludwig Hofer hat sie 1862 nach einer Plastik Giovanni da Bolognas geschaffen. Neunzig Jahre später ist sie mit einer neuen Goldhaut überzogen worden, und wer diesen Gott der Kaufleute oben glänzen sieht, der wird daran erinnert, wie unzerstörbar Handel und Wandel, aber auch Gewinnstreben und Habsucht sind.

Der Prinzenbau So heißt er seit 1805, denn vorher wohnten keine Prinzen im Prinzenbau. Zu ihnen gehörte Prinz Friedrich, dem am 25. Februar 1848 als einziges Kind sein Sohn Wilhelm geboren wurde, der unser letzter König, Wilhelm II., gewesen ist.
Ob der Chronist heutzutage des Royalismus bezichtigt wird, wenn er auf einen König hinweist? Mag sein. Jedenfalls war Wilhelm II. ein freundlicher Herr mit Spitzbart und Schlapphut. Zwischen zwei Spitzern ging er auf der Königstraße spazieren, und wenn ihm etwas nicht paßte, sprach er einen scharfen preußischen Dialekt, den er in Berlin bei der Garde gelernt hatte. Den Spitzbart legte er sich erst im Alter zu, wie dies in unseren demokratischen Zeiten ältere Herren zu tun pflegen, damit sie jugendlicher erscheinen, obwohl ihnen ihr Bart ziemlich weiß sproßt; doch dies nebenbei.
Unten im Prinzenbau dehnt sich ein weiter, nur aus Quadersteinen gewölbter Keller. Das ist ein architektonisches Kunststück, das Heinrich Schickhardt von 1605 bis 1608 vollbracht hat. Auch der Unterstock des Prinzenbaus ist noch aufgeführt worden; dann aber stand das Kellergeschoß als Mauerstumpf

da und wurde mit einem Dachstuhl überdeckt, was ziemlich unordentlich ausgesehen haben mag und nicht zur schwäbischen Sauber- und Gründlichkeit paßte. Als »Kommishaus« wurde dieser architektonische Krüppel bis 1677 benutzt, denn von Schickhardts Entwurf hat niemand mehr etwas gewußt. Kommißbrote, Uniformen, Waffen und viel Wein wurden dort aufbewahrt, letzterer in respektablen Fässern, von denen zumindest eines, das 150 Eimer faßt, mit dem berühmten Heidelberger Faß verglichen werden kann. Denn damals gab's um Stuttgart herum so viel Wein, daß man nicht wußte, wohin mit ihm. »Ain Mas Wein (= 1,8 Liter) hat golten ain pfing (Pfennig) und in Stiffts Keller umsunst wer hat wellen« heißt es in einer alten Inschrift.
Als dann 1677 die oberen Stockwerke und das Portal aufgeführt waren, nannte man ihn das »Gesandtenhaus«, weil darin ausländische Würdenträger so neumodisch komfortabel untergebracht waren, wie es der Herzog im Alten Schloß nicht von sich behaupten konnte. Der imposante Keller hieß von jetzt an Kammerschreiberei-Keller.
Die Fassade aber, die wir kennen, wurde 1708 von Obristleutnant Nette mit Pilastern und Gesimsen »in italienischem Stil« verziert. Es ist derselbe Nette, der den ältesten Flügel des Ludwigsburger Schlosses gebaut hat und hier drei Geschosse mit Rundbogenfenstern im Erdgeschoß so übereinandergeschichtet, daß sie gleichwertig wirken und den Eindruck von Eleganz ohne Prunk vermitteln. Freilich, es ist der Zeitgeschmack, der sich auswirkt und um 1700 noch nicht auf Kontrastwirkungen bedacht ist. Deshalb auch hier am Prinzenbau diese aus Einzelheiten aufgebaute Fassade mit kurzen Pilastern und sorgfältig getrennten Geschossen. Das Portal und der Balkon im oberen Stock betonen die Mittelachse. So zeigt sich der Bau auf einem Stich um 1840.
Hier hat 1713 die Grävenitz gewohnt, diese berühmte Mätresse des Herzogs Karl Eugen, die eine liebenswerte Dame war und eine gewisse standesgemäße Prunkliebe ausleben durfte, wie sie verwöhnten Damen auch heute noch gut zur Figur steht. Der Torbogen, der das Gebäude mit der Alten Kanzlei verbindet, wurde damals angefangen und zwei Jahre später fertiggestellt.

Über den Fenstern des Obergeschosses waren ursprünglich Giebelverdachungen abwechselnd als Dreieck und als Segmentbogen zu sehen. Es gab auch Wasserspeier, doch wurden diese Zierate im 19. Jahrhundert weggemeißelt, weil jetzt ein strenger klassizistischer Geschmack herrschte und jede Art von Ornament verdächtig geworden war.
Unten im Kammerschreiberei-Keller haben vor 90 Jahren Buben gespielt, und einer von ihnen ist an der Kellerwand in einem Loch versunken; er hat nur noch einen Arm herausgestreckt. Seine Freunde riefen um Hilfe und holten Leute herbei, die den Buben wieder ans Licht zogen. Danach aber sahen sie sich in den Tiefen des Prinzenbaus um und kamen in einen unterirdischen Gang, der ein Meter breit und zwei Meter hoch war, im Weitergehen aber immer niedriger und enger wurde. An seiner rechten Seite war ein Aufstieg von breiten steinernen Treppen, die nichts anderes als das Fundament des Schillerdenkmals waren. Der Gang führte zum Alten Schloß, und also war es in jenen Tagen, dort hinten in der Vergangenheit, den Schloßherren möglich, unbemerkt zu entkommen oder gar einem sie belagernden Heerhaufen in den Rücken zu fallen, weshalb behauptet werden darf, unsere Vorfahren seien, jedenfalls was die List betrifft, auch recht einfallsreich gewesen.
Heute ist, wie in meiner Jugendzeit, das Justizministerium im Prinzenbau heimisch, der im 18. Jahrhundert als Kunstkammer benützt wurde. Und wahrscheinlich ist dort aus dieser Zeit auch heute noch die kunstvoll geschmiedete Eisentür mit Verzierungen und den verschlungenen Initialen E. L. (Eberhard Ludwig) zu finden. Die Académie des Arts, eine Zeichenschule, wurde unter Karl Eugen hierher verlegt, nachdem der Nordflügel des Neuen Schlosses abgebrannt war. Dann aber residierte der Geheime Rat, der Kriegs- und der Kirchenrat bis 1805 in diesem Bau. Seine Rückseite wurde mit breiten Pilastern gegliedert, und man vermutet, daß diese Gliederung mit Schickhardts Entwurf übereinstimmt. Für mich sieht sie freilich eher nach achtzehntem als nach siebzehntem Jahrhundert aus. Die Schauseite zum Schillerplatz aber zeigt jedes Geschoß getrennt und mit kurzen Pilastern verziert, wie sie auch an Schickhardts »Neuem Bau« zu sehen

sind, der dort stand, wo sich heute die Markthalle ausbreitet, und der nur noch in einem Kupferstich und einer Rekonstruktion der Fassade erhalten ist.

Der rückwärtige Hof ist von einem Gitter aus hohen Lanzen abgegrenzt. Als Bub ging ich hier schaudernd vorbei, weil ich dachte, hinter den Lanzen mit den vergoldeten Spitzen stünde die Guillotine, und meinte, solch ein Instrument gehöre zum Justizministerium, dessen Fassade in unseren Tagen mit der Parole »RAF lebt« beschmiert ist.

Auch das Kunstversteigerungshaus Roman Norbert Ketterer war nach dem zweiten Weltkrieg hier heimisch. Unterm Bogen neben der »Alten Tabakstube« ging man in den fünfziger Jahren zu weltberühmten Versteigerungen hinein, und entsprechende Damen raschelten und dufteten dabei. Namhafte Journalistinnen, aus Nepal zurückkommend, waren auch darunter und erzählten, sie seien kürzlich bei dem großen Schriftsteller Friedrich Sieburg eingeladen gewesen. Roman Norbert Ketterer hatte eine weiße Nelke im Knopfloch und verbarg seine Nervosität hinter einer strahlenden Miene. Mädchen, die bei Willi Baumeister studierten, bedienten die Kunden und Kunstinteressenten, ein kleiner und stämmiger Herr mit Doktortitel, graumeliertem buschigem Haar und Schnauzbart kannte jede und jeden und wußte alles. Überall raschelten, wisperten und vibrierten Geld, Eleganz und Kunst als prickelndes Gemisch.

Heute ist von damals noch die »Alte Tabakstube« da, die sich seit den Ketterer-Zeiten enorm verweltstädtert hat. Früher legte dort ein älterer Herr eine rauchende Zigarre beiseite, wenn ich zu ihm kam, während jetzt ein junges Paar bemerkenswert hübsch und liebenswürdig ist; und vom Charme der jungen Frau darf man mit sechzig sowohl reden als auch schreiben. Schade, daß ich nicht mehr rauche.

Die Stiftskirche Zunächst gehen Sie um sie herum, und dann schauen Sie ihr Inneres an, denn an ihr und in ihr ist allerlei zu entdecken. Die Jahrhundertspuren sind mannigfaltig, und wer die Stiftskirche 1945 sah, hat nicht gedacht, daß sie wiederaufgebaut werden könnte. Damals mußten die bei-

den Türme gesichert werden, von denen der kleine mit der spitzen Haube in seinen unteren Geschossen der ältere ist. Zwar weist er nicht bis in jene Tage zurück, allwo ein Alamannenherzog (um 590) den ersten christlichen Priester ins Land rief, der dann in der Kirche auf der Altenburg zu Cannstatt auch die paar Seelen jenes Dorfes Stuttgart betreute, das 1175 sein erstes Kirchlein bekam. Es war dem heiligen Kreuz geweiht, und zu ihm gehörte der untere Teil des kleinen Turms auf der Südseite. Stiftskirche heißt sie, weil sie später dem Chorherrenstift zum Heiligen Kreuz zugeordnet war.
Eine Dorfkirche und eine Basilika aus der Zeit um 1240 sind vor der spätgotischen Hallenkirche hier errichtet worden, an der achtundneunzig Jahre gebaut wurde und deren Innenraum heute an die karge Zeit nach dem Krieg erinnert, als es nur darauf ankam, ein Dach überm Kopf zu haben. Und weil wir damals – man muß schon sagen: zumindest erschüttert und wenigstens vorübergehend sozusagen fromm gewesen sind, ist auch die Stiftskirche so wiederaufgebaut worden, daß ihr Bild zumindest von außen an das des alten Baus erinnert.
Die beiden Türme mußten 1945 gefestigt werden, sonst wären sie zusammengefallen. Am südlichen Turm erinnern drei Rundbogenfriese an die Dorfkirche um 1175 und die Basilika um 1240, als der Stifter Graf Ulrich I. und seine Frau Agnes noch am Leben gewesen sind, zwei schöne junge Menschen, die früh starben. Er war seinerzeit als »der mit dem Daumen« bekannt, und wie er ausgesehen hat, das können Sie heute noch feststellen; denn im kleinen Turm sind beide beerdigt. Als bemalte Steinbilder liegen sie dort in langen Gewändern, der Graf mit dem Schwert an der Seite, die Krone im Haar. Ursprünglich war auch sein enormer Daumen zu sehen, aber die Trümmer des Chorgewölbs, das 1419 einstürzte, haben das Grabmal beschädigt. Die beiden Herrschaften sehen heute und nach der Restaurierung von 1890 allzu gleichförmig drein, während ihnen früher eine wirksame Hoheit eigentümlich war.
Der Graf ist 27 Jahre jung gestorben. Seine Frau war eine Herzogin von Liegnitz in Polen, und er hat als erster württembergischer Graf und wahrscheinlich nicht ohne (mit seinem Daumen) Druck auszuüben, sein Herrschaftsgebiet erweitert.

Während die Staufer einander bekämpften, hat er sich die Stellung eines Landesherren verschafft, der nur noch die Weisungen des Kaisers zu beachten hatte; die Streitigkeiten seiner Standesgenossen durften ihm gleichgültig sein. Und obwohl er hier begraben wurde, war die damalige Basilika zum Heiligen Kreuz, diese Vorgängerin unserer Stiftskirche, für die Stuttgarter nur eine Stätte der Andacht. Zur Kindstaufe, zur Einsegnung seiner Ehe, mußte jeder, der hier wohnte, damals nach Cannstatt gehen, reiten oder fahren, denn er war in der Martinskirche auf der Altenburg beim Römerlager eingepfarrt, zu der schon im 8. Jahrhundert die Uffkirche gehörte. Erst nachdem die Esslinger den Stammsitz des Herzogs Eberhard des Erlauchten in Beutelsbach Anno 1312 verwüstet hatten, brachte er sein Erbbegräbnis und sein Familienstift nach Stuttgart, und die Basilika, diese Filialkirche der Cannstatter St.-Martins-Kirche, wurde zur Stiftskirche und Pfarrkirche des Sprengels erhoben.
1347 ist der Chor gebaut worden. Hänslin Jörg baute mit seinem Sohn Aberlin bis 1493 an ihr weiter. 38 Jahre später war sie fertig, denn jetzt hatte auch Meister Marx den großen Turm vollendet, und sie stand als Mutter- und Gemeindekirche der Stadt da. Nur in ihr durften bis 1806 Kinder getauft, Ehen geschlossen, Proklamationen verlesen und Konfirmationen vorgenommen werden. Hospital- und Sankt-Leonhards-Kirche waren nur Predigtkirchen, die vom Hospitalprediger beziehungsweise vom Stadtpfarrer versorgt wurden.
Neben dem kleinen Turm stand früher die Vergenhans-Kapelle. In ihr war der Kanzler Dr. Ludwig Vergenhans beerdigt, der von 1481-1512 Stiftspropst war und in einem spitzgiebeligen Haus wohnte, das dort stand, wo heute das Papiergeschäft Rehn zu finden ist. Was für ein Mensch er war, das weiß heute niemand mehr. Aber vielleicht besitzt der und jener noch ein Choralbuch von 1799 mit einer Vignette des Hofkupferstechers d'Argent. Darauf ist der Chor mit der Stiftsorgel von 1609 zu sehen. Hundertundein Jahr später wurde eine Zwiefaltener Orgel eingebaut, die nur siebenundzwanzig Jahre alt geworden ist.
Als Kurfürst Friedrich zu Neujahr 1806 die Königswürde (übrigens von Napoleons Gnaden) verliehen bekam, fand ein

Gottesdienst statt, den ein Aquarell überliefert. Darauf sieht man Wächter in Pumphosen und hohen Hüten vor den Pfeilern der Hallenkirche, Damen, hoch gegürtet und in langen fließenden Gewändern, stehen im Seitenschiff neben Bauern- und Weingärtnerstöchtern, die lange Zöpfe und kurze Röcke bis zum Knie tragen; weshalb darauf hingewiesen werden darf, daß damals solche, die sich hochgeboren und fein dünkten, ihre leiblichen Reize nur andeutungsweise sichtbar machten, während andere, die schaffen und sich regen mußten, ihre Waden sehen ließen, weil's so bequemer war.
Menschenbilder aber sind in der Stiftskirche mannigfache zu sehen. Wenn Sie die Turmhalle des kleinen Turms besuchen, dann lohnt es sich, die auf den Grabsteinen anzuschauen, von denen ein Wappenhalter mächtige Flügel hat. Ihn umrahmen gotische Schriftzeichen wie jenen Herrn mit der schrägen Lanze, der einen knielangen Faltenrock trägt, wie 400 Jahre später die Mädchen des Volks. Und er ist da, dieser Mauergeruch der Vergangenheit, der an Brunnenstuben erinnert, in denen verästelte Moosflechten tief nach unten ragen.
Und dann die Grafenstandbilder im Chor. Weil man sie eingemauert hatte, haben sie die Brand- und Sprengbomben überstanden. Sem Schlör hat sie zwischen 1574 und 1608 herausgemeißelt und für sein respektables Werk alte Vorlagen zu Rate gezogen. Von Ulrich dem Stifter bis zu Heinrich von Mömpelgard, der 1519 starb, stehen sie da, die elf Herren im Harnisch, die 281 Jahre lang – man darf schon sagen: für Wohl und Wehe der Württemberger verantwortlich gewesen sind. Daß sie dieser Pflicht unterschiedlich genügten, lassen auch ihre steinernen Porträts ahnen, von denen Eberhard der Erlauchte einen römischen Harnisch und einen offenen Visierhelm trägt. Er hat 44 Jahre lang regiert und die Belagerung Stuttgarts durch Rudolf von Habsburg Anno 1286 ausgehalten. Sein Sohn (der mit der Kesselhaube) hat vom Kaiser die Reichssturmfahne verliehen bekommen; er war ein geschickter Finanz-Manager, der den Besitz des Hauses Württemberg durch Käufe vermehrt hat. Die Behauptung aber, daß die, denen er ihr Land abluchste, mit ihm zufrieden, gewesen seien, darf zumindest angezweifelt werden. Eberhard der Greiner, der so genannt wurde, weil er zänkisch und streitsüchtig war,

kehrt seinem Bruder Ulrich den Rücken zu, denn gemocht haben sich beide nicht. Und Eberhard, den Ludwig Uhland auch den »alten Rauschebart« hieß, ist im Plattenharnisch zu sehen. Ihn hat Schiller in einem Gedicht verherrlicht, das anfängt: »Ihr dort außen in der Welt / Die Nasen eingespannt / Auch manchen Mann, auch manchen Held / Im Frieden gut und stark im Feld / Gebar das Schwabenland!« Am beliebtesten aber war Herzog Ulrich, der mit Fahne und Schwert dasteht. »Der Vielgeliebte« ist er genannt worden, weil er ein freundlicher Herr war und die Esslinger Vorstadt, die Obere oder Reiche Vorstadt und die drei gotischen Kirchen hat bauen lassen. Sein Sohn Heinrich von Mömpelgard, der letzte in dieser Reihe, ist als Gefangener von Karl dem Kühnen so grausam mißhandelt worden, daß er gemütskrank in die Heimat zurückkehrte und 29 Jahre lang auf Hohen-Urach dahinsiechte.

So wirkt sie sich aus, die Zeit, und hinterläßt Spuren als gemeißelte Steine. Ein Schlußstein aus der Stiftskirche ist 1950 in die Sakristei der Schloßkirche eingemeißelt worden. Auf ihm ist die Kaiserin Helena, die Mutter Konstantins des Großen und der Kaiser selbst neben zwei Juden zu sehen, die flache helmartige Hüte mit hohen Zapfen tragen, wie es ihnen im Mittelalter befohlen worden war. In der Mitte erhebt sich das Kreuz, und die Legende erzählt, die Kaiserin habe die Juden gefragt, wo das Kreuz Christi sei; und schließlich soll sie's gefunden, haben.

Wie jeder weiß, ist Konstantin deshalb der Große genannt worden, weil er das Christentum zur Staatsreligion erhoben hat; womit wir wieder beim Anfang und weitab von heute wären, obwohl vielleicht, wenn's wieder einmal nötig sein sollte, Mangel oder gar Not zu ertragen, sich der und jener an die Kraft erinnern wird, die der Glaube ausstrahlt.

Die Markthalle Heutzutage soll sie abgerissen werden, und ich meine, es sei um sie schade. Wenn sie nicht mehr da ist, wird man wissen, wie sie war und was wir an ihr hatten; dann kommt sie auch hinein in irgendein Erinnerungsbuch mit alten Fotografien, und wir widmen ihr ein Tröpfchen

Wehmut, wie es unserer Seele in der Zeit der Nostalgiewelle entquillt, wenn wir das Aquarellbild »Die Münze beim Bärenplatz um 1820« anschauen, das in Gustav Wais' Buch »Alt-Stuttgarts Bauten im Bild« zu sehen ist und die Gegend um die Markthalle herum so zeigt, wie sie war, als hier weder eine Gemüsehalle noch eine Markthalle stand. Statt ihrer dehnte sich der Bärenplatz, und der hieß nach dem Bärenzwinger, der eine Zeitlang im Schloßgraben an der Dorotheenstraße war.

In dieser Gegend ist schon immer Markt abgehalten worden; er dehnte sich vom Schillerplatz über die Dorotheenstraße bis zum Karlsplatz aus. Auf dem Bild von 1820 füllt der Bärenplatz lebendiges Gewimmel: Ein Metzger treibt einen Ochsen weiter, drei Soldaten mit hohen blauen Tschakos stehen stramm, ein Offizier schaut ihnen vom Roß herunter zu, eine Dame im rosafarbenen Kleid hält ihr Sonnenschirmchen schräg beiseite, eine gelbe, eine hellblaue und eine weiße Kutsche bewegen sich dem Karlsplatz zu, auf dem dort ein See schimmert, wo heute Kaiser Wilhelm reitet; und jeder, der all dies betrachtet, denkt: Was haben die doch damals noch für eine gute Luft gehabt. Und ein Brunnen ist auch dagestanden, ein klassizistischer mit einer Säule.

Aber gehen Sie noch weiter zurück als bloß bis in das Jahr 1820; es wird sich lohnen, weil Sie dann auf dem Platz unserer Markthalle Heinrich Schickhardts »Neuen Bau« finden, von dem behauptet wird, er sei so etwas wie ein architektonisches Kleinod gewesen. Und wer die Rekonstruktion auf dem Modell unserer Stadt im Wilhelmspalais anschaut, wird derselben Meinung sein.

Der Neue Bau war ein Palais aus der Zeit um 1600. Wer heute, ohne etwas von ihm zu wissen, an der Markthalle vorbeigeht, kann sich kein Bild davon machen, wie elegant der Renaissancebau mit seinen Türmchen an den Ecken ausgesehen hat. An ihm sind manche Einzelheiten sichtbar, die erst hundert Jahre später gang und gäbe waren, besonders was die Feinheit der Fassadengliederung mit hohen Fenstern angeht, die gemeißelte Umrahmungen hatten; denn Schickhardt ist das gewesen, was man heute einen progressiven Architekten nennt. Die zierliche Schauseite mutet rokokoähnlich an, obwohl es damals bis zum Rokoko noch an die hundertzwanzig Jahre

Zeit gehabt hat. Aber der Neue Bau hatte etwas Verfeinertes oder Spätzeitliches, falls man das sagen darf.
Wer weiß, vielleicht führt solch eine Behauptung zu einem architektonischen Streitgespräch über einen Bau, der nicht mehr steht. Er hatte eine bewegte Geschichte, denn schon als er fast fertig dastand, hat ihn ein Erdbeben so stark mitgenommen, daß er teilweise neu aufgeführt werden mußte. Und 1711 hat Herzog Carl Eugens »Fränzele« drin gewohnt, dieses Fräulein von Grävenitz, das Wert legte auf ein standesgemäßes Domizil.
Im ersten Stock war ein Festsaal mit Deckengemälden, und in den oberen Geschossen sind Rüstungen, Münzen, Bilder, also lauter sogenannte Kulturgegenstände aufbewahrt worden. Und weil der Herzog ein Theaterfreund gewesen ist, hat er im Frühjahr 1757 vom Schloßbaumeister de la Guêpière dort eine kleine Bühne einbauen lassen. Die war im Dezember fertig, aber schon kurz vor Weihnachten brach in ihr Feuer aus, das alle Kostbarkeiten aus dem Neuen Bau herausfraß und nur seine steinerne Schale übrigließ. Die stand noch zwanzig Jahre lang, bevor sie abgerissen wurde.
Eine Gemüsehalle aus Eisen und Glas ist 1863 von dem damals ebenfalls fortschrittlichen Baumeister Morlok auf dem Bären- oder Dorotheenplatz errichtet worden. Sie hatte einen hohen Mittelbau, dessen Eingangsbogen sich wie eine Mischung, aus Gewächshaus und Bahnhofshalle wölbte. Die Flügelbauten waren mit drei Rundbögen gegliedert, und das Ganze wirkte luftig und lichtspiegelnd, paßte aber nicht zwischen die Steinbauten des Alten Marstalls und des Innenministeriums, das in der Neuen Oberamtei untergebracht war. Die Eisenkonstruktion wurde von dünnen Säulen getragen, die korinthische Kapitelle hatten und auf denen, rechts und links vom Eingang, Frauengestalten standen, die den Reichtum des Landes symbolisierten. Eine Uhr im Bogen des mittleren Baus weckte ebenfalls die Assoziation eines Bahnhofsgebäudes, während die Erdgeschoßmauern mit einer Art Maßwerk geschmückt waren, das an Kreuzgänge oder gotische Kapellen denken ließ.
1864 ist diese Gemüsehalle mit einer Blumen- und Früchteausstellung eröffnet und später zum Verkauf von Gemüse und

anderen Lebensmitteln freigegeben worden. König Wilhelm I. hatte die Vorgängerin unserer Markthalle in Auftrag gegeben und der Stadt geschenkt; weshalb behauptet werden kann, die Adligen, die seinerzeit am politischen Ruder saßen, seien nicht immer nur despotische Unmenschen gewesen, die ihre Untertanen mit der Knute drunten hielten.

Siebenundvierzig Jahre lang stand die Gemüsehalle; dann wurde sie, die zwar enorm modern, aber nicht so widerstandsfähig wie ein altmodischer Steinbau war, abgerissen und durch die Markthalle ersetzt, die heute noch steht und gut ins Bild paßt. An der Dorotheenstraße hat sie spitzbogige Arkaden mit Kreuzrippengewölben. Wenn Sie unter denen langsam weitergehen und an einem heißen Sommernachmittag zu den Fenstern der Schloßkapelle hinüberschauen, in der vielleicht gerade jemand auf der Orgel spielt, dann kommen Sie in den Genuß Ihrer Nostalgie. Und daß unsere Markthalle von 1912 unrentabel und unpraktisch sei, das wird jetzt wohl nur noch mühsam behauptet werden können, weil wir wieder mal Sparsamkeit für eine Tugend halten müssen und hoffen dürfen, daß sich nicht auch noch der Mangel einschleicht.

Also, bitte, zufrieden sein mit dem, was wir in unserer Markthalle kaufen können, die glücklicherweise kein Supermarkt ist. Fürs Persönliche, für einen individuellen Kundendienst ist sie jedenfalls der richtige Ort, der übrigens vor gar nicht langer Zeit innen neu hergerichtet wurde. Und jeder, der dort einkauft, spürt die Freude an den Geschenken der Erde als frischen Hauch und Duft, der durch die weite, weißgetünchte Halle mit ihrer Galerie weht. Hier sehen Sie den »gelblechten« (also gelblichen) Meerrettich neben Schwarzwurzeln liegen, erfahren von einer breiten Gärtnerin, wie dieser Meerrettich im sandigen Kellerboden großgezogen wird, lassen sich von einem Herrn aus Jugoslawien als »Jüngling« ansprechen und sind froh, weil sein Schafskäse und seine Oliven so richtig nach Balkan schmecken. Dazu die Schweizermädchen mit ihren Gewürzen, und wenn beschneite Rehe hereingetragen werden und ihre Läufe auf den Schultern der Träger wippen, atmet Sie der Winter an.

Das Institut für Auslandsbeziehungen Wie angeschwemmt, als wär es ein steinernes Schiff, streckt es sich am Charlottenplatz, der weit und kahl erscheint, seitdem die Bäume, des Verkehrs wegen, gefällt werden mußten. Das lange Dach über dem unregelmäßigen Viereckbau läßt das umfangreiche Gebäude älter erscheinen, als es ist. Denn erst im Jahre 1705 wurde es im sogenannten herrschaftlichen Hofgarten zu bauen angefangen. Die fürstliche Leibgarde zu Pferd sollte hier einziehen, aber weil der Herzog seine Residenz nach Ludwigsburg verlegte, wurde das Gebäude 1712 als Waisenhaus eröffnet.
Also ist das Institut für Auslandsbeziehungen, wie der Bau heute heißt, als Kaserne geplant gewesen, aber nie als solche benützt worden. Und im Lauf der Zeit ist er gewachsen. Bald erhielt er eine Schule und eine Kirche, und schon in den sechziger Jahren des 18. Jahrhunderts wurde er erhöht und 1788 erweitert. Noch 1922 war an seiner südwestlichen Ecke, also dort, wo Sie früher ins Kino hineingegangen sind, ein einstöckiger Flügel, und der Bau war ein Gegenstück zur Hohen Karlsschule drüben auf der andern Seite der Planie.
Heute gehört das Haus zu unsern eigenartigsten Bauwerken, speziell in dieser fortschrittlichen Zeit. Wenn Sie durchs gewölbte Tor in den Hof kommen, den alte Akazien säumen, die eigentlich Robinien genannt werden müßten, sind Sie in einem stillen Bezirk, der Sie vom Lärm abschirmt und aufatmen läßt. In warmen Monaten können Sie dort als Gäste des Wienerwald-Restaurants (früher »Charlotten-Keller«) im Freien sitzen wie in alter Zeit.
Um es vorwegzunehmen: Ich habe hier neun Jahre lang als Sekretär sowohl eines Kulturvereins als auch eines Schriftstellerverbandes gearbeitet; übrigens im Zimmer 119, wenn Sie's genau wissen wollen. Es lag im Dachgeschoß des Traktes an der Dorotheenstraße und schaute in den Hof, was an heißen Sommertagen, der Kühle wegen, günstig war. Die Sekretärskollegen von den Landsmannschaften der Donauschwaben und anderer Vertriebenen-Verbände, die auf der anderen Seite des Gangs ihre Kanzleien hatten, seufzten des öfteren über die Hitze und ließen ihre Türen offen.
Winters aber, wenn ich dort hineinging, wo neben einer wei-

ten Diele ein Antiquitätengeschäft heimisch ist, lehnte eine Dame mit Glitzerblick an der Dampfheizung, und ein ansehnlicher Polizeibeamter stand dicht bei ihr; die beiden lächelten, und ab und an rauchte sie eine Zigarette. Zu Rechtsanwalt Lebküchner ging es über zwei hölzerne Stufen, und dann zweigte rechts ein Gang mit vielen elektrischen Leitungsschlangen an den Wänden ab, und sein Linoleum war überm Bretterboden wellig.

Dort kommen Sie auch heute noch zur Süddeutschen Konzertdirektion Ruß, die hinter der Tür zum Hof einen Kiosk eingebaut hat, wie drüben beim Antiquitätenladen das Reisebüro Raible.

Nicht weit davon führt eine Holztreppe neben einem Messinggeländer aufwärts, und die Stufen knarren, wenn Sie hinaufgehen. Oben stehen Spinde, die Polizei- und Stadtbeamten des Amts für öffentliche Ordnung dienen. Zu meiner Zeit, als hier das Fundamt war, stauten sich Leute vor einer offenen Kammertür und starrten zu einem Mann hinüber, der allerlei Lebensrückstände versteigerte, unter denen alles zu finden war, sogar vergessene Gebisse.

Das Amt für Rauch- und Geruchsbelästigung war um die Ecke, und weiter vorne verhörten Herren von der Stadtpolizei Streuner und Streunerinnen, die bei Razzien oder Kontrollen im Bahnhof oder auf Parkbänken ohne Ausweis aufgestört oder aufgestöbert worden waren. Vom Gefängnis in der Dorotheenstraße sind die Leute damals herübergeleitet worden und haben ihre Habseligeiten in neuen grauen Kartons unterm Arm getragen. Eine ansehnliche Dame, schlank und im roten Kleid, sah sich dort einmal nach mir um, und der Polizeibeamte sagte: »Da geht man jetzt ganz ruhig weiter... Nein, der ist nicht bei uns.«

Als Hausmeister wirkte Herr Bräckle, der eine Herzgeschichte hatte. Seine Frau sagte oft, sie habe solch einen guten Mann; und ihre frische Haut, die komme bloß daher, weil sie Rohköstlerin sei. Sie beaufsichtigte die Raumpflegerinnen, erteilte ihnen klare Weisungen, und manche Kollegin sagte, die Frau Bräckle wolle ihr beibringen, wie man putzt, obwohl sie das seit langem könne.

Eine Treppe höher wehte ein böhmisches Lüftchen. Frauen in

langen Kleidern, Kopftücher im Haar, warteten neben abgestellten Käzen vor den Kanzleien, und junge Leute in grauen Hemden, die zur »Deutschen Jugend des Ostens« gehörten, gingen in ein Zimmer, das »Rüstkammer« hieß.
Das Büro von Münchingers »Stuttgarter Kammerorchester« ist von hier in den Flügel beim Karlsplatz umgezogen, wo es, wenn ich richtig unterrichtet bin, auch einen Saal zum Üben gibt. Über die Wendeltreppe im Turm kam man dort hinauf, wo bis 1956 die Kommunistische Partei heimisch gewesen ist, in deren Zeitung ich einmal verrissen wurde, nachdem ich aus eigenen Schriften vorgelesen hatte; es hieß da ungefähr, der junge Schriftsteller solle sich mal in der DDR umsehen, was dort seine Kollegen schrieben; denn was er vorgelesen habe, das sei weder lebensfroh noch positiv.
Ich sah hier noch den Konsul Theodor Wanner, einen Herrn mit weißem Bart aus seinem altmodischen Auto steigen, denselben Konsul Wanner, der das Institut für Auslandsbeziehungen als Deutsches Auslands-Institut sowie den Süddeutschen Rundfunk gegründet hat. In den zwanziger Jahren wurden, hier Sendungen ausgestrahlt, und eine lange Antenne spannte sich über dem Dach. Zu meiner Zeit aber, also in den fünfziger Jahren unter Konrad Adenauer, betreute das Haus Herr Geist, ein hagerer und imposanter Mann. Im Erdgeschoß-Tabakladen winkte mir der Besitzer zu, der montags mit seinen Kollegen ein Fußball-Problem zu besprechen hatte. Weiter vorne, also zwischen Feinkost Böhm und Café Sommer, hatte Herr Felger seine ehrwürdige Buchhandlung und erzählte von Christian Wagner, diesem Dichter, der auch Bauer gewesen ist und vor dem ersten Weltkrieg manchmal zu Felgers Vater hereingeschaut hat, nachdem er zu Fuß von Warmbronn in die Stadt gekommen war. Er ging auch wieder zu Fuß in sein Heimatdorf zurück und schneuzte sich in ein großes rotes Sacktuch.
Hosers Buchhandlung ist jetzt dort größer als die Felgersche. Und das Café Sommer hat immer noch seine vertraute Atmosphäre, was tröstlich ist, denn ein Café, in dem man immer noch so sitzen und für sich sein kann wie früher, das mutet heutzutage fast wie ein Relikt aus monarchischen Tagen an; weil es halt, sagen wir einmal: seit 1913 nicht mehr so richtig

gemütlich geworden ist; weshalb es manche Leute gibt, die's der Zeit arg übelnehmen, daß sie sich seit sechzig Jahren mehrmals verändert hat.
Auch das »Alte Waisenhaus«, das bis 1918 Königliches Waisenhaus hieß, hat sich gewandelt, übrigens zu seinem Vorteil. 1924 hat Schmitthenner aus alten und neuen Mauern einen geschlossenen Bau geschaffen. Obergeschoß und Dachaufbauten wurden hinzugefügt, die im Krieg teilweise zerstört wurden und, etwas verändert, später wieder auferstanden sind.
Auf alten Bildern ist das Waisenhaus mit ausmarschierenden Waisenbuben zu sehen, die Uniformen anhaben, eine Fahne tragen und trommeln. Und vielleicht gibt es da und dort noch jemand, der von den Maiumzügen dieser Waisenknaben wenigstens gehört hat. Die sind damals singend durch die Straßen gezogen.

Das Wilhelmspalais Im November 1918 ist das Wilhelmspalais hineingezogen worden in den Wirbel der Geschichte; denn damals hat eine Volksmenge vor ihm gejohlt und es sozusagen gestürmt. Matrosen aus Norddeutschland sind als Antreiber und Aufhetzer dabeigewesen, und einer von ihnen hat die Königsflagge, die zwei schwarze Hirschstangen auf gelbem Grunde trug, heruntergeholt und einen roten Lappen dafür aufgezogen. Dem Hauptmann der Wache wurde sein Helm vom Kopf gerissen und mit der Spitze auf den Kopf gehauen, während über die Planie eine Kompanie Infanterie herbeimarschierte und »schiaßet jo net!« gerufen wurde. Der Oberleutnant, der die Kompanie befehligte, verbarg sich hinter einer Holzbeige im Hof des Instituts für Auslandsbeziehungen, weil sich seine Soldaten anderswo verkrümelt hatten oder, Gewehr bei Fuß, unter den Zuschauern herumstanden. Es blieb ihnen ja auch nichts anderes übrig.
Daß sich die Matrosen, die das Wilhelmspalais stürmten, maßvoll aufführten, wird durch die Überlieferung nicht bestätigt; eher ist das Gegenteil der Fall gewesen.
Weshalb die alte Ordnung nicht wiederhergestellt werden konnte; denn danach fuhr der König nach Bebenhausen und betrat Stuttgart nie wieder. Nicht einmal sein Sarg durfte

durch die Landeshauptstadt gefahren werden, und beerdigt wurde er in Ludwigsburg.
Nun, das sind alte Geschichten, die heute kaum noch aktuell sein können, obwohl die Frage, wie sich Gewalt entwickeln kann, gerade heutzutage immer wieder diskutiert wird. Der König war enttäuscht, weil niemand mehr zu ihm hielt, obwohl ihm zwei Jahre zuvor beim Regierungsjubiläum viele treue Staatsdiener ihre Ergebenheit bekundet und ihn derselben versichert hatten. Anno achtzehn aber entstand die Gewalt aus der Not, während sie heute hauptsächlich aus Überdruß an Wohlstand und Freiheit hervorzuspringen scheint.
Wie zuvor, so wohnte der letzte König auch nach seinem Regierungsantritt im Wilhelmspalais, vielleicht weil ihm das Neue Schloß zu prunkvoll und zu groß gewesen ist; denn Wilhelm der Zweite war ebensowenig fürs Pompöse wie sein Vorgänger Karl, der seinem Hofkutscher Ringwald die Restauration zur Kiste in der Kanalstraße gekauft hat.
Benannt ist das Wilhelmspalais nach König Wilhelm dem Ersten. Der letzte König (Wilhelm II.) hatte es von seiner Tante, der Prinzessin Marie, geerbt, die einen Grafen Neipperg geheiratet hatte. Sechs Jahre lang wurde am Wilhelmspalais gebaut, und 1840 ist es nach Plänen Saluccis, der auch Schloß Rosenstein gebaut hat, fertig geworden. Wer es heute anschaut, denkt nicht daran, wie es nach dem Krieg ausgesehen hat, denn damals guckten Wolken durch die Fensterlöcher und Unkraut zierte den Balkon. So aber, wie es jetzt dasteht, scheint es immer gewesen zu sein. Auch auf alten Stichen ist es kaum anders als heute zu sehen, mit seiner Auffahrt zu beiden Seiten und einer Treppe in der Mitte.
Die beiden Fenster vor dem Eingang sind verschwunden, und die Auffahrt wird nur noch von Fußgängern benützt, weil die Autos nach hinten fahren, wo's für sie geräumig ist und früher der Garten sich ausgedehnt hat.
Und die Stille der vierziger Jahre des vergangenen Jahrhunderts ist immer noch um das Wilhelmspalais spürbar, allerdings eine imaginäre Stille, denn jetzt ist's dort, was die Wirklichkeit angeht, ziemlich laut; weshalb es gut ist, sich vorzustellen, wie damals Kastanienbäume auf dem Charlottenplatz nicht weit vom Vierröhrenbrunnen standen, den Thouret ge-

baut hat, und der leider auch, des Verkehrs wegen, abgerissen werden mußte.

Das Spezielle am Wilhelmspalais aber ist seine klassizistische Schönheit. Sie gehört zu einer Stilrichtung, die um 1800 anfing modern zu werden und bis in die sechziger Jahre hinein gültig geblieben ist. Dann wollte man (wie schon hundert Jahre zuvor) wieder vielerlei Ornamente an den Fassaden sehen. Salucci aber hielt, wie es sich um 1840 noch geziemte, einen langgestreckten Kubus mit niederem Dach für das einzig Richtige und Schöne.

Die Außenwand gliederte er durch Fenster und Säulen, die den mittleren Teil des Baus mit dem Balkon hervorheben, und betonte die Horizontale, indem er das Erdgeschoß vom Obergeschoß durch ein gemeißeltes Steinband trennte. Sonst ließ er kaum schmückendes Beiwerk zu. Am Neuen Schloß aber können Sie einen ganz anderen Geschmack studieren, denn dort wird die Fassade außer mit Fensterprofilen auch noch mit Pilastern, Lisenen, und eleganten allegorischen Figuren geschmückt, die an der Dachkante ihre fröhlichen und so gut wie nackten Leiber zeigen.

Davon ist am Wilhelmspalais nichts zu sehen, übrigens wie an den Bauten unserer Zeit; denn heute ist man, zumindest im Baustil, ornamentalen Effekten gegenüber spröde gesinnt und will es glatt und kantig haben. Die Aggressivität der zeitgenössischen Bauwerke ist allerdings in denen der klassizistischen Zeit nirgends zu finden, wahrscheinlich weil ein Mann wie Salucci dem Ideal der Humanität huldigte. Und zurückhaltend, ja sogar vornehm ist das Wilhelmspalais wie jeder andere klassizistische Bau, zum Beispiel auch das Schloß Rosenstein.

Die Aufteilung der Räume aber mußte innen geändert werden, weil der Bau im Krieg ausbrannte und neue Zwecke andere Säle und Zimmer forderten als die, die ein König gebraucht hat. Die Städtische Bücherei mit Vortragssaal und Ausstellungsräumen präsentiert sich so, daß beinahe alle Wünsche der Bibliothekare und des Publikums befriedigt werden.

Im Erdgeschoß ist die Blindenhörbücherei zu Hause, ein bewundernswerter Zweig dieser Bibliothek, weil sich dort Kassetten mit vielen von Autoren und Schauspielern besproche-

nen Magnetophonbändern stapeln, die ins Land verschickt werden und über alle Wissensgebiete informieren.
Eine Treppe führt in die Mitte hinauf und fügt sich so zwischen die Räume, daß sie schwerelos wirkt und zu verschwinden scheint. Der Mittelsaal schaut durch weite Fenster auf Bäume, als öffne er sich nach einem Garten, und von den Fensterplätzen oben bei der Handbibliothek schauen Sie über die Innenstadt zu den westlichen Hügeln. Dort ist es gut, sich vielleicht sogar einmal in einen Band der vorbildlichen Sammlung von Klassiker-Gesamtausgaben zu vertiefen. Später gehen Sie gestärkt nach Hause, auch wenn Sie eine Stunde lang nur gelesen und deshalb nichts »Nützliches« getan haben (sozusagen); denn was Goethe, Stifter und Mörike geschrieben haben, ist mehr als Druck und Papier.

Das Kleine und das Große Haus Ums Kleine und Große Haus der königlichen Hoftheater, wie Oper und Schauspielhaus damals hießen, war es früher still, und in den Oberen Anlagen ergingen sich nur wenige. Eine selten befahrene Straße trennte den Privatgarten des Königs, der später Rosengarten genannt wurde, vom runden Theatersee, und der See selbst gehörte noch um 1815 zu einer größeren Anlage, in der sich das Schloß spiegelte.
Jedenfalls ist 1909, als Max Littmann die Pläne für die beiden Theater entworfen hatte, das Opernhaus nach diesem runden See hin orientiert worden. Die gewölbte Fassade mit den sechs dorischen Säulenpaaren über der aufsteigenden Treppe öffnet sich nach dem See und wiederholt die Form des runden Bassins in einer Gegenbewegung.
Heute ist der See eckig, dehnt sich nach dem Schloß zu aus und erinnert an den Epaulettensee, dessen Kanal einstmals bis zum Neuen Schloß reichte. Die Anlagen um Oper und Schauspielhaus aber sind zu einer Freizeit- und Erholungslandschaft geworden, die auch Streuner und Rauschausschläfer auf ihren Rasenflächen duldet.
Das Große Haus der Württembergischen Staatstheater, wie die Oper offiziell genannt wird, ist ein Denkmal des klassizistischen Jugendstils, das im Krieg nur leicht beschädigt

wurde. Seine gewölbte Säulenfront könnte auch als Mittelteil eines Schlosses gelten, hinter dem ein ovaler Saal liegt. Darüber erhebt sich der Giebelaufbau des Zuschauerraumes, während das grünlich patinierte Dach der Kassenhalle und der Gänge hinter Statuen aufsteigt, die auf dem Dachgesims stehen.
Unter ihnen öffnet sich ein langer Balkon, der in der Gesamtwirkung der Fassade nicht hervortritt. Nur die Besucher der oberen Ränge wissen, wie es ist, wenn man dort im Dämmerlicht eines Sommerabends über See und Baumkronen zu den westlichen Hügeln hinübersieht.
Es lohnt sich, die Fassade genauer anzuschauen, weil in ihr barocke und klassizistische Elemente vereinigt sind. Die Doppelsäulen geben kräftige Akzente von Licht und Schatten, darüber aber wird alles leicht und hell, und die Standbilder auf dem Dachgesims lassen die Aufwärtsbewegung der Säulen in der Luft ausschwingen. Diese Gliederung der Fassade erinnert an barocke Bauten, während der Dreiecksgiebel in der Höhe klassizistisch wirkt. Beide Stilelemente vereinigen sich harmonisch, wie es zu einem Bauwerk der späten monarchistischen Zeit gehört, das König Wilhelm II. durch ansehnliche Geldmittel gefördert hat, nachdem das Alte Hoftheater 1902 abgebrannt war.
Es stand am Schloßplatz, dort, wo heute das Kunstgebäude steht und von 1902 bis 1912 das Interimstheater als Zwischenlösung und Meisterleistung der Baufirma Albert Hangleiter, die den Bau in einem halben Jahr hinstellte, die Theaterwünsche der Stuttgarter bis zum Neubau der Staatstheater befriedigte. Und weil Gegenwärtiges ohne Vergangenes nicht existieren kann, erlaube ich mir, daran zu erinnern, daß unser Staats- und früheres Hoftheater über eine beachtenswürdige Tradition verfügt; denn im Neuen Lusthaus wurde seit 1609 Theater gespielt, und 150 Jahre später ließ es Herzog Karl Eugen zu einer Oper mit 1200 Sitzplätzen ausbauen. Von nun an galt es für eines der prächtigsten Opernhäuser seiner Zeit, und den Aufführungen des Kapellmeisters Jommelli wurde in Berlin, Wien, Paris und Mailand nachgeeifert.
Umbauten im Inneren des Opernhauses haben seinen silbergrauen Zuschauerraum mit kräftigen Farb- und Lichteffekten

durchsetzt, wie sie auch in großzügigen Kino- und Zirkusbauten zu finden sind; weshalb man sagen kann, das Große Haus sei damit sozusagen demokratisiert worden. Dann und wann wurde sogar die Forderung laut, die Mittel- oder Königsloge verschwinden zu lassen, obwohl es doch zu den legitimen Gefühlen des sogenannten einfachen Mannes gehört, wenn er sich heute auf denselben Sessel niederlassen kann, den früher einer mit gekröntem Haupte sozusagen gedrückt hat. So etwas stärkt das Selbstbewußtsein und läßt den Bürger wissen, daß er auf der Straße des Fortschritts den Idealen von Freiheit, Gleichheit und Brüderlichkeit um ein erkleckliches Stück nähergekommen ist.

1912 sind die beiden Theater durch die Oper »Ariadne auf Naxos« von Hugo von Hofmannsthal und Richard Strauss eingeweiht worden. Sie wurde als Premiere vor einer Aufführung von Molièrs »Bürger als Edelmann« im Kleinen Haus gespielt, das im Krieg zerstört wurde und in unseren Tagen (1962) als modernes Schauspielhaus wiedererstanden ist. Während es in seiner alten Gestalt mit vier Säulen unter einem Dreiecksgiebel dem Opernhause ähnlich war und an griechische Tempel erinnerte, ist das neue von blanker und kantiger Gegenwärtigkeit. Als unregelmäßiges Fünfeck wird sein Obergeschoß über einem Granitsockel von Stützen gehalten. Deshalb sieht es so leicht aus, fast als wär's ein Behelfsbau, während alles an ihm solide und bis ins Letzte ausgetüftelt ist; denn nach dem Kriege wollte man alles andere als so etwas wie einen Musentempel mit klassizistischen Formen hinstellen, weil Klassizistisches durch Hitlers Diktatur, allwo dasselbe zum Staatsreglement gehört hatte, in Mißkredit gekommen war; obwohl schließlich eine Stilform nichts dafür kann, wenn ein Machthaber sie bevorzugt und für sich in Anspruch nimmt.

Beim Kleinen Haus wird der Eindruck des Leichten und Schwebenden auch durch hohe Fenster in den Ecken und ein Fensterband unterm Dach verstärkt.

Früher war's mit seiner Kirschbaumvertäfelung im Inneren ein idealer Theaterraum, in dem jedes Wort auf jedem Platz zu hören war. Heute läßt die Akustik in manchen Reihen etwas zu wünschen übrig, und die Sitze sind, fortschrittlichem Demokratieverständnis zum Trotz, immer noch in Rängen übereinander angelegt, wo die Plätze verschieden teuer sind, weil man, wie seinerzeit unterm König, auf dem einen besser, auf dem anderen aber schlechter hört und sieht. Und was die Aufführungen mit ihren Gaukeleien und Verwirklichungen einer Welt betrifft, die es nicht gibt, so faszinieren sie wie zu Zeiten der königlichen Hofschauspielerin Amalie von Stubenrauch, deren Villa 1910 abgerissen wurde, um Platz zu schaffen für unser Opernhaus. Und obwohl der Geschmack unserer Zeit oft als »knallharter Realismus« bezeichnet wird, hat zumindest die Traumwelt der Oper noch ihre Freunde. Wenn das Klingelzeichen zu hören ist (in alten Theatern hörte man öfters einen gewissen helltönenden Gong, der »Tsching« machte), die Lichter verlöschen, das Vorspiel, sagen wir: zu den »Meistersingern« beginnt und Musik und Bild ineinandersinken, dann öffnet sich jener Raum voll Sehnsucht und Traum, in dem Sie nur noch der Gedanke bedrängt: Hast du zu Hause das Gas abgestellt?

Das Rathaus Nicht nur von einem, sondern von fünf Rathäusern soll hier erzählt werden, weil sich hinter dem neuen, kantigen und stolzen Massenbau vier andere im Zeitenschoß verbergen, von denen zwei noch im Gedächtnis alter Mitbürger lebendig sind.
Vom neuen aber darf zuerst berichtet werden, und dieses steht recht wacker da. Ein imposantes Stück, dessen Erbauer schon in den fünfziger Jahren so etwas wie Monumentalität gewagt hat, während allenthalben (und dies bezeugt auch unser Marktplatz) nur Nutzbauten erstellt wurden, die zweckmäßig sein mußten; denn so verlangte es die Zeit, die mit Ruinen sozusagen gespickt war. Nach wilden Verwüstungen kümmert sich, zumindest in unseren Tagen, kaum jemand um Ästhetisches, weil man bauen muß, um Dächer über den Köpfen zu schaffen.
Unser Rathaus freilich stammt schon aus einer Epoche, in der das Wirtschaftswunder blühte und fast jeder zeigen wollte, daß er wieder was vorstellte, reich geworden war, sich gesettelt und es zu etwas gebracht hatte. Und hier in Stuttgart ließ

man merken, daß unsere Stadtplaner die großzügige Wirkung kubischer Blöcke im Stadtgrundriß genau auskalkulieren konnten.
So stellten sie also dieses komplexe Rathaus hin, das niemand übersehen kann, der durch unsre Stadt schlendert.
Der Turm beherrscht die zwei Steinblöcke, die durch Steinbänder und quadratische Fenster gegliedert werden. Gleichwertig wachsen die Geschosse in die Höhe, keines wird, etwa durch ausladende Balkone oder gar durch Säulen hervorgehoben, weshalb es nur durch seine Kraft und seine Größe wirkt. Der Sitzungssaal im Obergeschoß links vom Turm wird durch seine hohe Fensterwand deutlich, die Turmuhr und ihr Ziffernblatt lassen keinen Zweifel aufkommen, welche Stunde es geschlagen hat, und nur das Glockenspiel bringt ein paar falsche Töne mit ins Spiel. Wer aber hat jemals und in einer anderen Stadt ein rein tönendes Glockenspiel gehört? Das dürfte selten sein, weil es sehr schwierig ist, Glocken so zu gießen, daß auch die Zwischentöne rein erklingen.
Jedenfalls ist das neue Rathaus, was seine Außenansicht anlangt, bis in jede Einzelheit streng und konsequent durchgebildet und ein gewissermaßen fehlerloses Bauwerk.
An der Ecke zur Hirschstraße, wo die preisenswürdige Fußgängerzone anfängt, steht das Standbild einer Stuttgardia mit Mauerkrone, die uns als Relikt jener Zeit um 1900 überkommen ist, in der das Rathaus unserer Väter und Großväter erbaut wurde. Von ihm stehen noch Teile an der Hirsch-, der Eich- und der Nadlerstraße. Ich erinnere mich, wie ich hier Anno 46 als schäbiger Rückkehrer aus der Kriegsgefangenschaft um Lebensmittelmarken oder sonst einen Berechtigungsschein fürs Weiterleben angestanden bin. Damals waren unsere Stadtväter froh, wenigstens hier den Verwaltungsapparat aufbauen zu können. Und dieser Rest des neugotischen Baus von 1900, den unser Geschichtslehrer als das blamabelste Stuttgarter Bauwerk zu bezeichnen pflegte, erscheint heute auch im Inneren als zwar nicht übermäßig originelle, dafür aber elegante und urbane Architektur. Und wenn Sie die Fassade an der Nadlerstraße betrachten und die hohen Fenster mit gemeißelten Stöcken und Gesimsen sehen, werden Sie mir (hoffentlich) recht geben. Jedenfalls ist es dem Konstruk-

teur des neuen Rathauses trefflich gelungen, den alten Teil mit dem modernen zu verschmelzen. Und wer im Neubau die schwarze Marmortreppe emporschreitet, die einen trockenen Prunk ausstrahlt, der wird sich auch der zierlichen Treppen im gotischen Geschmack, die nach hinten zu noch begehbar sind, dankbar bedienen, falls er nicht lieber den Aufzug benutzt.
Schauen wir also durch unser heutiges Rathaus zurück aufs alte, als ob die neuen Mauern durchsichtig wären. Dann steht ein vielfältig gegliederter Bau da, den vier Erkertürmchen schmücken und dessen steiles Dach ein Turm überragt, der an mittelalterliche Wehrtürme erinnert und oben neben der Haube ebenfalls Erkertürmchen hat. Dies paßte zu den Fachwerkhäusern, die noch bis in die Bombennächte teilweise fünfhundert Jahre lang gelebt und dieselben Erkertürmchen mit spitzen Dächern gehabt haben. Weshalb behauptet werden darf, das alte Rathaus, für das mehrere Häuser abgerissen werden mußten, habe sich dem Stil der Altstadt angepaßt. Heute aber geht man unbedenklicher zu Werk und pflanzt immer wieder einen kantigen und strengen Nutzbau unter alte Häuser, auch wenn dabei ein schreiender Gegensatz sozusagen beschworen wird; wahrscheinlich, weil man heutzutage solche schreienden Gegensatz-Effekte gerne hat und meint, dieselben bewiesen die eigene gewissermaßen strotzende Vitalität.
Jedenfalls war das alte Rathaus kein anmaßender Bau. Der große Sitzungssaal war nicht als selbständiger Bauteil zu erkennen wie am heutigen, übrigens, weitaus massiger wirkenden Haus. Weite Bogenfenster gliederten das Obergeschoß, und am Turm richtete sich ein Blendgiebel auf. Wer früher durch die Kirchgasse zum Marktplatz ging, der sah den Rathausturm, dessen laternähnliche Turmhaube so zu den Giebelhäusern paßte wie der heutige zu den nach dem Krieg aufgebauten Häusern.
Alte und ältere Leute sehen den neugotischen Bau vor sich, wenn sie sich früherer Zeiten erinnern. Von 1900 bis 1905 wurde er gebaut, nachdem das alte Rathaus, das seit 1468 den Stadtvätern gedient hatte, abgerissen worden war, was nicht notwendig gewesen wäre, weil das alte auch noch bis zur Zerstörung im Bombenkrieg durchgehalten hatte und mit seinem

Renaissancegiebel (unter uns gesagt) viel schöner gewesen ist als der neugotische Bau. Eine Kapelle, die »Armesünderkapelle« genannt wurde, gehörte zu ihm, und seine Schauseite war mit einem Dachreiter samt Glöcklein geschmückt. Ursprünglich hatte es unter den Fenstern fein gemeißelte Schmuckleisten, zwischen denen die Wappen Ulrichs des Vielgeliebten und aller mit dem württembergischen Fürstenhaus Verwandten hingen.

Der fröhlichste Bürgermeister, der darin seines Amtes gewaltet hat, dürfte Wolf Friedrich Lindenspühr gewesen sein, der kurz vor dem Ende des Dreißigjährigen Kriegs der Stadt eine Mahlzeit stiftete, die als »Lindenspührsche Mahlzeit« in die Stadtgeschichte eingegangen ist und den »allhie verburgerten hausarmen Leut« Brot, Salz und Schmalz verschaffen sollte.

Lindenspühr stammte aus Sommershausen am Main oberhalb Würzburg und kam 1598 als Siebzehnjähriger nach Stuttgart, wo er sich sechs Jahre später verehelichte. In seinem siebzigjährigen Leben hat er viermal und immer nur Witwen geheiratet, die vor ihm starben. Als »Trommeter und Instrumentist« trat er in die Dienste des Herzogs, kam in den Rat der Stadt und brachte es, weil er gern lebte, jeden leben ließ und ein spendenfreudiger Herr war, der dafür sorgte, daß auch die Tübinger Stiftler im Dreißigjährigen Krieg nicht zu hungern brauchten, schließlich sogar zum Bürgermeister. Bei der Lindenspührschen Mahlzeit wurden enorme Massen verzehrt und pro Mann fünfeinhalb Liter Wein getrunken.

Ein Speisezettel von 1649 überliefert drei Gänge: »Erster Gang: Suppe – Eingemacht Kalbfleisch mit Petterlingwurz – Rindfleisch mit Meerrettich – Versottene Hüner – Welsche Hahnen, gebraten – Rehschlegel – Grundeln in der Butterbrühe – Baches (womit Gebäck gemeint war). Anderer Gang: Forellen – Gebratener Hasen – Kalbsgebrates – Spritzgebaches – Karpfen oder Hecht – Kesselbrates – Dritter Gang: Keess – Konfekt – Mandel – Hippen – Brezel – Bisque – Zuckerbrot – Lebkuchen.« Später war's dann nicht mehr so üppig, und die letzte Lindenspühr-Mahlzeit hat 1909 stattgefunden.

Die Lindenspührstraße ist nach diesem Bürgermeister benannt, der hohe Herren durch ein solennes Essen an ihre

Pflicht, für Bedürftige zu sorgen, erinnert hat. Auch mit seiner herzoglichen Herrschaft vertrug er sich gut. Dieselbe hatte nebenan ihr eigenes Rathaus, ein breites gotisches Gebäude mit einem Erker am Sitzungssaal, ähnlich dem Regensburgischen. Erbaut wurde es als Malefizhaus, und in seinem großen Saal saß man zu Gericht. Zu Beginn jeder Verhandlung wurde das »Malefizglöcklein« geläutet.
Am ältesten aber war jenes Rathaus, das bis zum Bombenkrieg am Marktplatz stand und sogar mir noch, freilich ziemlich verwischt, in Erinnerung ist. 1400 war es erbaut worden, und in ihm war schon zu meiner Zeit die Hauflersche Papierhandlung heimisch. Das neue Geschäft steht am selben Platz, nur hat's leider nicht mehr jene drei Erkertürmchen, von denen ich schon berichtet habe. Seine Kellergewölbe aber mögen noch von jenem alten Haus stammen, das die Grafen Ludwig und Ulrich ursprünglich als Kaufhaus erbauten. Ulrich der Vielgeliebte hat's, nachdem es als Rathaus nicht mehr benützt wurde, dem Baumeister Aberlin Jörg verkauft, von dem die Stifts-, die Hospital- und die Leonhardskirche stammen. 1614 baute Schickhardt es für die Tuchhändlerfamilie Keller um, nachdem der Ulmer Bürgermeister Besserer eine Zeitlang in ihm eine »Fuggerei« betrieben hatte. Und Konrad Wiederhold, der Kommandant des Hohentwiel, wohnte in ihm. Später aber hat es Eduard Mörike in seiner Erzählung »das Stuttgarter Hutzelmännlein« beschrieben, weshalb es noch lange als Phantasiebild lebendig bleiben wird, obwohl nichts mehr von ihm steht.

Der Hauptbahnhof Ihn gibt's seit 1927, denn erst damals ist er ganz fertig geworden. Doch als am 23. Dezember 1922 die letzten Züge aus dem alten Bahnhof aus- und in den neuen eingefahren sind, wie Gustav Wais vermerkt, war wenigstens eine Bauhälfte benutzbar.
Seit 1911 wollte man ihn hinstellen, denn schon damals ist seinetwegen ein Architektur-Wettbewerb ausgeschrieben worden. 1914 hat man zu bauen angefangen und gleich wieder damit aufgehört, weil der Erste Weltkrieg ausgebrochen war. Doch ließen sich unsere Väter und Großväter nur kurze Zeit

die Freude am Neuen verderben, das ihnen aus den Entwürfen des Professors Paul Bonatz entgegenstrahlte, die einen großzügigen Bau verhießen. Denn dieser Bahnhof ist so überraschend modern und trotzdem ohne Altes nicht zu denken, daß er in seiner Raumwirkung, in der Komposition seiner Bauformen, diesen sich steigernden Kuben mit ihrem Höhepunkt im Turm, vieles von dem, was sich später als zeitadäquate Architektur entwickelt hat, vorwegnimmt.

1916 ist der Rohbau der ersten Bauhälfte fertig geworden, und man hat Naturstein dazu verwendet, Muschelkalkquadern, die dafür sorgen, daß die Mauern lebendig wirken, als hätten sie eine atmende Haut. Die Baumasse ist sorgfältig gegliedert durch die enorme Öffnung der Schalterhalle, deren Rundbogenfenster kathedralenhaft wirken, weil sie von aufsteigenden Streben durchzogen werden. Auch die Erinnerung an römische Bauten zur Zeit Constantins wird lebendig.

Die Nebengebäude sind niedriger und treten stufenartig zurück, bis der Turm aufsteigt, der an Bergfriede aus der Zeit der Minnesinger erinnert. Eine Kolonnade von 21 Pfeilern trägt ein Obergeschoß, das Wohnungen enthält. Dort wohnte in den zwanziger Jahren der Primus meiner Schulklasse, weil sein Vater Reichsbahnoberrat war und oben eine Dienstwohnung hatte. Ich aber habe damals gedacht, solch ein Wohnsitz komme halt nur einem Primus zu, damit er von dort auf alle Gewöhnlichen hinabschauen könne, als säße er in einer Ehrenloge.

1917 wurde hier nicht mehr weitergebaut, und so blieb es zwei Jahre lang. Dann aber packte man, dem verlorenen Weltkriege zum Trotz, kräftig zu und stellte in drei Jahren eine Bauhälfte so hin, wie sie sich heute noch präsentiert. Im Zweiten Weltkrieg freilich wurde er rücksichtslos ramponiert, und ich erinnere mich, wie Wolken in die Schalterhalle schauten und sich in Pfützen auf dem Betonboden spiegelten.

Der obere Eingang entspricht der Schalterhalle, doch füllt sie nur eine Treppe, die zur Bahnsteighalle emporführt. Wenn man diese von Westen her betritt, läßt sie an das Innere einer Kirche denken, obwohl es kaum ein Kirchenschiff geben dürfte, das 160 Meter lang ist wie diese Bahnsteighalle. Sonntags dient sie unseren ausländischen Gästen als Ersatz für den heimischen Marktplatz, denn hier kommen sie zusammen, kaufen heimische Zeitungen und erzählen sich, zuweilen in Dorfgemeinschaften beisammenstehend, was es unter Landsleuten Neues gibt. Das würzt die Luft, die früher gleichmäßig oder gar eintönig gewesen ist.

Dreizehn Jahre wurde an diesem weitläufigen Komplex gebaut, denn erst 1927, als auch die zweite Bauhälfte fertig war, konnte man sagen, jetzt sei's geschafft.

Obwohl der Grundriß nicht streng symmetrisch ist, wirkt er geschlossen und läßt teils an mittelalterliche Bauten, teils an barocke Grundrisse denken. Auch Kastelle der römischen Spätzeit haben vergleichbares Mauerwerk, nur sollte man solche Übereinstimmungen nicht allzu pedantisch verfolgen. Auch gewisse zeitkritische Hinweise, die auf die Frage hinauslaufen, was das für eine Zeit sei, in der Bahnhöfe wie Kirchen und Kirchen wie Bahnhöfe aussehen, brauchen wir nicht zu beachten, denn schließlich haben wir unsere Zeit dazu bekommen, um in ihr zu leben.

Und gewisse Architekten, denen die Empfindung des Neides nicht ganz fremd gewesen sein dürfte, haben früher Professor Bonatz gefragt: Wozu schmücke er einen Bahnhof mit antikisierenden Stilelementen wie dieser Pfeilerkolonnade mit ihrem Architraven, der auch noch hohl sei? Wo aber finde sich in antiken Bauten ein Architrav, in dem man wohnen könne? Ein kaum ernst zu nehmender Einwand freilich, weil jener »Architrav« in diesem Baukörper als Stockwerk über Arkaden wirkt.

Übrigens hat der Turm einmal als Bergfried oder Fluchtburg gedient. Dies war in aufrührerischen Zeiten, damals Anno 1919, als der Sicherheits-Befehlshaber Paul Hahn, der auch »der rote Hahn« genannt wurde, die Regierung des Landes so lange im Bahnhofsturm einquartierte, bis sich die Lage wieder beruhigt hatte und Wahlen durchgeführt werden konnten. Paul Hahn aber, der sich im Trainingsanzug porträtieren ließ, war ursprünglich Lehrer und hat erst in Krisenzeiten seine Fähigkeiten der Menschenführung nahezu künstlerisch genutzt. Bis 1922 stand am Anfang der Königstraße, zwischen Hindenburgbau und Schloßgartenhotel (früher königlicher Marstall), das Königstor mit zwei Wachhäuschen dem Bahnhofs-

turm gegenüber und sorgte für einen seltsamen Effekt. Stehen
lassen konnte man's nicht, aber als Eingangstor zu den Anlagen wäre es zu erhalten gewesen, doch vereitelte dies die damalige Inflation. Sein bronzenes Königswappen ist noch über
dem mittleren Ausgang der Bahnsteighalle zu sehen, wo Bonatz auch den Trophäenschmuck des Tors aufstellen ließ, der
im Krieg zerstört wurde. Und weil bekanntlich der Verkehr
Altes besonders gern schluckt, sorgte er schon 1912 dafür, daß
dem neuen Hauptbahnhof die Reiterkaserne geopfert wurde.
Das war ein weitläufiges, in jenem klassizistischen Stil der
vierziger Jahre des neunzehnten Jahrhunderts errichtetes
Bauwerk, der sogar Kasernen zu humanisieren vermochte.
Der Verlust einer Kaserne freilich verschmerzt sich leichter als
beispielsweise das Kronprinzenpalais, das in unseren Tagen
beseitigt und durch Bauten ersetzt wurde, deren düstere Monumentalität auffällt, wenn man sie mit dem freizügigen
Hauptbahnhof vergleicht. Aber so entspricht es dem Lebensgefühl unserer Zeit.
Haben Sie Lust, noch ein bißchen in der Vergangenheit herumzuschlendern? Denken Sie an den alten Bahnhof, von dem
die Torbögen des Metropol-Kinos in der Bolz-Straße mit ansehnlichen korinthischen Säulen erzählen. Hinter ihnen
dehnte sich eine Vorhalle mit zwei Sälen, wo links Fahrkarten
nach Ulm, Friedrichshafen und Wien, rechts aber solche nach
Heilbronn, Frankfurt und Berlin zu kaufen waren. Eine Säulenhalle mit Glasdach, die auch einem römischen Bad angestanden hätte, führte zu den Zügen. Durchs Gitter durften nur
Billetbesitzer, die anderen mußten hier ihren Lieben Adieu sagen, weshalb es »Kuß-Gatter« genannt wurde. Von der Decke
hing eine große Uhr mit römischen Ziffern, und unter ihr trafen sich Geschäftsleute und Liebespaare. Ein Couplet, das in
Stuttgarter Cabarets und Cafés von Diseusen gesungen
wurde, galt dieser Uhr und krächzte von einem Grammophon
mit Hartgummiwalzen noch in meine Jugendzeit hinein. Es
hörte sich heiter an, wie es für ein Liedchen paßt, das in der
Zeit der Kugellampen, der Gardeoffiziere und knöchellangen
Röcke geträllert wurde, als der Stuttgarter Bahnhof zwei
Gleishallen mit je zwei Gleisen hatte und zwei Eisenbahnbrücken zwischen den Wohnhäusern der Kronen- und Schil-

lerstraße das Stadtbild pittoresk zerteilten. Unter ihnen zogen Reiter und Kutschen vorbei, oben aber schnaubte und dampfte das stählerne Wahrzeichen der neuen Zeit erschröcklich dahin.

Beim Leonhardsplatz   Hier ist gerade noch ein wenig Altes sichtbar, beispielsweise die Sankt-Leonhards-Kirche, die mit ihrem spitzen Turm und breiten Dach an ein braunes Zelt erinnert. Zu Breuningers Parkhaus ist's nicht weit, dessen weiße und glatte Geschosse sich wie liegende Raketen strekken. Neben ihnen steht die Leonhardskirche als ein kurioses Überbleibsel, das nur darauf wartet, weggefegt zu werden von unserer rasanten Gegenwart, obwohl die Kirche nach 1945 unter Opfern und Mühsalen aus Schutt und Trümmern wieder auferstand.
Von der Kreuzigungsgruppe beim Chor, einer Kopie nach einem Werk Hans Seyffers aus dem Jahre 1501, war nach dem Krieg nur das Kruzifix beschädigt, und dem steinernen Gekreuzigten fehlten beide Arme. Jetzt ist von allem nur noch der Sockel da, und es sieht aus, als werde hier auch mit der Kirche bald gewaltsam aufgeräumt.
Dem aber ist nicht so, weil der Sankt-Leonhards-Kirche, nach der die Vorstadt einstmals benannt wurde, auch in spektakulären Sanierungsprojekten ein Lebensrecht zugestanden wird, so daß sie als ein winziges, gotisch verschnörkeltes Relikt zwischen glatten Giganten auch in unserer großartigen Zukunft wird bestehen dürfen.
Schon 1350 werden bei uns »Sant Lienhartsmünch« in einer Urkunde erwähnt. Unter Ludwig dem Bayern haben diese Zisterziensermönche den Sankt-Leonhards-Kult nach Württemberg gebracht und dafür gesorgt, daß hier eine Leonhardskapelle gebaut und am 8. Juli 1339 geweiht wurde, als der Kaiser in Stuttgart war.
Sie lag damals nicht weit von einem Siechenhaus und außerhalb der Stadtmauer, die erst hundert Jahre später die Sankt-Leonhards-Vorstadt umschloß. Dann baute Aberlin Jörg mit Conrad von Gundelsheim die Kirche, die, zumindest in ihrer Außenansicht, seit 1950 wieder so wie früher zu sehen ist.

Zerschlagen und zerfetzt mit eingestürztem Gewölbe, das Innere ausgebrannt, so präsentiert sich nach dem Krieg diese Kirche. Heute hat sie ein Chorgestühl der Dominikanermönche, die in der Hospitalkirche ihre Messen lasen. Die Inschrift: »1490 hat hanß ernst von beblingen diß werck gmacht« gibt verläßliche Auskunft über den Meister, der hier das Schnitzmesser führte. Und wenn auch das Kreuzrippengewölbe durch eine flache Decke ersetzt ist und nur eine Pfeilerwand mit der Empore noch steht, so vermittelt das Innere der Kirche immer noch einen Eindruck, der an ihre frühere Gestalt erinnert.
Hier ist der Humanist Johannes Reuchlin beerdigt, der Rat des Grafen Eberhard im Bart und juristischer Berater des Schwäbischen Bundes gewesen ist. In seinem 46. Lebensjahr hat er sich selbst ein Denkmal gesetzt und die Inschrift in Hebräisch und Lateinisch abgefaßt. Es stand zuerst bei den Dominikanern in der Hospitalkirche, doch als er 12 Jahre lang mit Kölner Dominikanern um die Freiheit der Wissenschaft stritt und auch die Stuttgarter sich gegen ihn wandten, ließ er den Grabstein aus der Hospitalkirche wegtragen und in der Leonhardskirche wieder aufstellen, wo er nach seinem Willen beerdigt wurde.
Auch der Grabstein für Anna von Straubenhart aus dem Jahre 1495 stand in der Leonhardskirche, und ein Teil davon ist aus den Trümmern geborgen worden. Sie war die Frau des Minnesängers und Statthalters der Herrschaft Württemberg Ritter Hermann von Sachsenheim, der 93 Jahre alt und zahlreicher Liebesgedichte wegen berühmt wurde, die er zwischen seinem siebzigsten und seinem achtzigsten Lebensjahr herstellte.
Diese zwei Grabsteine aber stehen für viele, die einstmals neben vielerlei Epitaphien in der Leonhardskirche zu sehen waren. Und was den Leonhardsplatz betrifft, so war der früher der größte Platz unserer Stadt, der einmal Holz- und Krautermarkt und schließlich Heumarkt und Neuer Hafenmarkt, auch Krautmarkt hieß. Zuvor aber war er ein Friedhof, und noch heute werden aus ihm Gebeine herausgeschaufelt. Eine friedliche Stätte also, die lange Zeit nur von den Fuhrwerken der Weingärtner und Handwerker überquert wurde, die hier

im »Bohnenviertel« zu Hause waren und als »Arme Tropfen« galten, bis um 1900 ihre Weinberge als Bauplätze für Villenbesitzer interessant wurden und auch ihnen ein bißchen Wohlstand brachten, der sich damals oft nur in einem zusätzlichen Vesper mit Viertele auswirkte; denn mehr konnte sich solch ein »Knackwurstprivatier« nicht leisten.
Inzwischen hat sich die Lebensstimmung des Leonhardsplatzes gewandelt. Wer früher unter den sogenannten »Leonhardsträpplern« oder »Leonhardsschlampern« eine Art idyllischer Selbstgenügsamkeit feststellen konnte, der wird bemerken, daß dieselbe einem scharfen erotischen Konkurrenzkampf gewichen ist; denn hier entfaltet immer noch das sogenannte »Gunstgewerbe« sein vielgestaltiges Angebot. Asoziale mischen sich unter Vergnügungslüsterne, und Zwistigkeiten bleiben nicht aus; doch so gehört es zu einer lebendigen Stadt. Auch das Abreißen alter Häuser, um neue hinstellen zu können, gehört dazu. So stand hier das alte Kornhaus mit seiner Waaghalle, wo Getreidefuhren in Leiterwägen gewogen wurden und viele Botenfuhrwerke unterm Dach einer Halle Platz fanden. Der Frachtverkehr in der Hauptstätter Straße hatte hier sein Zentrum, und für den Fruchtmarkt wurden hier Stände aufgeschlagen, wie sie heutzutage nur noch auf der Weihnachtsmesse zu sehen sind. Der Trödelmarkt, der »Grempelesmarkt« hieß und auf dem Bücher nach Gewicht verkauft wurden, ist hier bis 1910 abgehalten worden, als das alte Kornhaus demoliert und mit dem Bau des Gustav-Siegle-Hauses begonnen wurde.
Dieses nun ist eines unserer Schmuckstücke und steht bei der Leonhardskirche als ein harmonisches Monument. Während sich hinterm Chor die aggressiven Parkhausgeschosse strecken, steht hier ein Baukörper, dessen Treppe zwei Baldachine auf hohen Säulen überragen; ein Treppentürmchen steigt in der Mitte auf. Dies ist ein Werk Theodor Fischers. Am 6. Mai 1912 wurde es feierlich eingeweiht und nach dem Kriege wiederaufgebaut. Treppe und Säulen erinnern an das ehemalige Lusthaus des 16. Jahrhunderts, auf dessen Platz Fischer das Kunstgebäude erstehen ließ, diesen maßvollen Bau, der sich wie das Gustav-Siegle-Haus ins Überlieferte fügt.
Es heißt, daß es verschwinden müsse. Und ich schaue mir's

noch einmal an, erinnere mich, wie ich in ihm vom Künstlerzimmer hinter der Bühne den Dirigenten van Hogstraaten sich neben Elly Ney vor der jubelnden Menge grandseigneural verneigen sah, und gehe an einer Würstchenbude vorbei, neben der ein frierendes Mädchen Schaschlik ißt und den kleinen Finger spreizt.

Die Villa Berg Es war einmal eine großbürgerliche Villa, die schaute auf feine Herrschaften herab. Bäume hoben ihre Wipfel, und Büsche wucherten, Rabatten hatten Blumen, und ein Brunnen träufelte und plätscherte mit dünnem Strahl über Marmorschalen und einem Becken, als stünde er nicht auf dem »Höllschen Bühl« in Berg am Rand des Neckartals, sondern zu Rom im Garten der Villa Borghese. Und die schwüle Hitze, die dazugehörte, die gab's hier auch.
Das war in der Zeit der Krinolinen und Pleureusen, als die Damen wandelnden Brunnen glichen, falls der Vergleich erlaubt ist. Die Männer gingen in karierten Hosen, die oben weit, unten aber eng waren, und hatten Fräcke an, die sich in die Taille schmiegten. Als attraktivstes Kostüm freilich galt die Uniform, und wenn da einer mit Tschako und wallendem Helmbusch, den Säbel an der Seite, hoch zu Roß daherkam, war's eine Lust. Oder Damen, von Schleiern umflossen, lehnten in lila Samtpolstern, während der Kutscher frei und steif die Zügel hielt.
Übrigens ist all dies keine nostalgische Phantasie-Einflüsterung, sondern belegbare Wirklichkeit, wie sie auf einem Kupferstich des Jahres 1853 sichtbar ist, als unsre Villa Berg nach acht Jahren Bauzeit fertig dastand. In blanker Würde ragte sie mit Eckrisaliten, die an Türme erinnerten und deren oberste Geschosse Loggien hatten, in die Höhe; Balkone waren vorgelagert, der Mittelteil wölbte sich, und im Erdgeschoß öffnete sich der Bau in eleganter Symmetrie mit Rundbögen und Pilastern.
Die Villa stand auf einem Sockel aus Rustikaquadern wie auf einer Bastei, die hohe Vasen schmückten. Die Mitte der Schauseite nahm ein Brunnen ein, dessen Wasser breit herunterströmte und schimmerte, wenn's sonnig war; denn diese

Villa verlangt strahlende Helligkeit, scharfe Mittagshitze oder verklärendes Nachsommerlicht, das zu überhängenden Bougainvilleas paßt, wie sie die Balkonpfeiler früher überwachsen haben.
Übrigens ist dies ein Bauwerk, das ohne die Initiative der damals herrschenden Gesellschaftsschicht, des Adels also, nicht entstanden wäre. Der Adel hat es auch zu seiner Freude aufgebaut und das Volk davon ausgesperrt, was jeder klassenbewußte Intellektuelle heute zähneknirschend registriert, obwohl sich das Volk im Park leider nicht verhält, wie es zu diesem Park paßt; aber das gehört dazu.
Als Landsitz für den Kronprinzen, der später als König Karl den Thron bestieg und mit der russischen Großfürstin Olga verehelicht war, hat es der Steinmetzsohn aus der Kanalstraße, Architekt Christian Leins, errichtet, dem Stuttgart auch den Königsbau verdankt. Wie er es gelernt hatte und wie's dem Zeitgeschmack entsprach, baute er diese Villa im Stil der italienischen Renaissance. Ein Orangeriegebäude und ein Park gehörten dazu, der 16 Hektar groß und weit ist und den der Kunstgärtner Friedrich Neuner angelegt hat; übrigens derselbe, der das Mineralbad Neuner gegründet hat, das zu Füßen des »Höllschen Bühls« liegt. 1880 ist eine kleine Villa hinzugebaut worden, die später als Kinderheim benützt wurde. Und wie's halt so geht im Lauf der Zeit: Bauwerke, Möbel und Bäume überleben ihre Besitzer, und nach dem Tod der Königin Olga wurde die Villa ihrer Nichte, der Herzogin Wera, überschrieben. Als die starb, kaufte die Stadt Stuttgart den ansehnlichen Besitz, weil schließlich niemand etwas mitnehmen kann, wenn er für immer verschwindet. Und das ist gut so.
Feierlichkeiten, Empfänge, Veranstaltungen, zu denen – obwohl nun die Zeit demokratisch geworden war – immer noch auserwählte und verdienstvolle Damen und Herren geladen wurden, haben hier stattgefunden, nachdem die Stadt die Villa Berg zu einem Repräsentationszentrum ausgebaut hatte. 1925 wurde sie innen renoviert, und mir tut's um die Polstermöbel der Krinolinenzeit leid, die damals weggeworfen wurden, weil sie den Enkeln häßlich erschienen. Der Prunk und Plunder einer vergangenen Zeit aber ergötzt die Urenkel, sei's aus

Sehnsucht nach einer angeblich harmonischen Epoche, sei's aus Bedürfnis nach Spott und Ironie.
Eine Zeitlang waren hier auch Gemälde der schwäbischen Maler Reiniger und Pleuer zu sehen, die Marchese Silvio di Casanova aus San Remigio gestiftet hatte, weil er sich mit den Schwaben verbunden fühlte. 1950 aber hat der Süddeutsche Rundfunk die Villa im Tauschweg erworben.
Und heute? Was ist übrig von der alten Pracht?
Von der Neckarstraße kommend, stehlen Sie sich sozusagen durch den Lieferanteneingang in den Park, nicht weit von jener verschlossenen Pforte, auf deren linken Pfeiler das Wort Scheiße gemalt ist, was so gut wie nichts bedeutet. Jedenfalls kann der, der's hingeschmiert hat, den Park nicht gemeint haben, der durchzogen ist von verschlungenen Pfaden, von denen einer zu einem Sandsteinpavillon in klassizistischem Stil führt. Seine bestoßenen Pfeiler schreien Parolen wie »Nasza Wola/Polska Gola«, »Savvas ist Bleed« oder »Ich freu mich auf Niko« hinaus, und Tauben nisten in der aufgebrochenen Holzdecke.
Von hier aus erscheint die Villa als kubischer Bau, ohne die vier quadratischen Aufbauten, die auf alten Stichen und Aquarellen zu sehen sind. Die beiden Pergolen sind verschwunden, und es fehlt das langgestreckte Orangeriegebäude. Aber die Treppen neben den Rustikaquadern des Sockels, der an eine Bastei erinnert, sehen mit ihren gußeisernen Vasen, in denen sich fünfjährige Buben baden könnten, wie früher aus. Unten aber birgt eine Grotte eine beachtliche Marmorgruppe mit einem bocksfüßigen Satyr, der ein dünn bekleidetes Mädchen zwischen breit gespreizten Beinen hält. Seine Oberschenkel bedeckt ein zottiges Fell, das den erwünschten Gegensatz zur glatten Mädchenhaut bildet. Und links schaut ein Adler, die Flügel ausgebreitet, zu ihm auf und erinnert daran, daß es sich nicht um einen gewöhnlichen Satyr mit seiner Nymphe handelt; denn hier ist Jupiter mit Antiope zu sehen, wie die lateinische Sockelinschrift erzählt. F. Pozzi hat die Gruppe 1828 in weißem Marmor geschaffen.
Die Erdgeschoßfenster sind mit korinthischen Säulen geschmückt, auf denen Jungfrauen stehen, die Körbe auf den

Köpfen tragen. Und die Pfeiler sind mit Zahnfries und Mäandermuster geziert, wie es sich ziemt. Laternen von Anno dazumal haben von Bombensplittern durchlöcherte Schäfte und ihr Glas ist zerschlagen, wahrscheinlich bloß zum Spaß; denn an derlei Dingen macht sich die Angriffslust Luft. Und wie es sich heutzutage für ein ehrwürdiges Gebäude gehört, sieht die Villa sowohl vornehm als auch heruntergekommen aus. Die betonierten Flächen der Wasserspiele sind trocken und passen als starre Platten nicht zum prunkvollen Bau; doch mag es anders sein, wenn das Wasser läuft. Vielleicht finden Sie dann auch im Park jene Bruchstücke des Neuen Lusthauses, also Konsolen, Säulen, Reliefs und Tierfiguren, nach denen ich vergebens gesucht habe und die König Karl seinerzeit dort aufstellen ließ, weil sein Sekretär, der Schriftsteller Hackländer, ihm dazu geraten hatte; denn damals engagierten sich Schriftsteller für alte Dinge.

Das Königliche Landhaus Rosenstein Es war einmal ein eleganter König, dem die Paradeuniform gut stand, was heutzutage noch vor der Staatsgalerie nachprüfbar ist, allwo Wilhelm I. auf einem Pferd sitzt und wie ein Herrscher der Antike reitet.
Als ersten Hofbaumeister hatte er Giovanni Battista Salucci (aus Florenz) angestellt, einen ziemlich hochmütigen Herrn, der speziell mit geborgtem Gelde großzügig wirtschaftete. Seinen Vorgesetzten, den königlichen Bau- und Gartendirektor von Seyffer, verachtete er, weil dieser ehrbare Mann aufpassen mußte, daß der edle Künstler Salucci die Baukosten nicht überschritt, nachdem Wilhelm I. Anno 1823 den Bau des Landhauses Rosenstein auf dem Kahlenstein bei Cannstatt für 517522 Gulden genehmigt und hinzufügt hatte: »Überall muß äußerste Sparsamkeit zur Richtschnur genommen werden.«
Unser Ländle war damals verarmt, und Wilhelm I. machte der vorwärtsstürmende, seine genialen Ideen verwirklichen wollende, im übrigen aber schon über sechzig Jahre alte Salucci Sorgen, der sich schließlich an den königlichen Kostenvoranschlag hielt und nur privatim über die Stränge schlug. Der Stil

aber, in dem er seine Träume verwirklichte, war von jener klassizistischen Vornehmheit und Zurückhaltung, die nach der wilden Barockzeit modern geworden war.
Ein zwiespältiger Herr also, dieser Salucci, der sich von allen Seiten Geld lieh. Und mancher biedere Schwabe rechnete es sich als eine Ehre an, dem temperamentvollen Herrn Hofbaumeister aushelfen zu dürfen. Dann aber mehrten sich die zornigen Forderungen der Gläubiger (ein verständlicher Sinneswandel), und Salucci selbst wußte nicht mehr genau, bei wem und mit wieviel er in der Kreide stand. Weshalb der König den Staatssekretär Ehrlenspiel als Konkursverwalter des Salucci bestellte. Und Ehrlenspiel ließ in allen Stuttgarter Zeitungen eine Aufforderung abdrucken, die besagte, daß jedermann, der Herrn Salucci etwas geborgt habe, sich bei ihm, Ehrlenspiel, melden solle; denn so steht's in den »Schwäbischen Curiosa«, die Georg Kleemann gesammelt hat.
Der König – er muß ein nachsichtiger Herrscher gewesen sein – bezahlte Saluccis Schulden aus seiner Privatschatulle, allerdings nicht, ohne ihn darauf hinzuweisen, daß dies nur eine einmalige Gnade sei; woran sich Salucci nicht hielt, seine Kreditwürdigkeit, die sich ihm durch des Königs Huld bei den Stuttgartern vergrößert hatte, weidlich ausnützte und 1827 wieder ebenso verschuldet war wie fünf Jahre zuvor. Wilhelm I. aber half ihm wiederum aus der Patsche.
Inzwischen war (seit 1824) das königliche Landhaus Rosenstein zu bauen angefangen worden und hatte viel mehr Geld verschlungen als jene fünfhunderttausend Gulden, die der König seinerzeit bewilligt hatte. Salucci aber machte seinem Vorgesetzten, dem Bau- und Gartendirektor von Seyffer, das Leben sauer, indem er ihn wissen ließ, daß er ihn für einen Banausen halte, Seyffer nicht mehr grüßte und mit seinem Rücktritt drohte, falls man ihn seinen Entwurf nicht so ausführen lasse, wie er sich denselben vorstellte.
Daraufhin wurde Salucci bedeutet, daß er gehen könne, wann es ihm behage, was den Baukünstler erzürnte. Er wurde pensioniert, leistete Abbitte und versprach, »hinsichtlich der amtlichen Verträglichkeit und in Beziehung auf Ordnung in seinen ökonomischen Angelegenheiten« sich in die Norm zu fügen. Er sorgte dafür, daß das Landhaus Rosenstein so aus-

gestattet wurde, wie es seinen Vorstellungen entsprach, und baute später auch noch das Wilhelmspalais.
Nach fünfjähriger Bauzeit von 1824 bis 1829 wurde das ansehnliche Gebäude, das nun auch Schloß genannt wurde, am 28. Mai 1830 eingeweiht. Es hatte 74 Zimmer und einen großen Festsaal mit drei beachtenswürdigen Kronleuchtern. Der Festsaal hatte eine gewölbte und mit Kassetten geschmückte Decke, die der Kunsthistoriker ein Tonnengewölbe zu nennen pflegt, das von spiegelnden Säulen getragen wurde und eine Kuppel hatte, die von Josef Anton von Gegenbauer mit Fresken geschmückt war. Dort oben zeigte sich das Märchen von Amor und Psyche in klassischer Schönheit mit Gestalten, die auf Wolken lagern. Jupiter, von bärtiger Manneskraft, saß neben Juno auf goldenem Thron und nahm die gesühnte Psyche unter die Himmlischen auf. Den Fries über den Säulen hatte Professor Weitbrecht geschaffen, der die Arbeit des Bauern und Gärtners während der vier Jahreszeiten als Marmorrelief lebendig werden ließ und eine verklärte Darstellung irdischer Verhältnisse schuf, wie sie dem Geschmack des Klassizismus entsprach.
Heute ist von alledem manches erhalten, obwohl der alte Glanz mit den Bombenschäden verschwunden ist. Und wer das Naturkundemuseum besucht, kommt in den früheren Festsaal, dessen Säulen weiß getüncht sind, während sie früher spiegelten. Auch Weitbrechts Reliefs sind noch zu sehen, ja sogar die beiden Löwen, die der Meister des Löwentors, der Bildhauer Gültenstein, schuf, schleichen neben der Freitreppe. Die gußeisernen Kandelaber mit Störchen stehen wie auf alten Fotografien vor der langgestreckten Schauseite des Schlosses, während die Gemäldegalerie, die König Karl angelegt hat und deren Werke hier ausgestellt waren, nach dem Umsturz von 1918 verschwunden ist.
Die Außenansicht des königlichen Landhauses hat sich seit 1830 kaum verändert. Es ist ein eingeschossiger Bau mit einem deutlich hervorgehobenen Portikus, dessen jonische Säulen ein vorragendes Giebeldach stützen. Eine Treppe und eine Auffahrt zu beiden Seiten fügt sich mit den Portiki an den Ecken zusammen, die ebenfalls über Treppen zugänglich sind. Die Fenster werden von Konsolenprofilen umrahmt, und das

Gebäude, zu dem ein rundes Bassin mit Springbrunnen gehört, der meistens niedrig träufelt, ist so in die Landschaft eingefügt, daß von hier aus die Stadt in blaudunstige Ferne gerückt erscheint, falls das Wetter freundlich ist. Und weil der Rosensteinpark außer guter Luft, Bäumen mit breiten Kronen, die sich ungehindert entfalten dürfen, zum Glück noch keinerlei lärmende Freizeit-Etablissements aufgenommen hat, gehen Sie ungestört zwischen den weiten Wiesen mit ihren Ausblicken auf Baumgruppen, unter denen im Sommer dann und wann eine ausländische Familie lagert. Bald aber wird auch dieser Bezirk von Publikum überquellen, wenn die Gartenschau die Menschen anlockt. Mit dem Bäumefällen ist schon angefangen worden, und bald werden Bautrupps die Erde aufwühlen und umwälzen, damit sich auch hier eine volksfestmäßige Atmosphäre ausbreiten kann.

Immerhin schmecken Sie gerade noch einige Reste von verschollener Abgeschlossenheit und Stille, wie sie zu einem adeligen Landsitz gehören. 1823 hat Oberhofgärtner Bosch den Rosensteinpark angelegt, der, wie es sich damals einbürgerte, als sorgfältig komponierte Natur mit einzelnen Baumgruppen und weiten Wiesenflächen angelegt worden ist. Eine schönere Art der Parkgestaltung hat sich seitdem nicht entwickelt. Wer seltene ausländische Bäume sucht, der findet dort zumindest einen jener amerikanischen Mammutbäume, die dreitausend Jahre alt werden, und kann im Oktober schwarze Nüsse sammeln, die ebenfalls aus Übersee zu uns gekommen sind.

In monarchischer Zeit war der Rosensteinpark nachts geschlossen. Er wurde durch Militärposten bewacht, von denen mein Vater, als er dort Wache schob und Einjährig-Freiwilliger des Infanterieregiments Königin Olga war, sein Bajonett aufpflanzte und mit einem Busch focht, weil ihm das Herumstehen und Herumgehen im finsteren Park zu langweilig war.

Wer aber hat früher in diesem königlichen Landhaus gewohnt? Wilhelm I. hat sich nur dann dort sehen lassen, wenn er in der holländischen Meierei, die 1837 im Rosensteinpark eingerichtet worden war, die Fortschritte beobachten wollte, die in der Veredelung der württembergischen Rindviehzucht verwirklicht werden konnten. Oder er schaute sich die Darstellungen eines lockenden Damenflors an, die er in der Wilhelma ausgestellt hatte; denn dieser König war wie Ludwig I. von Bayern an Bildern mit erotischem Touch interessiert, wie man heute sagt. Damals aber – und auch bei uns im päben Schwabenland – beschränkten sich die Darstellungen von Sinnenlust hauptsächlich auf Rubens-Kopien. Und daß 1918 die Gemälde, die König Karl im Schloß Rosenstein gesammelt hatte, entfernt wurden, dies hing wahrscheinlich mit jener Leidenschaft zusammen, die man Geschlechtsneid nennt. Denn Wilhelm I., der gerade noch vor der Französischen Revolution jung gewesen war, einer Zeit, von der Talleyrand behauptet, wer nicht in ihr gelebt habe, wisse nicht, was Leben sei: Dieser Wilhelm I. also gab seinen Untertanen zum Geschlechtsneid mehrfachen Anlaß, weil der Volksmund behauptete, seine Lieblingsmädchen, die er in der »Kanne« zu Cannstatt einquartieren ließ, erreichten die Wilhelma durch einen unterirdischen Gang, der unterm Neckar hätte hindurchführen müssen.

Im königlichen Landhaus Rosenstein aber leistete er sich derlei Seitensprünge nicht, wahrscheinlich, weil ihm prophezeit worden war, daß er dort sterben werde. Und als er merkte, daß es zu Ende ging, zog er sich 1864 als Dreiundachtzigjähriger zu einer »Luftkur« hierher zurück und sagte kurz vor seinem Tode: »Es schmerzt sehr, von einem so schönen und guten Lande scheiden zu müssen.«

Die Weißenhofsiedlung Das ist eine elitäre Siedlung, abseitig elegant und sozusagen ein bewohnbares Museum, denn hier stehen Werke von Klassikern der modernen Architektur.
Nach 1945 durfte hier nur eine respektable Villa gebaut werden, die nicht einmal dem Stil des Ganzen angepaßt ist, aber trotz ihrem schrägen Dach zwischen den flach gedeckten Häusern kaum auffällt. Und nur die von den Straßen Am Weißenhof, Hölzelweg, Rathenau- und Friedrich-Ebert-Straße begrenzten Häuser gehören zur Weißenhofsiedlung von 1927. Alles andere ist Beiwerk, auch das Höhenrestaurant Schönblick, dessen Wohnturm sich bedeutungsvoll emporreckt.

Vor 1927 war hier braches Land. Eine Akazie stand in struppigen Wiesen, und das Gasthaus zum Schönblick zeigte sich als Sandsteinbau mit Schieferdach, wie drunten am Güterbahnhof noch mehrere stehen. Eingefallene und vergraste Gräben erinnerten an die Zeit des Ersten Weltkriegs, als hier Rekruten für den Kriegsdienst gedrillt worden waren; und wenn wir Buben uns hier herumtrieben, hängten sich Kletten an unsere Strümpfe.
Dann kam die Zeit, in der Stuttgarts Oberbürgermeister Lautenschlager die Parole »Stuttgart empor!« ausgab und im Gemeinderat dafür eintrat, daß auf dem Weißenhofgelände eine Ausstellung von Neubauten errichtet wurde, die »mit neuen Produktionsmitteln unter Verwendung alter und neuer Materialien neue Wohnfunktionen feststellen« sollte.
Was dabei herauskam, befremdete manchen Stuttgarter, und ein Zeichenlehrer, der mit seiner Familie durch die Häuser ging, sagte, die Architekten hätten der Wohnung ihre Seele weggenommen.
Nun, um Seele ging's denen freilich nicht, eher um eine funktionelle Bauweise ohne Ornamente, wenn man so sagen darf; denn die Weißenhofsiedlung ist auch ein Dokument jener ornamentfeindlichen Zeit, die nach dem Ersten Weltkrieg anfing und heute noch nicht abgelaufen ist. Ein Haus aber wie das von Le Corbusier und Jeanneret gilt heute in seinem edlen Maß als Monument der Klassik unserer Architektur, deren Formen 1927 befremdend wirkten, die aber nach 1945 als »autonome Architektur« überall nachgeahmt und in Architekturzeitschriften gepriesen wurden, obwohl bereits die Weißenhofsiedlung auf Ahnen und Vorläufer hinwies, sei's auf die uralten Lehmbauten von Hadramaut, sei's auf die Entwürfe des Amerikaners Frank Lloyd Wright.
Die damals noch ungewohnten Flachdächer reizten den Volksmund zu spöttischen Äußerungen wie »Klein Marokko« oder »Klein Afrika«. Und mir fällt ein, daß ich über einen Schreibtisch aus Zement verwundert war, von dem ich meine, er habe im Le Corbusier-Haus gestanden.
Jedenfalls war diese Siedlung ein interessantes Experiment. Und wer die Häuser mit anderen vergleicht, die uns seit 1945 zugewachsen sind, dem erscheinen diese hier als Zeugnisse

eines urbanen und verfeinerten Geschmacks, denn hier ist nichts Grobschlächtiges und Monströses zu finden. Sogar der sogenannte Mies-Block, ein von Mies van der Rohe erbautes Etagenhaus mit vier Eingängen, hat, obwohl seine Form auf den Kubus reduziert ist, etwas, das heute an Bauwerken selten zu finden ist: Anmut.
Der Deutsche Werkbund hat dafür gesorgt, daß die Idee dieser Siedlung verwirklicht wurde. Unter der Leitung von Mies van der Rohe bauten hier Le Corbusier mit seinem Vetter Pierre Jeanneret, J. J. P. Oud, Mart Stam aus Rotterdam und Adolf Rading aus Österreich. Von deutschen Architekten waren Walter Gropius, Hans Poelzig, Hans Scharoun, die beiden Brüder Taut und die Stuttgarter Richard Döcker und Adolf Schneck mit von der Partie; wobei daran erinnert werden muß, daß Elfriede Ferber 1961 im Stuttgart-Heft der Zeitschrift »Merian« unter der Überschrift »Inkunabeln moderner Architektur« die Architekten der Weißenhof-Siedlung in dieser Reihenfolge nennt.
Die Gesamtkomposition ist einheitlich, trotz verschiedenartiger Ideen, die hier verwirklicht worden sind, und jede Straße hat ihren eigenen Charakter. So ist die Rathenaustraße ein Weg zum Flanieren und In-die-Weite-Schauen, während der Bruckmannweg hinterm Mies-Block privat wirkt, obwohl alle Fenster des Etagenhauses hier herausschauen. Aber das Etagenhaus wird durch Vorgärten von der Straße abgehalten, und seine Fassade ist durch Balkone und Dachgärten aufgelockert. Auch das Fensterband, eine in der zeitgenössischen Architektur strapazierte Form, wirkt hier nicht verödend. Woran es liegt, dürfte kaum festzustellen sein; denn auch bei der Architektur kommt Unwägbares ins Spiel, und daß die Häuser der Weißenhofsiedlung, von denen manche verändert, andere nach der Zerstörung neu aufgebaut worden sind und von denen eines (im Bruckmannweg) verschwunden ist, anmutig wirken, das hängt wohl damit zusammen, daß die Architekten nicht nur physisch jung gewesen sind, sondern auch ihre Zeit, wüsten Tendenzen zum Trotz, zumindest was die Lebensbedingungen dieser neuen Kunst betraf, gerade noch unverbraucht war; denn hier ist die Frische einer Frühzeit zu spüren, die inzwischen gealtert ist.

Zum Lebensstil von 1927 gehörten solche Häuser. Es ist die Zeit des »Herrenschnitts«, jener kurzen Damenfrisur, die zu sportgestählten Frauen paßt. Und schon damals gehörte das Sonnenbaden zum eleganten Leben, weshalb jedes dieser Siedlungshäuser einen Balkon oder einen Gartenplatz für Liegestühle hat.
Zuweilen gehen gewölbte Mauern in kantige über wie an Kapellen; so am Haus Ecke Rathenausstraße und Hölzelweg. Wie in den Reihenhäusern am Pankokweg ist dort die Treppe außen angebaut.
Das ist nicht weit vom Friedrich-Ebert-Haus, dessen großer Hof so durchlichtet ist, wie man sich's in einem weitläufigen Wohnblock nur wünschen kann. Hier ist das Friseurgeschäft von Herbert Nemluwil, der Theodor Heuss bedient hat, als er droben am Feuerbacher Weg wohnte. Im Haus Am Weißenhof 22 hatte sich Georg von der Vring eingemietet, während nahebei ein Archivdirektor enorm steile und ekstatische Hymnen schrieb. Vrings Gedichte waren Erscheinungen der Natur gewidmet, zum Beispiel einer Silberdistel; oder er schrieb: »Am liebsten hab ich gelebt / Im Schleier verregneter Gärten. / Dort fanden sich viele Gefährten, / Wir haben nach Hohem gestrebt.«
Etwas Spezielles aber, das nur hier in der Weißenhofsiedlung zu finden ist, zeigt sich mit jenem schmalen Pfad, der an den Gärtchen der Reihenhäuser in der Pankokstraße vorbeiführt, hintenherum, als lauschiger Verliebtenweg sozusagen. Die Reihenhäuser, die J. J. P. Oud entworfen hat, haben nach der Straße zu geheimnisvolle Höfchen und Anbauten, die an Tresore erinnern und Treppenhäuser sind, die nicht vom Bauorganismus umschlossen werden. Ihre Gartenseite aber ist recht liebenswürdig. Mit kleinen Balkonen, die an Mastkörbe erinnern, muten die Gärtchen so holländisch an, wie man sich das nur wünschen kann.
Die Bauten aus neuer Zeit (wie schnell wird etwas historisch, das gestern noch für modern galt) versuchen sich den alten anzupassen, und da und dort wirkt der Gegensatz nicht allzu kraß. Der düstere Block der Kunstakademie freilich steht recht drohend abseits, und der Altbau, in dem früher die Kunstgewerbeschule heimisch war, erscheint nicht gerade als

architektonisches Meisterstück. Das neue Postgebäude aber ist so perfekt wie ein Auto. Und immer noch erinnern die Wiesen um die Häuser an diese Zeit, als hier die Aussicht noch frei war, das Akazienwäldchen bis zum Waldheim reichte und hinter einem Drahtgitter ein Fasan zwischen seinen Hennen stolzierte, an den sich Georg von der Vring in einem Gedicht erinnert hat.

Das Hotel Marquardt Staatsrat Ludwig, ein Junggeselle, der Leibarzt des Königs war und in der Friedrichstraße wohnte, die damals Seegasse hieß, pflegte im Gasthof »Zum König von Württemberg« zu Mittag zu essen und hatte sich im Lauf der Zeit mit dessen Pächter Wilhelm Marquardt angefreundet. Und, wie's so geht, wenn man nach dem Essen noch einen Schwatz macht und seine Wünsche und Sorgen verrät: Wilhelm Marquardt öffnete dem Herrn Staatsrath sein Herz und verriet ihm, daß er gern selbst einen Gasthof besitzen und umtreiben würde, nur fehle ihm dazu das notwendige Geld.
Ludwig sagte: »Wenn's bloß das ist ... Ich geb' Ihnen das Geld«, und Marquardt strahlte. Ludwig fügte hinzu, aber eines fehle noch: als Seele des Hauses eine tüchtige Frau; doch konnte Marquardt den Herrn Staatsrath wissen lassen, dafür habe er bereits gesorgt.
Und so kaufte denn Marquardt mit Ludwigs Geld das Haus eines gewissen Herrn von Madeweiß in der Königstraße, dort an der Neuen Brücke. Marquardt tummelte sich und schaffte mit seiner Frau, daß es eine Art hatte, was neugierige Leute bestätigten, die durchs Küchenfenster den beiden zuschauten und hochachtungsvoll feststellen durften, daß bei Marquardts alles tip top, pico bello oder peinlich sauber sei. Frau Marquardt galt für unermüdlich. Auf jedem Wochenmarkt war sie mit ihren, das »Bauernwägele« ziehenden Gehilfinnen zu sehen, und in der Stadt ging die Redensart um: »Bei Marquardts sieht man dem Koch unter die Augen.«
All dies weiß ich aus Eugen Dolmetschs Buch »Aus Stuttgarts vergangenen Tagen«, das nun auch schon vierundvierzig Jahre alt ist.

Die Zimmer, Kabinette und Speiseräume im von Madeweißschen Haus aber wurden zu eng, weil Marquardt immer mehr Hilfskräfte für sein Gasthaus anwerben mußte; und immer mehr Gäste mußten bei ihm umkehren, weil alle Stühle besetzt waren. Da besann er sich 1858 auf das Anwesen des Hofküfers Gauger, der an der Ecke König- und Bolz- (damals Schloß-)straße ein respektables Café innehatte. Dasselbe stand zum Verkauf und war ein großzügiger Bau der Biedermeierzeit mit vier Säulen, die vor dem Eingang einen Balkon stützten. Und Gauger selber gehörte zu den vermöglichsten Männern der Stadt. Einem Orientalen hatte er einmal die Shawls abgekauft, die dem König für seine Prinzessinnentöchter zu teuer gewesen waren; denn die Gaugertöchter kleideten sich feiner als adelige Damen und wurden deshalb mit den ironischen Versen bedacht: »I buck mi tief ond voller Ehrfurcht tiefer. / Ond wie i guck, send's Töchter vom Hofküfer.« Dessen Erbe also übernahm Wilhelm Marquardt und kaufte gleich das Nebenhaus mit hinzu. Er baute Gaugers Kaffeehaus zu einem Hotel um und eröffnete es 1857. Und Richard Wagner, der zwar auf großem Fuß lebte, aber von seinen Gläubigern so sehr bedrängt wurde, daß er Sachsen verlassen mußte, tat's nicht anders, als daß er sich hier bei Marquardt im feinsten Hotel einlogierte. Hier war es denn auch, wo der Compositeur den königlich bayerischen Hofrath von Pfistermeister huldvoll und im entsprechend luxuriösen Ambiente empfangen durfte. Pfistermeister ließ ihn wissen, daß ihn König Ludwig II. nach München rufe und ihm seine Hilfe anbiete; denn derlei Schicksale spielen sich bekanntlich hinter Hotelmauern ab.
Wilhelm Marquardt wußte zu wirtschaften und ließ zwischen 1872 und 1874 zwei Nachbarhäuser des ehemals Gaugerschen Hauses von Professor Beyer, dem Baumeister des Ulmer Münsters, in ein imposantes Hotel verwandeln, das noch nicht so üppig wie jenes letzte war, in dem ich als Student dann und wann ein Täßchen Kaffee schlürfte, weil es zu mehr halt nicht reichte.
Hofbaumeister Thouret hatte in einem der jetzt Hotel gewordenen Häuser gewohnt, und wenn ich die Photographie des Bauwerks aus dem Jahre 1875 mit dem heutigen »Hotel

Marquardt« vergleiche, merke ich, daß die alte Fassade in ihren Obergeschossen speziell in der Bolzstraße noch an früher erinnert: Zwischen den Fenstern des einstmals europäisch berühmten Gasthofs sind Nischen eingefügt, die Sandsteinfiguren schmücken. Diese schauen über Steinbalkone, als dächten sie an ihre glanzvolle Zeit.
Generalfeldmarschall Helmut Graf von Moltke hat das Hotel Marquardt in seinen Reiseerinnerungen rühmend erwähnt, denn damals galt eine Tour von Berlin nach Stuttgart noch als Reise. Und 1896 wurde das Eckhaus des Herrn Gauger an der Ecke König- und Bolzstraße abgerissen und jener üppige, gründerzeitbarocke Palazzo errichtet, an dessen halbrunde Gitterbalkone, Karyatiden-Mädchen aus Sandstein und korinthische Säulen ich mich noch erinnere. Auf der Seite, dort, wo's heute ins Kino hinuntergeht, war der Hotel-Eingang mit Baldachin und Glastourniquet, hinter dem sich die Empfangshalle so seriös und gedämpft beleuchtet wie nur möglich dehnte und wo der Liftboy in hellblauer oder grüner Uniform (so genau weiß ich das nicht mehr) solenne Herrschaften in ihre Gemächer geleitete. Zu meiner Zeit aber war immerhin noch die Portierloge so intakt wie um die Jahrhundertwende, denn das Hotel Marquardt war traditionsbewußt. Und irgend so ein Gaukulturwart in Uniform oder Zivil, der saß mit hämischem Gesicht jeden Tag unter der Topfpalme am Fenster. Um 1950 war alles mühsam restauriert, hatte aber noch gewissermaßen einen Schimmer, obwohl der graue Portier im langen hellblauen Mantel mit Silberlitzen zu den Hotel-Lehrlingen sagte: »Hier herrscht Ordnung, Disziplin!«
Zu Moltkes Zeit hatte das Hotel 150 Fremdenzimmer, einen Saal, den Stirnbrand mit eleganten Bildern geschmückt hatte, und ein Lesezimmer, in dem alle Journale des Abendlandes auslagen. Der Prachtbau aber, den Eisenlohr und Weigle hingestellt hatten, erinnerte den späten Betrachter an amerikanische Großspurigkeit, während heute ein Zwischending dasteht, das noch ein wenig an früher erinnert und als Gegenüber des Königbaus eine erfreuliche Figur macht; denn mir will es scheinen, als ob dieser Bau, indem sein Architekt auf jede spektakuläre Gewaltsamkeit verzichtete, nach dem Krieg so restauriert und wiederaufgebaut worden sei, wie dies sorg-

fältiger und geschmackvoller nicht möglich gewesen wäre. Und immer noch kann sich die vielleicht »großbürgerliche« Sandsteinfassade des Hotels Marquardt sehen lassen, das kein Hotel mehr ist.
Steinbalkone schmücken seine Fenster, die von Säulen gerahmt und von Giebeln abgeschlossen werden. Das gibt der Front ein bewegliches Auf und Ab von vielerlei Lichtreizen. Immer wieder wird der Blick weitergelockt, während er auf einer nackten Betonfläche nur ins Öde rutscht; weshalb es zur Abwechslung mal wünschenswert wäre, wenn moderne Architekten sich solch eine Fassade zum Vorbild nähmen und darauf verzichteten, »autonome Architektur« für Zeitschriften zu produzieren; denn es gibt, so meine ich, keine »selbständige« Architektur, und gerade die, die meint, sie sei autonom, unterwirft sich dem Zeitgeschmack.
Sehen Sie sich nur mal die Jünglingsfiguren an, die dort oben in rundbogigen Nischen stehen. Zwar sind sie den Idealvorstellungen versunkener Zeiten (ungefähr zwischen Perikles und Wilhelm II. von Württemberg) verpflichtet, aber reizvoll sind sie halt trotzdem. Auch als Fassadenschmuck können sie sich sehen lassen, wahrscheinlich weil hier jede Einzelheit mit der anderen in Einklang gebracht worden ist, was in einer Zeit der groben Gegensätze, zu denen unsere zählt, wohltuend wirkt; denn solche Reste altbürgerlicher Pracht und Herrlichkeit erlösen uns von Betonkälte.
Der moderne Glanz der aluminiumverkleideten Ecke an der Königstraße ist zu verschmerzen. Dort geht's hinunter in den »Hofbräukeller«, während sich eine lange Fensterreihe um die Ecke zieht und immer wieder eine andere Braut in wallendem Weiß sehen läßt, als ob dort oben weiße Frauen erstarrt seien, die nachts als Schloßgespenster zwischen zwölf und eins ringsum im Ländle Dienst zu machen haben.
Ein Tanz-Café ist als einziges Überbleibsel der verflossenen Marquardt-Kultur noch am Leben und erinnert ältere Semester an die Schlager ihrer Jugendtage, in denen die Melodie »Blutrote Rosen / Brauch ich zum Kosen« immer wieder über breite Hoteltreppen mit roten Läufern herabgesäuselt ist.

Die Staatsgalerie Sie schaut immer noch überraschend aus, besonders von der andern Straßenseite. Als klassizistisches Palais öffnet sie sich mit zwei Flügelbauten, die einen Innenhof umgeben. Statt des Bronzestandbilds König Wilhelms I., der die Galerie errichtet hat, stand, nachdem der Bau am 1. Mai 1843 unter Dach war und schlüsselfertig dem Herrn Galeriedirektor übergeben werden konnte, eine hohe Sandsteinvase. Das Reiterstandbild ist erst 1884 enthüllt und von Bildhauer Hofer der Stadt geschenkt worden. Es beweist, daß Hofer seinem Ideal vom klassisch edlen Maß zeitlebens treu geblieben ist und eine Statue geschaffen hat, die an antike Standbilder erinnert.

Die Staatsgalerie aber ist ein Bau, der zu seiner Zeit als einer der schönsten nicht nur Württembergs, sondern auch Deutschlands gegolten hat, und ich meine, man sähe ihm das heute noch an. Sein Mittelteil mit dem Eingang und den Risaliten an den Ecken schaffen Akzente. Ober- und Untergeschoß sind gleich hoch und durch Sandsteinbänder getrennt. Die Eckrisalite werden von dünnen Pilastern gegliedert, und die Umrahmungen der Fenster, die den Bau auflockern und seine klassische Harmonie hervorheben, diese Pfeiler und Wandauflagen, sind mit den Mauern und der vergoldeten Inschrift »Museum der bildenden Künste« das einzig Alte. Alles übrige war nach dem Krieg zerstört, und es gibt boshafte Leute, die sagen, erst die Bomben hätten es möglich gemacht, daß nun neu habe angefangen werden und die Staatsgalerie zu einem international bemerkenswerten Museum habe ausgebaut werden können.

Aber auch vorher war hier schon manches beisammen, das jeder gern ansah und schon von König Friedrich in den Schlössern zu Stuttgart und Ludwigsburg ausgehängt worden war. Seine Kupferstichsammlung erweiterte der König, indem er die Sammlungen eines Konsistorialdirektors und eines Hauptmanns erwarb, bis dann Wilhelm I. als Kronprinz 1806-1808 eine Sammlung von Gipsabgüssen antiker Bildwerke erstand. Diese gibt's heute noch, sie sind der Plastischen Sammlung eingegliedert, und auch Thorwaldsen spendete ansehnliche Modelle, die er aus Rom mitgebracht hatte.

Zunächst sollte das Museum auf den Seewiesen gebaut werden. Seine Plastische Abteilung wurde durch Abgüsse von Danneckerschen Werken bereichert, so daß, nicht nur im Äußeren sondern auch innen, der Klassizismus beherrschend war, eine Tradition, die sich später oft als Hemmnis auswirkte. Die Gemäldesammlung Barbini-Breganze, die 1898 in Venedig aufgekauft worden war, stellte sich im Lauf der Zeit als ein mittelmäßiges Sammelsurium heraus, dessen Bilder schlecht erhalten, falsch zugeschrieben und meistens übermalt gewesen sein sollen, weshalb von ihnen nur noch wenige ausgehängt sind.

Nun, der Zeitgeschmack von Anno dazumal war halt auf »Klassisches« erpicht, und die Kunstprofessoren wollten ihre Schüler in der von ihnen für würdig gehaltenen Tradition aufwachsen lassen, ja, sie derselben verpflichten. Zuvor war die berühmte Sammlung altdeutscher Kunst der Brüder Boisserée, die von 1819-28 in Stuttgart ausgestellt war, auch dem württembergischen Staat zum Kauf angeboten worden; aber man konnte sich nicht dazu entschließen, weshalb sie, nachdem die Bilder von Kunstfreunden aus ganz Europa beachtet worden waren, nach München abwanderte, wo sich Maximilian I. seine Kunstliebhabereien etwas kosten ließ. Und als Wilhelm I. eine Kunstakademie errichten wollte und die Abgeordneten im Landtag über die Notwendigkeit einer solchen Institution debattierten, entschlüpfte einem von ihnen das klassische Wort: »Mir brauchet koi Konscht, Grombiera brauchet mer.«

Nun, im nachhinein sind viele gescheit, und, was Württemberg betrifft, so war es damals kein reiches Land. Die sprichwörtliche schwäbische Sparsamkeit hat sich aus der Not entwickelt, obwohl sie sich später, dem modischen Geschmack zuliebe, nicht immer auf der richtigen Seite auswirkte. Beispielsweise hat Friedrich Theodor Vischer, der bekannte Ästhetiker der Technischen Hochschule, der seinen Freund Mörike wissen ließ, er sei zu bequem und schreibe zu wenig, den Vorschlag gemacht, nun solle, weil's billiger sei, statt originalen Werken Kopien anschaffen, die täten's auch.

Feuerbachs »Iphigenie«, ein Urbild der Sehnsucht, wurde dem Künstler 1872 für zweitausend statt dreitausend Gulden abgeluchst, weil es total »verzeichnet« sei, während Makarts

»Cleopatra« den schwäbischen Zeitgenossen das Siebenfache wert war und Feuerbach im Elend lebte; Makart aber ging es glänzend, er war ein Ruhmumsonnter, der heute hinter Feuerbach rangiert. Und Fehleinschätzungen gehören zu jeder Galerie, weil alle, die den Reizbedürfnissen ihrer Zeit schmeicheln, oben stehen. Malen aber konnte Feuerbach so gut wie Makart, obwohl Feuerbachs Arbeiten sozusagen intensiver wirken. Aber lassen wir das.

Nach der Jahrhundertwende änderte sich die Situation. Daran war hauptsächlich der Galerieverein schuld, der 1906 dafür sorgte, daß Monets »Felder im Frühling«, ein Meisterwerk des Impressionismus, angekauft wurde. Aus den schwäbischen Dörfern und Kleinstädten wurden bedeutende Altäre wie der von Mühlhausen bei Cannstatt aus dem Jahre 1386, dessen Figuren sanft und still und hoheitsvoll auf Goldgrund stehen, und der von Herrenberg, mit dem Jörg Ratgeb 1518/19 ein wildes, ekstatisches Werk geschaffen hat, aus dem die Grausamkeit des Bauernkrieges herausschreit, in die Galerie übernommen.

In den fünfziger Jahren unseres Jahrhunderts ist jenes umstrittene Selbstbildnis Rembrandts, auf dem er eine rote Mütze trägt, erworben worden; ob es echt ist, darüber sind sich die Experten zwar immer noch nicht einig, aber je länger es in unserer Galerie hängt, desto echter wird es.

Jedenfalls sind nach dem Krieg bedeutende Werke der expressionistischen Epoche den Beständen der Galerie eingefügt worden. Marc, Kirchner, Kokoschka, Klee, Beckmann, Gauguin, Modigliani, Chagall und so weiter sind mit Bildern vertreten, die sich in jeder Galerie, auch des Auslandes, sehen lassen können; denn nach 1945 wurde in der Kunstpolitik dem schwäbischen Provinzialismus energisch zu Leibe gerückt, den Werner R. Deusch in seinem Aufsatz »Kunststadt wider Willen« 1961 deutlich charakterisiert. Jedenfalls wurden von zweitausend Gemälden, die in den königlichen Schlössern teils lagerten, teils die Wände zierten, kaum zwei Dutzend in das Museum übernommen. Da waren die großen Galerien der Fürsten des Barock in Dresden, München, Berlin, Kassel oder Braunschweig besser dran, weil deren hohe Herren verfeinerte Spürnasen für Geschmacksachen gehabt hatten. Und

das Bürgertum unserer Stadt war nicht daran interessiert, als Mäzen aufzutreten; weshalb wir kaum fehlgehen dürften, wenn wir behaupten, damals seien viele Schwaben über Künstler und ihre Gesellen der Meinung gewesen, die sollten was Rechtes schaffen, dann gehe es ihnen gut.
Aber auch vor dem Krieg konnte sich unsere Galerie sehen lassen, denn ihre Auswahl an Meisterwerken war zwar schmal, zeigte aber für jede Epoche der Malerei charakteristische Bilder vor und galt unter Studenten der Kunstwissenschaft als Beispielsammlung, in der man lernen konnte. »Ihren Rang«, schreibt Werner R. Deusch, »verdankt sie nur skurrilen Zufälligkeiten, kleinen Überrumpelungen diplomatisch geschickter Museumsleiter und einem seit 1906 bestehenden und besonders nach dem Zweiten Weltkrieg ungemein aktiven und fortschrittlichen Galerieverein.«
Aber es müssen ja nicht immer nur Meisterwerke der Spitzenklasse sein, die den Besuchern gefallen. Ich jedenfalls verweile gerne vor Böcklins »Villa am Meer« und vor Theodor Schüz' »Mittagsgebet bei der Ernte« von 1861, das unter einem Apfelbaum eine Bauersfamilie mit fünf Kindern zeigt, vor der Leberspatzen in irdener Schüssel einen feinen hellblauen Dunst haben, während draußen die Herrenberger Hügel liegen und Albhöhen verschwimmen.
Dieses Genrebild mit weiter Landschaft gibt eine Lebens- und (wie man heute sagt) Gesellschaftssituation wieder, die im 19. Jahrhundert für kurze Zeit wirksam war. Wer das Bild mit Wehmut betrachtet, braucht sich nicht zu schämen, auch wenn er die Messingplakette des Bildes übersieht, in die das Bibelwort eingraviert ist: »Wenn Du ihnen gibst, so sammeln sie, wenn Du Deine Hand auftust, werden Sie mit Lust gesätigt.« Die Haltung aber, die aus diesen Sätzen spricht, half den Menschen auch damals weiter als eine Parteiparole.
Altmodisch? Rückständig? Eventuell. In unserer Galerie ist das Geschmacks- und Modespektrum reichhaltig ausgebreitet. Die widersprechendsten Künstlermentalitäten offenbaren sich in den Bildern, jede Zeit schafft sich ihr Wirklichkeitsbild in verschiedenartigen Formen, und jeder Stil und jede Mode vermittelt eine andere Ansicht der Realität. Weshalb ein Besuch der Staatsgalerie zur Toleranz in Geschmackssachen er-

muntert. Sie dürfen sich, Ihrer Mentalität entsprechend, schauenderweise bedienen. Sollten Sie aber ein Bild derart leidenschaftlich begehren, daß Sie es von der Wand nehmen wollen, dann meldet sich jene Alarmanlage zu Wort, die inzwischen, neuesten Erkenntnissen entsprechend, angelegt worden ist. Und es kann nicht mehr passieren, daß der Direktor bei einer Pressekonferenz, in der Journalisten die Wirksamkeit der Alarmanlage demonstriert werden soll, ein Bild von der Wand nimmt, ohne daß die Signalhörner pfeifen.

Das Lapidarium Wer die Mörikestraße zwischen eleganten Villen aufwärts geht und bei einem Gewappneten, dessen Rüstung grünlich schimmert, rechts abbiegt, der kommt ins Lapidarium, dieses Freilichtmuseum in einem Terrassengarten.
Wasser träufelt aus zwei Brunnen, und Sie setzen sich auf eine Steinbank, hinter der das Medaillonportrait des Herrn Kommerzienrat Gustav von Siegle in die Wand eingelassen ist. Er hat die Villa erbaut und den Garten im Stil eines Parks der römischen Kaiserzeit anlegen lassen. Und während das Wasser träufelt, vertiefen Sie sich im Säulengang in Grabtafeln und Trümmer von Standbildern, die Herr von Siegle gesammelt hat.
Die jüngsten unter ihnen sind eintausendsechshundert Jahre alt, und die Römer haben sie geschaffen. Die Augen eines Marmorkopfes mit in die Stirn gekämmtem Haar schauen von der Wand herab, als ob ein Gott oder ein Kaiser auf Sie niedersähe. Und das Seltsame an diesem Gesicht ist, daß nur Augen und Stirn und Haaransatz zu sehen sind, als ob der Kopf auftauche aus dem Meer der Zeit.
Der Archäologe taxiert diesen Trümmer als Rest einer Kolossalstatue aus dem Ende des 3. Jahrhunderts nach Christus. So nüchtern wie er brauche ich nicht zu sein, denn mich zieht dieser abgeschiedene Garten mit seinen Steintrümmern wie kein anderes Museum in die Vergangenheit zurück, wahrscheinlich, weil das Ewige (denn Gras, Bäume, Büsche und rieselndes Wasser werden uns alle überleben) dicht neben Vergänglichem steht. Und während du weitergehst, dich nieder-

setzt neben Standbildern, an die Blätter rühren, ist es, als ob du dir selbst begegnest.
»Den Schattengöttern und der ewigen Grabesruhe geweiht« steht auf den Grabtafeln der Römerzeit. Und der Minnesänger Hermann von Sachsenheim, der in seinem achten Jahrzehnt Liebesgedichte gemacht hat, weshalb man ihn einen Spätdichter nennen könnte, war mit seiner »liben elichen Husfrowen Annen von Strubenhart« verheiratet, deren Grabstein von 1495 auch hier unter den alten Denkmälern zu finden ist, die nach dem Kriege von Gustav Wais bei der Trümmerverwertung in der Umgebung der Hospitalkirche zusammen mit dem Tiefbauamt 1949 geborgen wurden. Am wertvollsten von alledem erscheint dem Historiker der Grabstein des Humanisten Johannes Reuchlin von 1501, den er sich schon zu Lebzeiten setzen ließ, und die Kreuzabnahme aus der Schule von Hans Seyffer, die 1518 gestiftet wurde. Wer das Relief heute betrachtet, sieht nur, wenn er vom Fach ist, daß es aus Trümmern mühsam zusammengesetzt wurde. Und was Johannes Reuchlin betrifft, so hat er seinen Namen auf dem Grabstein in das griechische Wort Capnion übersetzt, was Räuchlein bedeutet; weshalb ich meine, der kompromißlose Kämpfer für Wahrheit und Recht, der 34 Jahre lang neben der Stiftskirche gewohnt hat, müsse auch für Selbstironie etwas übrig gehabt haben.
Rosen ranken an den Säulen empor, und es verwundert mich, daß die vielen wertvollen Überbleibsel aus der Vergangenheit heutzutage so frei herumstehen, ohne gestohlen zu werden. Allerdings, jedes von ihnen ist fest verankert und sehr gewichtig, weshalb es wohl kaum so mir nichts dir nichts wegtransportiert werden könnte. Aber es ist gut, daß der Wärter im Garten ein Holzhäuschen hat. Ihm ist die Pflege der Büsche und Rasenflächen eine Herzenssache, als wäre der Garten sein Eigentum. Und mich freut's, daß es einen wie ihn heute noch gibt.
Vier steinerne Geschützkugeln aus dem 16. Jahrhundert erinnern daran, daß Feindseligkeit und Zerstörungslust nicht vergessen sein wollen. Diese hier wurden 1931 aus dem Neckarschlamm herausgezogen, und Gustav Wais erzählt, daß das Heer des Schwäbischen Bundes 1519 bei der Belagerung des

Hohen-Asperg 3588 Stück solcher Steinkugeln verschossen hat.
Die Statue des Apollo von Belvedere, dieses berühmten Standbildes aus der römischen Kaiserzeit, steht als Nachbildung im Gebüsch und erinnert an den Schönen Schein, dem frühere Zeiten zumindest in der Kunst gehuldigt haben. Und ich meine, dies sei nicht mal so schlecht gewesen. Beispielsweise scheint mir Dannecker mit seiner Quellnymphe, die früher am Neckartor stand, keinen schlechten Geschmack bewiesen zu haben, obwohl solch eine kniende und bis zur Hüfte entblößte Dame, die einen Krug ausleert, heutzutage von keinem Bildhauer mehr akzeptiert werden dürfte, und warum? Weil man es heute aggressiver liebt und entblößte Leiber entweder verzerrt oder zerhackt dargestellt werden müssen, um die Betrachter irgendwie zu reizen. Und so geht's in der ganzen Kunstgeschichte zu. Wer Harmonie liebt, wird im Lapidarium vor Danneckers Nymphengruppe verweilen, die früher am Anlagensee aufgestellt war und deren Gestalten, die eine von vorne und die andere als Rückenakt im Umriß an eine aufsteigende Welle erinnern. Ihre Bewegung (wie die eine der anderen den Kranz von der Stirne nimmt) ruht in sich selbst, was nach einem Vers Eduard Mörikes charakteristisch für die Schönheit ist.
Die aber ist bekanntlich eine wandelbare Größe, und Dannecker und Mörike gehörten, was ihren Geschmack betraf, zu den Klassizisten. Der Christophorus von 1515 beispielsweise kommt aus einer anders empfindenden Zeit, denn an ihm ist alles aufgewühlt mit Faltenschwüngen und Barthaarfransen, wie es sich für einen durch Wasser stapfenden Lastträger ziemt. Und wie originell unsere Urgroßeltern ein Wirtshausschild gestalten konnten, zeigt sich im vergoldeten Kopf unseres Königs Friedrich, der, plastisch dick, wie er gewesen ist, aus einem ovalen Reif herausschaut, auf dem »Zum König von Württemberg« steht.
Er hängt nicht weit von der mannshohen Schale aus sibirischem Jaspis, die früher in der Villa Berg gestanden ist. Und manches, was die Bomben unverletzt gelassen haben, wurde von dort hierhergebracht.
Von abgerissenen und zerstörten Bauwerken aber, stehen hier

Reste, die sich sehen lassen können, und Moltkes und Bismarcks Büsten sind unter Bäumen von Moosflechten in grünliche Seltenheiten verwandelt worden. Dann gehen Sie durchs gotische Portal des ältesten Rat- und Kaufhauses unserer Stadt, in dem 1455 Baumeister Aberlin Jörg gewohnt hat.
Wie zierlich gemeißelt die Pfosten des Tors sind, das lohnt sich anzuschauen. In der Webergasse steht noch eine Türumrahmung aus derselben Zeit, falls das Haus nicht inzwischen abgerissen wurde. Von Blättern durchwachsen weitet sich das Portal der Großen Mühle in Berg, die früher beim Leuzebad stand und 1613 von Heinrich Schickhardt neu aufgebaut worden ist. Im 19. Jahrhundert sind immer wieder Hochwasserzeichen in seinen Stein gegraben worden, am höchsten 1824, als das Wasser anderthalb Meter über dem Erdgeschoßfußboden stand; ein eingeritztes Segelboot zeigt dies an, wahrscheinlich um deutlich zu machen, damals habe niemand mehr die Mühle zu Fuß verlassen können, ein Mißgeschick, das dem Baumeister in seinem Wohnhaus Kanzleistraße 17 nicht zustoßen konnte. Schickhardt ließ seine Zeitgenossen wissen, er könne dort in seinem Keller hundert Liter Wein lagern.
Von seinem Wohnhaus aus dem Jahre 1596 ist das Portal hier wiederaufgebaut worden und zeigt an der linken Ecke eine Maske. Das ist ein für die »Reiche Vorstadt« typisches Portal, wie der Bezirk jenseits des »Grabens« (heute Königstraße) genannt wurde. Und wer wissen möchte, wie damals nahezu alle Häuser im Bezirk um die Hospitalkirche ausgesehen haben, der kann sich am Portal des Schickhardtschen Hauses ein Bild machen.
Oben aber, dort wo ein Drahtzaun den Garten begrenzt, ist hinter Glas ein steinernes Denkmal zu sehen, das den Blick in den Brunnen der Vergangenheit eröffnet, der unermeßlich ist; denn jener Ichtyosaurus aus Holzhausen, der dort hinter Glas steht, wurde zwar erst 1905 im Rathaus aufgehängt, ist aber millionenmal älter als fünfzig Jahre. Vor ihm mutet die Inschrift merkwürdig an, die in den Kragstein der Wirtschaft »Zur Geis« um 1550 eingemeißelt wurde und die auch hier entziffert werden kann: »Ach Got, wie geht es immer zuo / Das mich der haßt, dem ich nix tuo / Die mir nix ginnen (gönnen) und nix geben / Doch miesen sie leiden, das ich lebe.«

Die Liederhalle Sie hat verschiedene Gesichter. An der Büchsenstraße verhüllt sie ihr Betongesicht hinter Pappeln und schaut aus vielen kleinen Fensteraugen, die wie Glasziegel aussehen. An den Mauerkanten ist diese Wand gehöhlt, weshalb sie sich zu bewegen scheint; denn die Grenzen aller Mauern unserer Liederhalle wirken wie verwischt, als ob sie ineinander übergingen; zum Beispiel dort, wo ein überdachter Weg zum Eingang an der Breitscheidstraße führt.
Mosaikeinlagen mit Lapislazuliblau und Gold lockern die graue Fassade auf, und das Obergeschoß, das niedrig und zurückgeschoben ist, hat dieselben Einlagen farbiger Steine, eine Verzierung und ein Schmuck, der an Mosaikreste antiker Trümmer denken läßt. Man nennt dies heutzutage einen rudimentären Reiz.
An der Breitscheidstraße ist dem vorgewölbten Teil ein kubischer Bau angefügt, den Auflagen von braunen und violetten Steinarten beleben, während das Dach, unter das Autos hereinfahren können, auf eisernen Röhren ruht, die jede Erinnerung an Säulen von sich weisen; denn die Stilrichtung, in die sich unsere Liederhalle einfügt, vermeidet jede Andeutung des Prinzips von Stütze und Last, das vorschreibt, daß Dickes und Schweres (zum Beispiel Rustikaquadern) am Erdboden lagert, während Dünnes und Leichtes (wie Dachziegel) oben zu suchen sei.
Einzelne Bauteile fügen sich aneinander und geben bei einem Rundgang um den Bau trotzdem ein einheitliches Bild.
Schräg sticht das Dach überm Haupteingang heraus. Darüber ist das tonnenförmig vorgewölbte Mittelteil zu sehen, das an Zentralbauten erinnert und vom farbig aufgelockerten, niedrigen und wie ein Reif erscheinenden Obergeschoß jenen Akzent erhält, der es als Zentrum aller Teile sichtbar macht.
Trotzdem sind die Baumeister dem Grundprinzip moderner Architektur nicht untreu geworden: den Bau sich gleichsam selber entwickeln zu lassen und alles zu vermeiden, was an eine Ordnung um eine Achse und an Symmetrie erinnern könnte. Denn heutzutage muß ein Bauwerk eigene Initiative entwickeln und soll den Menschen nicht (autoritär) gängeln, sondern ihm die Wahl lassen, wohin er sich wenden will.
Auf der linken Seite schmückt die Eingangshalle eine Baupla-

stik, die vielleicht als abstrakte Harfe bezeichnet werden darf. Sie wirkt nicht veraltet, wahrscheinlich weil die gegenstandslose oder abstrakte Darstellungsweise, zumindest was die Bildhauerkunst betrifft, immer noch akzeptiert wird.
Rechts neben der Eingangshalle, die mit ihren Glastüren konventionell ausgetrocknet erscheint, wirkt der eratische Block des Baus, der kleinere Säle umschließt, als ob er ein gewachsener Fels wäre. Kastanien und Akazien schmiegen sich an seinen Leib. Sommerwolken passen zu ihm, und die Farben des Lichts, des Himmels und der Blätter verbinden sich mit den Einlagen von Gold und Lapislazuli, die hier wie Einsprengsel wirken, als wäre den Keupersandstein- und Muschelkalkquadern, aus denen er sich zusammenfügt, Gold und Lapislazuli von Natur aus zugewachsen. Wie ein Schnitt durch Erdschichten sieht das aus und als sehne sich die Architektur nach dem Zurücksinken in die Erde, aus der sie sich erhoben hat.
Jetzt sind wir an der Schloßstraße angelangt, wo sich der Glasvorbau des Liederhalle-Restaurants mit blumengeschmückter Terrasse in scharfem Kontrast zum urtümlichen Bauklotz streckt; denn auf Gegensätze waren die Meister dieses Bauwerks sozusagen erpicht; und ich meine, sie hätten alle Möglichkeiten ihrer Konzeption ausgeschöpft. Hier am Restaurant zeigen sie die Wirkung einer starren Fensterfront, die neben der blau- und goldmosaikverzierten Flanke wie eine Dame im Abendkleid neben einem Waldschratt steht Und oben schaut wiederum das gewölbte Mittelteil her und erinnert an eine Kuppel, die das Widersprechende und Widerstrebende zusammenhält, indem sie den Blick zu sich selbst zurückzwingt.
So schaut unsere Liederhalle heute aus. Adolf Abel und Rudolf Gutbrod, die sie von 1955-57 erbaut haben, ist ein für die zeitgenössische Architektur repräsentatives Bauwerk geglückt.
Ihre Vorgängerin ist 1906 umgebaut worden, und an sie erinnere ich mich noch bis in Einzelheiten. Sie stand neben der »Schwimmbüx«, dem in maurischem Stil erbauten Schwimmbad von 1900, und hatte einen Festsaal mit gewichtigen Kronleuchtern und eine ringsum laufende Empore, unter deren hohen Säulenbögen ich als Schüler öfters gesessen bin, wenn es billige Karten oder Freikarten gab. Einmal – und das mutet

mich an, als wäre es gestern gewesen – hörte ich dort den königlichen Hofschauspieler Wüllner, einen imposanten Mann mit dicker weißer Mähne, Balladen von Schiller rezitieren, und sehe ihn, wie er bei »Die Kraniche des Ibykus« auf den abgewetzten Bühnenbrettern einige jugendliche leichte Schritte andeutet und hochstimmig und beschwingt die heitere Stimmung suggeriert, mit der Ibykus, der Götterfreund, dem Apollo »des Gesanges Gabe, der Lieder süßen Mund« geschenkt hat, am leichten Stabe nach Rhegium wandert, wobei er »des Gottes voll« gewesen ist.

Dieser Festsaal ist 1874 erbaut worden. Damals stand die alte Liederhalle schon zehn Jahre lang, nur hatte man ihr keinen Festsaal errichten können, wahrscheinlich weil es schwierig gewesen war, die halbe Million Mark zusammenzubringen, die dafür nötig war. Die Sängergesellschaft des Stuttgarter Liederkranzes weihte ihn 1875 mit einem Festgedicht von Johann Georg Fischer ein, der mit Eduard Mörike befreundet gewesen ist. Mörike selbst war 1864 zum Einweihungskonzert jener ersten und ältesten Liederhalle eingeladen worden und hatte sich mit diesem Vierzeiler entschuldigt: »Ach, ich käme ja mit Freuden / Ja, zu kommen wär mir Pflicht / Aber solche Sprünge leiden / Meine sanften Drachen nicht«, womit er seine Schwester Klara und seine Frau Margarethe scherzhaft zu apostrophieren pflegte.

Der alte Bau war aus Fachwerk ausgeführt und hatte überm Eingang eine segnende Muse als Standbild stehen. Christian Leins, der Erbauer des Königsbaus, der als Sohn eines Werkmeisters in der Kanalstraße geboren wurde, hat auch die alte Liederhalle errichtet. Und dort, wo sich jetzt Anlagen dehnen, war früher ein Garten, in dem Büsten von Uhland, Schwab und ein Marmorbild von Schubart aufgestellt waren.

Die Liederhalle stand damals vor dem Büchsentor, und wenn Mörike an ihr vorbeiging, sah er das Haus seines Onkels, des Obertribunalpräsidenten von Georgii über das Tor herausragen. Es hatte oben eine Altane, und Mörike hat in ihm ein Jahr gewohnt, als er sich im Gymnasium illustre auf das Landexamen vorbereiten mußte, das er nicht bestand.

Aber dies nebenbei als ein Hinweis auf die Vergangenheit, deren steinerne Reste im neuen Viertel um die Liederhalle von

Bombenangriffen ausgelöscht worden sind, und in der einer wie Mörike trotz »Wirklichkeitsfremdheit« leben konnte, weil seine Eigenart geachtet wurde.

Wilhelm Bräuninger und seine Kiste Er könnte auch Amtsrichter sein (einer von den jüngeren) oder Kaufmann, der ein Gefühl für Qualität hat, übrigens etwas Seltenes.
Das Residenzstädtische ist ihm anzumerken. Und er hat's in den Fingerspitzen, wie er den anderen nehmen muß, denn er kennt sich in den Menschen aus: Wilhelm Bräuninger, dem die älteste Stuttgarter Weinstube »zur Kiste« in der Kanalstraße gehört.
Er schaut über den Tisch und sagt: »Hole mer's von ganz henta vor?« und wir reden von den Anfängen, die sich im Dunkel der Legende zu verlieren scheinen. Denn einmal heißt's, der Name »Kiste« kommt von einer Hafertruhe, die zum Füttern der Pferde im Hausflur gestanden habe, als die Wirtschaft noch eine Herberge vor der Stadtmauer beim Äußeren Esslinger Tor gewesen sei; dann weiß einer von einer vergoldeten Kiste zu berichten, die Studenten vor hundert Jahren über ihrem Stammplatz in der noch namenlosen Wirtschaft aufgehangen haben sollen, nachdem Leibkutscher Ringwald von König Karl das Geld für die Weinstube vorgestreckt bekommen hatte. Andere sagen, das sei schon unter König Wilhelm dem Ersten passiert.
1893 hat Wilhelm Bräuninger, der Vater des heutigen Besitzers, die Wirtschaft gekauft und später umgebaut, nachdem bereits Leibkutscher Ringwald einen Stock hatte aufsetzen lassen. Jetzt erhielt sie noch ein Stockwerk mit Giebel, und 1902 war alles fertig. Das Wirtshausschild war damals eine kleine Kiste, die an Stricken hing. Bald danach ist das neue Schild aufgehängt worden, das heute noch wie damals da ist und einen Lastträger mit Kiste zeigt. Die Inschrift »Restauration zur Kiste« stammt aus derselben Zeit und erinnert den Chronisten an Jugendtage der zwanziger Jahre, als viele Wirtschaften »Restauration« hießen. Und Hermann Hesse hat gedichtet: »Es sitzt ein müder Wanderer / In einer Restauration. / Das ist bestimmt kein anderer, / Als der verlorene Sohn.«

Der Grundriß des Hauses hat sich nicht geändert. Im ersten Stock, wo jetzt die obere Stube für ausgewählte Gäste reserviert wird, war früher der »Salon« mit einer Palme, einem Spiegel, einem Mahagonisofa und einem ausgestopften sitzenden Hund, der Vater Bräuninger mehrere Jahre begleitet hatte. In der heutigen Küche war früher das Wohnzimmer neben einer kleinen Küche, die vom Zimmer Licht erhielt, weil nach hinten das Nachbarhaus angemauert war. Der Boden war mit Steinplatten belegt, auch hier im Salon.
Mit seinen Hilfskräften hat Bräuninger keine Schwierigkeiten, denn Frau Ruth Mayer ist seit 1946 und Frau Irmgard Gohl seit 1951 bei ihm. Nur daß halt seit dem Abbruch und dem Umbau der Kanalstraße seine Wirtschaft näher in den Brennpunkt gerückt wurde, das bedauert er; deutet aufs Fenster, vor dem der Durchgang unterm Schwabenbräu-Hochhaus nahegerückt ist und sagt: »Im Winter geht's. Aber im Sommer! Do fallet d'Leit alle direkt zu ons nei. Für a Weiwirtschäftle isch dees nex. Früher ist onser Haus richtig g'stande. Do hot mer's suacha miaßa.« Und er schmunzelt, sagt, immer seien schon Rechtsanwälte, Redakteure, Ärzte – »halt Intellektuelle« – in die »Kiste« gekommen; daran habe sich in siebzig Jahren nichts geändert.
Am 20. Juni 1948 aber, dem Tag der Währungsreform, sind zwei auffällig elegante Damen aus der Leonhardstraße als die ersten Gäste bei ihm aufgetaucht und haben Batzen harten Geldes liegen lassen. Danach war wieder alles ganz im alten Stil.
Ja, Wilhelm Bräuningers Vater, der war ein Besonderer. Auf einer Fotografie von 1902, nachdem Architekt Storz den Umbau geleitet hatte, steht der Vater als stämmiger Herr mit Schnauzbart vor dem Haus; neben ihm zwei andere, von denen der eine einen Zylinder und der andere einen steifen schwarzen Hut trägt. Ein Leiterwägele mit einem Mädchen im langen Schurz ist auch dabei. 1913, in seinem fünfundvierzigsten Lebensjahr, hat der Vater die Wirtschaft an seinen Bruder Karl verpachtet und in der Heidehofstraße neben der Villa Bosch privatisiert.
Zehn Jahre später, nach der Inflation, hat der Vater das Geschäft wieder übernommen, und 1924 ist in der unteren Stube

die Gründung von Radio Stuttgart gefeiert worden. Davon gibt es eine Fotografie, auf der Karl Struve, der bekannte Sprecher und illegitime Sohn des Kronprinzen, mit dunkeln Knopfaugen am Tisch unter Kollegen sitzt, von denen Albert Hofele sein Gebirglergesicht mit dichtem schwarzem Haar über Biergläsern und einer Zeitung sehen läßt.
1925 ist die untere Stube holzvertäfelt und neu ausgebaut worden. Jetzt war hier der Oberkellner Karl Neidlein im Frack und mit den größten Plattfüßen, die man sich denken kann, beschäftigt. Neidlein hatte neun Kinder und so lange Arme, daß er, am Büffet stehend, die Gäste am nahen Stammtisch bedienen konnte, ohne sich vom Fleck zu rühren. Er war von morgens bis abends in der Wirtschaft und hatte nur am Mittwoch frei.
Zwischen 1925 und 1928 war der Gästezulauf auffallend stark, und Vater Bräuninger hat die Leute, wenn in der Stube alles besetzt war, auch im Gang und auf der Treppe sitzen lassen; weshalb ihm am 31. Juli 1926 eine Geldstrafe von sechzig Mark aufgebrummt wurde. Die dreieinhalbseitige Akte »Wegen eines Vergehens gegen das Notgesetz« ist erhalten und erzählt vom Zeugen Hübner, der ihn angezeigt hat.
Vater Bräuninger wollte das Gegenteil beweisen und schrieb die Adressen von neun Zeugen auf, von denen Friedrich Öttinger damals Kohlensäure-Vertreter war; jetzt steht sein großes Geschäft am Marienplatz. Opernsänger Philipp Gitzen, wohnhaft in der Ostendstraße wollte ihm auch beistehen, ebenso wie Straßenbahnkontrolleur Ludwig Weber, Kriminalinspektor Julius Böhringer, Chauffeur Honold aus der Rosenstraße, Geschäftsführer Walker, dessen Sohn mit mir ins Reformrealgymnasium am Stöckachplatz gegangen ist, Bürodiener Hetzel, Telegraphenaufseher Zimmermann und Alfred Stahl, der damals in der Brunnenstraße ein Versatzgeschäft gehabt hat.
1936 wurden von Flaschnermeister Hagmeyer in fünf Meister- und elf Gesellenstunden das Dach, der Gasherd und das Bad repariert, ein neues Kaminblech eingesetzt und neun Häfen gelötet, was 25 Mark und 37 Pfennig gekostet hat.
Das war damals, als ein Viertele Württemberger für 45 oder 50 Pfennige zu haben war und die dicken Mercedes-Wägen der

Herren in den braunen Uniformen sich nach Tagungen im Auslands-Institut in der Kanalstraße stauten; aber das verlief sich wieder. Ein paar wurden bei Vater Bräuninger vorstellig, weil im Haus kein »Führerbild« hing. Ein verschuldeter Kunstmaler lieferte es ihm, doch als er es aufhängen wollte, fiel's herunter. Und weil von der Kripo und von der Gestapo manche zu den Stammgästen gehörten, konnte Vater Bräuninger ein scharfes Wort riskieren; denn er hatte eine »jesasmäßig freche Gosch«.
Anno 45, als die Franzosen einmarschierten, wurde die »Kiste« zum Offizierskasino, weil Bräuningers Mutter und Schwester noch eine intakte Küche hatten, wo jetzt Pierre als Koch wirkte. Die Damen mußten die weißen Gamaschen und Handschuhe der Offiziere schneeweiß waschen, Kaffeesatz und Essensreste wurden über die Dächer an die Nachbarn verschenkt, die zu Hause bleiben mußten, weil Ausgehverbot herrschte. Und in der Weinstube hing die Trikolore am Platz des Führerbilds.
Ja, die Vergangenheit hat's in sich ... Und solch eine mit Vergangenheit getränkte Weinstube wie die »Kiste«, die wird überdauern. Aus den zwanziger Jahren ist die Stammtischfahne des »Kisten-Clubs« überliefert, in die mit schwarzen Buchstaben auf gelbem Grund gestickt ist: »Jeder Mensch trägt seine Kiste, / Wenn nicht groß, dann ist sie klein. / Drum so laßt uns ohne Sorgen / Kurze Zeit beisammen sein«: Ein herzhafter Wahlspruch, der auch heute noch jedem die Seele wärmt.
Bräuningers Weine (Strümpfelbacher Schiller, Hohenhaslacher Kirchberg, Mundelsheimer, Sasbacher Weißherbst und Spätburgunder, Cannstatter Berg, Schwabbacher, Sasbacher und Lehrensteinsfelder Riesling, Pfaffenweiler Batzenberg, Windischenbacher Goldberg) und Schwabenbräu vom Faß streicheln den Bauch von innen, zusammen mit der Bräuningerschen Flädlessuppe, der Linsensuppe mit Saiten, den geschmelzten Maultaschen mit Salat, dem kalten oder warmen Ripple mit Kartoffelsalat, den Fleischküchle mit gemischtem Salat und dem Rostbraten mit Bratkartoffel.
Wer zur oberen Stube aufwärts steigt, horcht dem heimeligen Knarren der Holzstiege unter seinen Füßen nach und stützt

sich auf das von vielen Händen abgewetzte Geländer, dessen gedrechselte Kugel einer mal mitlaufen ließ. Ein Jahr später kam ein katholischer Pfarrer, wickelte die Kugel aus Zeitungspapier und sagte: »I soll se z'rückbrenga, weil der, der se klaut hot, nex mit ihr afange ka.«
Ja, d'Leit ... Wie gesagt, Wilhelm Bräuninger kennt sie. Die Holzvertäfelung der oberen Stube schmücken alte Stiche und Lithographien, die jeden Sammler neidisch machen. Daß die immer noch hier hängen, spricht für Bräuningers Gäste. Da ist zum Beispiel dieser Kupferstich vom Karlsplatz aus dem Jahre 1795, als statt des Kaiser-Wilhelm-Denkmals noch ein Obelisk stand, der nach der Genesung des Herzogs Friedrich Eugen dort aufgestellt und »Pyramide« genannt worden war.
Der »Stammtisch der Dreizehn« tagt in der oberen Stube und führt hitzige Wortgefechte. Die Wunschvorstellungen blühen aus den Mündern und den Köpfen, die Meinungen mischen sich, aber: »Esse ond trenka miaßet se älle.« Das verbindet, das mildert die Gegensätze.
Als einer bezahlen will, schaut Bräuninger über den Tisch und sagt: »Mache mer's glei?« Er legt einen Rechenzettel auf die Holzplatte, denn Resopaltische gibt es hier keine. Diesmal waren's Linsen mit Spätzle ond Saitewürstle; dazu zwei Viertele Pfaffenweiler Batzenberg, Gutedel.
Zum Wohl ihr Herren!

{ # Mörikes Alltag

Zwar schrieb er in einem Brief, daß er die »Residenzlüftchen« nicht sonderlich schätze, aber fünfundzwanzig Jahre seines Lebens hat er trotzdem in Stuttgart verbracht. Und als Dreizehnjähriger wohnte er, nachdem sein Vater als Amtsarzt in Ludwigsburg gestorben war, ein Jahr lang bei seinem Onkel, dem Obertribunalrat Georgii, in der Büchsenstraße beim Büchsentor, das ungefähr dort gestanden haben mag, wo heute die Liederhalle steht.
Damals (man schrieb das Jahr 1817) hatte er noch alles vor sich: seine theologischen Studienjahre in Urach und Tübingen, die verzehrende Begegnung mit Maria Meyer, einer auffallend schönen, wahrscheinlich schizothymen Landstreicherin, die als Kellnerin in der Gartenwirtschaft eines Ludwigsburger Bierbrauers beschäftigt war und von der er sich mühsam in den Peregrina-Gedichten löste, die das Äußerste einer Liebeserfahrung mitteilen; dann den Tod seines Bruders August, den ein Gehirnschlag als siebzehnjährigen Apothekergehilfen hinwegnahm und für den er das Gedicht »An eine Äolsharfe« schrieb, das Erlöschen seiner Schwester Luise, die an Schwindsucht starb, seine Freundschaftsmühsale mit Wilhelm Waiblinger und Hermann Hardegg, seine siebenjährige »Vikariatsknechtschaft«, aus der er sich durch einen Redakteursposten bei der Franckh'schen Verlagsbuchhandlung befreien wollte, was ihm (zum Glück) mißlang, die Verbindung mit seiner Braut Luise Rau, die, weil er keine feste Anstellung bekam, sich von ihm lossagte, kurz bevor er Pfarrer von Cleversulzbach wurde, das er »Klepperfeld« zu nennen pflegte, weil er an skurrilen Namen Freude hatte.
Neun Jahre lang tat er dort seinen Dienst, forderte immer wieder Vikare an, die ihm seine Amtslast tragen halfen; denn das »Amtssigill«, so versicherte er später dem Töchterlein seines Ur- und Erzfreundes Hartlaub, die Agnes hieß und die er »Bagnese« und »Meine Scharmante« nannte, dieses Amtssigill sei beinahe zu schwer gewesen für *einen* Mann und habe bei drei Zentnern gewogen. Zuweilen aber – beispielsweise im Juni 1838 – kann die Amtsfron so arg nicht gewesen sein, denn damals schrieb er an Hermann Kurz: »Ich sitze viel im Gar-

ten unter dem grünen Schirm, ein Buch vor mir, in das ich zwei Minuten hineinsehe, um alsbald wieder in meine eigenen Grillen zu verfallen. Oder ich stecke mich in einen hohen Zucker-Schefen-(=Zuckererbsen)Wald und belausche ein Kindergespräch am Gartenhag, wobei einem das Herz vor Freude lacht. Gestern abend sangen zwei Mädchen: ›Regen-Regentropfen / Buben muß man klopfen, / D'Maidlin muß man schonen / Wie die Ziteronen!‹ Dabei donnerte es von fern, die Rosen dufteten, und durch den Hag durch schimmerten die blechernen Zierate der Kirchhofskreuze hell herüber.«

Vielleicht hat er an diesem Tag die flache Mütze mit dem Schild und die breiten Hosenträger getragen, mit denen ihn eine Bleistiftzeichnung von 1840 zeigt; darauf raucht er eine lange porzellanene Henkelpfeife; denn er war zeitlebens ein starker Raucher. Und als ihm das Predigtmachen zuwider war, bat er sich von Hartlaub einen Packen Predigten aus, die er sofort bekam wie die 550 Gulden, mit denen er seine Gläubiger zufriedenstellte. Neben Urlaub sei ihm Hartlaub das liebste Laub, ließ er ihn wissen. Und die Anordnung seiner Gedichte, die 1838 bei Cotta herauskamen, ließ er von Hermann Kurz besorgen, mit dem er sich, kaum daß er ihm das Du angeboten hatte, so zerstritt, daß er neun Monate lang wieder Sie zu ihm sagte. Kurz war ihm damals zu revolutionär gesinnt, und Mörike sagte von ihm, er lebe in fliegenden Hitzen, wo man statt edlen Weins bunte Liköre trinkt.

Nach neun Jahren Cleversulzbach dann der ersehnte Ruhestand, dem er sich in Hall und schließlich in Mergentheim im Hause des Obristleutnants von Speeth widmete. Dessen Tochter Margarethe wurde 1851 seine Frau. Sie folgte ihm und seiner Schwester Klara nach Stuttgart nach, wo er im Haus Augustenstraße 14 Wohnung nahm. Denn er wollte, nun auch schon 47 Jahre alt, sich in eine Familie fügen, aber nicht auf seine Schwester verzichten, die zwölf Jahre jünger war als er. Und was seine Arbeit als Autor betrifft, so kam's ihm wohl auf etwas anderes als »Realismus« an; auf etwas Unwägbares, nicht fest zu Umgreifendes vielleicht, über das keine poetologische Untersuchung Auskunft zu geben vermag.

Jedenfalls hatte nun für Mörike der lange Alltag der späten

Jahre angefangen, den er sich durch Versteinerungen- und Altertümersammeln verschönte. Zwischen 1851 und 1875 ist er in Stuttgart neun Mal umgezogen. Lärm war ihm ausnehmend zuwider, weshalb er immer wieder meinte, woanders sei es ruhiger. Und am weitesten hat er sich 1866 und 1871 vorgewagt, wo er in der Militärstraße (jetzt Leuschnerstraße) und in der Reinsburgstraße jeweils in Häusern wohnte, die damals mitten im Grünen lagen. Heute steht kein Haus mehr, in dem er gewohnt hat; sie wurden alle im Krieg zerstört.
Als er im zweiten Stock des Hauses Hospitalstraße 36 wohnte, beklagte er sich in einem Brief über die Hausbesitzerin und Legationsratswitwe Reuß: »Oben wurde lange gebeethovelt, so daß ich einmal wieder Gebrauch von meinen alten Ohrenstöpseln machte und allerdings dann fast so still wie auf dem untersten Meeresgrund lag.«
Den Vorraum dieser Wohnung hat er auf einer Zeichnung skizziert, die im Treppenhaus vor der Küche einen hölzernen Pfosten zeigt, der als »Wegg-(=Fort)Weiser« bezeichnet wird und auf dessen Arme die Namen der Mitbewohner in schwäbischer Version zu lesen sind. Wo »Mörike« stehen müßte, steht »Net daheim«, denn er wollte vor Besuchern seine Ruhe haben und bezeichnete diesen »Wegg-Weiser« als »Nothgedrungene Anstalt eines Literati in der Rösidenz«. Er muß also damals, zumindest in Stuttgart, eine geachtete und beachtete Persönlichkeit gewesen sein, und Leute, die etwas auf sich hielten, wollten ihm ihre Aufwartung machen.
Den Ausblick aus seiner Wohnung hat er mit Sorgfalt gezeichnet. Wer das Bildchen heute betrachtet, den schleicht Wehmut an, sieht er doch auf zweistöckige Häuser, vor denen sich Gärten strecken. Vorn ist der blecherne Knopf eines spitzen Gartenhausdächleins zu sehen, auf den Mörike 1855 ein Gedicht gemacht hat, dessen Verse das schwierige Zusammenleben zu dritt andeuten und darauf hinweisen, daß seine Schwester Klara, die bei den Jungvermählten wohnte, damals wegziehen wollte. Er war nicht damit einverstanden, und auch seine Frau scheint »Klärchen« überredet zu haben, sich ihren Entschluß nochmals zu überlegen.
So blieb sie denn im Hause, und es war weiterhin schwierig, sowohl für die Frauen untereinander als auch für ihn; aber erst

1871 trennten sich die Eheleute, und er übersiedelt mit seiner Schwester und seiner Tochter Marie nach Lorch und später nach Fellbach, während das Töchterchen Fanny bei der Mutter blieb.
Die beiden Kinder, von denen Fanny 1855 und Marie zwei Jahre später zur Welt kam, werden manche Spannungen gemildert haben, und wer das Familienbild von 1860 betrachtet, auf dem Mörike mit gestricktem Käppchen zwischen seinen »sanften Drachen« zu sehen ist, wie er Gattin und Schwester scherzhaft zu apostrophieren pflegte, der meint, es habe nichts Idyllischeres als das Mörikesche Familienleben gegeben.
Papa hat viele Zeichnungen für seine beiden Mädchen gemacht, von denen die ältere urwüchsig und derb, die jüngere zart und phantasievoll war. Fanny hat einen Uhrmacher geheiratet und ist 75 Jahre alt geworden, während Marie schon ein Jahr nach des Vaters Tod starb. An Fanny ist die oft zitierte »Väterliche Ermahnung nebst einem Groschen« gerichtet, die so aufhört: »Eh du einen Kreuzer ausgiebst, / Dreh' ihn zweimal – einen Groschen / Sechsmal in der Hand herum! / Solches räth Dir Dein Berather, Freund und stets getreuer Vater.« Papa Mörike versah dieses Gedicht mit dem Zusatz: »Der leider dieser goldenen Regel sein Leben lang nicht nachgekommen ist.«
Fanny tröstete ihn, als er sich der abfälligen Äußerungen des Leipziger Literarhistorikers Minckwitz wegen grämte, der in seinem »Illustrierten Neuhochdeutschen Parnaß« behauptet hatte: »Mörikes poetisches Vermögen ist augenscheinlich nur ein mittelmäßiges, seine Anschauung wie seine Darstellungsgabe eine sehr beschränkte und schwache«, weshalb Mörike an Hartlaub schrieb: »Das dicke Buch des Leipziger Windbeutels habe ich auch im Hause gehabt. Es gab zu einigen ganz schönen Kinderreden Anlaß. – ›Sieh, Fanny, dieser Mann da in dem Buch hat gesagt, ich sei ein schlechter Versmacher!‹ – ›Ein Dichter‹, korrigierte mich Mariele augenblicklich; ich hatte diesen Ausdruck nicht gebraucht, um eher verstanden zu werden; sie müssen ihn aber sonsther schon richtig aufgefaßt haben. – ›Was sagst Du dazu, Alte?‹ – Sie mit aufrichtiger Entrüstung: ›Wie heißt denn der?!‹ – Johannes Minckwitz.‹

–›So, der soll mir einmal kommen! Dem will ich's aber unter seine Nas' zwängen!‹ (ipsissima verba …) – ›Ja, was sagst Du ihm aber?‹ – Sie (sich im Anlauf übernehmend, so daß es ziemlich matt herauskommt): ›Sie sind ein unartiger, dummer G'sell! Wer darf denn so von einem Lehrer sprechen!?!?! Der Polizei zeig' ich's an!‹ Später schien ihr die Sache doch im Kopf herumzugehen, und sie fing wieder an: ›Ja, Vater, kannst Du aber das Wort nicht mehr von Dir wegmachen?‹ – ›Ich weiß nicht wie!‹ – ›Ich mein' mit dem Alestikum!‹ (Sie meinte Gummi elastikum, in dem Wahn, es seien nur die zwei Worte, die auch bloß in dem einen Exemplar vorkämen.) Ich: ›Das ist zweitausendmal gedruckt und wird wie die Zeitung in alle Häuser getragen.‹ Sieht mich groß an, gewissermaßen mitleidig, frißt aber dann doch ruhig am Fenster ihren Apfel fort. – Den andern Tag beim Aufstehn, ich mit tiefem Seufzer: ›Der Minckwitz, der Minckwitz!‹ – ›O Vater‹, sagte sie, ›das tut uns nichts! Unser Herrgott weiß, daß Du ein Braver bist.‹«
Das war im Haus Militärstraße 51. Die Straße heißt heute Leuschnerstraße, und das Haus ist wie alle Wohnungen, in denen Mörike gewohnt hat, im Krieg vernichtet worden. Bevor er dort auszog, sah eine fremde, enorm dicke Dame sein Logis an und bemängelte die Enge der Küche. Nachher sagte Fanny: »Warum ist denn die Frau so dick? Gelt, weil sie z'viel ißt. Ja, und da meint sie, in der Küche könne man ihr nicht genug kochen.«
Fannys Bemerkung: »Wer darf denn so von einem Lehrer reden?!« bezieht sich darauf, daß Mörike nach seiner Berufung »als Pfleger weiblicher Jugend« im Katharinenstift »Frauenzimmerlektionen« hielt. Der Rektor dieser vornehmsten Töchterschule des Landes war mit ihm befreundet und überredete ihn zu dieser Tätigkeit.
Er muß dort wöchentlich eine Literaturstunde in den oberen Klassen geben; später sind es sogar zwei gewesen, doch befreite er sich schließlich ganz von dieser Pflicht. Seine Schülerinnen ließen sich von ihm Verse in ihre Stammbücher schreiben, und eine, die Elise von Schweizerbarth-Roth hieß, hat aufgeschrieben, wie ihr Mörike als Lehrer erschien und wie sie zunächst seiner »schlechten Kleidung«, des »wenig Gepflegten seines Äußeren und seines faltigen ältlichen Gesichts«

wegen befremdet war. Dann aber verwandelte er sich auch für sie in den angeschwärmten liebenswürdigen Lehrer, der nie Aufgaben verlangt und nie examiniert habe; was nicht ganz stimmen kann, weil die Mörikesammlung des Stadtarchivs im Wilhelmspalais auch das Aufsatzheft einer Schülerin zeigt, das Mörike – allerdings nicht mit roter Tinte – korrigiert hat. Er sei ein Vortragender und kein Schulmeister gewesen, der oft und lange aus dem Gedächtnis rezitiert habe, was den Mädchen mächtig imponierte. Und er brachte seine Zuhörerinnen oft zum Lachen, beispielsweise, als er ihnen das Wort »verdrießlich« demonstrierte und mit verzogenem Gesicht, in dem auch das »Pfändle« nicht fehlte, zu ihnen sagte: »Ich bin verdrießlich, und weil ich verdrießlich bin, bin ich verdrießlich.« Und auf die Pensionärinnen, die, ihrer grünen Tracht wegen, »Laubfrösche« genannt und von einer Gouvernante im Gänsemarsch ausgeführt wurden, dichtete er: »Laßt mir die Grünen in Ruh, und schweigt mir doch von dem Laubfrosch! / Dieser plumpe Vergleich, dieser erbärmliche Witz! / Kleidet denn nicht das Grün auf Erden die edelsten Dinge? / Vielbesungener Lenz, zeige Dein stolzes Gewand!«

Übrigens hat er seine Stuttgarter Jahre keineswegs als schrulliger und menschenscheuer Zeitgenosse verbracht. Die Kalender, in die er jeden Monat tagebuchartige Notizen schrieb, geben Nachricht von ausgedehnten Korrespondenzen, geselligen Zusammenkünften, Spaziergängen und Ausstellungsbesuchen. Theodor Storm und Moritz von Schwind besuchten ihn, er reiste an den Bodensee oder zum Bruder Louis, den er Ludovicus Crassus nannte und der bei Regensburg als Gutsverwalter tätig war. Und daß er faul gewesen sei, stimmt auch nicht (obwohl sich einer wie er auch Faulheit leisten kann), denn neben seinen Übersetzungen aus dem Griechischen und Lateinischen und der Umarbeitung seines Romans »Maler Nolten« entstanden Gedichte wie »Erinna an Sappho« oder »Bilder aus Bebenhausen«, die Erzählung »Das Stuttgarter Hutzelmännlein«, ein folkloristisches Phantasiestück von höchstem Niveau, und die Novelle »Mozart auf der Reise nach Prag«, deren vollendete Sprache psychische Veränderungen so vergegenwärtigt, daß daraus Menschenbilder hervorwachsen. 1855 las er diese Arbeit Theodor Storm vor.

Hartlaub saß dabei und sagte hernach: »Aber, i bitt Sie, ist das nun zum Aushalte!«
Mörike wohnte damals in der Alleenstraße, und Storm sah ihn so: »In seinen Zügen war etwas Erschlafftes, um nicht zu sagen Verfallenes, das bei seinem lichtblonden Haar nur um so mehr hervortrat; zugleich ein fast kindlich zarter Ausdruck, als sei das Innerste dieses Mannes von dem Treiben der Welt noch unberührt geblieben.« Storm wunderte sich, weil Mörike »sich in behaglichster Weise in der Sprache seiner schwäbischen Heimat erging«. Als er ihn darauf hinwies, legte ihm Mörike die Hand auf den Arm und sagte lächelnd: »Wisse Sie was? I möcht's doch net misse.«
1865 besuchte ihn Iwan Turgenjew mit der Sängerin Pauline Viardot-Garcia im dritten Stock des Hauses Kanzleistraße 8, und Mörike gestand ihm, daß er nichts von ihm gelesen habe. Turgenjew aber rezitierte Mörikes Verserzählung »Der alte Turmhahn« fast vollständig. Frau Viardot-Garcia fragte ihn, ob sie ihm eigene Kompositionen seiner Gedichte vortragen dürfe, und er freute sich so intensiv, daß er bat, ihr, hinter einem Wandschirm sitzend, zuhören zu dürfen, wahrscheinlich, weil er fürchtete, daß ihm vor den beiden eleganten Herrschaften, die überall in Europa zu Hause waren, die Tränen kämen.
In den sechziger Jahren wohnte Wilhelm Raabe draußen in der Hermannstraße und hätte zu Mörike nicht weit gehabt, zumal sich beide im Café Reinsburg hätten treffen können, wo Raabe sich mit Männern aus allen Lebensbezirken zusammenfand; aber es hat nicht sollen sein, obwohl Raabe am 26. März 1870 in das Album eines Stuttgarter Schauspielers und Sängers sieben sorgfältig gestrichelte Fußspuren eines Raben zeichnete und darunter schrieb: »Zierlich ist des Vogels Tritt im Schnee! / Singt Professor Eduard Mörike; / Schwarz auf weiß zeigt dieses Albumblatt / Daß ein Vogel es beschritten hat, / Der mit zierlich scharfbekralltem Fuß / Scharrt der Unbekannten seinen Gruß!«
Das war, nachdem Mörike, häuslicher Wirrnisse wegen, eine zweite Wohnung in Lorch bei Hafnermeister Groß gemietet hatte, bei dem er das Formen und Brennen von Töpfen erlernte und den er in seiner Werkstatt portraitierte, wo der

Meister mit Zipfelkappe bei einem Wein-und-Brot-Vesper sitzt, während vor den Fenstern ein Eisenbahnzug vorbeifährt. Seine Töpfe schmückt Mörike mit eigenen Versen wie: »So heiß wie dieser Topf im Ofen hat geglostet / Ist meine Lieb zu Dir, die nie und nimmer rostet«, oder er ließ Wilhelm Hartlaub wissen: »So alt ich bin, so bin ich doch / Der Kunst noch nicht ganz abgestorben; / Was ich als Dichter nicht erworben, / Verdien' ich mir als Hafner noch«, denn für Selbstironie hatte er eine Schwäche.

Er mußte sich abschirmen, seine Verletzlichkeit schützen. Das war ihm möglich in einer Zeit, in der noch nicht alles zu allem kommen konnte. An Ehrungen hat es ihm nicht gefehlt, wurde ihm doch die Ehrendoktorwürde der Universität Tübingen und der Professortitel vom König verliehen. Seine Freunde kümmerten sich um ihn. Und ich meine, es habe ihn nachhaltig belustigt, sich in einem der Stuttgarter Adreßbücher als Märkle, Eduard, Professor am Katharinenstift« aufgeführt zu finden. Dabei wird er sich seines »Salzbriefs« aus Hall erinnert haben, den er am 10. Januar 1844 an Hartlaubs Töchterchen Agnes, seine »Scharmante«, geschrieben und mit »Dein treuer Freund Märkle, Sanitätsrat« unterschrieben hatte.

An seinem letzten Geburtstag, dem 8. September 1874, den er mit der Schwester Klara und Marie, seiner jüngsten Tochter, feierte, hörten er und Klara harfenähnliche Töne. Er rief: »Wo ist die Musik?« doch waren nirgends Musikanten zu sehen. »Es bedeutet mich«, sagte er. »Das ist mein letzter Geburtstag«, womit er Recht hatte; denn er starb am 4. Juni 1875 im dritten Stock des Hauses Moserstraße 22 und wurde zwei Tage später auf dem Pragfriedhof beerdigt. Etwa zwei Dutzend Menschen sollen bei seiner Beerdigung dabeigewesen sein.

Damals war er noch nicht berühmt. Erst um die Jahrhundertwende entdeckte man ihn. Inzwischen wurde er überall in der Welt bekannt, obwohl Kritiker vom Schlag eines Georg Lukacs ihn auch heute noch einen niedlichen Zwerg nennen. Und ich höre noch, wie ein hochmögender Literator der fünfziger Jahre gnädig bemerkt: »Nun ja, Mörike ... Was er gemacht hat, ist ja ganz brav im goetheschen Sinn«, denn dieser

Herr fühlte sich als Avantgardist. Da war jene uralte Dame ehrlicher, die mit Mörike nahe verwandt war und in den zwanziger Jahren, den Band mit seinen Gedichten dicht vor die Augen haltend, sagte: »Ja, dees isch vom Eduardle ... Aus dem isch seiner Lebtag lang au nex Rechts worde.«

Personenregister

Abel, Adolf 405
Abele, Karl 282
Adams-Epstein, Hofkünstler 23
Adelmann, Gräfin 196
Adelung, Alexandrine von 290
Adelung, Collegienrat von 289
Adenauer, Konrad 67, 363
Agnes, Gräfin von 354
Albrecht, Herzog von
 Württemberg 346
Aldinger, Hermann 41
Alexandra, Kaiserin von
 Rußland 46
Alexandrowitsch, Woldemar
 von 318
Allgaier 41
Amerongen, Teats von 290
Annunzio, Gabriele d' 29
Appenzeller, Schwestern 283
Arnoldson, Sigrid 48
Astfalk, Konrad 312
Aue, Karl 12

Baak, Nagelschmiedemeister 232
Bach, Ottilie 226
Bäbenroth, Colporteur 248
Bächer, Max 118, 149, 162
Bäuerle, Christian 180
Bagnato, Hauptleute von 315
Baisch, Amalie 29
Banzhaf, Hotelbesitzer 205
Bardot, Brigitte 39
Bareis, Kommerzienrat 113
Bastelli 32
Bauer, Karl 294
Bauer, Ludwig 309, 310
Baum, Julius 278
Baumeister, Willi 352
Bausch, Theodor 195

Bay, Stadtrat 143
Bayer, Wilhelm 231
Bazille, Wilhelm 276
Beck, Christian 177
Beck, Maschinist 307
Beckmann, Max 398
Beethoven, Ludwig van 76, 138
Behringer, Helmut 322
Berger 19
Berger, Alfred 247
Berger, Conrad Nikolaus 192
Berger, Eugen 192
Berner, Bürodiener 290
Bertsch, Friederike 238
Besserer, Bürgermeister 374
Beyer, August 393
Bihl, Architekt 37
Billfinger 45
Binder, Buchhändler 116
Birnbaum, Hofschauspieler 226
Bismarck, Otto von 403
Bisson, A. 33
Bleyle, Wilhelm 153
Blizeni, Musiker 198
Bloch, Hühneraugenarzt 18
Blum, Professor 177
Blutharsch, Pflästerer 191
Bock, Baudirektor 40
Bockstedt, Schirmfabrikant 293
Bodenhöfer, Christian 42
Böcklin, Arnold 122, 399
Böhm, Alfred 321
Böhm, Konstanze 321
Böhringer, Julius 409
Böhringer, Otto 125
Börne, Ludwig 83, 295
Bofinger, Wilhelm 248
Bohnet, Hans Dieter 93
Boisserée, Brüder 397

425

Bologna, Giovanni da 149, 350
Bolz, Eugen 298
Bonatz, Paul 339, 375, 376
Bosch, Oberhofgärtner 387
Bosch, Robert 65, 345
Bouwinghausen
  von Wallmerode, Benjamin
  299, 300
Bräckle, Hausmeister 362
Braem, Helmut M. 310
Bräuninger, Wilhelm 200, 201,
  407-411
Brammer 302
Brandt, Willy 344
Breitmeyer, Thomas 293
Breitling, Jakob 245
Breitling, Wilhelm von 245
Breitschwerdt 125
Bremer, Friederike 12
Brenner, Rudolf 226
Brenz, Johannes 229
Bressand, Friedrich 281
Brod, Max 229
Bröge, Hofschauspielerin 208
Broß, Irene 239
Bruant, Aristide 347
Büchner, Louis 41
Bühl, Wendenmacher 232
Bühler, Rudolf 222
Bührlen, Friedrich Ludwig 256
Büsing 125
Büttenfeld, Hauptmann von 230
Buhler, Weingärtner 198
Burckhardt 142
Butz, Helmut 164
Bytinski, Philipp 14

Caesar, Gajus Julius 65
Calistridis 64
Canova, Antonio 281
Casanova, Marchese Silvio di
  383
Chagall, Marc 398

Charlotte, Königin von
  Württemberg 36, 46, 49, 236
Charlotte, Prinzessin von
  Bayern 78
Che Guevara 139
Chopin, Frédéric 26, 83, 138,
  165, 295
Chotek, Sophie Gräfin 35
Christoph, Herzog von
  Württemberg 59, 293, 330
Churchill, Winston 24
Clements, J. 94
Cocteau, Jean 153, 338
Conin, Henry 146
Cordella, Floriano 286
Creuzberger, Johann Martin 266

D'Argent, Kupferstecher 355
Dahlmann, Peter 281
Dahm, P. W. 10, 12
Daimler, Gottlieb 65
Daimler, Karl 183
Dannecker, Johann Heinrich
  281, 402
De Gaulle, Charles 121
Debele, Schutzmann 113
Decker-Hauff, Hansmartin 284
Dehio, Georg 332
Demme, Ernst 51
Deschner, Instrumentenmacher
  226
Deusch, Werner R. 398, 399
Dierlamm, Carl 284
Dieterlen 315
Dietz, Flaschner 183
Dillen, Kammerherr von 208
Dingelstedt, Franz 274
Dinkelacker, Familie 174
Dirke, von, Pferdemetzger-
  meister 223, 224
Dobel, Stallmeister 297
Dobler 185
Dobritz, August 203

Döcker, Richard 390
Dölker, Professor 255
Dörner, Pianofortefabrikant 59
Dörrmann, Schreiner 318
Doertenbach, Christoph Martin 320
Doertenbach-Meurer, Emilia 278
Dolmetsch, Eugen 213, 272, 392
Donizetti, Gaetano 15, 48
Dorothea, Herzogin 297
Dräxler-Manfred, C. 19
Dürer, Albrecht 206
Dunant, Henry 252
Duse, Eleonora 29
Duttenhofer, Obersteuereinnehmerswitwe 244
Duvernoy, Major 264

Eberhard der Erlauchte, Herzog von Württemberg 355, 356
Eberhard der Jüngere, Graf von Württemberg 348
Eberhard II., der Greiner, Graf von Württemberg 158, 159, 182, 356, 357
Eberhard V. im Bart, Graf von Württemberg 61, 186, 204, 225, 228, 284, 330, 379
Eberhard Ludwig, Herzog von Württemberg 87, 324, 351, 352, 361
Ebner, Carl 267
Ebstein, Louis 293
Echaniz, Antonio 102
Eckert, Friederike 269
Edelmann, Artist 198
Edschmid, Kasimir 252
Ege 298
Egle, Josef 290
Ehrlenspiel, Staatssekretär 385
Eichmann, Obersteuerrat 304
Eiper, Kutscher 35
Eipper, Gottlieb 265
Eisele, Christian 312
Eisele, Oskar 210
Eisenlohr, Ludwig 394
Eitelbuß, Werkmeister 269
Ekberg, Anita 39
Elben 177
Elster, Otto 50
Emmendörfer, Tobias 265
Engeser, Remigius 321
Entreß-Fürsteneck, Leutnant von 37, 249
Ernst, Otto 25
Etzel, Gottlieb Christian Eberhard von 256, 258

Fabiola, Königin 28
Faerber, Peer-Uli 345
Fahnenberg, Freifrau von s. Hügel, Freifrau von
Fahrion, Konrad 281
Fahrion, Werkmeister 269
Feder, Oberfinanzrat 289
Felger, Brüder 257
Felger, Buchhändler 363
Ferber, Elfriede 390
Feuerbach, Anselm 397, 398
Feuerlein, Oberamtsgerichtsrat 16
Finger, Friederike 265
Firnhaber 247
Fischer, C. A. 27
Fischer, Johann Georg 406
Fischer, Pauline s. Pfuderer, Pauline
Fischer, Reinhard Ferdinand Heinrich 89, 148, 349
Fischer, Theodor 80, 97, 196, 338, 339, 380
Flach, Weinhändler 300
Foehr, Juwelier 18
Förstner, Ernst 278
Forkel, Julius Hans 312

Forster 51
Fortenbach, Major von 179
Franckh, Gottlob 309, 310
Franckh, Johann Friedrich 309, 310
Franz Ferdinand, Erzherzog 35
Franz Joseph I., Kaiser von Österreich-Ungarn 35, 49, 162, 274, 275
Franziska, Gräfin von Hohenheim 325
Freiligrath, Ferdinand 274
Fremd, Adolf 90, 221
Frey, Architekt 314
Friederike Sophie Wilhelmine, Herzogin von Brandenburg-Ansbach 177, 280
Friedrich, Schriftsteller 12
Friedrich I., Herzog von Württemberg
s. Friedrich I., König von Württemberg
Friedrich I., König von Württemberg 88, 124, 202, 221, 256, 267, 274, 280, 281, 297, 300, 306, 326, 331-335, 350, 355, 359, 396, 401
Friedrich Eugen, Herzog von Württemberg 61, 62, 411
Frisch, Wilhelm 210
Frischlin, Nikodemus 330
Friz, Daniel 297
Fröhlich, Mathias 210, 212

Gaab, Ludwig Friedrich 346
Gabriel, Architekt 304
Gagarin, Fürstin Marie von 273
Gander, Hofkalligraph 37
Gärtner, Geigenbaumeister 281
Gaisberg-Schöckingen, Max Baron von 268
Gallion, Wilhelm 282
Gatternicht, Peter 318

Gauger, Hofküfer 393, 394
Gauguin, Paul 398
Gauß, Oberbürgermeister 69
Gebhardt 125
Gegenbauer, Josef Anton von 336, 386
Gehringer, Wirt 32
Geist 363
Gemmingen, Baron von 113
Gemmingen, Canzlist von 248
Gemmingen, Wilhelm von 193
Gemmingen-Hornberg, Freifräulein von 178
Gemmingen-Hornberg, Friedrich Freiherr von 175, 290
Georg, Albrecht 63
Georgii, Tribunalrat 415
Gerhaert, Nikolaus 180
Gerni, Jakob 278
Gerok, Generalleutnant von 116, 225
Gerok, Karl 16, 203, 325, 332
Gerson, Gustav 178
Gerspacher, Hoflakai 223
Gießler 50
Gimmi, Bildhauer 91
Girard, Gesandter 244
Gitzen, Philipp 409
Gjirlic, Josip 154
Glaser, Gottfried R. 237
Glöckle, Emil 48
Gluck, Christoph Willibald 16
Gnauth, Architekt 194
Göring, Hermann 146
Goes, Legationsrat von 289
Gössele, Schuhmacher 318
Gößler, Professor 255
Goethe, Johann Wolfgang von 55, 59, 187, 194, 273, 335, 367
Gohl, Irmgard 408
Gomeringer 125

Goppelt, Ferdinand von 277, 278
Gottlieb, Kaufmann 233
Gounod, Charles 49
Gracia Patricia, Fürstin von Monaco 28
Gräter, Hermann 238
Grävenitz, Franziska von 296, 351, 359
Grävenitz, Fritz von 94, 232
Grass, Günter 29
Greiner 125
Gremlitza 120
Gremp von Freudenstein, Freiherr 315
Grieshaber 125
Griesinger, Oberamtsmannswitwe von 286
Grillparzer, Franz 15, 16
Groner, Wilhelm 108
Gropius, Walter 390
Groß, Hafnermeister 421
Groß, Landbaumeister von 230, 267
Großmann, Julius 293
Gruber, Pauline 36
Grüneisen, Oberhofprediger 299
Grünzweig, Max 210
Gültenstein, Bildhauer 386
Gültlingen, Friedrich August von 244, 245
Gundert, David 304
Guêpière, Louis Philippe de la 89, 334, 359
Guibal, Nikolas 325
Gulumjan, Wahan 183
Gundelsheim, Conrad von 378
Gutbrod, Kutscher 35
Gutbrod, Rudolf 405
Gutbrod, Stadtschultheiß 313
Gwinner, Metzgermeister 293

Haas, Karl 41
Haas, Walter 322
Haas, Seckler 293
Hackh, Franz 237
Hackländer, Friedrich Wilhelm 194, 218, 294, 300, 325, 384
Haffner, Uhrmacher 14
Hafner, Charlotte 265
Hager, Goldarbeiter 248
Hagmeyer, Flaschnermeister 409
Hagmeyer 246
Hahn, Paul 376
Hahn, Philipp Matthäus 71, 72
Haidlen, Julius 71, 72
Hajek, Otto Herbert 252, 344
Hallberger, Eduard 194, 277
Haller, Musikus 223
Halmhuber, Heinrich 90, 221
Hamm, Christian 268
Hangleiter, Albert 97, 98
Hardegg, Hermann 415
Hartlaub, Agnes 415, 422
Hartlaub, Wilhelm 273, 415, 416, 418, 421, 422
Hartmann, Gärtner 99
Hassoy, Architekt 24
Hauff, Johann Wolfgang 300
Hauff, Wilhelm 160, 255, 295, 300, 309
Haufler, Charlotte 265
Haus, Doris 208
Hausburg 278
Hauser, Heinrich 42
Haußmann, Arzt 177
Haußmann, Friedrich 130
Haußmann, Konrad 130
Hauter, Buchhalter 297
Hecker, Wund- und Hebarzt 15, 18
Hegel, Christiane 245
Hegel, Georg Wilhelm Friedrich 159, 243-245
Heigelin, Christian 297

Heim, Stadtschultheiß zu Ulm 11
Heintzeler, B. 166
Helena, Kaiserin 357
Helfferich, Karl 99
Heliot, Claire 33, 178
Hengstler, Adolf 290
Hepp, Emma 307
Herb, Geschwister 266
Herda, Georg Jakob 231
Herdtle, Richard 210
Herrmann, Matthias 177
Hesse, Hermann 407
Hettich, Adolf 305
Hetsch, Friedrich 281
Hetsch, Hoftrompeter 191
Hetsch, Philipp 335
Hetschel, Glaskünstler 13
Hetzel, Bürodiener 409
Heuss, Theodor 92, 161, 240, 391
Heuss-Knapp, Elly 92
Hildebrandt, Adolf 194
Hildebrandt, Lucas von 333
Himmelreich, Catharina 192
Hindenburg, Paul von 65, 84, 275, 276
Hipolyta 20
Hirschvogel, Silberschmied 336
Hitler, Adolf 109, 194, 259, 369
Hölder, Eberhard Ludwig 300
Hölderlin, Friedrich 243, 246
Hörnle, Karl 108
Hoersch, Luise 265
Hof, Walter 102
Hofele, Albert 409
Hofer, Ludwig von 91, 148, 293, 350
Hoff, Heinz von 210
Hoffmann, Johann Georg Gottlieb Paul 13
Hoffmann, Professor 274
Hofmannsthal, Hugo von 369

Hofmeister, Kunsthändler 111
Hogstraaten, Willem van 381
Hokenjos, Kaufmann 226
Honauer, Georg 306
Honold, Chauffeur 409
Hoof 40
Horaz 187
Horkheimer, Kaufmann 269
Horn, Schriftsteller 12
Hoven, Obrist von 191, 285
Hubauer, Rosine 188
Hübner, Zeuge 409
Hügel, Carl Freiherr von 269
Hügel, Freiherr von 208
Hügel, Freifrau von 269
Hugendubel, Buchhändler 318
Hugendubel, Ernst 294
Hummel, Architekt 278
Hundt, Friedrich 311
Hundt, Wilhelm 311
Huter, Karl 27

Ibsen, Henrik 24
Irmtraut, Freiherr von 175

Jacobi, Hofmedicus 299
Jacquet, Architekt 318
Jäcklin s. Moses
Jäger 312
Jäger, Leibmedicus 299
Jakob I., König von England 299, 331
Jassoy, Heinrich 185
Jean Paul 83, 187, 295
Jeanneret, Pierre 389, 390
Jehle, Julius von 304
Jensen, Wilhelm 249, 325
Jeremias, Hausverwalter 188
Jeserich 172
Jörg, Aberlin 152, 228, 234, 319, 355, 374, 378, 403
Jörg, Hänslin 355
Jörgensen, Dora 307

Johann Friedrich, Fürst 300
Jommelli, Nicco 339
Josenhans, Marie 198
Junginger 45
Juxberg, Kaufmann 290

Käzler, Schuhmacher 223
Kalckreuth, Wolf Graf von 246
Kapell, Paul 312
Kapf 298
Kapfenstein, Stadtkorporal 199
Kapp von Gültstein, Familie 68
Karakaschian 155
Karl der Kühne 357
Karl, König von Württemberg 10, 11, 13, 16, 22, 25, 28, 162, 218, 268, 274, 275, 277, 286, 289, 346, 365, 382, 384, 386, 388, 407
Karl V., röm.-deutscher Kaiser 182
Karl Alexander, Herzog von Württemberg 253
Karl August, Erzherzog von Sachsen-Weimar-Eisenach 335
Karl Eugen, Herzog von Württemberg 55, 61, 81, 87, 88, 176, 255, 280, 296, 325, 333-335, 339, 341, 351, 351, 359, 368
Karrer, Gero 151
Kasack, Hermann 350
Kast, Meerschaumwarenfabrikant 19
Katharina, Königin von Württemberg 188, 227, 320, 335
Katz, Richard 41
Katz, Schuhmacher 124
Kaufmann, Bote 258
Kauß, Wilhelm 281
Keese 125

Keller, Tuchhändlerfamilie 72, 374
Keller, Walther 311
Kempter, Friedrich 278
Kempter, Gottlob 325
Kerner, Justinus 225
Ketterer, Roman Norbert 353
Ketzler, Gottlieb 16
Kiefer 32
Kielmeyer, Karl Friedrich 273
Kiemlen, E. 303
Kieser, Präzeptor 297
Kieser, Andreas 191
Kiesinger, Kurt Georg 121, 124
Kinneritz, Oberst von 289
Kintzinger, Wilhelm 304
Kinzelbach, Johann Heinrich 300
Kirchbach, Wolfgang 46
Kirchner, Ernst Ludwig 398
Kissel, Stadtpolizeiamtssekretär 40
Klee, Paul 398
Kleemann, Georg 385
Klein, Hofmedicus 299
Klett, Ernst 151
Klöß, Edward 246
Kloß 50
Klumpp, Präsidentengattin 196
Knorpp, Karl 318
Knorr, Hausmeister 307
Knosp, C. W. 11
Kober, Adolf 286
Kobialka, Antiquitätenhändler 222
Koch 125
Koch, Kaufmann 319
Kocher, Klaviermeister 244
Köhler, Minister 69
Köllreuther, Kaufmann 273
König, Franz Joseph 273
König, Lydia Freifrau von 290

König-Warthausen, Freiherr von 28
Königshöfer, Augenarzt 318
Kohlhaas, Max 114, 288, 289
Kokoschka, Oskar 398
Kolb, Friedrich 293
Konstantin der Große 357, 375
Kopp, Karl 89
Kopp, Medizinalrat 10
Koschlig, Manfred 142
Koseritz, Oberleutnant von 310
Kosmajac, Wirt 201
Kottenkamp, Franz 290
Kotzebue, August von 18
Krämer, Walter 323
Krapf, L. 19
Krauß, Rudolf 27
Kronmüller 30
Krumm, Elise 235, 237
Krumm, Julius 204, 235, 236, 238
Kubin, Alfred 201
Kuch, Ferdinand 293
Kuhn, Georg 252
Kumpf 125
Kunzer, Julie 188
Kurfest, Sattler 312
Kurfiß, Conrad 315
Kurtz, Heinrich 272
Kurz, Hermann 190, 272, 273, 415, 416
Kurz, Isolde 273

Lade, Lina 188
Lahnstein, Heinrich 290
Lambert 174
Landauer, Kaufmann 246
Landauer, Louis 187
Landenberger, Gustav 168
Langenstein, Julie 237
Lauser, Jakob 280
Lautenschlager, Karl 69, 94, 98, 273, 389

Lauterbach, Kapellmeister 15
Lauz, Regierungsrat
  s. Süß Oppenheimer, Josef
Laverdant 269
Le Corbusier 389, 390
Lebret, Professor 244
Lehrenkraus, Bäckermeister 112, 184, 185
Leins, Christian 202, 203, 218, 281, 342, 344, 382, 406
Leins, Fabrikant 178
Leisinger, Opernsängerin 16
Lemcke, Schauspielerin 15
Lempp, Pfarrer 238
Lenau, Emilie 187
Lenau, Nikolaus 187, 289
Lenbach, Franz von 159, 194
Lenz, Seifensieder 183
Leuthi, Fabrikant 304
Levi, Gebrüder 15
Levi, Hühneraugenarzt 18
Levis, Hermann 109
Levis, Rafael 109
Lieb, Bäckereizunftmeister 159, 293
Lieb, Gustav 284
Liedlinger, Friederike 297
Liegnitz, Herzogin von 354
Linck, Hofrat 289
Linden, von Staatsrat 297
Lindenspühr, Wolf Friedrich 373
Liszt, Franz 9
Littmann, Max 367
Lipp, Instrumentenmacher 226
Liutolf, Alemannenherzog 348
Löb, Familie 87
Lörcher, Alfred 262
Lörcher, Karl 91
Lopez 64
Loren, Sophia 28
Ludwig, Christian Friedrich 247
Ludwig I., Graf von Württemberg 223, 374

Ludwig I., König von Bayern 388
Ludwig, Herzog von Württemberg 279, 296, 299
Ludwig II., König von Bayern 393
Ludwig der IV., der Bayer, Kaiser 378
Ludwig XIV., der Sonnenkönig, König von Frankreich 334
Ludwig XVI., König von Frankreich 37
Ludwig, Staatsrat 187, 205, 392
Lübke, Wilhelm 161
Luitpold von Bayern, Prinzregent 159
Lukacs, Georg 422
Luther, Martin 229
Lutz, Hofschwertfeger 199
Lutzeier 125

Madeweiß, von 392, 393
Mährlen, Johannes 309
Mäntler, Architekt 297
Mäntler, Heinrich 264
Maiwald, G. W. 197
Makart, Hans 397, 398
Mandelslohe, Graf von 289
Mann, Thomas 131, 240
Mantel, Alexander 125
Marc Aurel 65, 227
Marc, Franz 398
Maria Immaculata Raineria von Österreich-Toskana 46, 49
Marie, Kaiserin von Rußland 10-12
Marie, Prinzessin von Sachsen-Weimar 33, 365
Marquardt, Wilhelm, 205, 392, 398
Marpalü, Gräfin von 289
Martin, Gustav 101
Marx, Kirchenbauer 355
Marx, Peter 201
Marx, Stadtknecht 244
Marx-Goldschmidt, Berthe 27
Massenbach, Hauptleute von 315
Matthäs, Jakobine 318
Matthey, Justine 188
Matthey, Virginie 188
Mauch, Professor von 289
Maus, Gottlieb 307
Maximilian I. 397
Mayer, Gertrud 135
Mayer, Johannes 233
Mayer, Robert 263
Mayer, Ruth 408
Mendelsohn, Erich 159
Mendelssohn-Bartholdy, Felix 138
Menner, Gustav Louis 24, 341
Menz, Schloßportier 209
Mercy, Hofschauspieler 297
Merian, Matthaeus 202
Merkle, Kutschereibesitzer 293
Merriman, S. 21
Merz, Marie 318
Merz, Stadtrat 231
Meuret, Gesandter 192
Meyderlen, Johann Gottfried 264
Meyer, Karl 272
Meyer, Maria 415
Mies van der Rohe, Ludwig 150, 390
Mikulic, Rudo 63
Miller, Henry 29
Minckwitz, Johannes 418, 419
Mittnacht, Freifrau von 22
Mittnacht, Hermann Freiherr von 28, 49, 252, 325
Modigliani, Amadeo 398
Mömpelgard, Heinrich von 356, 357
Mörike, August 415

Mörike, Eduard 11, 27, 70, 72,
83, 107, 118, 125, 141, 144,
173, 176, 188, 190, 227, 230,
248, 249, 273, 292, 298, 299,
301, 309, 310, 318, 334, 367,
374, 402, 406, 407, 415-423
Mörike, Fanny 418, 419
Mörike, Klara 406, 416-418, 422
Mörike, Louis 420
Mörike, Luise 415-418
Mörike, Margarethe 406, 416
Mörike, Marie 418, 422
Mohl, Geheimer Hofrat von 230
Mohr, Pfarrer 244
Molière, Jean-Baptiste 369
Mollenkopf, Optiker 189
Moltke, Helmut Graf von 204, 394, 403
Monaco, Fürst von 11
Monet, Claude 398
Montanus, Peter 306
Moselmann 19
Moses 223
Mosse, Rudolf 27
Most, Friedrich 208
Morchen, Johann 41
Morlock, Georg 359
Mühlbach, L. 12
Mühlenfels, Camilla Gräfin von 300
Mühlenfels, Heinrich 306
Müller, Glaser 238
Müller, Jakob 307
Münchinger, Karl 363
Murat, Prinz 321
Murr, Reichsstatthalter 277
Murschel, Johann Christian 315
Musculus, Louis 179
Musche, Hermann 22

Naber, Georg 286
Nägele 318
Napoleon I., Bonaparte, Kaiser der Franzosen 89, 332, 336, 350, 355
Napoleon III., Kaiser von Frankreich 14
Nast, Konditor 182, 200
Nehmann, Euchar 312
Neidlein, Karl 409
Neipperg, Graf 365
Nemluwil, Herbert 391
Neppach, Gino 216
Nette, Johann Friedrich 83
Neuner, Friedrich 382
Ney, Elly 76, 381
Nicolai, Oberfinanzrat 315
Niedlich, Wendelin 139, 197
Nietzsche, Friedrich 25
Nikolaus, Herzog von Württemberg 49
Nill, Adolf 178
Nill, Johannes 177, 178
Normann-Ehrenfels, Gräfin von 297
Nopper, Familie 113
Nübling, Generaldirektor 143
Nüscheler, Heinrich 306
Nuß, Fritz 92
Nußbaum 238

Obermeyer, Irene s. Broß, Irene
Obermeyer, Lehrer 236
Obermeyer, Max 236
Obermiller, Apotheker 63
Obermiller, Buchhändler 318
Öttinger, Friedrich 409
Olga, Königin von Württemberg 33, 68, 159, 268, 270, 317, 318, 346, 382
Olga, Prinzessin von Sachsen-Weimar 33
Onégin, Sigrid 253
Opitz 83
Orlow-Dawidow, Fürst von 117
Ortlieb, Werkmeister 269

Osiander, Conscriptions-Sekretär 244
Osiander, Professor 244
Oßwald, Gärtner 265
Ostertag-Siegle, Carl von 174
Ottenheimer, Fabrikant 269
Otter 125
Otterbach 64
Ottmann, Sängerin 38
Oud, Johannis Jacobus Pieter 390, 391
Ovid 229

Papadakis, Andreas 136
Pascha 76
Paul von Rußland 335
Pauliak, Pauline 188
Pauline, Königin von Württemberg 33, 78, 274
Paulus, Eduard 27, 173
Pereira-Arnstein, von 28
Perikles 395
Pestalozzi, Johann Heinrich 271
Peters, Friseur 127
Petersen 285
Pettenkofer, Geheimrat von 48
Pfeiffer, Christian 196
Pfeiffer, Eduard 132, 194, 217, 220, 322
Pfistermeister, Hofrat von 393
Pfizer, Karl 253
Pfizer, Marie 253
Pfizer, Obertribunalpräsident 253
Pfizer, Paul 308
Pfizer, Wilhelm 293
Pflaum, Buchhändler 286
Pfleiderer, Emil 260
Pfuderer, Hermann 233
Pfuderer, Pauline 233
Phull Rippur, Obristhofmeister von 244
Pichierri 64

Pierson, Henry Hugo 269
Pilis, Präsident des kgl. Staatsministeriums 28
Pischek, Kammersänger 194
Pischek, J. von 297
Pischek, Jäger 299
Pistorius, Eleonore von 187
Planek, Wilhelm 312
Pleuer, Hermann 168, 383
Plessing, Friedrich 109
Ploquet, Brüder 177
Poelzig, Hans 390
Ponthière, René 44
Postelberger, D. M. 10
Pozzi, F. 383
Pruckner, Hofpianist 15
Prudelwitz, von 42
Putlitz, Baron 25, 254

Quarder, Patentanwalt 278

Raabe, Berta 325
Raabe, Wilhelm 112, 151, 153, 218, 249, 274, 325, 421
Rabinowicz 25
Rading, Adolf 390
Rafael 187
Rank, Anton 38
Ranke, Leopold 288
Rastani, I. 110
Ratgeb, Jörg 398
Rath, Hauptmann von 315
Rau, Luise 415
Redwitz, Theodor 10
Regnard, Jean-François 296
Rehn, Hans 263
Reichenbach, Bibliothekar 191
Reichert, Willy 185
Reichmann 83
Reihlen, Apotheker 37
Reinbeck, Georg von 187, 289
Reinbeck, Leopold von 12
Reinhardt, General von 273

Reiniger, Maler 168, 383
Reinking, Karl F. 338
Reinwald, Karl Matthias 281
Reischach, Graf 113, 193
Reischmann, Kutscher 35
Reitzenstein, Helene Freifrau von 276-278
Reitzenstein, Karl Bernhard Freiherr von 277
Rembrandt, Harmensz van Rijn 398
Rennert, Günther 153
Renoir, Auguste 122
Retti, Leopoldo 333, 334
Reuchlin, Johannes 229, 379, 401
Reuling, Stadtrat 286
Reuß, Friedrich 292
Reuß, Legationsratswitwe 417
Rexler, Bierschenk 286
Riderer, Philipp Jacob 197
Rieckert, Wilhelm 210
Riedmüller, Franz Xaver von 193
Riegler, Kunstsammler 255
Rieth, Otto 68
Ringwald, Hofkutscher 201, 207
Ritter, Feuerschaupräses 267
Ritter, Louise s. Schmidt, Louise
Robert, Herzog von Württemberg 46, 49
Röhm, Friedrich 286
Röser, Kutscher 236, 238
Roland, Emil 46
Rominger, Kommerzienrat 113
Rossi 224
Rossi, Alexandrine 69
Rothermund, August 177
Rubens, Peter Paul 388
Rubinstein, Arthur 253
Ruckh, Kellermeisterswitwe 312
Rudolf, Schumacher 307
Rudolf I. von Habsburg, König 234, 257, 264, 356

Rudolf II. von Habsburg, Kaiser 182, 299, 300
Rueff, H. 58
Rückert, Friedrich 187
Rühle, Emilie 238
Rühle, Karl 238
Ruger, Johann 310
Rugger, Hans Bernhard 310, 311
Runkel, Leutnant 248
Rumänien, Kronprinzessin von 47

Sachs, Hans 331
Sachsenheim, Hermann von 379, 401
Salucci, Giovanni 150, 262, 366, 384, 385
Sarasate, Pablo de 27
Sarbath, Ingenieur-Leutnant 202
Sattler, Oberamtmann 315
Sautter 191
Schab, Direktor von 208
Schacht 99
Schäff-Zerweck, Heinrich 277
Schäfer, Canzlist von 248
Schäffer, Briefträger 177
Schäffer, Wundarzt 231
Schändler, Weinkaufmann 68
Schätzlein, Hofkonditor 330
Schaffner, Martin 291
Schahl, Gottlob 304
Schaible, Antiquitätenhändler 159
Schall, Kanzleibote 223
Scharffenstein 202
Scharoun, Hans 390
Scheffauer, Bildhauer 246
Schellmann, Jean 51
Schickhardt, Heinrich 72, 82, 83, 229, 230, 234, 296, 300, 350-352, 358, 374, 403
Schill, Heubinder 191

Schiller, Friedrich 40, 49, 55, 82, 83, 187, 202, 225, 259, 264, 285, 335, 357
Schiller, Nanette 49
Schlayer, Geschwister 11, 14, 17
Schleehauf, Jacob Friedrich 315
Schleehauf, Jakob 202
Schlör, Sem 356
Schlösser, Hugo 276
Schmelzer, Zoohändler 159
Schmelzle, Aufwärter 297
Schmid, David 215
Schmid, Carl 10, 257
Schmid, Laternenanzünder 215, 216
Schmidt, Autor 25
Schmidt, Ludwig von 302, 304
Schmidt, Louise 17, 203
Schmidt, Otto 318
Schmitthenner, Paul 364
Schmohl 185
Schnabel, Heinrich 245, 246
Schneck, Adolf 390
Schneeweiß, Christian 269
Schnepel, Inge 154, 155
Schnitzler, Arthur 109
Schöck, Carl Gottlieb 244
Schöck, Schutzmann 278
Schöler, Friedrich Graf von 290
Schönfeld, Architekt 91
Schönhardt, Karl von 112, 274
Schöttle, Georg 160, 308
Schöttle, Möbelfabrikant 271
Scholl, Apotheker 37
Scholl, Hans 288
Scholl, Sophie 288
Schott von Schottenstein, Freifrau von 22
Schrempf, Bäckermeister 294
Schrempf, Christoph 32
Schreyvogel, Josef 15
Schröder, Professor 307
Schubart, Christian Friedrich Daniel 406
Schubert, Franz 49, 138
Schüz, Theodor 122, 399
Schulz, Gottlob Friedrich 272
Schumann, Robert 49
Schuster, Polizei-Soldaten-Witwe 315
Schwab, Gustav 187, 406
Schwab, Gottlieb 215
Schwab, Johann Gottlieb 266
Schwab, Karl 41
Schwab, Ludwig 101
Schwaderer, Louis 295
Schwarz, Albert 290
Schwarz, Postdirektor 13
Schwegler, Familie 98
Schweickle, Konrad Heinrich 281, 336
Schweikle, Hofebenist 186
Schweizerbarth-Roth, Elise von 419
Schwind, Moritz von 420
Scott, Sir Walter 310
Senefelder, Alois 251
Senftleben, Schreiner 230
Senger-Bettaque, Katharina 24
Seßing, Tabitha 193
Setzer, Melanie 210
Severus Alexander, röm. Kaiser 238
Seyffer, Hans 180, 378, 384, 385, 401
Shakespeare, Willliam 295
Sieburg, Friedrich 352
Siegle, Christian 193
Siegle, Gustav von 175, 194, 400
Siegle, Julie von 194
Sieglin, Ernst von 257
Sigmund, Christoph 88
Silber, Gastwirt 92
Silber, Küfer 175
Silber, Traiteur 321

Sohn, F. F. 15
Sommer, Philipp 231, 318
Sontheim, Heinrich 25
Sophie, Königin der Niederlande 313
Sophie, Prinzessin
 s. Sophie, Königin der Niederlande
Soraya 28
Sorma, Agnes 24
Speeth, Obristleutnant von 416
Speidel, Otto 259
Sperl, August 46
Sperlingin, Anna 326
Spieß, Pfaff Burkhard 284
Spitzweg, Carl 87
Stähle, Johann Bernhard 89, 281
Stängle, Melchior 230
Stahl 174
Stahl, Alfred 409
Stahl, Laura 112, 274
Stalin, Josef 206
Stam, Mart 390
Stauffenberg, Graf von 332
Stefanides, Kapellmeister 38
Steinle, Metzger 216
Stephany, Intendantsrat 304
Sterne, Carus 15
Stetter 214
Steudel, Sanitätsrat 22
Stickel, Erhard 237
Stiefel, Berta 32
Stier, Geheimer Kabinetts-Aufwärter 286
Stifter, Adalbert 367
Stitz, Uhrmacher 171, 173
Stöckle 125
Stohrer, Paul 179, 258
Storm, Theodor 420, 421
Storr, Hofrat und Oberamtsmannswitwe 244
Storz, Architekt 408
Straubenhart, Anna von 379, 401

Strauss, Richard 369
Streicher, Musikus 225, 226
Stritt, Marie 29
Struve, Karl 409
Stubenrauch, Amalie von 370
Stumpp, Bäcker 182
Süß Oppenheimer, Josef 188, 207
Sugg, Johannes 246
Sutter, Anna 23, 37, 48, 146
Szillassy von Szillas, Julius 28

Talleyrand, Charles Maurice de 388
Tauffkirchen, Graf von 177
Taut, Bruno 390
Taut, Max 390
Teichmann 298
Teichmann, Gastwirt 16
Terstiege, Wilhelm 321
Teuffel, Karl 278
Theiß, Louise 188
Thorwaldsen, Bertel 83, 226, 259, 281, 295, 396
Thouret, Nikolaus Friedrich von 72, 77, 87, 88, 92, 122, 186, 293, 299, 334, 365, 393
Thurn und Taxis, Prinz von 175
Toulouse-Lautrec, Henri de 347
Trajan, röm. Kaiser 238
Traub, Albert 64
Trefz, Jakob 178, 260
Tretsch, Aberlin 203, 293, 324
Tritschler, Alexander 177
Troll, Thaddäus 231
Troschütz, Augenarzt 247
Türkheim, von 245
Turgenjew, Iwan 421

Uhl 125
Uhland, Apotheker 135
Uhland, Ludwig 22, 158, 187, 357, 406

Ulmenstein, Freifräulein von 117
Ulrich, Leichensäger 232
Ulrich I., der Stifter, Graf von Württemberg 223, 354, 356
Ulrich IV., Graf von Württemberg 320, 357
Ulrich V., der Vielgeliebte, Herzog von Württemberg 229, 264, 291, 323, 324, 347, 349, 357, 373, 374
Ungebührle, Ludwig 318
Uxkull, Graf 11

Varnbühler, Axel Freiherr von 321
Vergenhans, Ludwig 355
Verlaine, Paul 246
Vetter, Leo 177
Viardot-Garcia, Pauline 421
Vischer, Friedrich Theodor 397
Vogel, Briefträger 177
Vogelwayd, Waldhornwirt 203
Vogt, Johanna 265
Vollmer, Architekt 24
Vollmer 125
Vring, Georg von der 391, 392

Wächter, Oskar von 275
Wagner, Christian 37, 44-46, 252, 254, 363
Wagner, Hebamme 27
Wagner, Johann Ludwig 297
Wagner, Richard 15, 24, 393
Waiblinger, Wilhelm 309, 415
Wales, Prinz von 233
Wales, Prinzessin von 47
Wais, Gustav 94, 102, 160, 348, 358, 374, 401
Walker, Geschäftsführer 409
Walz, Gottlob 278
Walz, Landtierarzt 244
Wankmüller, Kutscher 35
Wanner, Theodor 363

Weber, Ludwig 409
Weckherlin, Staatsrat von 230
Weigle, Karl 394
Weingand, Karl 243
Weingartner, Felix von 49
Weise, Gustav 252
Weise, Robert 210
Weitbrecht, Professor 386
Weiß, Friedrich 318
Weiß, Georg Philipp 100, 191, 259
Weißenburg, Rudolf Werner von 310
Weitmann, Walter 322
Welling, Sebastian 291
Wenzler, Carl 33
Wera, Herzogin von Württemberg 33, 49, 141, 236, 382
Werner, Regierungs-Rats-Witwe 315
Werthes, Hofrat 244
West s. Schreyvogel, Josef
Westkirch, Luise 46
Wetterlin, August 203
Widensohler, Hermann 312
Widmann, Fabrikant 178, 305
Widmann, Kutscher 35
Widmann, Willy 30
Wiederhold, Konrad 374
Wieland, Weißenhofbäck 100
Wild, Fritz 287
Wilhelm, Herzog von Bayern 291
Wilhelm I., Deutscher Kaiser und König von Preußen 60, 62, 78, 358
Wilhelm I., König von Württemberg 30, 33, 80, 89, 122, 149, 187, 206, 244, 257, 262, 274, 296, 310, 313, 326, 332, 342, 360, 384, 385, 387, 388, 393, 396, 397, 407, 422

Wilhelm II., König von
  Württemberg 36, 46, 49, 51,
  78, 127, 150, 236, 336, 339,
  341, 346, 350, 364, 365, 368,
  395
Willkom, Schriftsteller 12
Windnagel, Pflästerer 312
Windsor, Herzog von 146
Wintterlin, Obersteuerrat 269
Wirth, Möbelschreiner 203
Wittgenstein, Graf 191
Wochele, Lehrer 144
Wölfle, Carl Friedrich 197
Wörner, Bäckermeister 242
Wörrle, Hof- und Waffenschmied 230
Wörz, Marie 304
Wohl, Jeanette 295
Wohlhaf, Rosine 304
Wolf, Hugo 49
Wolf, Traiteur 223
Wolfram, Pfarrer 305, 306
Wolfram, Sibylla 305
Wolz, Architekt 37

Wright, Frank Lloyd 389
Wüllner, Ludwig 49, 406
Wurster, Polizeirat 31, 43, 51
Wurz, Hermann 254
Wyss, Professor 48

Zages, Glaser 300
Zahn, Oscar 109, 247
Zanker, Richard 77, 213, 215, 223
Zar Alexander II., Kaiser von Rußland 10
Zar Nikolaus II., Kaiser von Rußland 340
Zeitler, Josef 90, 174
Zeller, Professor 196
Zeltwanger, Gottlob 286
Zeppelin, Ferdinand Graf von 36, 65, 113, 178, 179, 244
Ziel, Ernst 50
Zimmermann, Telegraphenaufseher 409
Zoller, August von 269
Zwicker 125

Zu dieser Ausgabe

Die in diesem Band versammelten Aufsätze erschienen zwischen 1963 und 1975 in der von Hans Weitpert herausgegebenen Monatszeitschrift ›Stuttgarter Leben‹, deren ständiger Mitarbeiter Hermann Lenz zu dieser Zeit war. Gesammelt erschienen die Aufsätze 1983 im Belser Verlag unter dem Titel *Stuttgart*. Die Herausgabe besorgte Günter Beysiegel, der schon zuvor Hermann Lenz immer wieder auf mögliche Stuttgarter Themen hingewiesen hatte und der die Aufsätze für die Buchausgabe nach der Chronologie der Erstpublikation anordnete. Die nun vorliegende Neuausgabe folgt der Ausgabe des Belser Verlags; lediglich auf das Kapitel »Titel und Tendenzen«, das Beiträge zur zeitgenössischen Literatur umfaßte, und auf das Kapitel »Sterne der Bürgerschaft«, das Porträts von Stuttgarter Ehrenbürgern enthielt, wurde verzichtet, da die darin vorkommenden Buchtitel und Personen den heutigen Lesern zumeist unbekannt sein dürften.

Inhaltsverzeichnis

7 *Museum des Gemüts*
Oder: Ein Rüchlein Anno dazumal aus der
»Schwäbischen Kronik« von 1864 und dem
»Neuen Tagblatt« von 1900

Platzmusik
55 Wilhelmsbau
57 Wilhelmsplatz
60 Karlsplatz
62 Cannstatts Visitenkärtle
65 Bahnhofsplatz
68 Eugensplatz
69 Berliner Platz
72 Marktplatz
74 Leonhardsplatz
77 Charlottenplatz
79 Schloßplatz
82 Schillerplatz

Brunnenbummel
87 Hauptmarktbrunnen
88 Hauptstätter- und Jakobstraße
88 Hof der Akademie
88 Kosaken-Brünnele
89 Kanzleibogen-Brunnen
89 Schloßplatz-Springbrunnen
90 Nachtwächterbrunnen
90 Hans-im-Glück-Brunnen
91 Sparkassen-Brunnen
91 Schwefel-Brünnele
92 Elly-Heuss-Knapp-Brunnen
93 Gänsepeter-Brunnen
93 Berliner Platz
93 Wasserspiele Schloßgartenhotel
93 Brunnen Gustav-Siegle-Haus
94 Veielbrunnen

94 Erbsen-Brünnele
94 Lautenschläger-Brunnen
94 Brunnen im Leuze-Bad

Durch Straßen schlendern
97 Birkenwaldstraße
100 Weberstraße
104 Theodor-Heuss-Straße
107 Calwer Straße
110 Marienstraße
114 Königstraße
118 Heilbronner Straße
122 Konrad-Adenauer- und Neckarstraße
126 Charlotten- und Hohenheimer Straße
130 Haußmannstraße
133 Hauptstätter Straße
137 Schmale Straße
140 Hackstraße
144 Kriegsbergstraße
148 Planie
150 Rotebühlstraße
154 Fritz-Elsas-Straße
157 Eberhardstraße
161 Tübinger Straße
164 Sonnenbergstraße
167 Robert-Bosch-Straße
170 Stafflenbergstraße
173 Mörikestraße
176 Herdweg
180 Esslinger Straße
184 Friedrichstraße
189 Torstraße
192 Reinsburgstraße
196 Leonhardstraße
199 Kanalstraße
204 Bolz- und Schloßstraße
209 Bopserwaldstraße
213 Rosen- und Wagnerstraße
217 Eduard-Pfeiffer-Straße

220 Pfarr- und Brennerstraße
224 Schillerstraße
227 Hospitalstraße
231 Marktstraße Cannstatt
235 Gablenberger Hauptstraße
239 Feuerbacher Weg
242 Kronprinz-, Lange und Calwer Straße
248 Senefelder Straße
251 Hasenbergsteige
255 Neue Weinsteige
259 Vom Weißenhof zum Schloß Rosenstein
262 Unter der Mauer
267 Olgastraße
271 Paulinenstraße
275 Richard-Wagner-Straße
279 Büchsenstraße
283 Schulstraße
287 Geschwister-Scholl-Straße
291 Hirschstraße
295 Dorotheenstraße
298 Kanzleistraße
302 Lenzhalde
305 Wolfram-, Tunzhofer- und Mönchhaldenstraße
308 Pfizerstraße
312 Sophienstraße
315 Johannesstraße
319 Breite Straße
323 Gymnasiumstraße

Unsere Spezialitäten
329 Das Alte Schloß
332 Das Neue Schloß
337 Das Kunstgebäude
340 Der Königsbau
344 Der Kleine Schloßplatz
347 Die Alte Kanzlei
349 Der Prinzenbau
353 Die Stiftskirche
357 Die Markthalle

361 Das Institut für Auslandsbeziehungen
364 Das Wilhelmspalais
367 Das Kleine und das Große Haus
370 Das Rathaus
374 Der Hauptbahnhof
378 Beim Leonhardsplatz
381 Die Villa Berg
384 Das Königliche Landhaus Rosenstein
388 Die Weißenhofsiedlung
392 Das Hotel Marquardt
396 Die Staatsgalerie
400 Das Lapidarium
404 Die Liederhalle
407 Wilhelm Bräuninger und seine Kiste

413 *Mörikes Alltag*

425 Personenregister

441 Zu dieser Ausgabe